THE HISTORY OF WORLD
万国通史

THE HISTORY OF TURKEY

土耳其通史

【修订本】

哈全安／著

上海社会科学院出版社
SHANGHAI ACADEMY OF SOCIAL SCIENCES PRESS

序言

土耳其共和国位于中东的西北部，地跨亚欧两洲的接合处，疆域包括亚洲西北部的小亚细亚半岛以及欧洲巴尔干半岛南部的色雷斯地区，与格鲁吉亚、亚美尼亚、阿塞拜疆、伊朗、伊拉克、叙利亚、希腊、保加利亚诸国接壤，国土面积近 78 万平方公里，人口约 8 080 万(2018 年统计)。纵观全球，只有土耳其共和国和俄罗斯联邦地跨亚欧两洲：相比之下，土耳其共和国地跨亚欧大陆而以亚洲作为重心所在，俄罗斯联邦地跨欧亚大陆而以欧洲作为重心所在。就中东而言，土耳其共和国地跨亚欧大陆，可谓绝无仅有的国家，文明传统和地缘政治走向皆独具鲜明特色。

安纳托利亚高原亦称小亚细亚高原，在地理上构成土耳其共和国的主体区域，约占土耳其共和国国土面积的 97%，东接亚美尼亚高原，北邻黑海，西邻爱琴海，南邻地中海，东西长约 1 000 公里，南北宽约 600 公里，海岸线绵延约 3 500 公里，呈现自东向西倾斜的地貌态势。安纳托利亚高原腹地，平均海拔约 900 米，地表崎岖，峡谷纵横，气候干燥，降雨匮乏，多湖泊沼泽，亦广布荒漠草原，季节变化明显，农业与畜牧业错综分布。庞廷山脉亦称黑海山脉，位于安纳托利亚高原的北侧，长约 1 000 公里，呈东西走向，山势自东向西倾斜，山间错落深谷盆地，主峰卡其卡尔山海拔约 4 000 米。庞廷山脉与黑海之间的狭长区域，地势低平，森林茂密。陶鲁斯山脉(一译托罗斯山脉)位于安纳托利亚高原的南侧，亦呈东西走向，长约 1 200 公里，山势陡直，构成安纳托利亚与阿拉伯世界之间的天然分界线。陶鲁斯山脉与地中海沿岸之间称西里西亚，土质肥沃，物产丰富。安纳托利亚高原西侧的爱琴海沿岸平原气候潮湿，盛产谷物。安纳托利亚高原东部，欧洲人曾经称之为土耳其的亚美尼亚，群山纵横，其中主峰大阿勒山海拔 5 161 米，系土耳其境内第一高峰，经济生活以游牧为主，穆什、凡湖周围和埃尔祖鲁姆一带的平原和峡谷亦有少量的定居农业区域。由于自然环境的差异，土耳其沿海平原人口稠密，内陆高原人口相对稀疏。

克孜勒河源于安纳托利亚高原中部的克孜勒山，史称哈里斯河，亦因沿岸广布红褐色土壤而称红河，系土耳其境内第一大河，长约 1 200 公里，穿越庞廷山脉，在土耳其北部城市萨姆松附近注入黑海。萨卡里亚河亦源于安纳托利亚高原中部，古称桑加里乌斯河，长约 800 公里，流经萨卡里亚、埃斯基谢希尔、安卡拉和屈塔希亚，在土耳其西北部城市伊兹米特附近注入黑海。幼发拉底河源于安纳托利亚高原东部，土耳其人称之为非拉特河，突厥语中意为“希望之河”。著名的凡湖位于安纳托利亚高原东部，水域面积约 3 700 平方公里，湖面海拔超过 1 600 米，是土耳其境内最大的内陆咸水湖。黑海海峡亦称土耳其海峡，位于小亚细亚半岛与色雷斯之间，包括博斯普鲁斯海峡、马尔马拉海和达达尼尔海峡，全长 375 公里，既是连接土耳其共和国境内亚洲区域与欧洲区域的纽带，亦是自黑海通往爱琴海和地中海的唯一通道。伊斯坦布尔地跨博斯普鲁斯海峡，海峡西侧系伊斯坦布尔的欧洲城区，有始建于 1452 年的色雷斯城堡，海峡东侧系伊斯坦布尔的亚洲城区，有始建于 1390 年的阿纳多卢城堡。

土耳其人作为土耳其共和国的主体民族，系欧罗巴人种地中海类型，操阿尔泰语系突厥语族的分支土耳其语，约占土耳其共和国总人口的 85%。库尔德人既是中东第四大自然族群，亦是土耳其共和国境内较重要的少数民族，与土耳其人同属欧罗巴人种地中海类型，操印欧语系伊朗语族的分支库尔德语，约占土耳其共和国总人口的 15%，主要分布在安纳托利亚高原东南部山区。在今属土耳其共和国版图的安纳托利亚和色雷斯，曾生活着数量可观的希腊人、亚美尼亚人和犹太人。由于诸多的历史原因，自土耳其共和国建立后，希腊人、亚美尼亚人和犹太人数量锐减，至今已经所剩无几。

“土耳其”一词源于西方人的称谓。早在 11 世纪末的十字军东征时代，欧洲人开始将信奉伊斯兰教的突厥血统穆斯林所征服的安纳托利亚称作土耳其抑或土耳其亚，而将生活在土耳其的突厥血统穆斯林称为土耳其人。土耳其人的祖先，是游牧于中亚草原的突厥部落。土耳其人的历史，以入主安纳托利亚作为起点，可以划分为奥斯曼土耳其时代和土耳其共和国时代，而奥斯曼土耳其时代的国家亦称奥斯曼帝国。奥斯曼帝国时期，统治阶层自称奥斯曼人，以示具有高贵的血统，至于土耳其人则泛指分布在安纳托利亚高原诸地和操突厥语的下层村民。1921 年，安卡拉大国民议会通过临时宪法，首次明确宣布将土耳其作为新的国家名称。1923年,土耳其共和国正式诞生。土耳其语在奥斯曼帝国时期采用阿拉伯字母的书写形式,土耳其共和国诞生后改用拉丁字母。土耳其共和国具有伊斯兰教的浓厚氛围,穆斯林约占全国总人口的99%,盛行逊尼派伊斯兰教,亦有少量什叶派穆斯林,属于什叶派的分支阿拉维派。现代意义上的土耳其人特指操土耳其语和信仰伊斯兰教的土耳其国民。尽管土耳其共和国宪法明确区分国籍归属与宗教信仰的差别,然而土耳其共和国的非穆斯林国民中自称土耳其人者寥寥无几。

“安纳托利亚”一词源于希腊语,本意为“太阳升起的地方”,特指希腊人眼中的日出之处即爱琴海东岸。在希腊人之后,罗马人将安纳托利亚称为亚细亚,继而称之为小亚细亚。安纳托利亚作为亚洲大陆与欧洲大陆的接合点,介于古代世界的两大语系即闪米特语系与印欧语系分布区域之间,具有极其悠久的历史传统和近乎神奇的文明魅力。独具特色的地理位置,形成了东方文化与西方文化在安纳托利亚的重叠与交汇。土著城邦的建立、希腊化、罗马化、基督教化、突厥化、伊斯兰教化以及现代化进程中的欧化,塑造出安纳托利亚不同时代的文明断层和历史坐标。东西交融的深厚文化积淀,在安纳托利亚的土地上编织出色彩斑斓的绚丽画卷。

早在距今近4 000年前,文明的曙光冉冉升起在安纳托利亚高原。印欧语系的分支族群建立的诸多城邦,开辟了安纳托利亚古代文明的先河。首先登上安纳托利亚文明舞台的古代族群是印欧语系的分支赫梯人。赫梯人建立的城邦是安纳托利亚最早的国家,赫梯人城邦的建立,掀开了安纳托利亚古代文明的序幕。继赫梯人之后登上安纳托利亚文明舞台的吕底亚人,所操语言亦属印欧语系分支。吕底亚人占据的区域介于黑海与爱琴海之间,与希腊人之间保持着频繁的贸易往来。吕底亚人与希腊人在安纳托利亚建立的殖民城邦之间的战争,提供了古希腊神话传说的珍贵历史素材,诸多动人心弦的情节流传至今。分布于吕底亚王国北侧的弗里吉亚人,不仅所操语言属于印欧语系的分支,而且采用早期希腊字母作为书写形式。《荷马史诗》曾经提到弗里吉亚人,希罗多德的《历史》亦曾记载了弗里吉亚人创造的文明。弗里吉亚王国与古希腊城邦之间往来频繁,相传弗里吉亚人曾经卷入特洛伊战争,亦传弗里吉亚国王迈达斯曾经娶希腊女子为妻并向希腊宗教圣地德尔菲神庙贡献祭品,弗里吉亚王国的国王戈耳狄俄斯甚至出现于希腊神话之中。《荷马史诗》中关于特洛伊战争的动人故事,诉说着安纳托利亚的尘封往事。透过古典建筑的断壁残垣,不难发现希腊罗马文化在安纳托利亚的斑斑痕迹。

公元后最初的千年，安纳托利亚属于基督教世界，时人称之为比拉德·鲁姆(Bilad al-Rum)，意为“罗马的土地”。自7世纪中叶开始，阿拉伯人征服的狂潮席卷西亚北非的广大地区，安纳托利亚成为拜占庭帝国仅存的亚洲领土。拜占庭帝国统治时期，安纳托利亚构成基督教世界的东部边缘，安纳托利亚南侧的陶鲁斯山则是穆斯林对基督徒发动他们心中的圣战的理想去处。11世纪突厥人入主西亚，此后突厥人自东向西拥往安纳托利亚，开辟了安纳托利亚之突厥化和伊斯兰教化的先河，安纳托利亚的政治格局、人种构成和宗教信仰随之逐渐改变，其与欧洲基督教世界之间的关系渐行渐远，希腊语和基督教在安纳托利亚的历史舞台悄然淡去。与此同时，伊斯兰教所承载的东方文明元素逐渐植根于安纳托利亚的沃土，进而深刻改变了安纳托利亚的历史进程。奥斯曼帝国自14世纪初横空出世，在百余年间攻城略地，兼并安纳托利亚，征略巴尔干半岛，降服阿拉伯地区，雄踞于亚非欧大陆的中央地带，成为继波斯帝国和阿拉伯帝国之后中东历史长河中再度闪亮登场的庞大帝国，东地中海世界的地缘政治格局由此明显改变。1453年，奥斯曼帝国大军攻陷君士坦丁堡，历时千年之久的拜占庭帝国至此寿终正寝。君士坦丁堡从此改称伊斯坦布尔，成为奥斯曼帝国的首都。在欧洲基督徒的眼中，奥斯曼帝国的苏丹俨然是罗马文明和拜占庭帝国的继承人。奥斯曼帝国在世界历史的舞台上历经六百余年的沧桑，可谓亚非欧大陆中央地带最后的封建帝国。伊斯坦布尔横跨博斯普鲁斯海峡，古典时代的多处遗址至今犹存，拜占庭帝国时期建造的圣索菲亚教堂与奥斯曼帝国时期建造的蓝色清真寺以及托普卡帕宫交相辉映。土耳其首都安卡拉位于安纳托利亚中部，地处古代商路要冲，现存赫梯城市、罗马神庙和拜占庭城堡的遗迹以及塞尔柱时期建造的阿拉丁清真寺，浓缩着往日的辉煌。

近代初期，奥斯曼帝国雄踞中东，尚且保持扩张态势，在与欧洲基督教世界的对峙中占据上风。自工业革命起，欧洲基督教世界与奥斯曼帝国之间的实力天平日渐倾斜。随着现代化进程的启动，欧洲列强迅速崛起，而奥斯曼帝国依然处于沉睡的状态，由此形成两者之间的巨大历史落差。欧洲现代文明的冲击侵蚀着奥斯曼帝国传统文明和旧秩序的根基，辽阔的疆域内矛盾叠加，衰落的迹象日渐浮出水面。奥斯曼帝国无力抗衡来自西方的冲击，往昔如日中天的庞大帝国雄风不再，辉煌远去，已成长河落日之势，俨然是西方列强眼中的“欧洲病夫”。进入19世纪，伊斯坦布尔的苏丹开始推行自上而下的新政举措，效仿西方列强，组建欧式新军，改革政府体制，引进西方世俗法律，现代西方元素渗入奥斯曼帝国的诸多层面，西方时尚风靡一时，地缘政治亦逐渐呈现出西化的走向。土耳其共和国诞生在奥斯曼帝国的废墟之上，历经"一战"结束后风雨飘摇的动荡年代，跋涉前行于崎岖坎坷的苦难旅程，历史的车轮从伊斯坦布尔向安卡拉一路驶来，安纳托利亚的大地迎来了现代化的崭新活力和勃勃生机。

随着国际环境的剧烈变化，土耳其共和国的地缘政治走向表现出明显的两面性，脱亚入欧与脱欧入亚之争贯穿土耳其共和国近百年来的政治进程，西向战略与东向战略此消彼长。土耳其共和国自 1923 年成立伊始，遵循西化的发展道路，积极扩大与西方世界的交往合作。凯末尔主义的理论与实践，表现出世俗化的明显倾向，旨在淡化土耳其与西方世界之间的地缘界限。"二战"结束后，冷战的帷幕徐徐拉开，东西方之间形成剑拔弩张的对峙局面。特定的国际环境深刻影响着土耳其的地缘政治走向，而俄土战争的阴影已然是土耳其人挥之不去的梦魇。如同英法特别是沙皇俄国的威胁导致奥斯曼帝国在"一战"期间与德国结成军事同盟，"二战"结束后苏联的威胁导致土耳其在冷战时代倒向西方阵营并加入北约。此间，土耳其与西方世界进入蜜月期，成为西方世界的国际战略盟友，加强与西方世界的全方位联系则是土耳其外交的首要目标。1987 年，土耳其政府正式申请加入欧盟；1999 年，欧盟赫尔辛基峰会决定将土耳其列为欧盟正式候选国，土耳其脱亚入欧的地域战略走向达到极致。

尽管如此，土耳其毕竟具有长达千年之久的东方文明传统，伊斯兰教已然深深植根于安纳托利亚的沃土。土耳其共和国成立之初，官方亦曾明确规定伊斯兰教信仰作为土耳其国民身份认同的三大要素之一。20 世纪后期，土耳其国内政治环境渐趋宽松，伊斯兰复兴运动暗流涌动，诸多伊斯兰政党随之登上土耳其政治舞台。后冷战时代，苏联解体，土耳其与其北方宿敌之间的紧张关系明显缓解。随着国际环境的剧烈变动，土耳其与西方世界之间的矛盾逐渐浮出水面，蜜月不再。冷战时代，土耳其与东方国家之间联系甚少。进入 20 世纪 90 年代，随着伊斯兰政党的崛起，强化东方外交成为诸多伊斯兰政党的施政呼声，脱欧入亚的地缘战略渐露端倪。正义与发展党执政以来，试图改变以往从属于美国和依附于西方世界的地缘政治传统和长期以来亲西方的外交政策，致力于东西方之间的平衡外交，支持巴勒斯坦民族解放事业并赞赏哈马斯的民选政治，谴责以色列实行国家恐怖主义，呼吁黎巴嫩实现民族和解，提升其在中东和伊斯兰世界的政治影响力，地缘政治的触角进一步伸向阿拉伯世界和伊斯兰世界。

成为欧洲大家庭的一员，可谓土耳其共和国的百年梦想。加入欧盟既是土耳其共和国历届政府长期以来渴望实现的目标，亦是土耳其西向地缘战略的集中体现。然而，土耳其加入欧盟似乎过于一厢情愿，申请加入欧盟的道路步履维艰，欧洲大国始终未见诚意，屡屡以人权和宗教作为借口百般阻挠，将土耳其拒于门外。入欧受挫无疑是影响土耳其地缘政治走向的重要原因，土欧关系随之渐行渐远。近年来，土美关系亦趋于恶化，对于土耳其的西向地缘战略更可谓雪上加霜。与此同时，土耳其另辟蹊径，试图拓宽国际空间，初步形成脱欧态势，东向外交成为土耳其新的国际战略支点。

通常认为，土耳其入欧受挫的根本原因在于意识形态的差异，信仰伊斯兰教是土耳其加入欧盟的最大障碍，实际情况不然。纵观国际舞台，决定地缘政治走向的根本原因在于国家利益的得失，并非意识形态的分歧，更非宗教信仰的差异。土耳其入欧无望，英国却艰难跋涉于脱欧之路，两者貌似毫无关联，却有异曲同工之处，耐人寻味。俄罗斯与土耳其同样地跨亚欧大陆，且政治重心位于欧洲，信奉基督教长达千年之久，历史上与欧洲诸多国家联系密切，两次世界大战期间皆曾与英法结为盟友，当下却被视作西方世界的天敌而被拒于欧洲之外。相比之下，土耳其与俄罗斯尽管宗教信仰各异，却在当下国际秩序剧烈变动之际冰释前嫌，化敌为友，多方位展开积极合作，进而形成俄罗斯、土耳其和伊朗的三方相向互动，在中东地缘政治版图已然占据半壁江山。

现实是历史的延伸。土耳其不仅地跨亚欧大陆，而且位于地中海文明圈与伊斯兰文明圈的重叠区域，兼有西方文明与东方文明的双重传统，地缘政治走向表现为脱亚入欧和脱欧入亚的两面性，随着时代的变迁在西方与东方之间摇摆不定。土耳其地缘政治的未来走向，或因与西方世界之间的共同利益大于矛盾分歧而延续西向外交战略，或因与西方世界之间的矛盾分歧大于共同利益而实施东向的地缘战略，或采取平衡外交而在地缘战略层面兼顾东西方。土耳其目前尚属西方阵营，身在北约且向往加入欧盟，与西方国家具有诸多的共同利益，融入西方世界符合土耳其的国家诉求，虽有意分手却心存纠结。土耳其作为北约成员国，其武装力量之规模在北约内部仅次于美国而位居第二，加之地处欧洲通往东方的门户，是美国实施中东战略和从南部围堵俄罗斯的重要支点，地缘政治的重要意义不言而喻。近年来中东难民大举拥向欧洲,欧洲诸国面临巨大的压力和挑战,而土耳其由于所处的地理位置,成为当下遏制中东难民拥入欧洲的桥头堡,土耳其若转向脱欧入亚,势必导致欧洲东南方门户顿开,这些也令西方世界难以轻言放弃土耳其。土耳其转向东方的地缘战略,或许只是声东击西,然而若最终依然入欧无望,亦不排除与西方世界分道扬镳的可能。

目录

第一章

安纳托利亚的古代历史

一、 赫梯文明

安纳托利亚(Anatolia)自远古时代就有人类活动,是古代世界种植业和畜牧业以及制陶业的重要发源地之一。沙塔尔·休于(Catal Huyuk)位于安纳托利亚西南部地中海沿岸城市安塔利亚(Antalya)附近,是目前已知最早的新石器时代文化遗址之一,考古学家在此发现了大约公元前 7000 年人类种植谷物、驯养家畜、制陶和纺织的遗迹。大约自公元前 5000 年起,安纳托利亚开始进入青铜时代,文明的曙光自此冉冉升起。

安纳托利亚的地理位置,介于古代世界的两大语系即闪米特语系与印欧语系分布区域的接合部。安纳托利亚早期的土著居民是哈梯人(Hattians),亦称原始赫梯人,处于原始社会的历史阶段,所操语言既非闪米特语系的分支,亦非印欧语系的分支,语系归属不详。

首先登上安纳托利亚文明舞台的古代族群是赫梯人(Hittites)。赫梯人所操语言即赫梯语属于印欧语系的分支,赫梯语的书写文字刻于黏土制成的泥版之上,可以追溯到公元前 17 世纪中叶,是迄今所知的最古老的印欧语系文字,已经被捷克学者赫罗兹尼成功解读。然而赫梯人究竟从何处移入安纳托利亚,目前学术界尚无定论,祖居何处不得而知。据研究者推测,赫梯人可能来自黑海北岸的草原地区,自北向南经高加索山移入安纳托利亚高原。亦有研究者认为,赫梯人的故乡是亚洲内陆的突厥斯坦,自东向西经里海南岸移入安纳托利亚高原。

大约公元前 20 世纪初,赫梯人出现在安纳托利亚高原中部的卡帕多细亚(Cappadocia),种植谷物和豆类作物,牧养牲畜,经营商业贸易。铁矿的开采、金属的冶炼技术、马匹的饲养和战车的使用,标志着赫梯人在物质生活领域的重要成就。赫梯人建立的城邦是安纳托利亚最早的国家,库萨拉是最重要的赫梯人城邦。赫梯人城邦的建立,掀开了安纳托利亚古代文明的序幕。

赫梯人到来之初,安纳托利亚的中部是亚述商人的势力范围,分布着为数众多的亚述商业殖民地,名为卡鲁姆。赫梯人从亚述商人那里学习书写,采用美索不达米亚流行的楔形文字(Cuneiform)作为赫梯文字的记录形式。公元前 18 世纪,赫梯人驱逐亚述商人,结束了亚述商人在安纳托利亚中部的贸易活动。与此同时,赫梯人建立的诸多城邦逐渐统一,形成赫梯王国。赫梯王国的创立者是约公元前 18 世纪的皮塔纳(Pithana)和阿尼塔(Anitta)父子,阿尼塔曾经被赫梯人誉为“伟大的国王”。公元前 17 世纪,赫梯王国征服陶鲁斯山与地中海沿岸之间的西里西亚。赫梯王国的国王穆尔西利一世(Mursili Ⅰ,公元前 1620—前 1590 年在位)当政期间,进军幼发拉底河流域,公元前 1595 年攻陷巴比伦城,灭了古巴比伦王国。公元前 16 世纪后期,赫梯王国逐渐衰落,疆域局限于安纳托利亚中部。赫梯王国末期的国王铁列平(Telepinu,公元前 1525—前 1500 年在位)当政期间颁布的法律名为《铁列平立法》,明确规定王位继承的家族世袭原则,是古代世界的著名法律文献。

公元前 14 世纪至前 13 世纪是赫梯文明复兴的阶段,此间建立的赫梯国家史称赫梯帝国(Hittite Empire)。赫梯帝国的国王穆瓦塔里什(Muwatallish,公元前 1285—前 1273 年在位)自安纳托利亚挥师南下,进入叙利亚,进而与埃及新王国法老拉美西斯二世(Ramses Ⅱ)的军队形成对峙的局面。公元前 1299 年,赫梯帝国与埃及新王国之间在奥伦特河畔的卡叠石爆发战争,史称卡叠石战争(Kadesh War)。据说,赫梯国王穆瓦塔里什派出了 3 500 辆战车和 35 000 名战士投入战场,埃及法老拉美西斯二世几乎丧命。卡叠石战争持续长达 16 年之久,双方均未取得决定性的胜利。公元前 1269 年,赫梯的新国王哈图西利斯三世(Hattusili Ⅲ,公元前 1273—前 1245 年在位)与埃及法老拉美西斯二世签署和约,埃及法老承认赫梯国王对于叙利亚的统治权力。

公元前 13 世纪末,伴随着所谓“海上民族”的入侵,赫梯帝国寿终正寝。公元前 10 世纪开始,赫梯人再度活跃,赫梯人建立的城邦分布在陶鲁斯山南麓的西里西亚和叙利亚一带,史称新赫梯王国(New Hittite Kingdom)。公元前 8 世纪,亚述帝国军队征服新赫梯王国,赫梯人最终消失于西亚的历史舞台。

赫梯王国都城哈图沙外城的狮门

哈图沙（Hattu Sha）是赫梯王国的都城，位于土耳其共和国首都安卡拉西北约145公里的克孜勒河畔，最初是古代亚述商人建立的商业殖民地，公元前17世纪初一度毁于战乱。赫梯王国的国王哈图西利斯一世（Hattusili Ⅰ，公元前1650—前1620年）当政期间，重建哈图沙城，作为赫梯王国的都城。在赫梯王国的鼎盛时期，哈图沙城占地1.8平方公里，包括内城和外城，石材建造的宫殿和神庙位于哈图沙的内城，木料和土坯建造的民宅和商铺位于哈图沙的外城，人口约为5万。公元前13世纪末，赫梯帝国灭亡，哈图沙城随之沦为废墟。20世纪初，西方考古学家在哈图沙城遗址发掘出数以万计的泥版文书，其中包括赫梯王国时期的《铁列平立法》《哈吐什尔一世遗嘱》和公元前13世纪赫梯国王哈图西利斯三世与埃及法老拉美西斯二世在卡叠石战争后签署的和约原本。

二、吕底亚、弗里吉亚与乌拉尔图

大约在公元前14世纪，当赫梯帝国称雄安纳托利亚东部和叙利亚之时，吕底亚人（Lydians）移入安纳托利亚西南部，继而建立国家。吕底亚人的语言属于印欧语系的分支安纳托利亚语族，与赫梯人的语言具有较为密切的亲缘关系。公元前8世纪赫梯人退出西亚历史舞台之后，吕底亚人成为安纳托利亚最重要的政治势力。公元前7世纪是吕底亚文明的鼎盛阶段，领有黑海与爱琴海之间的广大地区，都城是距爱琴海约80公里的萨迪斯（Sardis）。吕底亚人由于其分布区域濒临爱琴海东岸，与希腊人之间保持着频繁的贸易往来。吕底亚人有尚武的传统，公元前7世纪国王阿迪斯（Addis）当政期间一度征服希腊人在安纳托利亚建立的大部分城邦。吕底亚人与希腊人在安纳托利亚建立的殖民城邦之间的战争，提供了古希腊神话传说的历史素材，诸多动人心弦的情节流传至今。公元前546年，波斯帝国的开国君主居鲁士大帝(Cyrus the Great)讨伐安纳托利亚，攻陷萨迪斯，生擒吕底亚的末代国王克罗伊斯(Royce)，吕底亚王国的疆域遂被纳入波斯帝国的版图。吕底亚的末代国王克罗伊斯曾经是古希腊神话传说中的重要人物，古希腊历史学家希罗多德所著《历史》一书亦用相当的篇幅记述了吕底亚文明的兴衰历程，其中关于吕底亚国王克罗伊斯与雅典政治家梭伦之间的对话曾经在古典世界广为流传。吕底亚人在世界文明史上曾作出卓越贡献，他们利用安纳托利亚高原丰富的矿产资源，通过精湛的冶炼技术，合成黄金和白银，首创金属铸币，名曰白金币。吕底亚人制作的白金币，因为刻有狮头的图案，也被称作狮币。相比之下，希腊人和波斯人制造的金属铸币，在时间上均晚于吕底亚人制造的白金币。

居鲁士大帝

继吕底亚人之后，大约在公元前12世纪，弗里吉亚人(Phrygians)移入安纳托利亚西北部的萨卡里亚河流域。弗里吉亚人的语言属于印欧语系的分支，与古希腊人以及亚美尼亚人的语言具有较为密切的亲缘关系，采用早期希腊字母作为书写形式。《荷马史诗》曾经提到生活在桑加里乌斯河(即萨卡里亚河)流域的弗里吉亚人，希罗多德的《历史》以及相当数量的亚述铭文记载了弗里吉亚人的历史和文明。公元前8世纪中叶，弗里吉亚人建立国家，都城是桑加利亚，位于今土耳其共和国首都安卡拉西南约80公里处萨卡里亚河畔的戈迪翁。弗里吉亚王国的第一任国王戈耳狄俄斯曾经出现于希腊神话之中，其子迈达斯是弗里吉亚王国最著名的统治者。弗里吉亚王国与古希腊城邦之间往来频繁，相传弗里吉亚人曾经卷入特洛伊战争(Trojan War)，亦传弗里吉亚国王迈达斯曾经娶希腊女子为妻并向希腊宗教圣地德尔菲神庙贡献祭品。弗里吉亚人具有精湛的木雕技术和金属加工技术,弗里吉亚王国制作的陶器远销希腊市场,弗里吉亚人发明的刺绣术在古代地中海世界闻名遐迩。公元前 7 世纪中叶,弗里吉亚王国衰落,相继被乌拉尔图人和亚述人征服,直至沦为吕底亚王国的属地。公元前 546 年居鲁士大帝灭了吕底亚王国之后,弗里吉亚被波斯帝国吞并。

乌拉尔图人(Urartu)生活在安纳托利亚东部的凡湖周围地区,所操语言凡语既非印欧语系的分支,亦非闪米特语系的分支,而是属于古代语系胡里特—乌拉图语系,与安纳托利亚的土著哈梯人以及亚美尼亚的土著胡里特人的语言似乎具有同源关系,采用楔形文字的书写形式,亦保留象形文字的书写传统。20 世纪 30 年代,德国学者弗里德里希成功释读楔形文字书写体的凡语。关于乌拉尔图人的最早记载,出现于公元前 13 世纪的亚述铭文之中;亚述人将凡湖周围地区称作乌如阿特如,是为"乌拉尔图"一词的原型。乌拉尔图人于公元前 9 世纪建立国家,亚述铭文中提到的第一任国王名为阿拉姆(约公元前 858—前 844 年在位),乌拉尔图铭文中提到的第一任国王名为萨尔杜里一世(约公元前 844—前 832 年在位)。乌拉尔图王国亦称凡湖王国,乌拉尔图人自称比亚伊尼里国,都城图什帕(Tushpa)位于今土耳其共和国境内的凡湖东岸。此后两个世纪中,乌拉尔图王国不断开疆拓土,鼎盛时期的版图甚至囊括南高加索、幼发拉底河中上游和叙利亚北部。公元前 743 年,乌拉尔图王国败于亚述帝国军队,幼发拉底河中上游被纳入亚述帝国的版图,国势由盛转衰。公元前 6 世纪初,米底人和西徐亚人灭了乌拉尔图王国,凡湖周围地区被纳入米底王国的版图。

三、 地中海世界古典文化的遗存

由于特定的地理位置,安纳托利亚的古代历史与希腊罗马时代地中海世界的古典文明之间具有极其密切的历史渊源。与此前活跃于安纳托利亚的赫梯人、吕底亚人和弗里吉亚人一样,希腊人和罗马人所操语言亦属印欧语系的分支。上古时代希腊人的移民浪潮和罗马人的军事扩张,给安纳托利亚注入了地中海世界的文明元素。包括特洛伊、士麦那、以弗所、米利都和帕加马在内的古希腊移民建立的诸多城邦,犹如璀璨的明珠镶嵌在安纳托利亚西部的爱琴海沿岸。亚历山大东征之后,古希腊移民城邦帕加马的阿塔罗斯王朝(Ataros Dynasty,公元前 282 年—公元前 128 年)领有地中海与黑海之间的广大地区，是希腊化世界的重要组成部分。自公元前 2 世纪起，安纳托利亚西部成为罗马人统治下的亚细亚行省(Asiatic Province)。地中海世界古典文化的遗存，在安纳托利亚留下了清晰的历史印记。

特洛伊(Troy)位于达达尼尔海峡南侧的希萨利克(Hissarlik)，是大约公元前 16 世纪古希腊移民建立的城邦，扼守自爱琴海进入黑海的咽喉要道，青铜时代曾经繁荣一时。公元前 12 世纪，以希腊半岛南部的迈锡尼城邦为首的希腊联军渡海远征特洛伊，战争持续十年之久，史称特洛伊战争。相传，迈锡尼联军在特洛伊遇到顽强的抵抗，久攻不下，最后巧施木马计，方得以攻破城池。特洛伊战争以后，特洛伊城沦为废墟，直到公元前 8 世纪希腊人再度移入该地，特洛伊改称伊利昂(Ilion)。公元 330 年罗马皇帝移都君士坦丁堡以后，毗邻君士坦丁堡的伊利昂逐渐淡出世人的记忆。西方文学瑰宝《荷马史诗》中的《伊利亚特》即取材于特洛伊战争，《伊利亚特》也被译为《伊利昂纪》，特洛伊城邦由于《荷马史诗》的流传而名垂青史。19 世纪后期，德国学者施里曼追寻《荷马史诗》和古典作家的相关记载，在希萨利克发掘古代遗址，特洛伊的历史和文化得以重见天日。从特洛伊到伊利昂的考古发掘深达 30 米，时间跨度涵盖自公元前 3000 年到公元 4 世纪的不同历史时期，建筑遗址包括王宫、神庙、市场和剧院。

诞生于巴勒斯坦的基督教，自公元初年开始，在安纳托利亚广泛传播长达千年之久，安纳托利亚亦曾构成基督教世界的重要区域。士麦那、以弗所和帕加马在早期基督教传播中占据重要地位，皆为基督教名城，士麦那教会、以弗所教会和帕加马教会皆曾位列《圣经·新约·启示录》中曾经提及之早期基督教的七大教会，并因此著称于世。君士坦丁于 313 年颁布米兰敕令，承认基督教在帝国境内具有合法地位，325 年主持召开尼西亚主教会议，制定基督教的官方信条，确认圣父、圣子、

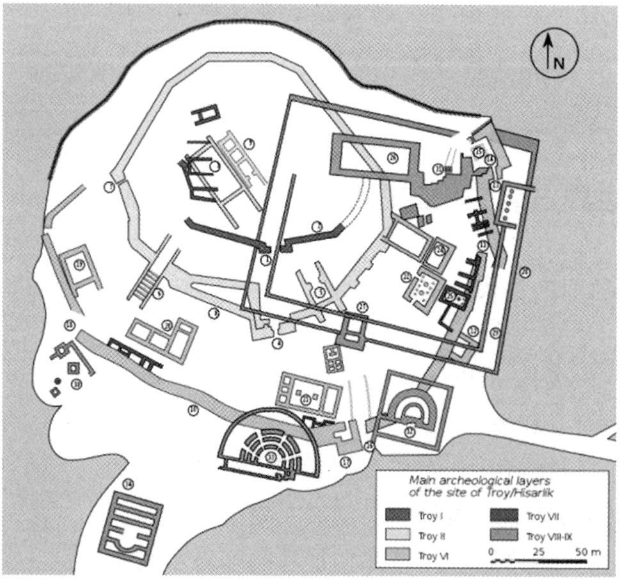

希萨利克遗址考古图

圣灵三位一体的神学体系，临终前接受洗礼，成为第一位信奉基督教的罗马皇帝。

士麦那(Smyrna)是土耳其共和国第三大城市伊兹密尔(Izmir)的旧称，位于安纳托利亚西侧的爱琴海沿岸，亦是地中海世界最古老的城市之一，系古希腊移民于公元前10世纪所建，希罗多德的《历史》一书记载了士麦那的早期历史。士麦那被古希腊人视作著名诗人荷马的出生地，公元前7世纪繁荣一时，公元前6世纪被吕底亚王国占领并沦为废墟，亚历山大东征后得以重建。公元初年，士麦那成为基督教名城，《启示录》中曾经提到早期基督教的七大教会，士麦那教会名列其中。

《圣经》中提到的以弗所(Ephesus)，土耳其语中称作艾菲索斯，距离伊兹密尔约40公里，是来自希腊半岛的移民于公元前10世纪建立的城邦，曾经臣属于吕底亚王国和波斯帝国，公元前5世纪一度屈从于雅典。罗马帝国初期，以弗所是仅次于罗马的第二大城市和安纳托利亚的贸易中心。公元3世纪，哥特人攻陷以弗所，城池毁于战火。以弗所是古希腊哲学家赫拉克利特的故乡，以弗所城中的阿尔忒弥斯神庙(Temple of Artemis)是古代世界的七大奇观之一。阿尔忒弥斯神庙建成于公元前6世纪，供奉以弗所女神，因为以弗所女神被时人誉为古希腊十二主神之一月神阿尔忒弥斯，故名。阿尔忒弥斯神庙由大理石精工雕琢而成，建筑规模超过雅典的帕特农神庙，代表了古希腊时代神庙建筑的最高水准。以弗所在早期基督教中占据重要地位，相传圣母玛利亚在耶稣受难之后迁居此处，使徒保罗和约翰均曾在此驻足，而以弗所教会则名列早期基督教的七大教会之中。

以弗所剧场

米利都(Miletus)位于以弗所以南的爱琴海沿岸，由古希腊移民于公元前12世纪所建,希腊波斯战争前曾经是希腊世界东部最大的城市和商业重镇,在黑海沿岸拥有众多的商业据点,著名学者泰勒斯(Thales)、阿那克西曼德(Anaximander)、阿那克西美尼(Anaximenes)创立的米利都学派(the Milesians)代表了古希腊哲学的重要成就。公元前499年,米利都城邦举行起义,反抗波斯人的统治,成为引发希腊波斯战争爆发的导火线。希腊波斯战争期间,米利都城邦加入雅典主导的提洛同盟。伯罗奔尼撒战争期间,米利都城邦加入斯巴达主导的伯罗奔尼撒同盟。希腊化时代,塞琉古王朝与阿塔罗斯王朝激烈角逐对于米利都城邦的控制权。罗马帝国时代,米利都被罗马皇帝奥古斯都和图拉真视作东方明珠。

古希腊移民城邦帕加马(Pergamum),位于伊兹密尔附近巴克尔河畔的贝尔加马(Bergama),距爱琴海约26公里,公元前5世纪已经初具雏形,原本在希腊世界并不著名,直到亚历山大东征之后,成为阿塔罗斯王朝的都城和安纳托利亚最负盛名的希腊化城市,而阿塔罗斯王朝统治下的安纳托利亚西部地中海与黑海之间称作帕加马王国。阿塔罗斯王朝的国王仿照雅典卫城建造了帕加马卫城,帕加马图书馆在希腊化世界是仅次于亚历山大图书馆的著名图书馆,据传藏书多达20万册。帕加马城内的宙斯祭坛建造于约公元前180年,呈U形结构,包括巨大的柱廊和浮雕墙,因规模宏大和艺术精湛而被誉为古代世界的七大奇迹之一。帕加马人发明的羊皮纸,后来成为罗马时代地中海世界最重要的书写材料,英文中"羊皮纸"(Parchment)一词即来源于"帕加马"。罗马人征服东地中海期间,帕加马王国曾经与罗马人结为盟友,反对希腊半岛的马其顿王国。阿塔罗斯王朝的末代国王阿塔罗斯三世去世前夕,由于没有子嗣,立下遗嘱,将帕加马王国赠予罗马人。公元1世纪,基督教传入安纳托利亚西部,帕加马教会成为早期基督教的七大教会之一。

四、 君士坦丁堡与拜占庭帝国

自公元前2世纪起,安纳托利亚西部成为罗马人统治下的亚细亚行省。在以罗马作为都城的西罗马帝国灭亡之后,以君士坦丁堡作为都城的拜占庭帝国延续罗马帝国的历史长达千年之久。拜占庭帝国亦称东罗马帝国,中国古代史书称之为大秦。拜占庭帝国自330年君士坦丁迁都起,至1453年君士坦丁堡陷落,历经12个王朝,93个皇帝先后在位。此间,拜占庭帝国的疆域处于波动的状态，而安纳托利亚与希腊半岛始终构成帝国疆域的核心区域。地跨博斯普鲁斯海峡的君士坦丁堡，前身是始建于公元前7世纪的希腊移民城市拜占庭。拜占庭帝国君士坦丁堡(Constantinople)犹如镶嵌在地中海世界的璀璨明珠，以欧洲最大的城市著称于世，俨然成为欧洲基督教文明的重要标志。

君士坦丁堡位于博斯普鲁斯海峡西岸的欧洲一侧，地处山丘之上，毗邻马尔马拉海，扼守黑海的出海口，俯瞰色雷斯平原，宛若天造地设的要塞。君士坦丁堡交通便利，贸易发达，城市的北侧是可供商船停泊的天然港湾，时人称之为金角湾。君士坦丁堡的前身是始建于公元前7世纪的希腊移民城市拜占庭(Byzantine)，相传系雅典附近的墨伽拉人拜占遵从神谕所建，故名。拜占庭建城之后，吞并了博斯普鲁斯海峡对岸的另一希腊移民城市卡尔西顿(Chlcedon)，城区囊括博斯普鲁斯海峡两岸。此后数个世纪，拜占庭在希腊世界只是一个默默无闻的城市，知名度远远不及安纳托利亚西侧爱琴海沿岸的希腊移民城市士麦那、以弗所、米利都和帕加马。公元324年，罗马皇帝君士坦丁一世(Constantine Ⅰ，272—337)下令扩建拜占庭城区，耗时五年之久。330年，君士坦丁一世移都拜占庭，并将拜占庭更名为新罗马，亦称君士坦丁堡。公元395年罗马帝国分裂后，君士坦丁堡成为东罗马帝国的首都。此后千年间，君士坦丁堡以欧洲最大的城市著称于世，俨然成为基督教世界财富和权力的象征，东罗马帝国亦因定都于希腊移民城市拜占庭而被后人称作拜占庭帝国。拜占庭的古希腊人曾经以新月作为城市的徽记，其后的拜占庭帝国继承了古希腊人的传统，新月成为拜占庭帝国的徽记和东正教的重要标志。

19世纪末位于伊斯坦布尔老城中心亲兵街的君士坦丁纪念柱，这个罗马纪念柱又名被烧之柱，公元330年由罗马帝国皇帝君士坦丁一世下令修建，用来纪念拜占庭改名新罗马

拜占庭城墙

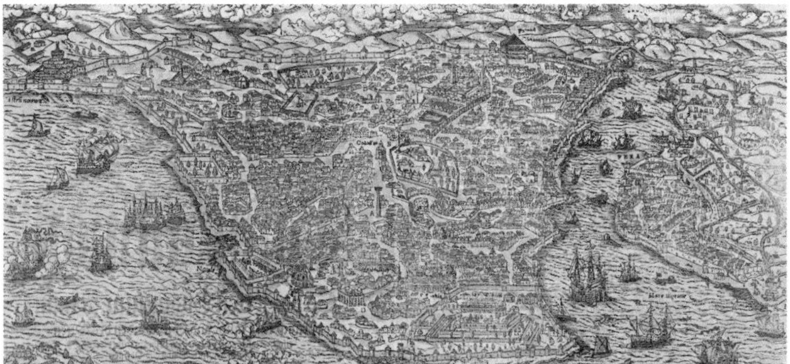
君士坦丁堡

君士坦丁堡横跨欧、亚两洲,可谓举世无双的世界名城。根据爱德华·吉本在《罗马帝国衰亡史》中的记载,君士坦丁一世时代扩建后的君士坦丁堡仿照罗马的格局和风格,皇室宫殿、贵族宅邸、教堂、剧院、竞技场、浴池、廊柱鳞次栉比,高架水渠将淡水从30公里外的色雷斯平原引入城中,城区面积超过拜占庭旧城数十倍。君士坦丁堡分为内城和外城,内城的皇宫坐落于城内山丘之上,南临马尔马拉海,包括拉马尼奥尔宫、达夫纳宫和沙尔克宫,由拱廊连接,皇家花园点缀于宫殿之间。毗邻皇宫的君士坦丁堡大竞技场亦称赛马场,始建于希腊移民城市拜占庭时代,君士坦丁一世在位期间仿照罗马大竞技场予以扩建,作为举行竞技和集会庆典的场所,据称可以容纳观众十万人。君士坦丁一世曾经下令将希腊宗教圣地德尔斐的阿波罗神庙普拉提亚三脚祭坛(亦称蛇柱)移入大竞技场的中央,狄奥多西一世(Theodusius Ⅰ, 346—395)则将古埃及法老图特摩思三世建造的花岗岩方尖碑从埃及南部卢克索的卡尔纳克神庙移入大竞技场的赛道内侧。圣索菲亚教堂(Hagia Sophia)作为君士坦丁堡的标志性建筑,始建于君士坦丁一世在位期间，最初系供奉古希腊智慧之神索菲亚的祭坛，查士丁尼一世（Justinian Ⅰ，482—565）即位后于532—537年改建为基督教堂，平面采用希腊式的十字型结构，占地面积约8000平方米，中厅圆顶直径33米，高55米，规模宏大，结构极其复杂，内饰精美的马赛克镶嵌壁画，堪称拜占庭建筑艺术的典范，是拜占庭帝国历代君主举行加冕礼的所在，建筑规模位居中世纪基督教堂之首，被誉为基督教世界令人向往的十大教堂之一。

圣索菲亚教堂

查士丁尼一世当政期间是拜占庭帝国的黄金时代，拜占庭帝国的版图几乎囊括整个地中海世界。查士丁尼一世死后，拜占庭帝国的疆域逐渐缩小，亚平宁半岛、伊比利亚半岛和北非西部分别落入日耳曼人的分支东哥特王国、西哥特王国和汪达尔王国手中。公元7世纪阿拉伯人兴起后，拜占庭帝国失去叙利亚、巴勒斯坦和埃及诸多地区。阿拉伯帝国的倭马亚王朝哈里发穆阿威叶、苏莱曼和阿拔斯王朝哈里发哈伦曾经先后三次大举出兵，围攻拜占庭帝国的首都君士坦丁堡，均无功而返。1054年，基督教会正式分裂，东部教会改称希腊正教，亦即东正教（Orthodox Church），西部教会改称罗马公教，亦即天主教（Catholic Church），拜占庭帝国的首都君士坦丁堡作为东正教牧首的驻地而成为基督教世界东部的宗教中心。1204年第四次十字军东侵期间，来自西欧天主教世界的十字军攻陷君士坦丁堡，进而在安纳托利亚西北部和巴尔干半岛南部建立拉丁帝国（Latin Empire，1204—1261），下辖塞萨罗尼基王国、阿卡亚公国和雅典公国，仅尼西亚（Nicaea）、伊庇鲁斯（Ipiros）和特拉布宗（Trabzon）等个别地区处于拜占庭帝国残余势力的管辖之下。1261年，拉丁帝国灭亡，拜占庭帝国复国。巴列奥略王朝（Palaeologan Dynasty，

1261—1453)时期,拜占庭帝国已经失去往日的辉煌与荣耀,苟延残喘,疆域版图仅限于君士坦丁堡及其周边地带、尼西亚、色雷斯和马其顿一隅。

作者点评

安纳托利亚作为当今土耳其共和国的主体区域,尽管地处亚洲大陆的西北端,却与欧洲具有极其密切的历史渊源。早在近4 000年前,文明的曙光冉冉升起在安纳托利亚高原。印欧语系的分支赫梯人建立的诸多城邦,开辟了安纳托利亚古代文明的先河。古希腊人的移民浪潮和罗马人的军事扩张,给安纳托利亚注入了地中海世界的文明元素。拜占庭帝国时代,君士坦丁堡犹如镶嵌在地中海世界的璀璨明珠,成为欧洲基督教文明的重要标志。

第二章

突厥人的西迁

一、 伊斯兰教传入中亚

土耳其人(Turks)并非安纳托利亚的土著,亦非古代赫梯人的后裔。土耳其人属于突厥人的分支,位于亚洲大陆腹地的中亚是突厥人的古老家园。

突厥人最初生活在蒙古草原西部的叶尼塞河上游一带,处于游牧状态,追逐水草,居无定所,其首领称“汗”(Han),相当于血缘族群的酋长。公元初年,继匈奴人衰落以后,突厥人逐渐自北向南迁徙,进入吐鲁番盆地以北的博格达山区。公元 5 世纪,突厥人迫于柔然人的压力,迁徙到天山与阿尔泰山之间的准噶尔盆地。公元 6 世纪中叶,突厥人击败柔然人,建立所谓的突厥汗国(Turkic Khaganate, 552—744),是为最初的突厥国家。此后,突厥汗国联合波斯萨珊王朝,灭了中亚大国嚈哒,其活动范围扩展到咸海以东的广大地区。突厥汗国建立在部落联盟的基础之上,具有浓厚的游牧色彩,可谓“马背上的文明”,始终没有固定的都城,亦未形成稳定的版图疆域。6 世纪末,突厥汗国分裂,形成东、西两大汗国,其中的东突厥汗国领有蒙古草原一带,西突厥汗国领有中亚的所谓七河流域(Semirechye),即巴克特里亚、费尔干纳(Fergana)、粟特(Sogdiana)、花剌子模(Khorazm)诸地。

位于亚洲大陆腹地的中亚,原本生活着印欧语系和阿尔泰语系的诸多族群。在历史的长河中,这些族群经历了突厥化的过程,逐渐演变为突厥人的不同分支。西突厥汗国时期的石刻碑文,是目前所知最早的突厥文字。“突厥斯坦”(Turkestan)一词原为波斯语,意为“突厥人之地”,最早出现于公元 8 世纪阿拉伯人撰写的地理书中,泛指咸海以东至帕米尔高原西侧突厥人统治的辽阔区域。

突厥人原本信奉原始宗教，盛行图腾崇拜。相传，突厥人是狼的后代，狼在突厥人的图腾崇拜中占据十分重要的地位。考古学家曾经在一处突厥人的古代遗址发现一条腰带，上面绣有一只母狼喂养四个突厥男孩的图形。公元 8 世纪的突厥碑铭，亦刻有母狼喂养突厥男孩的画面。哈里发国家征服之前，中亚地区的诸多族群信奉佛教、拜火教（即琐罗亚斯德教）、景教（即聂斯托里派基督教）和萨满教。

阿姆河（Amu Darya）系中亚地区重要的内陆河，自东南向西北流入咸海。阿姆河的左岸是波斯人的传统家园，阿姆河的右岸则是突厥人的世界。倭马亚王朝（Umayyad Dynasty, 661—750）时期，阿拉伯穆斯林将领古太白・穆斯林（Qutaybah b.Muslim, 670—715）率军东进，于 705 年越过阿姆河，攻入巴克特里亚，占领阿姆河上游重镇巴勒黑（Balkh）。706—712 年，古太白・穆斯林率军攻入粟特，占领阿姆河中游的两座重镇布哈拉和撒马尔罕，进而降服阿姆河下游花剌子模一带。713 年，古太白・穆斯林的队伍深入锡尔河（Syr Darya）流域，攻占费尔干纳。古太白・穆斯林在阿姆河右岸突厥人生活的地区焚毁佛教庙宇、拜火教神殿、景教教堂和萨满教神像，建造清真寺，迁入阿拉伯人，强迫土著人口改奉伊斯兰教，向拒绝改奉伊斯兰教的土著人口征收人丁税，初步奠定中亚伊斯兰教化的基础。此后，突厥人常将其幼童作为贡赋上缴哈里发国家，突厥人随之逐渐流入伊斯兰世界的腹地。阿拔斯王朝（Abbasid Dynasty, 750—1258）建立后，突厥士兵开始出现于哈里发国家的军队之中。817 年，阿拔斯哈里发国家在平息伊拉克反叛势力的过程中，首次使用突厥士兵组成的外籍新军，战绩颇佳。阿拔斯王朝哈里发穆尔台绥姆（Mu'tasim, 833—842 年在位）当政期间，曾经购买 7 万名突厥奴隶充当战士。

阿拔斯哈里发国家的藩属萨曼王朝（Samanid Dynasty, 874—999），系改奉伊斯兰教的古代波斯贵族后裔建立的穆斯林政权，采用艾米尔的称号，领有阿姆河与锡尔河之间的河中地区。位于阿姆河中游的撒马尔罕和布哈拉，相继成为萨曼王朝的都城。河中地区位于咸海以南，是连接伊朗与中亚的天然通道，亦是哈里发国

穆尔台绥姆时期的银币，公元 836 年铸造

家与突厥人交往的重要历史舞台,相互之间的交往方式则表现为频繁的战争、活跃的贸易、移民的浪潮和伊斯兰教的传播。萨曼王朝在其鼎盛阶段,屡屡征讨盘踞在中亚各地的突厥人,兵锋远至帕米尔高原西侧的怛罗斯,迫使喀喇汗国的都城向东迁至喀什噶尔(今新疆喀什)。在怛罗斯的清真寺,聚礼的穆斯林祝福着巴格达的阿拔斯哈里发和萨曼王朝的艾米尔。萨曼王朝以伊斯兰教作为国教,尊奉逊尼派,实行伊斯兰教法。萨曼王朝统治时期,中亚地区的伊斯兰化程度进一步加深。萨曼王朝的统治者奖掖伊斯兰教文化,撒马尔罕和布哈拉可谓群贤毕至,英才云集,宛若象征中亚伊斯兰教的两颗璀璨的明珠。名垂青史的穆斯林学者,包括医学家拉齐(al-Razi, 864—932)、哲学家法拉比(al-Farabi, 874—950)和比鲁尼(al-Biruni, 973—1048)、诗人费尔多西(al-Firdawsi, 940—1020)和鲁达基(Abu Abdullah Jafar Rudaki, 850—941),皆曾在萨曼王朝统治者的庇护下从事学术活动。

喀喇汗国(Krahanids, 840—1212)亦称黑汗王朝,位于中亚和新疆西部,兴起于9世纪中叶,分为东、西两支,东支都于巴拉沙衮(位于今吉尔吉斯斯坦境内),西支都于怛罗斯(位于今哈萨克斯坦境内)。喀喇汗国的突厥人原本并非穆斯林,信奉萨满教、拜火教以及摩尼教和佛教。10世纪初,喀喇汗国西支的可汗萨图克·博格拉汗(Satuk Boghra Khan, 910—955年在位)皈依伊斯兰教,成为首位信奉伊斯兰教的突厥可汗,自称苏丹。萨图克·博格拉汗之子巴依塔什(Bay Tash,生卒年不详)当政期间,宣布将伊斯兰教定为国教,20万帐(即20万户)突厥人皈依伊斯兰教,喀喇汗国由此成为突厥历史上第一个伊斯兰教王朝。喀喇汗国鼎盛阶段,领有东起新疆库车、西至咸海的中亚辽阔区域。在喀喇汗国统治下的中亚,突厥游牧族群经历了定居化和伊斯兰教化的转变过程。萨曼王朝的影响和苏菲教团的传教活动,是喀喇汗国和突厥人得以迅速实现伊斯兰教化的重要原因。

962年,突厥将领阿勒普特金(Alb Tikin, 962—977年在位)占据加兹尼城(Ghazni,位于今阿富汗境内的喀布尔西南150公里处),自立为艾米尔,建立加兹尼王朝(Ghaznevids, 962—1186)。976年阿勒普特金死后,其婿苏卜克特金(Subuktikin, 977—997年在位)承袭加兹尼王朝的统治权力,拓展疆域,攻占锡斯坦,夺取喀布尔和白沙瓦。苏卜克特金之子马哈茂德(Mahmud, 998—1030年在位)当政期间,加兹尼王朝国势极盛。999年,马哈茂德联合喀喇汗国,夹击布哈拉,灭亡萨曼王朝,并以阿姆河为界与喀喇汗国瓜分萨曼王朝的辖地。1006年,马哈茂德在巴勒黑击败喀喇汗国军队,进而夺取花剌子模。1029年,马哈茂德攻陷莱伊,占领伊朗西部诸地。马哈茂德不仅在伊斯兰世界东部横扫千军,而且以雷霆之势三次南下,远征印度。加兹尼王朝的征略,打开了穆斯林冲击印度的门户,尤其是奠定了印度西北部地区伊斯兰教化的基础。马哈茂德因此在伊斯兰世界声威大振,成为穆斯林仰慕的英雄,在伊斯兰史上首次获得加齐(Ghazi,意为圣战者)的桂冠。

二、塞尔柱突厥人称雄西亚

萨曼王朝建立后,在中亚诸地极力传播伊斯兰教,突厥人纷纷加入穆斯林的行列。北方的拜占庭边境和东方的中亚诸地,曾经构成穆斯林对异教徒发动圣战的前沿,吸引着来自伊斯兰世界腹地的众多圣战者,戍边拓土。萨曼王朝时期,突厥人相继皈依伊斯兰教,使穆斯林在中亚的圣战成为违背伊斯兰教法的行为,圣战者人数锐减,萨曼王朝的东部随之丧失应有的防御,边境门户洞开。突厥人改奉伊斯兰教以后,逐渐形成难以遏制的西进浪潮。

塞尔柱突厥人(Seljuk Turks)系突厥血统乌古斯(Oghuz)部落联盟的一支,因其首领塞尔柱·叶卡克(Seljuk Yekak,生卒年不详)而得名。10世纪末,塞尔柱·叶卡克率领族人离开中亚的吉尔吉斯草原,向西迁徙,进入锡尔河下游一带,先后依附于萨曼王朝和加兹尼王朝。塞尔柱突厥人原本信奉萨满教,西迁之后改奉伊斯兰教,加入逊尼派穆斯林的行列,成为萨曼王朝和加兹尼王朝的加齐战士,致力于发动对于异教徒的圣战。1025年,正值加兹尼王朝的马哈茂德南下印度之时,塞尔柱突厥人越过阿姆河,进入伊朗高原的东部。1040年,塞尔柱突厥人在木鹿附近的丹丹坎击败马哈茂德之子麦斯欧德(Mas'ud, 1030—1040年在位)的军队,夺取呼罗珊(Khorasan,位于今伊朗东北部)。随后,塞尔柱突厥人首领图格里勒(Tugrul, 1040—1063年在位)自称伯格(意为头领),定都内沙浦尔,并挥师西进,击败什叶派穆斯林政权白益王公的军队,攻陷莱伊、哈马丹、伊斯法罕诸城,占领伊朗全境,兵抵阿塞拜疆和亚美尼亚。

波斯血统的白益王公(al-Buwayhiyyah)祖居里海南岸,945年入主巴格达,此后称雄伊斯兰世界腹地长达一个世纪之久。白益王公尊奉什叶派伊斯兰教,无视阿拔斯王朝哈里发的宗教权威。1055年,图格里勒应阿拔斯哈里发嘎伊姆(Qa'im, 1030—1070年在位)之召,兵抵巴格达城下。白益王公属下的巴格达守将白萨希里无力抵御塞尔柱人，弃城逃走。哈里发嘎伊姆遂将图格里勒迎入巴格达，赐封他为东方和西方的苏丹（Sultan，“苏丹”一词在阿拉伯语中本意为权柄，引申为君主），统揽阿拔斯王朝的所有世俗权力，视若逊尼派伊斯兰教的捍卫者。此后，阿拔斯王朝的哈里发作为象征性的宗教领袖，受到塞尔柱突厥人的礼遇。1058 年，白萨希里趁图格里勒出征北方之机，纠集残部，卷土重来，攻入巴格达。不久后，图格里勒班师伊拉克，白萨希里兵败身亡。

1063 年图格里勒死后，其侄阿勒卜·阿尔斯兰继任苏丹。阿勒卜·阿尔斯兰（Alb Arslan，突厥语中意为雄狮，1063—1072 年在位）尚武善骑，长于征战，即位以后，离开内沙浦尔，迁都伊朗西部的伊斯法罕。阿勒卜·阿尔斯兰当政期间，与喀喇汗国实行联姻政策，娶喀喇汗国公主为妻，并将自己的女儿远嫁喀喇汗国。在稳定东部边境之后，塞尔柱突厥人大举进攻伊斯兰世界的宿敌拜占庭帝国，于 1064 年占领亚美尼亚首府阿尼。1071 年，阿勒卜·阿尔斯兰在凡湖以北的曼齐喀特（Manzikert，位于今土耳其境内马拉吉特）重创拜占庭军队，俘获拜占庭皇帝罗曼努斯，取得圣战的决定性胜利，彻底摧毁了拜占庭帝国的东部防线，占领了亚美尼亚全境和安纳托利亚大部。

塞尔柱苏丹阿勒卜·阿尔斯兰羞辱俘获的拜占庭皇帝罗曼努斯四世

曼齐喀特战役无疑是安纳托利亚历史进程的重要转折点。长期以来，陶鲁斯山（Taurus Mountains）是伊斯兰世界与基督教世界的天然分界线，倭马亚王朝和阿拔斯王朝的历代哈里发虽然屡屡兵抵君士坦丁堡城下，却始终未能深入陶鲁斯山北侧基督徒生活的地区。曼齐喀特战役以后，曼齐喀特战役无疑是安纳托利亚历史进程的重要转折点。塞尔柱突厥人自亚美尼亚长驱西进，陶鲁斯山北侧广大地区成为穆斯林新的家园。与此同时,塞尔柱突厥人击败什叶派穆斯林政权法蒂玛王朝,夺取叙利亚,收复希贾兹的两座圣城麦加和麦地那。

阿勒卜·阿尔斯兰之子马立克沙(Malik Shah, 1072—1092 年在位)于 1072 年即位后,定都木鹿。1081 年,塞尔柱突厥人攻占中亚重镇布哈拉和撒马尔罕,兵锋远至费尔干纳和花剌子模。马立克沙当政期间,塞尔柱突厥人的势力达到顶峰,东起中亚、西至叙利亚和小亚细亚半岛、北起亚美尼亚、南至阿拉伯海的广大地区尽归其所有。1091 年,马立克沙离开木鹿,迁都巴格达。在星期五聚礼的呼图白中,巴格达的穆斯林祝福阿拔斯王朝的哈里发,同时祝福塞尔柱突厥人的苏丹。马立克沙还将女儿许配给哈里发穆格台迪(Muqtadi, 1075—1094 年在位),与阿拔斯家族结为姻亲。

阿勒卜·阿尔斯兰和马立克沙当政期间,波斯人尼扎姆·穆勒克(Nizam al-Mulk, 1018—1092)出任维齐尔(Wazir),辅佐苏丹,整顿朝纲,推行新政,发展生产,改善交通,使饱受战乱的西亚诸地逐渐恢复了往日的繁荣景象,政绩颇佳。塞尔柱突厥人素有尚武的传统,亦深受波斯文化的影响,而尼扎姆·穆勒克青睐文治,崇尚学术。在尼扎姆·穆勒克的庇护和赞助下,波斯血统的教义学家安萨里(al-Ghazzali, 1058—1111)完成了神学名著《圣学复苏》,波斯血统的诗人欧默尔·赫亚姆(Umar al-Khayyam, 1040—1123)完成了文学佳作《鲁拜集》。尼扎姆·穆勒克还耗费巨资,在巴格达创办尼扎米叶大学,传授逊尼派伊斯兰教的神学思想和教义学说,旨在抗衡什叶派政权法蒂玛王朝在开罗创办的爱兹哈尔大学。尼扎姆·穆勒克著有《政治论》一书,阐述治国之道,影响甚广,足以与西方学者马基雅维利的《君主论》相媲美。

1092 年马立克沙死后,塞尔柱突厥人分裂。马立克沙之子桑贾尔(Sanjar, 1092—1157 年在位)承袭父位,以大塞尔柱苏丹的名义领有呼罗珊。与此同时,马立克沙的兄弟台台什领有叙利亚,马立克沙之子巴基亚卢格控制伊朗,家族内讧,兵戎相见。1157 年,桑贾尔死于木鹿。此后,塞尔柱突厥帝国急剧衰落,所辖领地被来自中亚的另一突厥人政权花剌子模沙王朝(Sulalah Khuwarazm Shah, 951—1231)吞并,塞尔柱突厥帝国名存实亡。

三、安纳托利亚的鲁姆苏丹国

自 7 世纪中叶开始,安纳托利亚成为拜占庭帝国仅存的亚洲领土,安纳托利亚南侧的陶鲁斯山则是拜占庭帝国抵御阿拉伯穆斯林进攻的天然屏障。

安纳托利亚曾经是希腊人的世界，处于拜占庭帝国的统治之下，自公元4世纪后期开始进入基督教化的时代。1071年曼齐喀特战役后，拜占庭帝国的东部边境门户洞开，塞尔柱突厥人自东向西拥入安纳托利亚，安纳托利亚的政治格局、人种构成和宗教信仰随之逐渐改变。塞尔柱苏丹阿勒卜·阿尔斯兰将安纳托利亚赐封其族弟苏莱曼·库特卢米什；1077年，苏莱曼·库特米鲁什(Sulayman Kutlumish, 1077—1086年在位)自立为苏丹，建立鲁姆苏丹国(Sultanate of Rum, 1077—1308)，都于尼西亚(Nicaea，今土耳其的伊兹尼克)，尊奉逊尼派伊斯兰教，领有安纳托利亚东部和中部直至爱琴海沿岸的广大地区，拜占庭帝国在安纳托利亚的疆域仅限于君士坦丁堡和黑海沿岸的特拉布宗一带。鲁姆苏丹国于1116年迁都科尼亚，故而亦称科尼亚苏丹国。苏莱曼·库特米鲁什创立鲁姆苏丹国以后，一度试图争夺伊斯兰世界的霸主地位，进军叙利亚北部重镇阿勒颇，1086年兵败身亡。苏莱曼·库特卢米什死后，鲁姆苏丹国致力于对基督徒的圣战，安纳托利亚成为鲁姆苏丹国的立国之地。

曼齐喀特战役之后，拜占庭帝国的形势岌岌可危，拜占庭帝国皇帝被迫求助于罗马教皇。1096年，历时近两个世纪之久的十字军东征拉开序幕。此后的两个世纪，鲁姆苏丹国在安纳托利亚顽强抵御来自西欧诸国的十字军发动的攻势。13世纪前期，鲁姆苏丹国的国势达到鼎盛，攻占地中海沿岸城市安塔利亚和黑海沿岸城市锡诺普，控制穿越安纳托利亚的国际商路，迫使拜占庭帝国残部尼西亚帝国和特拉布宗帝国称臣纳贡。

曼齐喀特战役

1243年，塞尔柱突厥人在锡瓦斯东北60公里处的科赛达格(Kosedag)败于大举西征的蒙古军，科尼亚的苏丹被迫向蒙古军称臣纳贡，直至沦为蒙古四大汗国之一伊儿汗国(Il-Khanate, 1256—1388)的附庸。此后，鲁姆苏丹国逐渐衰落，诸多埃米尔国(亦称公国)遂各自为政，号令一方。其中，卡拉曼(Karaman)埃米尔国占据安纳托利亚的中南部，定都于鲁姆苏丹国旧都科尼亚，特克(Teke)埃米尔国控制安纳托利亚的东南部沿海，定都于安塔利亚，特克埃米尔国以北是哈米德(Hamid)埃米尔国和格尔米延(Germiyan)埃米尔国,分别定都于伊斯帕尔塔和屈塔希亚,爱琴海南岸系门特什(Mentese)埃米尔国的领地,艾丁(Aydin)埃米尔国和萨鲁罕(Saruhan)埃米尔国位于门特什埃米尔国以北,分别定都于伊兹密尔和玛尼萨(旧称马格尼西亚),萨鲁罕埃米尔国以北至达达尼尔海峡是卡列西(Karesi)埃米尔国,定都于巴勒克埃西,卡列西埃米尔国的西北侧是奥斯曼埃米尔国。此间,罗马教皇曾经派遣多米尼克派和方济会修士向西征的蒙古人布道,试图争取入主安纳托利亚的蒙古人皈依基督教,无果而返。波斯人贾拉伦丁·鲁米(Celaleddin Rumi, 1207—1273)祖居阿富汗的巴勒黑,后迫于蒙古西征的压力,移居鲁姆苏丹国都城科尼亚,从事诗歌创作,堪称最伟大的苏菲派神秘主义诗人,所作长诗《玛斯纳维》甚至被誉为“波斯文的古兰经”。苏菲派长老希哈卜丁·苏赫拉瓦尔迪(Shihab al-Din al-Suhrawardi, 1153—1191)和穆希丁·阿拉比(Muhieddin Ibn Arabi, 1165—1240)亦曾于此间在安纳托利亚传布神秘主义哲学思想。1308年,鲁姆苏丹国的末代苏丹被蒙古伊尔汗国的统治者处死,鲁姆苏丹国的历史最终结束。

作者点评

土耳其人作为突厥人的分支,其生活的家园在历史的长河中经历了沧海桑田的变化。阿拉伯穆斯林的东征,密切了哈里发国家与中亚土著族群之间的联系和交往。伊斯兰教在中亚的广泛传播,逐渐淡化着西亚与中亚之间的信仰差异,进而敞开了突厥人西迁的大门。在阿拔斯王朝日渐衰落之际,突厥人在伊斯兰世界异军突起,成为主宰哈里发国家命运的崭新政治力量。骁勇善战的突厥战士在圣战的旗帜下踏上了安纳托利亚广袤的土地,深刻改变了安纳托利亚的历史进程,开辟了安纳托利亚之突厥化和伊斯兰教化的先河。

第三章
征战中崛起的奥斯曼帝国

一、 奥斯曼国家的兴起

安纳托利亚地处基督教世界与伊斯兰教世界的中间地带。长期以来，穆斯林与基督徒在安纳托利亚频繁交战，形成深刻的宗教对立。信仰的狂热和对于战利品的渴望，驱使着来自伊斯兰世界腹地的穆斯林拥向圣战的前沿。十字军东征时期，叙利亚成为穆斯林与基督徒交锋的主要区域，穆斯林与基督徒在安纳托利亚的宗教对抗有所缓解。十字军东征结束后，安纳托利亚的战事再度进入高潮。穆斯林与基督徒之间的激烈厮杀，吸引来自伊斯兰世界的圣战者不断拥入安纳托利亚。以捍卫信仰的名义劫掠异教徒的土地和战利品，则是驱使穆斯林加入圣战者行列的直接诱因。在穆斯林看来，圣战的胜利既是物质财富的来源，更是权力合法性的根基。

奥斯曼人(Uthmans)的国家脱胎于穆斯林在安纳托利亚发动的圣战实践，奥斯曼国家的兴起可谓安纳托利亚之穆斯林圣战实践的逻辑结果和历史产物。另一方面，13 世纪蒙古帝国兴起以后，大批突厥血统的穆斯林迫于蒙古西征的强大压力，从亚洲大陆腹地的中亚和伊朗高原自东向西移入安纳托利亚，进而导致安纳托利亚人口构成的明显变化。蒙古西征无疑加快了安纳托利亚的突厥化和伊斯兰教化的进程，而安纳托利亚的突厥化和伊斯兰教化则是奥斯曼人异军突起的重要社会基础。

奥斯曼人与 11 世纪入主西亚的塞尔柱人同属突厥人乌古斯(Oguz)部落联盟的分支，因其首领奥斯曼而得名，曾经在伊朗高原东北部的呼罗珊地区从事游牧活动，尊奉逊尼派伊斯兰教。13 世纪初，由于受到蒙古西侵的威胁，乌古斯部落联盟的分支凯伊(Kayi)部落离开呼罗珊地区，向西迁至幼发拉底河上游。凯伊部落在其首领苏莱曼(Sulayman,生卒年不详)死后分裂为两支,其中一支返回呼罗珊地区并依附于蒙古征服者,另一支大约400帐(即400户)在苏莱曼之子厄尔图格鲁尔(Ertugrul, ?—1281)率领下进入安纳托利亚。相传,厄尔图格鲁尔曾经在率部迁徙的途中,遭遇鲁姆苏丹阿拉丁的队伍与入侵安纳托利亚的蒙古军交战,遂加入鲁姆苏丹阿拉丁一方,与蒙古军厮杀,直至击败蒙古军。作为回报,阿拉丁将安纳托利亚西北部的瑟于特(Sugut)地区(位于今土耳其城市埃斯基谢希尔附近)赐予厄尔图格鲁尔。瑟于特地处萨卡利亚河中游,毗邻拜占庭帝国的比提尼亚行省。此后,厄尔图格鲁尔率部依附于鲁姆苏丹国,戍守鲁姆苏丹国与拜占庭帝国之间的边境地带,致力于讨伐基督徒的圣战。

奥斯曼召集加齐勇士

1281年厄尔图格鲁尔死后,其子奥斯曼承袭父职,史称奥斯曼一世(Uthman Ⅰ, 1258—1324, 1281—1324年在位),是为奥斯曼人历史的开端。拜占庭史家将奥斯曼称为奥特曼(Atman),意为酋长。奥斯曼一世1258年出生于安纳托利亚东北部的瑟于特,承袭父职后,娶苏菲教团长老艾德巴里之女玛尔哈顿为妻,接受艾德巴里赠予的宝剑,得到苏菲教团的支持,进而以圣战的名义袭击拜占庭帝国的边境,抢劫财物,向西北方拓展疆土,兵抵比提尼亚(Bithynia),进而围攻拜占庭帝国城市尼西亚(Nicaea,今土耳其城市伊兹尼克)。1299年,奥斯曼人占领耶尼谢希尔(Yenisehir),是为奥斯曼人在安纳托利亚占领的第一座拜占庭城市。此后,奥斯曼一世自称加齐,在其领地范围建立国家,奥斯曼人的国家由此初具雏形。奥斯曼一世是十分虔诚的穆斯林,恪守宗教功修,生活简朴,热衷对基督徒的圣战,史书称奥斯曼为“部落首领,加齐英雄”。

13世纪的安纳托利亚是穆斯林圣战的前沿,而在加齐云集的圣战前沿中脱颖而出的前提条件，是取得圣战的重大胜利和被安纳托利亚的穆斯林首领塞尔柱苏丹赐封贝伊（Bey）的称号。奥斯曼一世于1301年在巴法埃农击败救援尼西亚的拜占庭帝国军队两千人，旋即被鲁姆苏丹国的苏丹阿拉丁二世授予贝伊的称号，获赠作为权力标志的战袍、战旗、战马和战鼓。巴法埃农之战的胜利提高了奥斯曼一世的声望，来自安纳托利亚各地的圣战者纷纷慕名投奔奥斯曼的帐下。随后，奥斯曼一世的队伍越过萨卡里亚河，进入布尔萨平原。1302年阿拉丁二世死后，鲁姆苏丹国分裂，奥斯曼一世遂放弃贝伊的称号，改称埃米尔（Amir），创建奥斯曼埃米尔国，驰骋于尼西亚和布尔萨周围的乡村牧场，定都萨卡利亚河谷的卡拉加希萨尔［Karacahisar，卡拉加希萨尔原为希腊人的主教驻地，距离布尔萨（Bursa）约两天的路程］，继而向黑海和马尔马拉海方向拓展领土。

乌尔汗

布尔萨位于安纳托利亚的西北部，地处乌卢山南麓，是一座始建于公元前3世纪的城市，建城之初名为普鲁萨，曾经是拜占庭帝国的军事重镇。奥斯曼人于1317年起围攻拜占庭军队重兵防守的布尔萨，1324年攻陷布尔萨。奥斯曼一世死于布尔萨陷落之时，奥斯曼一世死后，其子乌尔汗（Orhan，1326—1360年在位）即位。1324年奥斯曼人占领布尔萨后，乌尔汗移都于此，自称苏丹，被后来的史家视作奥斯曼帝国之始，而乌尔汗则被誉为奥斯曼帝国的真正创立者。乌尔汗将奥斯曼一世的遗体葬于布尔萨城内一处由基督教堂改建而成的清真寺内，《伊本·白图泰游记》一书中曾经有所提及，布尔萨由此成为奥斯曼人心目中的圣城。

1329年，拜占庭帝国皇帝安德洛尼卡三世试图救援处于奥斯曼人围困下的尼西亚,途中败于贝勒卡侬。此后,乌尔汗发动一系列圣战,于 1331 年攻占尼西亚,1337 年攻占尼科米底亚(今称伊兹米特),1338 年攻占于斯屈达尔,直至兼并原属鲁姆苏丹国的大部领土,成为安纳托利亚最具实力的穆斯林政权,进而将扩张的矛头指向巴尔干半岛。1345 年,乌尔汗兼并卡列西埃米尔国,兵临马尔马拉海,控制达达尼尔海峡,进而打开通向欧洲的大门。1354 年,乌尔汗的长子苏莱曼(Sulayman)率军东征,攻占安卡拉。

穆拉德一世(Murad Ⅰ, 1360—1389 年在位)当政时期,兼并格尔米延埃米尔国和哈米德埃米尔国,降服卡拉曼埃米尔国,占领贝伊谢希尔和安塔利亚,控制安纳托利亚中部。穆拉德一世死后,巴叶济德一世(Bayezid Ⅰ, 1389—1402 年在位)即位。科索沃战役结束后,巴叶济德一世自巴尔干半岛挥师东进,横扫盘踞在安纳托利亚的诸多突厥人割据势力。1390 年,巴叶济德一世征服爱琴海沿岸的萨鲁罕埃米尔国、艾丁埃米尔国和门特什埃米尔国。1397 年,巴叶济德一世的军队占领安纳托利亚内陆重镇科尼亚,兼并卡拉曼埃米尔国。

14 世纪末,帖木儿帝国(Timurid Empire, 1370—1501)崛起于中亚。帖木儿(Timur, 1336—1405)是突厥化的蒙古察哈台汗国(Chagatai Khanate)贵族后裔,1370 年在撒马尔罕建国,进而征服伊朗、阿富汗以及南高加索地区的格鲁吉亚和亚美尼亚。1398 年,帖木儿的军队一度攻入印度北部,洗劫德里。帖木儿的军队于 1400 年攻入叙利亚,击败马木路克王朝(Mamluk Sultanate, 1250—1517)的守军,占领阿勒颇和大马士革。1402 年,帖木儿率军 15 万人攻入安纳托利亚。帖木儿的大军自锡瓦斯出发,沿克孜勒河向西,穿过卡帕多西亚,到达安卡拉城外的齐布克平原,与巴叶济德率领的奥斯曼军队 7 万人交锋。奥斯曼军队战败,巴叶济德一世被俘后忍辱而死,安纳托利亚归降帖木儿帝国,奥斯曼帝国由此进入大空位期(Interregnum, 1402—1423)。

安卡拉战役后,帖木儿恢复格尔米延、萨鲁罕、艾丁、门特什和卡拉曼诸埃米尔国在其原有领地的统治权,巴尔干半岛的塞尔维亚人、瓦拉几亚人和阿尔巴尼亚人亦相继反叛。奥斯曼人在安纳托利亚仅保留东起阿玛西亚、西至布尔萨和马尔马拉海的地带,由帖木儿分别赐封给巴叶济德的四个儿子伊萨(Isa)、苏莱曼(Sulayman)、穆罕默德(Muhammed)和穆萨(Musa)。其中,伊萨领有布尔萨和安纳托利亚西部,苏莱曼领有埃迪尔内和巴尔干半岛南部一隅,穆罕默德领有阿玛西亚和托卡特一带,穆萨处于穆罕默德的监护之下。

1403年,苏莱曼与拜占庭皇帝签署协议,以归还塞萨罗尼基为条件,换取拜占庭皇帝的支持。

巴叶济德一世被帖木儿俘获后忍辱而死

帖木儿返回中亚以后,巴叶济德一世的四子之间相互厮杀,内战持续了10年之久。1404年,苏莱曼的军队夺取布尔萨,控制安纳托利亚西部。1409年,穆罕默德指使穆萨潜入巴尔干半岛,在瓦拉几亚人的支持下控制保加利亚东部和色雷斯,迫使苏莱曼撤军,安纳托利亚西部遂成为穆罕默德的领地。1411年,穆萨攻占埃迪尔内,苏莱曼死于逃往君士坦丁堡的途中。1413年,穆罕默德的军队越过博斯普鲁斯海峡,夺取埃迪尔内,穆萨在索菲亚附近兵败身亡。随后,穆罕默德在埃迪尔内继任苏丹,是为穆罕默德一世(Muhammed Ⅰ,1413—1421年在位)。1415年,穆罕默德一世占领卡拉曼埃米尔国西部,重新兼并萨鲁罕埃米尔国。1421年穆罕默德一世死后,其子穆拉德在布尔萨即位,是为穆拉德二世(Murad Ⅱ,1421—1451年在位)。穆拉德二世即位后,首先平息觊觎苏丹权位的奥斯曼人反叛。1422年,已故苏丹穆罕默德的胞弟

穆拉德二世

穆斯塔法在拜占庭帝国的支持下举兵反叛，占据鲁美利亚，在埃迪尔内自称苏丹，旋即被苏丹穆拉德二世处死。1423 年，穆拉德二世的胞弟小穆斯塔法举兵反叛，自称苏丹，占据伊兹尼克，亦被处死。随后，穆拉德二世出兵围攻君士坦丁堡，继而于 1424 年灭亡艾丁埃米尔国，1425 年灭亡门特什埃米尔国，1428 年灭亡格尔米延埃米尔国。奥斯曼帝国再度中兴。

二、 对基督教世界的征战

1341 年拜占庭帝国皇帝安德洛尼卡三世（Andronicus Ⅲ）死后，其子巴列奥略（Palaiologos）在君士坦丁堡加冕即位，称约翰五世（John Ⅴ）。康塔库尊（Cantacuzene）拒绝承认约翰五世，在色雷斯自立为拜占庭帝国皇帝，是为约翰六世（John Ⅵ）。1342 年，巴列奥略与康塔库尊之间为争夺拜占庭帝国皇位而爆发内战。1346 年，康塔库尊与奥斯曼人结盟，将其女狄奥多拉许配给乌尔汗为妻。同年，乌尔汗的长子苏莱曼率军 6 000 人开赴色雷斯援助康塔库尊，夺取伊斯坦布尔以北的黑海沿岸地区，是为奥斯曼人首次踏上欧洲的土地。

斯蒂芬・杜尚加冕

1331 年，斯蒂芬・杜尚（Stephen Dusan）继承塞尔维亚王位。斯蒂芬・杜尚即位后，利用拜占庭帝国内讧之机，开疆拓土，夺取阿尔巴尼亚、色雷斯和马其顿地区，俨然成为巴尔干半岛的霸主。1346 年，斯蒂芬・杜尚自称塞尔维亚人和希腊人的皇帝，继而与威尼斯人结盟，君士坦丁堡成为塞尔维亚人和威尼斯人觊觎的目标。1349 年,乌尔汗出兵两万帮助拜占庭帝国击败塞尔维亚统治者斯蒂芬·杜尚的军队,收复一度为塞尔维亚人占领的塞萨罗尼基(Thessaloniki)。1352 年,巴列奥略与康塔库尊之间内战再起,乌尔汗派遣苏莱曼率军驰援康塔库尊,兵锋一度远至亚德里亚堡。1354 年,苏莱曼率军渡过达达尼尔海峡,占领了达达尼尔海峡欧洲一侧的加里波利(Gallipoli)半岛。苏莱曼将突厥穆斯林战士从安纳托利亚移入加里波利半岛,加里波利半岛随之成为奥斯曼人进攻巴尔干半岛的桥头堡。1362 年,色雷斯重镇迪米托卡亦被突厥穆斯林战士攻陷。加里波利半岛陷落后,君士坦丁堡处于奥斯曼人的直接威胁之下,基督教世界为之震惊。罗马教皇和西欧基督教世界开始筹划发动新的十字军东征,意欲拯救君士坦丁堡,抵御伊斯兰教向欧洲的传播,进而实现东西教会即天主教会与东正教会的统一。

穆拉德一世当政时期,延续乌尔汗生前的扩张路线,奥斯曼人绕过君士坦丁堡,开始大规模进军东南欧地区。此时的东南欧地区在政治上四分五裂,斯蒂芬·杜尚死后的巴尔干半岛犹如一盘散沙。民族矛盾和教派对立的错综交织、基督徒王公的内讧、东正教与天主教之间的分歧、民众不满情绪的蔓延,以及伊斯兰教的宗教宽容政策,提供了奥斯曼人得以征服巴尔干半岛的外在条件。另外,在欧洲基督教世界尚未出现职业化军队的时代,耶尼切里雇佣军作为奥斯曼帝国的职业化战士,训练有素,装备精良,占据明显的军事优势。

亚得里亚堡(Adrianople)亦称哈德良堡(Hadrianopolis),地处色雷斯、希腊与保加利亚之间,是罗马帝国皇帝哈德良在征服巴尔干半岛后建立的军事要塞,扼守君士坦丁堡通往巴尔干半岛腹地的交通要道,战略地位极其重要。罗马帝国军队于 378 年在亚得里亚堡与哥特人发生激战,罗马皇帝瓦伦斯兵败身亡。1357 年苏莱曼死后,穆拉德负责戍守加里波利半岛,奥斯曼人逐渐控制马里查河谷以及君士坦丁堡通往亚得里亚堡的道路,形成对亚得里亚堡的包围态势。1361 年,奥斯曼军队攻占亚德里亚堡,切断拜占庭帝国首都君士坦丁堡与巴尔干半岛之间的联系,东南欧地区门户洞开。穆拉德一世于 1365 年将奥斯曼国家首都从布尔萨迁至亚德里亚堡,亚德里亚堡改称埃迪尔内(Edirne)。穆拉德一世迁都巴尔干半岛边境城市埃迪尔内,预示着奥斯曼人在东南欧方向的进一步征战。

1363 年,奥斯曼军队占领菲利比[Filibe,今保加利亚第二大城市普罗夫迪夫(Plovdiv)],切断希腊与保加利亚之间的联系,控制君士坦丁堡的谷物供应，迫使拜占庭帝国皇帝臣服于奥斯曼苏丹。然而，面对奥斯曼人的威胁，巴尔干半岛的基督教王公不甘效仿拜占庭皇帝，拒绝向苏丹俯首称臣。1364年，塞尔维亚、波斯尼亚和匈牙利的基督教王公组成联军，在匈牙利国王路易的统率下开赴马里查(Maritsa)河谷，驱赶刚刚踏上巴尔干半岛土地的奥斯曼人，遭遇奥斯曼人的伏击，兵败而退，数以千计的基督徒溺亡于马里查河，是为巴尔干半岛的基督徒携手抗衡奥斯曼人入侵的首次尝试，史称“塞尔维亚人的溃败”(Serbian Defeat)。

1366年，罗马教皇发布诏书，呼吁欧洲基督徒对信奉伊斯兰教的奥斯曼人发动他们心中的圣战。随后，萨伏伊伯爵阿曼德斯二世的舰队从奥斯曼人手中夺回加里波利要塞，归还拜占庭皇帝。然而，加里波利的得而复失已经无法阻止奥斯曼人在巴尔干半岛的进攻势头。1376年，拜占庭皇帝安德罗尼库四世将加里波利重新献给苏丹穆拉德一世，作为奥斯曼人支持其走上王位的酬谢。

1371年，奥斯曼军队在马里查河畔的塞尔诺文击败塞尔维亚人，迫使巴尔干诸地向穆拉德一世称臣纳贡。此次战役史称第二次马里查战役，奥斯曼帝国编年史则称之为“塞尔维亚人的毁灭”。第二次马里查战役后，保加利亚被纳入奥斯曼帝国的版图。

奥斯曼军队自1380年起发动新的攻势，1383年占领塞里兹，1385年占领索菲亚，1386年占领尼什，1387年占领塞萨罗尼基。1389年，巴尔干诸地发生反叛，塞尔维亚人以及保加利亚人、波斯尼亚人、匈牙利人和阿尔巴尼亚人组成联军，在塞尔维亚国王拉扎尔(Lazar)统率下进攻奥斯曼军队。塞尔维亚联军逾10万人，奥斯曼军队大约6万人，双方在科索沃(Kosovo)平原展开决战。据史书记载，一个塞尔维亚贵族潜入奥斯曼军营，用浸过毒药的匕首刺死苏丹穆拉德一世。穆拉德一世之子巴叶济德一世随后向塞尔维亚人发起进攻，擒获塞尔维亚国王拉扎尔，并下令处死包括拉扎尔在内的所有战俘，由此获得“雷电”的绰号。科索沃战役可谓奥斯曼人与塞尔维亚人之间的决战，科索沃战役的结局奠定了奥斯曼帝国征服塞尔维亚的基础。其后，塞尔维亚联军残部退出战场，奥斯曼军队亦暂时中止了进一步的军事行动。

自1392年起，巴叶济德一世在平息安纳托利亚的反叛后，首度围困君士坦丁堡，迫使拜占庭帝国皇帝曼努埃尔二世(Manuel Ⅱ，1391—1425年在位)做出承诺，在君士坦丁堡城内建造清真寺，开辟一处城区作为突厥广场，

科索沃战役

允许奥斯曼帝国在金角湾北岸驻扎军队，增加向奥斯曼帝国缴纳贡赋。之后，巴叶济德一世在巴尔干半岛发起新一轮的军事攻势，于1392年收复一度攻占其后得而复失的尼科堡（Nicopolis，位于今保加利亚境内），降服塞尔维亚和匈牙利，重新占领保加利亚，攻入瓦拉几亚（Wallachia，今罗马尼亚）。相传，巴叶济德一世曾经立誓征服匈牙利和意大利，在罗马的圣

瓦拉几亚

彼得大教堂饮马庆功。1394 年,开罗的哈里发穆台瓦基勒(Mutawakil)赐封巴叶济德一世以苏丹的称号。1395 年,巴叶济德一世挥师攻入伯罗奔尼撒半岛,继而攻占希腊全境,瓦兰吉亚大公米尔恰亦被迫向奥斯曼人苏丹俯首称臣。

1396 年,匈牙利国王西吉斯蒙德(Sigismund)统率的匈牙利军队与来自法国、英国、德国的十字军组成的联军,自布达沿多瑙河南下,围攻多瑙河下游的奥斯曼军事要塞尼科堡。尼科堡亦称尼科波利斯,位于保加利亚境内。巴叶济德一世亲率大军从君士坦丁堡驰援尼科堡,击溃西吉斯蒙德统率的基督教联军,俘获万人,进而完成对于巴尔干半岛的征服。尼科堡战役之后,巴叶济德一世挥师安纳托利亚,1397 年占领科尼亚,1398 年占领锡瓦斯,控制黑海沿岸。拜占庭帝国此时大势已去,仅余几座孤城,从亚得里亚海和匈牙利平原至幼发拉底河的广大地区被纳入奥斯曼苏丹国的版图,首都君士坦丁堡四面楚歌,危在旦夕。

穆罕默德一世

1402 年安卡拉战役后,奥斯曼人遭受重创,继而陷入争夺苏丹权位的内讧,拜占庭帝国得以侥幸苟延残喘。苏丹穆罕默德一世即位后,重振国势,恢复疆土。1422 年,穆拉德二世借口拜占庭皇帝干预苏丹的权位继承,进攻君士坦丁堡,迫使拜占庭皇帝割让君士坦丁堡城周围除供水区外的所有地区,每年缴纳 3 万金币作为岁贡。1430 年,穆拉德二世的军队击败威尼斯人,再度攻陷塞萨洛尼基,控制爱琴海水域。1436 年,奥斯曼帝国再度占领阿尔巴尼亚,继而平息塞尔维亚人的反叛。

1441 年,匈牙利人反叛,奥斯曼帝国军队被迫退出塞尔维亚南部。1443 年,基督教十字军进入保加利亚,夺回索菲亚。1444 年,奥斯曼军队在保加利亚的黑海沿岸城市瓦尔纳(Varna)击败匈牙利国王弗拉迪斯拉夫(Vladislav)率领的基督教十字军。1448 年,穆拉德二世在科索沃平原再度取胜,洪雅迪(Hunyadi)率领的匈牙利军队战败求和,是为第二次科索沃战役。

穆拉德二世的胜利巩固了奥斯曼人在东南欧地区的统治地位，巴尔干半岛的基督徒丧失了反击奥斯曼人的最后力量。

君士坦丁堡地处亚欧大陆的接合部，扼守黑海与地中海的通道。夺取君士坦丁堡，是历代穆斯林统治者的夙愿。穆罕默德二世(Muhammed Ⅱ，1451—1481 年在位)即位时，拜占庭帝国领土丧失殆尽，财源枯竭，首都君士坦丁堡尽管地势险要，城墙坚固，然而城内人口锐减，防务空虚，兵力不足万人，无力抵御奥斯曼人发动的强大攻势。穆罕默德二世即位后，首先出兵攻占伯罗奔尼撒半岛，在安纳托利亚西部平息卡拉曼公国的反叛，进而将矛头指向君士坦丁堡。1452 年，奥斯曼人继巴叶济德一世在博斯普鲁斯海峡亚洲一侧构筑城堡之后，又在博斯普鲁斯海峡的欧洲一侧构筑新的城堡，名为鲁美利西萨里(Rumeli Hisari)，作为进攻君士坦丁堡的军事要塞，配置大量火炮，其中包括两门巨型火炮。1453 年 4 月 6 日，穆罕默德二世指挥 5 万人的大军和数百艘战船，分别从陆路和海路发起进攻，经过 53 天的鏖战，于 5 月 29 日攻陷君士坦丁堡。热那亚人是奥斯曼军队攻陷君士坦丁堡的内应，奥斯曼帝国给予保留热那亚人在君士坦丁堡城内加拉塔区的商业殖民地特权作为条件。在热那亚人

穆罕默德二世

19 世纪末博斯普鲁斯海峡景色

的暗中配合下，奥斯曼军队利用涂油板将数十艘战船运至加拉塔(Galata)山丘，然后用战船搭成浮桥，潜入金角湾，从君士坦丁堡侧面发起攻击，从而突破拜占庭守军的防线。君士坦丁堡继1204年被第四次十字军攻陷之后再遭厄运，历时千年之久的拜占庭帝国至此寿终正寝。穆罕默德二世于攻陷城池的当日进入君士坦丁堡，在城内的圣索菲亚教堂主持了征服者的聚礼，宣布圣索菲亚教堂从此改为穆斯林的清真寺。君士坦丁堡改称伊斯坦布尔(Istanbul)，成为奥斯曼帝国的首都。在部分欧洲基督徒的眼中，奥斯曼帝国的苏丹俨然是罗马文明和拜占庭帝国的继承人。

穆罕默德二世进入君士坦丁堡

君士坦丁堡陷落后，穆罕默德二世延续在黑海、巴尔干半岛和东地中海的战事。1454年，奥斯曼帝国的舰队驶入黑海，迫使黑海沿岸的热那亚人向伊斯坦布尔的苏丹称臣纳贡。奥斯曼帝国于1459年占领热那亚人在黑海沿岸建立的商业据点阿玛斯拉，1461年占领热那亚人在黑海沿岸建立的另一处商业据点锡诺普(Sinop)，同年占领拜占庭帝国在黑海沿岸的最后据点特拉布宗。1475年，奥斯曼帝国舰队占领热那亚人在黑海北岸克里米亚半岛建立的商业据点卡法，进而迫使克里米亚汗国向苏丹称臣纳贡。至此，黑海成为奥斯曼帝国的内湖。

在巴尔干半岛战场，奥斯曼帝国于1455年占领塞尔维亚的银矿产地诺维萨德(Novi Sad)，1456年兵抵贝尔格莱德。1458年，奥斯曼帝国连续发动四次战役，完成对于塞尔维亚地区的再征服，多瑙河成为奥斯曼帝国与匈牙利王国的分界线，整个多瑙河以南地区均被纳入奥斯曼帝国的版图。1463—1466年，奥斯曼帝国征服波斯尼亚和黑塞哥维那。

威尼斯人是奥斯曼帝国在东地中海和爱琴海水域的主要竞争者，双方处于战争状态，希腊半岛和阿尔巴尼亚是双方争夺的焦点。1456 年，奥斯曼帝国占领雅典，征服希腊。1463—1478 年，奥斯曼帝国与威尼斯人激烈角逐爱琴海，占领爱琴海诸岛屿。阿尔巴尼亚扼守亚得里亚海和通往意大利的要道，而亚得里亚海是威尼斯人的势力范围。1468 年，奥斯曼帝国征服阿尔巴尼亚北部。1479 年，威尼斯人被迫与奥斯曼帝国订立和约，割让阿尔巴尼亚北部港口斯库台（Scutari），承认奥斯曼帝国在阿尔巴尼亚和爱琴海诸岛屿的统治权。

穆罕默德二世晚年，于 1480 年两次发动海战，首先是进攻扼守伊斯坦布尔与埃及之间海上通道的罗德岛（Rhode Island），随后是从阿尔巴尼亚越过亚得里亚海占领意大利南部的奥兰多（Orlando），首次踏上意大利本土。1481 年，穆罕默德二世东征马木路克王朝，死于途中。

巴叶济德二世（1481—1512 年在位）即位后，于 1484 年出兵进攻摩尔达维亚通往黑海的门户基利阿（Kilia）和黑海沿岸的德涅斯特河口城市阿克曼（Akkerman），迫使摩尔达维亚大公斯特凡三世称臣纳贡。此后，巴叶济德二世的攻势转向东部战场，1485 年与马木路克王朝交战，占领塔尔苏斯和阿达纳。此后数年，双方互有胜负，塔尔苏斯和阿达纳几度易手。巴叶济德二世晚年，奥斯曼帝国的攻势再度转向西部战场。1499 年，奥斯曼帝国海军攻占勒班陀（Lepanto，今希腊港口城市纳夫帕克托斯），迫使威尼斯缔约求和。奥斯曼帝国由此取代威尼斯人，控制东地中海水域。塞里姆一世（Salim Ⅰ，1512—1520 年在位）当政期间，奥斯曼帝国于 1519 年征服突尼斯和阿尔及尔。此后，奥斯曼帝国舰队游弋于西地中海水域，屡屡入侵意大利和法国南部以及西地中海岛屿。

苏莱曼一世（Sulayman Ⅰ，1520—1566 年在位）即位后，奥斯曼帝国在东南欧发动新的攻势。1521 年，哈布斯堡家族的查理五世与法国国王弗兰西斯一世为争夺神圣罗马帝国皇位爆发战争，成为奥斯曼帝国发动圣战的天赐良机。奥斯曼帝国的军队自索菲亚出发，占领匈牙利人长期据守的巴尔干半岛战略要地和中欧门户贝尔格莱德，进而控制匈牙利平原和多瑙河上游，威胁哈布斯堡王朝统治下的奥地利腹地。1522 年，奥斯曼帝国的舰队在围攻半年之后，占领圣约翰骑士团据守的海上要塞罗德岛，进而打通伊斯坦布尔与亚历山大之间的水路，控制东地中海水域。1526 年，法国国王弗兰西斯一世遣使赴伊斯坦布尔，谒见苏丹苏莱曼一世，与奥斯曼帝国结盟，旨在共同遏制哈布斯堡王朝。同年，奥斯曼帝国军队在匈牙利南部的摩哈赤（Mohac）

战役中击溃匈牙利军队，占领布达和佩斯，控制匈牙利大部地区。1529 年，苏丹苏莱曼一世亲率奥斯曼帝国军队出征，再次占领布达和佩斯，将奥地利军队赶出匈牙利，继而兵临哈布斯堡王朝首都维也纳城下。1532 年，奥斯曼军队再次进攻奥地利，止步于维也纳以南的克塞格（Koszeg，位于今匈牙利境内）。1543 年，哈布斯堡王朝被迫放弃对于匈牙利的宗主权，承认匈牙利为奥斯曼帝国的藩属，向伊斯坦布尔的苏丹称臣纳贡。1566 年，苏丹苏莱曼一世统率奥斯曼帝国大军出征，平息匈牙利的反叛，死于征战途中。

摩哈赤战役

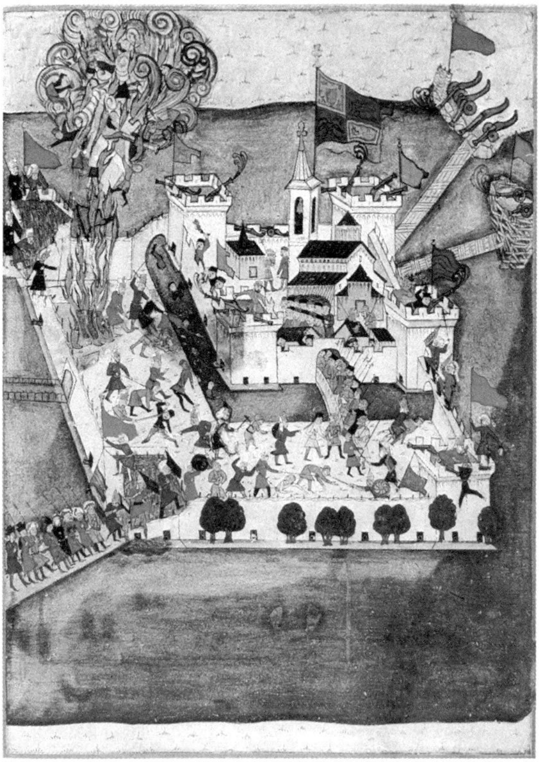
1566 年西盖特瓦尔战役

塞里姆二世（Salim Ⅱ，1566—1574 年在位）当政期间，奥斯曼帝国海军于 1570 年击败威尼斯舰队，占领塞浦路斯。此后，苏丹政府将大量的突厥人从安纳托利亚移入塞浦路斯，而将塞浦路斯操希腊语的居民迁往安纳托利亚的安塔里亚一带，塞浦路斯的人口构成由此开始发生改变。伊卜拉欣一世（Ibrahim Ⅰ，1640—1648 年在位）当政期间，奥斯曼帝国的舰队于 1645 年一度远征克里特岛,占领克里特岛的多处港口。

三、 伊斯兰世界的征服

奥斯曼帝国崛起于伊斯兰世界的边境地带,对基督教世界的圣战可谓奥斯曼帝国的立国之本。自 16 世纪开始,奥斯曼帝国的统治权力逐渐延伸到伊斯兰世界的腹地。苏丹塞里姆一世即位后,奥斯曼帝国的扩张主要表现为伊斯兰世界的领土兼并。奥斯曼帝国征服伊斯兰世界的主要对手,是崛起于伊朗高原西北部的萨法维王朝和雄踞阿拉伯世界的马木路克王朝。萨法维王朝(Safavid Dynasty, 1501—1736)于 1501 年建立后,为抗衡奥斯曼帝国的霸权,尊奉什叶派伊斯兰教作为官方信仰,支持反叛奥斯曼苏丹的部族势力和苏菲教团,威胁奥斯曼帝国的东部。奥斯曼人的军队首先平息安纳托利亚东部的反叛势力,继而于 1514 年在安纳托利亚东部凡湖附近的查尔迪兰(Caldiran)重创萨法维王朝国王伊斯马仪沙统领的波斯军队,一度攻占萨法维王朝的首都大不里士及阿塞拜疆诸地。1515 年,苏丹塞里姆一世降服库尔德斯坦,迫使生活在西起乌尔米耶湖(Lake Urmia)、东至幼发拉底河上游的库尔德人承认奥斯曼帝国的宗主权。1516 年,奥斯曼帝国在安纳托利亚东南部再度击败萨法维王朝,占领乌尔法(Urfa)、马尔丁(Mardin)和摩苏尔(Mosul)。此后,奥斯曼帝国的扩张矛头指向马木路克王朝。

塞里姆一世

自 1258 年巴格达陷落和阿拔斯王朝灭亡之后,马木路克王朝(Mamluk Sultanate, 1250—1517)领有埃及、叙利亚和阿拉伯半岛西部的希贾兹诸地,既是穆斯林抵御蒙古入侵的中坚力量,亦是宗教圣城麦加、麦地那和耶路撒冷的监护者,控制几乎整个的阿拉伯世界,俨然成为逊尼派伊斯兰教的象征。开罗的马木路克苏丹暗中勾结伊朗的萨法维王朝,试图与伊斯坦布尔的奥斯曼苏丹分庭抗礼，而陶鲁斯山则是奥斯曼帝国与马木路克王朝的分界线。

1516年，奥斯曼帝国的军队越过陶鲁斯山，攻入叙利亚，在阿勒颇附近的马尔吉达比克(Marj Dabik)击败马木路克王朝的军队，马木路克苏丹阵亡，阿勒颇、大马士革、的黎波里、耶路撒冷以及黎巴嫩和巴勒斯坦被纳入奥斯曼帝国的版图，哈里发穆塔瓦基勒在阿勒颇大清真寺赐封苏丹塞里姆一世“麦加与麦地那的仆人”的称号。1517年，奥斯曼人的军队自加沙出发进入尼罗河流域，攻占开罗，马木路克苏丹统治下的埃及被纳入奥斯曼国家的版图，麦加的谢里夫(Sharif)家族(麦加的谢里夫家族特指先知穆罕默德的外孙即阿里的长子哈桑的后裔)将圣城的钥匙赠予塞里姆一世，希贾兹的贝都因人部落随后宣誓效忠于伊斯坦布尔的苏丹。奥斯曼帝国的舰队随后抵达亚历山大港，将苏丹塞里姆一世率领的得胜之师以及马木路克王朝庇护下的哈里发穆塔瓦基勒和为数众多的埃及工匠运回伊斯坦布尔。阿拉伯世界的降服，标志着奥斯曼帝国不再仅仅是圣战的征服者，而且成为伊斯兰世界的统治者，伊斯坦布尔的苏丹作为伊斯兰教三大圣地麦加、麦地那和耶路撒冷的主人，宗教威望随之倍增。

苏莱曼一世

苏莱曼一世即位后，以逊尼派穆斯林的保护者自居，讨伐尊奉什叶派的伊朗萨法维王朝。奥斯曼人的军队在东部战场再度击败萨法维王朝的军队，吞并库尔德斯坦，占领伊拉克，兵抵波斯湾西侧的哈萨

(Hasa)一带。1555 年,奥斯曼帝国与萨法维王朝签署《阿玛西亚和约》,确定以格鲁吉亚和扎格罗斯山作为双方的分界线。1583—1584 年,奥斯曼帝国的军队击败萨法维王朝的军队,继 1514 年、1534 年、1535 年之后第四次占领大不里士。1590 年,奥斯曼帝国与萨法维王朝签订和约,包括格鲁吉亚、亚美尼亚和阿塞拜疆在内的整个南高加索地区被纳入奥斯曼帝国的版图。

奥斯曼帝国与葡萄牙之间的战事于苏莱曼一世在位期间拉开序幕,红海和印度洋成为奥斯曼帝国海军与葡萄牙人舰队角逐的战场。奥斯曼帝国海军于 1538 年从埃及出发,穿越红海和曼德海峡,继而进入印度洋水域,于 1546 年占领伊拉克南部港口城市巴士拉,1547 年占领也门内陆城市萨那,1548 年占领也门南部港口亚丁,也门一带被纳入奥斯曼帝国的版图。1552 年,奥斯曼帝国舰队从阿曼赶走葡萄牙人,占领马斯喀特,围攻霍尔木兹。1555 年,奥斯曼帝国征服红海西岸的埃塞俄比亚。

1533 年,奥斯曼人的军队进入北非马格里卜地区,征服阿尔及利亚、突尼斯和利比亚诸地。1547 年。奥斯曼军队攻占萨那,进而将也门划分为沿海和内陆两省。1568 年,奥斯曼军队击败反叛的栽德派武装,再度攻占萨那,随后合并也门沿海和内陆两省。1576 年,奥斯曼军队占领菲斯,迫使摩洛哥向伊斯坦布尔的苏丹称臣纳贡。

16 世纪堪称奥斯曼帝国的黄金时代,奥斯曼帝国的疆域扩张于苏莱曼一世在位期间达到顶峰,伊斯坦布尔的苏丹统治着欧亚非三洲的中央地带。在东南欧,多瑙河和萨瓦河以南皆被纳入奥斯曼帝国的版图,位于匈牙利与黑海之间的特兰西瓦尼亚、瓦拉几亚、摩尔达维亚和克里米亚的统治者成为苏丹的附庸。在亚洲,高加索山以南、扎格罗斯山以西、波斯湾以北、红海以东的广大地区处于奥斯曼帝国苏丹的统治之下。在非洲,尼罗河流域的埃及成为奥斯曼帝国苏丹统治下的行省,埃及以西的马格里布地区,包括的黎波里、突尼斯和阿尔及利亚,从属于伊斯坦布尔的宗主权。黑海和红海俨然是奥斯曼帝国的内湖,多瑙河、尼罗河以及幼发拉底河与底格里斯河则被视作奥斯曼帝国横跨三洲之辽阔疆域的象征,伊斯兰教的三大圣城麦加、麦地那和耶路撒冷的清真寺在举行聚礼的仪式上祝福着伊斯坦布尔的苏丹。近代早期的欧洲地图,常将奥斯曼帝国划分为“欧洲的土耳其”与“亚洲的土耳其”两个部分,“奥斯曼的欧洲”的触角已然深入欧洲大陆的腹地,进而形成与“基督教欧洲”平分秋色的地缘政治格局。鼎盛的奥斯曼帝国,令哈布斯堡王朝统治的神圣罗马帝国和萨法维王朝统治的伊朗相形见绌。

作者点评

奥斯曼人的国家自14世纪初横空出世，在百余年间攻城拔地，兼并安纳托利亚，征略巴尔干半岛，降服阿拉伯地区，势如破竹，所向披靡，一路凯歌，开创六百年基业，雄踞于亚非欧大陆的中央地带，东地中海世界的政治格局由此明显改变。奥斯曼帝国堪称世界历史上屈指可数的疆域辽阔和人口众多的庞大帝国，长期的战争贯穿奥斯曼帝国的兴衰历程。对于信仰不同宗教的诸多民族的征服和统治，无疑是奥斯曼帝国的骄傲，而民族矛盾与教派对立的错综交织，最终成为奥斯曼帝国解体和崩溃的历史隐患。

第四章

奥斯曼帝国的统治制度

一、 苏丹与宫廷

在奥斯曼帝国长达 6 个世纪的兴衰进程中，奥斯曼家族的最高统治者历经 36 代传承。奥斯曼帝国采用君主政体，苏丹的权位遵循奥斯曼家族世袭的继承原则。奥斯曼帝国苏丹即位的仪式通常在宫廷举行，大维齐尔为首的军政要员和大穆夫提为首的宗教学者欧莱玛宣誓效忠苏丹，接受苏丹的封赐。奥斯曼帝国崛起于穆斯林的圣战实践，具有鲜明的圣战色彩，加齐的首领是苏丹的第一身份，领导圣战既是苏丹的首要职责，亦是苏丹权力合法性的重要来源。自奥斯曼帝国的奠基人奥斯曼开始，直至 1566 年死于圣战征程的苏莱曼一世，奥斯曼帝国前期的历任最高统治者每逢战事皆亲自出征，驰骋疆场。苏丹苏莱曼一世死于匈牙利前线，被时人誉为“加齐和沙希德”，意为圣战者和烈士。苏莱曼一世之子塞里姆二世即位以后，苏丹出征御敌的行为逐渐与时尚不符。苏丹穆拉德四世（Murad Ⅳ，

塞里姆二世

1623—1640 年在位)于 1635 年率军征服埃里温,1638 年率军征服巴格达,被视作奥斯曼帝国历任苏丹中最后的战士。

伊斯坦布尔的苏丹凌驾于臣民之上,俨然是臣民的主宰者和保护者,是臣民效忠的对象。苏丹被视作牧人,称作拉伊亚的臣民则是顺从苏丹的羊群。伊斯坦布尔的政令皆以苏丹的名义颁布,奥斯曼家族的苏丹是奥斯曼帝国的象征;"没有奥斯曼家族,便不会有奥斯曼帝国"①。然而,奥斯曼帝国统治下的西亚北非和东南欧地区,并非卡尔·魏特夫所说的所谓东方治水社会,伊斯坦布尔的苏丹亦非拥有绝对权力的专制君主。苏丹在宫廷和都城或许拥有不受限制的绝对统治权力。然而,在宫廷和都城之外,情况不尽相同,因地而异。奥斯曼帝国的苏丹对于西亚北非和东南欧诸多地区的控制,在很大的程度上取决于地方势力与伊斯坦布尔之间的关系。奥斯曼帝国的北部版图即安纳托利亚和巴尔干半岛构成苏丹统治的重心所在,南部版图的阿拉伯世界长期处于相对自治的地位,通常仅仅在名义上承认伊斯坦布尔苏丹的宗主权。米勒特制度(Millet System)的实施、行会的自治地位和苏菲教团的民间色彩,一定程度上限制着苏丹统治的绝对权力。另一方面,苏丹即使在理论上亦非具有无限的权力,宗教传统和称作沙里亚的伊斯兰教法构成制约苏丹统治权力的重要因素。

宫廷不仅是苏丹及其家族成员的住地,更是奥斯曼帝国的权力核心。宫廷的所在地是奥斯曼帝国的都城。1302—1326 年,奥斯曼人国家的都城位于安纳托利亚西北部萨卡利亚河谷的卡拉加希萨尔。1326—1402 年,奥斯曼帝国定都距卡拉加希萨尔约两天路程的布尔萨。1402—1453 年,奥斯曼帝国迁都巴尔干半岛南部色雷斯、希腊与保加利亚之间的埃迪尔内。1453 年以后,地跨安纳托利亚和巴尔干半岛的伊斯坦布尔成为奥斯曼帝国的都城。穆罕默德二世自 1453 年进入伊斯坦布尔之初便下令在城市中央建造宫殿,1458 年宫殿完工。苏丹穆罕默德二世于 1459 年下令在博斯普鲁斯海峡旁另建新的宫殿,1478 年完工。新宫殿结构复杂,自成体系,俨然是伊斯坦布尔的城中之城。

早期的奥斯曼苏丹以圣战作为首要职责,征战时必亲临前线,宫廷的实际所在地随苏丹的征战活动呈移动状态。据 14 世纪的阿拉伯历史家伊本·

---

① Inalcik, H., *The Ottoman Empire: the Classical Age 1300—1600*, New York 1973, p.59.

白图泰（Ibn Batutah，1304—1377）记载，乌尔汗的临时住地多达近百处。即使到15世纪，奥斯曼帝国苏丹每逢夏季亦通常统兵出征，征战结束后返回都城。16世纪中叶以后，除穆罕默德三世（Muhammed Ⅲ，1595—1603年在位）于1596年征战匈牙利、奥斯曼二世（Uthman Ⅱ，1618—1622年在位）于1621年征战波兰、穆拉德四世（Murad Ⅳ，1623—1640年在位）于1635年征战埃里温和1638年征战巴格达外，历任苏丹大都不再亲临战场，伊斯坦布尔的托普卡帕宫成为苏丹的常驻地。

金迪尔·贝里尼绘制的穆罕默德二世像

穆罕默德三世征战凯旋

托普卡帕宫

托普卡帕宫(Topkapi Palace)亦称老皇宫,始建于1459年,1465年建成,此后近四百年间作为苏丹在伊斯坦布尔的驻地,直到1856年被多尔马巴赫切宫取代。托普卡帕宫包括后宫、内宫和外宫三部分。后宫的人员,包括苏丹的女眷、女仆和阉奴。苏丹的生母是后宫的核心人物,其次是苏丹的长子的生母,依此类推。苏丹的生母具有崇高的地位。在17世纪的奥斯曼帝国,苏丹穆拉德四世和伊卜拉欣一世的生母克塞姆(Kosem,生卒年不详),以及苏丹马哈茂德四世(Mahmud Ⅳ, 1648—

群臣在托普卡帕宫第二庭院吉兆之门前引见塞里姆三世

1687 年在位)的生母图尔汗(Turhan,生卒年不详),干预国事,掌管政务,左右政局,长达 40 年之久,史称苏丹女权时期。内宫位于后宫与外宫之间,是苏丹处理国事、召开御前会议和接受外国使节谒见的场所。内宫人员由苏丹的奴仆和侍卫组成,服侍苏丹的起居生活。外宫的人员构成庞杂,包括维齐尔和其他军政显贵以及教界首领。后宫的阉奴最初大都是来自高加索山区的切尔克斯人,16 世纪以后主要来自撒哈拉以南的非洲黑奴。苏莱曼一世当政期间,苏丹的宫廷约 1 万人。

托普卡帕宫帝国大殿

奥斯曼帝国在全体穆斯林的范围内执行伊斯兰教法。奥斯曼帝国尊奉的伊斯兰教哈奈菲派教法(al-Hanafiyyah)规定,一个女子只能在同一时间嫁给一个男子,而一个男子可以同时娶四个女子为妻,并且可以纳女奴为妾。奥斯曼帝国早期,苏丹往往通过娶异族异教王公贵族之女为妻,达到联姻结盟的政治目的。奥斯曼一世曾经将俘获的希腊贵族之女尼鲁福尔许配其子乌尔汗,乌尔汗亦曾娶拜占庭皇帝康塔库尊之女提奥多拉为妻。奥斯曼帝国由此开始直接涉足拜占庭帝国内部的王位纠纷,进而踏上欧洲的土地。苏丹穆拉德一世娶保加利亚王公西思曼之妹为妻,意在控制保加利亚。穆拉德一世还曾将安纳托利亚的格尔米延埃米尔国王公雅库布之女许配其子巴叶济德一世,以使格尔米延埃米尔国向奥斯曼苏丹称臣纳贡。巴叶济德一世即位后,分别娶塞萨罗尼基希腊王公之女和塞尔维亚国王拉扎尔之妹奥利维拉为妻。另一方面,奥斯曼帝国的苏丹,大都系女奴所生。15 世纪中叶的奥斯曼历史家舒克鲁拉写道,苏丹巴叶济德一世有 6 个儿子——厄尔图格鲁尔、苏莱曼、穆罕默德、伊萨、穆萨、穆斯塔法,他们的母亲都是女奴。苏丹穆罕默德一世有 5 个儿子——穆拉德、穆斯塔法、艾哈迈德、尤素夫、马哈穆德,他们的母亲也都是女奴。苏丹穆罕默德二世和巴叶济德二世的生母均为女奴。按照奥斯曼帝国的惯例，苏丹的男性子嗣首先由其生母分别抚养，至一定年龄时，出任行省总督，继续由其生母陪伴，处于伊斯坦布尔苏丹的控制之下，权力通常限于享有封地的收益。

伊斯兰世界不同于中世纪西欧的继承制度，无论在官方的层面还是民间的层面，亦无论是权位的继承还是财产的继承。苏丹的所有男性子嗣，不分长幼，在理论上均系苏丹权位的合法继承人，享有同等的合法继承权，是为奥斯曼帝国权位继承的基本原则。因此，苏丹的任何一个男性子嗣都是苏丹其他男性子嗣的潜在政治对手。由于苏丹后宫庞大，子嗣众多，加之缺乏权位继承的明确规定，王室成员内讧不断，继任苏丹者弑兄戮弟的现象屡见不鲜。乌尔汗当政期间，奥斯曼家族内部似乎尚未出现王室内讧。穆拉德一世即位后，首开王室内部的杀戮之先河，处死乌尔汗的其余所有子嗣。1400 年，奥斯曼诗人艾哈迈迪曾经在《列王史》中写道，穆拉德一世的所有兄弟都变成了他的仇敌，穆拉德一世剥夺了他的所有兄弟手中的权力，穆拉德一世用宝剑杀死了他的所有兄弟。此后的两百多年中，历任苏丹竟相效仿穆拉德一世的做法，继任苏丹者弑兄戮弟成为奥斯曼家族权位继承的惯例。穆拉德一世之子巴叶济德于 1389 年即位，是为巴叶济德一世，他的兄弟雅库布死于同年。1451 年，穆罕默德二世于即位的当日处死其父穆拉德二世的另一子嗣。穆罕默德二世当政期间，曾经颁布法令，宣布诸王子中继任苏丹者有权处死其余王子，以求消除内战隐患和维护帝国统一。1481 年穆罕默德二世死后，长子巴叶济德即位，是为巴叶济德二世(Bayezid Ⅱ, 1481—1512 年在位)，次子杰姆在布尔萨自称苏丹，试图与巴叶济德二世分庭抗礼，巴叶济德二世派大维齐尔杰迪克·艾哈迈德率军击败杰姆，杰姆兵败逃亡埃及，次年返回安纳托利亚，再度兵败逃亡，被迫求助于罗德岛的圣约翰骑士团的庇护，而杰姆的幼子则被巴叶济德二世处死。1512 年，苏丹巴叶济德二世之子塞里姆举兵反叛，迫使巴叶济德二世退位，旋即继任苏丹，是为塞里姆一世(Selim Ⅰ, 1512—1520 年在位)，次年处死同胞兄弟库尔库德和艾哈迈德。苏莱曼一世曾经于 1553 年和 1561 年先后处死其子穆斯塔法和巴叶济德，以平息内乱。穆拉德二世明确规定，只有苏丹的长子享有继承苏丹权位的资格，余者不得涉足军政要务和号令一方。穆拉德三世(Murad Ⅲ, 1574—1595 年在位)在即位之日处死另外 4 名尚在襁褓之中的同胞兄弟。穆罕默德三世(Muhammed Ⅲ, 1595—1603 年在位)即位后，处死兄弟 19 人，并且废除委派苏丹子嗣出任封疆大吏的习俗，将苏丹子嗣囚禁于宫内的牢笼，后者不得与外界联系，生活于恐惧之中。艾哈迈德一世（Ahmed Ⅰ，1603—1617 年在位）即位时，由于众多大臣的苦苦哀求，其弟穆斯塔法方被免于处死；艾哈迈德一世死后，其子尚未成年，穆斯塔法被拥立为苏丹，是为穆斯塔法一世（Mustafa Ⅰ，1617—1618 年在位）。穆斯塔法一世翌年退位，艾哈迈德一世之子奥斯曼即位，是为奥斯曼二世（Uthman Ⅱ，1618—1622 年在位）。奥斯曼二世即位后，在大穆夫提的准许下，处死长兄穆罕默德。穆拉德四世即位后，处死 4 兄弟中的 3 人，只有 1 人即伊卜拉欣幸免被害，原因是穆拉德四世本人无后。1876 年宪法颁布以后，王室内部的杀戮现象逐渐废止。

穆罕默德三世从托普卡帕宫起驾前往清真寺出席穆斯林会礼

穆拉德四世

苏丹对于臣民具有生杀予夺的权力。在苏丹家族之外，位高权重的大臣被苏丹处死亦时有发生。马哈茂德帕夏（Mahmud Pasha）于 1455—1474 年间担任大维齐尔长达近二十年，因权势过大，被苏丹穆罕默德二世赐死。伊卜拉欣帕夏（Ibrahim Pasha）于 1523 年出任大维齐尔，1529 年受命掌管军权，1536 年被苏丹赐死。苏丹巴叶济德二世于 1482 年处死大维齐尔杰迪克·艾哈迈德帕夏（Gedik Ahmed Pasha），穆罕默德三世于 1598 年处死大维齐尔萨提尔奇·穆罕默德帕夏(Satirci Mehmed Pasha)。家族联姻亦是苏丹常用的政治手段。征服君士坦丁堡之前,偶有家族联姻,君士坦丁堡征服后,家族联姻成为苏丹强化统治的常态手段。巴叶济德二世的女儿宏迪·哈通(Hundi Hatun)嫁给大维齐尔赫尔塞克扎德·艾哈迈德帕夏(Hersekzade Ahmed Pasha),塞里姆一世的女儿萨希·哈通(Sahi Hatun)嫁给大维齐尔卢夫提帕夏(Lufti Pasha),苏莱曼一世的女儿米赫里玛(Mihrimah)嫁给大维齐尔鲁斯塔姆帕夏(Rustem Pasha),塞里姆二世的女儿嫁给大维齐尔索克鲁·穆罕默德帕夏(Sokollu Mehmed Pasha)。

二、 御前会议与桑贾克

伊斯坦布尔的御前会议(Divan Humayun)是辅佐苏丹的最高权力机构,每周召开4次,每次历时7—8小时,御前会议的成员包括维齐尔、大法官和财政官。维齐尔掌管军政要务,人数不定,15世纪至16世纪初的御前会议通常包括3名维齐尔,16世纪中叶增至4名维齐尔,后来增至7名维齐尔,17世纪中叶达到11名维齐尔。大法官即大穆夫提(Mufti the Grand)的职位始建于穆拉德一世当政期间。穆罕默德二世以后,大法官由1人增至2人,分别掌管鲁梅利亚和安纳托利亚的司法权力。塞里姆一世征服埃及和叙利亚以后,增设第三名大法官,不久后撤销。15世纪的御前会议有财政官即阿米勒(Amil)1人,16世纪初增至2人,分别掌管鲁梅利亚和安纳托利亚。16世纪末,财政官增至4人,分别掌管鲁梅利亚、安纳托利亚、伊斯坦布尔和多瑙河地区。奥斯曼帝国前期,苏丹亲自主持御前会议。穆罕默德二世即位以后,御前会议由大维齐尔(Wazir the Grand)主持,苏丹改为垂帘听政。自17世纪开始,苏丹大都不再亲自料理政务,而是退居埃迪尔内的行宫,伊斯坦布尔的御前会议转变为由大维齐尔主持的国务会议,大维齐尔的官邸即最高波尔特(the Sublime Porte)随之演变为奥斯曼帝国中央政府的象征。

维齐尔代表苏丹掌管国家的行政机构,统兵征战,拥有广泛的世俗权力,位高权重,然而其政治命运往往取决于苏丹的意志。另一方面,维齐尔的身世和种族背景十分复杂。君士坦丁堡征服之前,维齐尔大都具有突厥血统的显贵背景,家族世袭者甚多。坎达里·海尔丁帕夏(Candarli Hardin Pasha)在苏丹穆拉德一世当政期间出任维齐尔,其子坎达里·阿里(Candarli Ali)和坎达里·伊卜拉欣(Candarli Ibrahim)在苏丹穆拉德一世、巴叶济德一世、

最高波尔特

苏莱曼和穆斯塔法一世当政期间承袭父职。坎达里·伊卜拉欣之子坎达里·哈利勒(Candarli Halil),以及坎达里·哈利勒之子坎达里·苏莱曼(Candarli Sulayman),亦曾出任维齐尔。苏丹穆罕默德二世即位后,坎达里(Candarli)家族逐渐失去权势,坎达里·苏莱曼于1453年奥斯曼帝国军队攻陷君士坦丁堡后被苏丹处死。坎达里·哈利勒之子伊卜拉欣在苏丹巴叶济德二世当政期间出任维齐尔,是为坎达里家族最后的维齐尔。

巴叶济德二世与维齐尔

穆罕默德二世当政期间,首开任命皈依伊斯兰教的异族基督徒作为大维齐尔的先河。来自希腊北部色萨利(Thessalia)的斯拉夫血统贵族后裔马哈茂德帕夏自1455—1474年出任维齐尔,是奥斯曼帝国历史上第一位异族基督徒出身的维齐尔。希腊血统的拜占庭皇室后裔穆罕默德帕夏(Muhammed Pasha)于1466—1469年出任维齐尔,1499—1501年出任维齐尔的梅西赫帕夏(Mesih Pasha)同样来自具有希腊血统和拜占庭皇室后裔,黑塞哥维那血统的赫尔塞克扎德·艾哈迈德帕夏(Hersekzade Ahmed Pasha)曾经五次出任维齐尔(1497—1498年,1503—1506年,1511—1512年,1512—1514年,1516年),阿尔巴尼亚血统的艾哈迈德帕夏(Ahmed Pasha)于1514—1515年出任维齐尔。在1453—1623年的48位维齐尔中,只有5人具有突厥的血统,却有33人属于皈依伊斯兰教的基督徒,分别为希腊人、阿尔巴尼亚人、斯拉夫人、意大利人、亚美尼亚人和格鲁吉亚人。1485—1497年，出身德尔舍梅的阿尔巴尼亚人达乌德帕夏(Dawud Pasha)担任维齐尔。1489—1496年担任维齐尔的伊斯坎德尔帕夏(Iskender Pasha)为特拉布宗，其父是热那亚人，其母是希腊人。1521年以后，维齐尔多数来自巴尔干半岛西部募集的奴隶，出身卑微。16世纪中叶，奴隶出身的阿尔巴尼亚人伊卜拉欣帕夏(Ibrahim Pasha)、卢夫提帕夏(Lufti Pasha)和波斯尼亚人鲁斯塔姆帕夏(Rustam Pasha)相继出任维齐尔。16世纪末和17世纪初，维齐尔大都出自阿尔巴尼亚人。17世纪中叶，来自高加索地区的切尔克斯人、阿布哈兹人和格鲁吉亚人出任维齐尔者明显增多，成为制约阿尔巴尼亚人的政治力量。1623年，格鲁吉亚人穆罕默德帕夏(Muhammed Pasha)出任维齐尔，是为第一位来自高加索地区的维齐尔。1650—1654年，阿布哈兹人马利克·艾哈迈德帕夏(Malik Ahmed Pasha)、希亚乌什帕夏(Siyavus Pasha)和伊布希尔帕夏(Ibhir Pasha)先后出任维齐尔。1656—1703年，阿尔巴尼亚人穆罕默德·科普鲁卢(Muhammed Koprulu)及其家族成员长期出任维齐尔，成为御前会议的核心人物，史称科普鲁卢时期。相比之下，自15世纪中叶开始，突厥血统的穆斯林出任维齐尔者寥寥无几。至于御前会议中的大法官和财政官，依旧多为具有伊斯兰教背景的突厥穆斯林。

奥斯曼国家建立初期，具有家族政治的浓厚色彩。奥斯曼一世曾经将都城卡拉希萨尔的管辖权交给其子乌尔汗，奥斯曼一世之弟阿勒普·古恩都斯掌管军权。乌尔汗即位后，其长子苏莱曼受封色雷斯，三子哈利勒受封伊兹米特，都城布尔萨则由乌尔汗直接管辖。另一方面，奥斯曼帝国征服巴尔干半岛初期，被征服地区的基督教王公通常在向苏丹称臣纳贡的同时，延续原有的统治权力，处于相对自治的地位。自巴叶济德一世时代开始，奥斯曼帝国逐渐强化对于被征服地区的统治权力，直接任命地方长官，中央集权的官僚政治和行政体制随之不断完善。

奥斯曼帝国的地方行政区域名为桑贾克(Sanjak，土耳其语中意为旗帜)，桑贾克的长官称作桑贾克贝伊(Sanjak Bey)。巴尔干半岛征服以后，奥斯曼帝国的疆域明显扩大，苏丹穆拉德一世遂在鲁梅利亚和安纳托利亚西部设立行省，行省名为维拉耶特(Vilayet)，行省长官称作贝勒贝伊(Beylerbey)，亦称帕夏。鲁梅利亚行省长官的驻节地为埃迪尔内，安纳托利亚行省长官的驻节地初为安卡拉，后移至屈塔希亚。巴叶济德一世当政期间，奥斯曼帝国疆域东扩，于是增设鲁姆作为第三个行省，辖区范围为安纳托利亚中部和东北部，行省长官的驻节地为阿玛西亚。1468年，穆罕默德二世增设卡拉曼作为第四个行省，驻节地为科尼亚。塞里姆一世击败并灭亡马木路克王朝后，增设埃及和叙利亚两个行省，与此同时，曾经隶属于萨法维王朝的迪亚巴克尔和库尔德斯坦成为奥斯曼帝国新的行省。16世纪中叶是奥斯曼帝国版图的鼎盛时期，苏莱曼一世夺取伊朗萨法维王朝在扎格罗斯山以东的疆域，增设埃尔祖鲁姆、凡城、谢赫里祖尔、巴格达、巴士拉和哈萨6个行省。至17世纪初，奥斯曼国家的行省达到32个，北非的突尼斯和的黎波里、东地中海的塞浦路斯、巴尔干半岛的波斯尼亚和卡尼查、黑海沿岸的奥查科夫和特拉布宗成为新的行省。

典型的行省建立在军事封邑即提马尔(Timar)制度的基础之上。每个行省下设数量不等的桑贾克，每个桑贾克包括若干称作提马尔的军事封邑，军事封邑的领有者称作西帕希(Sipahi)，而提马尔通常包括一个自然村落或者多个自然村落。苏丹苏莱曼一世在位期间，鲁梅利亚省下设30个桑贾克，安纳托利亚省下设20个桑贾克。贝勒贝伊、桑贾克贝伊和西帕希代表伊斯坦布尔的苏丹，行使统治地方的世俗权力。桑贾克贝伊的任期通常不超过3年，届满后由贝勒贝伊举荐至御前会议，再由苏丹任命为其他桑贾克的贝伊。桑贾克贝伊的定期轮换，旨在削弱地方势力的离心倾向，保证苏丹对于地方事务的有效控制。

17世纪初，鲁梅利亚行省下辖24个桑贾克，安纳托利亚行省下辖14个桑贾克，大马士革行省下辖11个桑贾克。亦有一些行省不设桑贾克，如伊拉克的巴士拉和巴格达、阿拉伯半岛的哈萨和也门、北非的埃及、的黎波里、突尼斯和阿尔及尔。在巴尔干半岛，阿尔巴尼亚、波斯尼亚和塞尔维亚皆划分为若干个桑贾克，隶属于鲁梅利亚行省的贝勒贝伊。行省处于奥斯曼帝国苏丹的直接控制之下，行省总督由伊斯坦布尔的苏丹任免。行省之外亦有相当数量的封邑，主要分布在巴尔干半岛多瑙河南侧的缓冲区域摩尔达维亚、瓦拉几亚、特兰西瓦尼亚、杜布罗夫尼克诸地，封邑的领主大都系基督教贵族，向伊斯坦布尔的苏丹缴纳贡赋，提供辅助性兵员，职位世袭，处于相对自治的地位。

摩尔达维亚和瓦拉几亚贵族

三、 奴隶政治

阿拔斯王朝时期，哈里发为了削弱阿拉伯人和波斯人家族势力的影响，常常在中亚和高加索地区以及非洲征募奴隶出任官职，奴隶出身的高官显贵和封疆大吏屡见不鲜。埃及的马木路克王朝，便是异族出身的奴隶皈依伊斯兰教之后在尼罗河流域建立的政权。奴隶政治的广泛影响，由此可见一斑。奥斯曼人兴起之前，安纳托利亚的塞尔柱人政权鲁姆苏丹国亦曾征募奴隶充当战士甚至委以重任，科尼亚的奴隶学校负责培训奴隶的军事技能和管理国家的行政技能。伊斯兰教承认奴隶制的合法地位，构成伊斯兰世界奴隶政治长期存在的理论依据。

奥斯曼一世和乌尔汗当政期间，奥斯曼国家具有家族政治的浓厚色彩。奥斯曼家族成员位高权重，盘根错节，势力坐大，往往制约苏丹行使统治权力，甚至觊觎苏丹权位。相比之下，来自远方且无家族背景的奴隶则能成为苏丹的忠实奴仆，奴隶政治随之逐渐兴起。

伊斯兰教法禁止以穆斯林作为奴隶，亦禁止将伊斯兰国家的非穆斯林作为奴隶,奴隶的合法来源只限于非伊斯兰国家的非穆斯林人口。奥斯曼国家的奴隶,最初主要来自巴尔干半岛的战俘,长期的圣战为奥斯曼帝国提供了充足的奴隶来源。15 世纪以后,奥斯曼帝国的奴隶大都来自帝国境内基督教臣民的征募,尽管这样的做法有悖于伊斯兰教法的相关规定。定期征募基督徒儿童的制度,称作德米舍梅制(Devshirme)。德米舍梅制始于巴叶济德一世当政时期,穆拉德二世和穆罕默德二世当政时期流行,至 16 世纪末起逐渐减少,17 世纪时已不多见。征募奴隶的范围只限于基督徒居住的农耕地区,穆斯林和居住在城市的基督徒不在苏丹征募奴隶的范围之列,只有波斯尼亚改宗伊斯兰教的家庭除外,其子弟可以成为苏丹征募奴隶的对象。根据相关资料的记载,苏丹的官员定期来到基督徒居住的村庄,召集全体男性村民,宣布苏丹的征募令,征募 12—14 岁的男性充当苏丹的奴隶。如果一户有数子,征募其中一名青年,如果一户只有一子,则免于征募,贵族、教士、孤儿、身材过高或过低者、无胡须者、已婚者、有一技之长的工匠亦免于征募。被征募者称作德米舍梅,进入伊斯坦布尔和埃迪尔内的宫廷学校,登记本人姓名、父亲姓名、原住址以及所属的封邑,由医生进行身体检查,直至接受严格的训练和培养,学习语言、宗教、骑术和战法,其中条件最佳者选入苏丹的宫廷,直至涉足仕途并被委以重任,余者加入苏丹的近卫军团。成年的德米舍梅通常获得苏丹赐予的非穆斯林女奴作为妻子,为德米舍梅繁衍后代。在 16 世纪,奥斯曼帝国每年征募奴隶的数量在一千人左右,亦有史料记载每年征募奴隶约三千人。

德米舍梅

“在奥斯曼社会,成为苏丹的奴隶意味着荣誉和特权……甚至苏丹的生母和御师亦大都具有奴隶的身世”[1]。奴隶出身的官吏拥有可观的个人财产和显赫的社会地位,苏丹则是他们的绝对主人。“他们拥有的权力来源于苏丹的意志,他们是苏丹的工具和奴仆。苏丹可以随意罢免和惩处他们”[2]。一份17世纪初的史料曾经就德米舍梅制排除征募穆斯林子弟的原因作出解释,其目的在于削弱奥斯曼人的部族传统,强化苏丹的政治控制力。[3]奴隶出身的官吏作为苏丹的忠实仆人,在维系奥斯曼帝国中央集权和克服地方离心倾向方面具有举足轻重的作用。马基雅维利甚至认为,奥斯曼帝国是建立在奴隶制基础上的绝对君主制。直至中世纪末期,身世的贵贱尊卑在欧洲诸国构成决定仕途的首要因素。相比之下,奴隶政治的广泛影响构成奥斯曼帝国的鲜明特征。

奴隶出身的德米舍梅在奥斯曼帝国的政治舞台占据举足轻重的地位,忠君思想和圣战精神是德米舍梅的两大标志。1453年,苏丹穆罕默德二世在攻陷君士坦丁堡的两天后,罢免穆拉德二世在位期间的奥斯曼重臣坎达里担任的大维齐尔职务,由德米舍梅的首领塞格诺斯帕夏(Zaganos Pasha)接替坎达里出任大维齐尔,主持政务。1481年穆罕默德二世死后,德米舍梅拥立穆罕默德二世的长子巴叶济德继任苏丹,是为巴叶济德二世。巴叶济德二世任命德米舍梅首领伊斯哈格(Ishaq)出任大维齐尔,依靠德米舍梅的支持,平息觊觎苏丹权位的穆罕默德二世次子杰姆和奥斯曼贵族在安纳托利亚发动的反叛。

苏莱曼一世当政期间,奥地利使臣出于其特定的政治文化背景,曾经对此做出如下评述:“在土耳其人中,丝毫不看重出身;对某个人的尊重程度,是按他在公务中所担任的职务来衡定的。苏丹在作出任命时,并不注重财富和等级这一类假象……他是根据事情本身的是非曲直来考虑取舍的……人们在部门中得到升迁,靠的是功绩。这种制度保证了各种职务只委派给能力相称的人。在土耳其,每个人都把自己的祖宗家系,还有自己的命运前程,掌握在自己手里,至于是成是毁,那就全看他自己了。”[4]

---

① Inalcik, H., *The Ottoman Empire: the Classical Age 1300—1600*, New York 1973, p.87.

② Cleveland, W.L., *A History of the Modern Middle East*, Boulder 2004, p.46.

③ Inalcik, H., *The Ottoman Empire: the Classical Age 1300—1600*, New York 1973, p.78.

④ [美]戴维森:《从瓦解到新生:土耳其的现代化进程》,张增健等译,学林出版社1996年版,第50页。

四、西帕希和耶尼切里

奥斯曼国家起源于穆斯林对基督徒的圣战，武力的扩张是奥斯曼国家历史进程的鲜明主题。奥斯曼人的国家机构具有浓厚的军事色彩，俨然是庞大的战争机器。军事贵族的特权地位是奥斯曼文明的明显特征。领土的征服与战利品的分享，则是维系奥斯曼帝国的纽带。另一方面，庞大的奥斯曼帝国建立在领土兼并的基础之上，辽阔的疆域内存在着诸多种族和宗教，伊斯坦布尔的苏丹面临地方离心倾向的挑战，中央集权的国家制度构成维系统一帝国的政治基础，维持强有力的军事力量则是克服地方离心倾向的首要任务。

西帕希骑兵

奥斯曼国家的军队主要由西帕希和耶尼切里组成。西帕希(Sipahi)建立在封邑制的基础之上，系封邑的领有者，自备兵器和马匹，平时为民，战时出征，具有典型的中世纪骑兵特点，是奥斯曼帝国的主要军事力量。“西帕希享有国有土地的受益权，征收农民缴纳的地租和赋税，保障土地处于耕种状态。遇有战事，西帕希根据受封土地的收入，向苏丹提供相应数量的战士和战争物资”①。西帕希骑兵的服役期通常为每年的3—10月，其后返回各自的领地。因此，奥斯曼帝国苏丹发动的战争，通常从每年的春季开始，秋季收兵，冬季处于休战的状态。西帕希处于苏丹的直接控制下，因此不同于西欧中世

① Karpat, K.H., *Social Change and Politics in Turkey*, Leiden 1973, p.33.

纪等级结构的封建军队。奥斯曼帝国的军事封邑面积不等，年收入不足2万阿克切（Akce，银币名称）的封邑称提马尔，年收入在2万至10万阿克切的封邑称齐阿迈特（Zeamat），年收入超过10万阿克切的封邑称哈斯（Hass）。奥斯曼帝国规定，3 000至5 000阿克切的年收入须提供1名骑兵以及相应的武器和粮饷，其标准配置包括战马、铠甲、头巾、弓箭、投枪、弯刀和盾牌。奥斯曼帝国征服君士坦丁堡前夕，鲁梅利亚和安纳托利亚两个行省可以提供西帕希1万人至1.5万人。1473年，奥斯曼帝国的军队为10万人，其中来自鲁梅利亚的西帕希骑兵4万人，来自安纳托利亚的西帕希骑兵2.4万人。1525年，奥斯曼帝国的西帕希骑兵约5万人。1527年，奥斯曼帝国共有3.7万个提马尔领地，提供西帕希骑兵7万—8万人。1607年，提马尔领地增至4.4万个，提供西帕希骑兵10万人。

耶尼切里

耶尼切里（Yeniceri）亦称加尼沙里（Janissaries），建立在雇佣制的基础之上，是领取薪金的步兵，通常构成苏丹的亲兵抑或近卫军团，系奥斯曼国家的常备军。耶尼切里“是奥斯曼帝国的精锐部队，在几个世纪中堪称欧洲最精良的步兵”①。耶尼切里本意为新军，亦称卡皮库鲁（Kapikulu），起源于乌尔汗和穆拉德一世当政时期，主要招募巴尔干地区的基督徒男童，兵源之一是征募战俘的五分之一（参照《古兰经》关于战利品五分之一上缴国家的划分原则），兵源之二是招募巴尔干地区的基督徒男童，通常是每40户征募1名男童（参照伊斯兰教关于收入之四十分之一作为天课上缴国家的原则），组成苏丹卫队，后来演变为直接隶属于苏丹的近卫军团，日薪初为2阿克切，后为3—5

① Turnbull, S., *The Ottoman Empire 1326—1699*, New York 2003, p.19.

阿克切。相比于封邑制的西帕希骑兵，耶尼切里的构成具有异族抑或异域的色彩和非穆斯林皈依伊斯兰教的身世背景。耶尼切里由苏丹出资供养，直接听命于苏丹而唯苏丹马首是瞻。耶尼切里的首领称作阿加(aga)，第一个阿加名为穆罕默德，始见于1389年的记载，统领2 000名步兵组成的雇佣军出现在科索沃战场。耶尼切里的规模，穆拉德一世当政时期约1 000人，巴叶济德一世当政时期扩大为5 000人。穆罕默德二世当政期间，奥斯曼帝国的兵员总数约10万人，其中耶尼切里1.2万人。苏莱曼一世即位后，耶尼切里增至4万人，招募范围亦逐渐扩大到小亚细亚半岛和高加索地区。耶尼切里自幼从军，待遇优厚，装备精良，训练有素，奉行独身原则，不得娶妻成婚，由此形成封闭的状态。苏莱曼二世(Sulayman Ⅱ，1687—1691年在位)即位后，耶尼切里的独身原则逐渐废止，甚至允许耶尼切里将其男性子嗣列入军饷名册，作为后备战士，进而导致耶尼切里内部普遍的职业世袭化现象。至17世纪末，奥斯曼帝国停止直接招募非穆斯林少年组成耶尼切里，耶尼切里的封闭状态不复存在，耶尼切里的来源构成呈开放的倾向。形形色色的社会成员加入耶尼切里，兵员的混杂状况日趋严重，耶尼切里的战斗力随之明显下降。

奥斯曼帝国的军事力量，除西帕希骑兵和耶尼切里步兵以外，还包括来自被奥斯曼人征服地区的附庸国仆从军。巴尔干半岛的基督教王公作为奥斯曼帝国的封臣，跟随苏丹征战各地，接受土地赐封，分享战利品。瓦兰几亚、特兰西瓦尼亚和摩尔达维亚是奥斯曼帝国最重要的三个基督教附庸国，提供大量的步兵和骑兵。克里米亚的鞑靼人一直是奥斯曼土耳其的忠实盟友和军事仆从，安纳托利亚高原东部的库尔德人亦在苏丹召集时随耶尼切里一同出征。

14世纪末起，领有提马尔的西帕希骑兵构成奥斯曼帝国军队的核心。与此同时，包括农民军、雇佣军和其他辅助性兵员甚至非军事性的文职官吏亦被纳入提马尔体系，而提马尔的领有者呈现多元的社会成分。进入15世纪，提马尔的世袭化现象逐渐凸显，父死子继随之成为常态。另一方面，提马尔的领有者不再局限于突厥血统的穆斯林，越来越多的希腊和斯拉夫血统的基督徒跻身于提马尔领有者即西帕希的行列。与此同时，奥斯曼帝国苏丹极力强化对于提马尔领有者即西帕希的控制，而常用的手段是改变封邑的位置，多为安纳托利亚与鲁梅利亚之间封邑的轮换，更为有效的手段是将领与骑兵之间实行不同族群的混合配置，旨在淡化西帕希与土著势力之间的联系，削弱西帕希的离心倾向。

早期奥斯曼军队主要由骑兵组成，擅长野战，却缺乏步战经验和攻城机械，面对拜占庭帝国的设防城市往往久攻不克，只能采取长期围困的战术。直到装备火器后，奥斯曼军队的攻城能力方得以大幅提升。奥斯曼军队自穆拉德二世在位期间开始装备火器，1514 年查尔迪兰战役中，奥斯曼军队的火器发挥了决定胜败的作用。

奥斯曼帝国前期，历任苏丹致力于陆地的攻战征伐，周边海域处于基督徒舰队的控制之下。1453 年攻陷君士坦丁堡之后，特别是 1517 年征服埃及后，奥斯曼帝国开始与基督徒舰队争夺周边海域的控制权，奥斯曼帝国海军随之应运而生。

早在奥斯曼帝国军队于 1377 年重新夺回达达尼尔海峡欧洲一侧的军事要塞加里波利之后，苏丹穆拉德一世下令建造战船，加里波利成为奥斯曼帝国最初的军港。巴叶济德一世当政期间，奥斯曼帝国海军初具雏形，约有战舰十余艘。穆罕默德二世即位后，开始大规模建造战船。奥斯曼帝国的海军兵员包括突厥人、希腊人、阿尔巴尼亚人，兼有封邑制与雇佣制。海军统帅最初采用桑贾克贝伊的称谓，后来改称贝勒贝伊并参加御前会议。爱琴海诸地是海军主要的提马尔所在，海军封邑大都分布于此。

基马尔·雷斯的旗舰葛克号（1495 年）

奥斯曼帝国的舰队最初的活动范围，局限于博斯普鲁斯海峡与达达尼尔海峡之间的狭小水域。15 世纪前期，奥斯曼帝国的舰队开始进入爱琴海水域。1416 年，奥斯曼帝国海军试图袭击威尼斯人控制的爱琴海岛屿，败于威尼斯舰队，是为奥斯曼帝国历史上的首次海战。此后数年间，威尼斯舰队屡次袭击奥斯曼帝国海军的驻地加里波利军港。1430 年，奥斯曼帝国海军曾经参与围攻塞萨罗尼基，再露锋芒。1453 年，145 艘战舰组成的奥斯曼帝国舰队参与围攻君士坦丁堡，包括 12 艘大型双层战船，其余多为小型单桅帆船。与此同时，奥斯曼帝国的战船驶入多瑙河水域，负责运输兵员和物资补给。1494 年，苏丹巴叶济德二世任命基马尔·雷斯(Kemal Reis)组建新的舰队。

进入 16 世纪，奥斯曼帝国的海军游弋于地中海以及爱琴海和黑海水域，屡次击败欧洲基督教国家的舰队，从西班牙人手中夺取北非的突尼斯和阿尔及利亚，护送穆斯林及犹太人逃离西班牙的宗教迫害。苏莱曼一世重视海战和海军建设，大维齐尔卢特菲帕夏亦曾告诫苏莱曼一世："在过去，苏丹手下许多人都懂得如何统治陆地，但很少人知道如何统治海洋。在进行海战方面，异教徒走在了我们的前面，我们必须设法超过他们。"阿尔及尔的统治者巴巴罗萨·海德丁帕夏(Barbarossa Hayreddin Pasha，？—1546)是奥斯曼帝国继基马尔·雷斯之后最负盛名的海军将领。1534 年，苏莱曼一世任命巴巴罗萨·海德丁帕夏作为海军统帅。1538 年，巴巴罗萨·海德丁帕夏统率的奥斯曼帝国海军在亚得里亚海水域的普雷韦扎(Preveza)海战中击败基督教欧洲的神圣同盟舰队，标志着奥斯曼帝国海军的真正意义上的崛起。此后数年，巴巴罗萨·海德丁帕夏统率的奥斯曼帝国海军屡屡击败哈布斯堡王朝海军和威尼斯舰队。

巴巴罗萨·海德丁

1570 年，奥斯曼帝国舰队占领威尼斯人的属地塞浦路斯，随后奥斯曼帝国将土耳其人从安纳托利亚移入塞浦路斯，土耳其人与操希腊语的土著居民在塞浦路斯由此形成混居状态。1571 年，奥斯曼帝国海军与基督教欧洲的神圣同盟舰队在希腊附近海域发生地中海水域规模空前的大海战，史称勒班陀海战。交战双方投入战船数百艘，五万九千人战死，奥斯曼帝国舰队遭受重创，损失近两百条战船，仅有约三十条战船侥幸逃脱。文学名著《堂吉诃德》的作者塞万提斯曾经参加此次海战，在交战中负伤失去左手。勒班陀海

勒班陀海战

战在世界海战史上具有重要的地位,是地中海世界最后的木桨战船的大海战,被后人视为木桨战船时代与风帆战船时代的分水岭。勒班陀海战之后,木桨战船逐渐退出地中海世界的海战舞台,风帆战船以其良好的机动性开始取代木桨战船而成为海战的主力。翌年,奥斯曼帝国重建规模庞大的舰队,再度与欧洲基督教海军角逐地中海霸权。据史书记载,在伊斯坦布尔的造船厂,若值造船高峰时,每天都有舰船下水。1573 年,威尼斯人与奥斯曼帝国签订和约,承认奥斯曼帝国占领塞浦路斯的既成事实。在红海和印度洋水域,奥斯曼帝国海军屡败葡萄牙舰队,甚至远赴苏门答腊岛,协助土著穆斯林抵御葡萄牙人的入侵。

五、 宗教与神权

奥斯曼帝国沿袭哈里发国家的历史传统,采用教俗合一的政治制度,政治生活具有浓厚的宗教色彩。在苏丹之下,以大维齐尔为首的军政贵族和以大穆夫提为首的欧莱玛分别构成奥斯曼帝国权力结构的世俗体系和宗教体系,地方行政机构桑贾克亦实行教俗二元的权力体系,世俗权力与宗教权力处于平行的状态。

16 世纪 40 年代,苏莱曼一世开始采用哈里发的称谓,以先知穆罕默德和麦地那时代四大哈里发的继承者自居,奥斯曼帝国的苏丹俨然成为整个伊斯兰世界和全体穆斯林的精神领袖。保卫伊斯兰世界的疆域、统率穆斯林对基督教世界发动圣战和维护伊斯兰教法的神圣地位,是奥斯曼帝国苏丹的首要职责。奥斯曼帝国征服君士坦丁堡后,苏丹穆罕默德二世在著名的圣门弟子阿布·阿尤布(Abu Ayyub,生卒年不详)的陵墓所在处建造清真寺,供穆斯林凭吊。阿布·阿尤布曾经于倭马亚王朝初期参与围攻君士坦丁堡,战事期间病故,葬于君士坦丁堡城外的金角湾附近。穆罕默德二世将阿布·阿尤布的陵墓所在视作圣地,意在提高伊斯坦布尔和奥斯曼帝国在伊斯兰世界的宗教地位,拉近伊斯坦布尔与阿拉伯半岛两座圣城之间的距离,拉近奥斯曼帝国家族与先知穆罕默德之间的距离。从 1514 年起,每逢奥斯曼帝国军队出征前夕,苏丹必先亲自凭吊阿布·阿尤布的陵墓。1566 年苏丹塞里姆二世即位后,凭吊阿布·阿尤布的陵墓成为历任苏丹登基仪式的组成部分:新即位的苏丹首先自宫廷出发,经海路抵达金角湾,凭吊阿布·阿尤布陵墓,然后经由陆路返回伊斯坦布尔城内,凭吊已故历任苏丹。奥斯曼帝国鼎盛时期,甚至远在苏门答腊诸岛、印度和伏尔加河流域的穆斯林亦将伊斯坦布尔的苏丹视作伊斯兰世界的保卫者,求助奥斯曼帝国抵御葡萄牙人和俄国人的军事威胁。

19 世纪末金角湾

艾卜·阿尤布·安萨里陵墓

欧莱玛(Ulama)泛指伊斯兰教学者,包括领导穆斯林聚礼及宣讲教义的伊马目(Imam)、审理穆斯林诉讼的卡迪(al-Qadi)、解释伊斯兰教法和发布宗教法令的穆夫提。根据伊斯兰教的传统理论,包括哈里发和苏丹在内的统治者必须遵从安拉的法度,即称作沙里亚(Sharia)的伊斯兰教法,而穆斯林民众顺从统治者的前提,是统治者的言行必须符合沙里亚的原则。在教俗合一的奥斯曼帝国,欧莱玛作为伊斯兰教法的诠释者和执行者具有举足轻重的社会地位和政治影响,欧莱玛的支持则是苏丹统治权力合法性的来源。

奥斯曼帝国早期,尚无完善的世俗官僚体系,行政事务通常由欧莱玛负责掌管,最初的历任维齐尔亦多由欧莱玛担任。15 世纪的编年史家批评巴叶济德一世将管理帝国的诸多权力交给世俗官吏掌管,表明行政体制经历世俗化的转变过程。尽管如此,在奥斯曼帝国六个世纪的历史进程中,欧莱玛始终掌管宗教、司法和教育,构成独具特色的社会群体。欧莱玛一般不从政府领取俸禄,其主要经济收入来自宗教地产瓦克夫(waqf),因此区别于世俗官吏,处于相对自治的地位。宗教地产瓦克夫约占奥斯曼帝国国有土地的三分之一,构成欧莱玛的经济支柱。

称作卡迪的宗教法官遍布奥斯曼帝国的各个角落，主持法庭，执行伊斯兰教哈奈菲派教法，仲裁诉讼，征集战争物资，募集兵源，保障交通和道路安全，监督市场交易，宣布苏丹的法令。“卡迪在奥斯曼帝国的日常事务管理方面或许扮演最重要的角色。奥斯曼帝国境内的每一个城市、村社和定居点都处于卡迪的司法管辖之下。卡迪管辖区域内的所有人，无论信奉何种宗教，均可向卡迪主持的法庭提出申诉”①。

伊斯坦布尔的大穆夫提，作为官方欧莱玛的最高宗教首领，接受苏丹的任命，地位仅次于大维齐尔。位居伊斯坦布尔的大穆夫提之下的欧莱玛首领，是鲁梅利亚的卡迪和安纳托利亚的卡迪。穆罕默德二世曾经将“谢赫·伊斯兰”(Shaykh al-Islam，意为伊斯兰教长老)的称号授予伊斯坦布尔的大穆夫提，大穆夫提发布的法令即法图瓦(fatwa)“不仅涉及宗教信仰，而且包括战争动员和征收赋税以及生活起居的各个方面”②。奥斯曼帝国在欧洲战场对基督徒发动的战争无疑被视作当然的圣战，而在东方战场与穆斯林之间的战争，特别是对马木路克王朝发动的战争和对萨法维王朝发动的战争，以及处死反叛苏丹的穆斯林，则须得到大穆夫提的批准，方可被视作符合教法的行为。大穆夫提通常遵照苏丹的旨意发布称为法图瓦的宗教法令，拒绝遵照苏丹的旨意发布宗教法令仅属特例。

奥斯曼帝国尊奉逊尼派伊斯兰教作为官方的意识形态，逊尼派伊斯兰教的哈奈菲派教法构成官方法律制度的基础。然而，奥斯曼帝国的宗教环境相对宽松，哈奈菲派并非奥斯曼帝国境内唯一获准存在的教法学派。据《伊本·白图泰游记》记载，伊本·白图泰在安纳托利亚旅行的沿途多次遇到尊奉沙斐仪派、马立克派和罕百里派教法的穆斯林，而尊奉不同教法学派的穆斯林，其宗教礼仪不尽相同。沙里亚位于奥斯曼帝国法律体系的顶点，规定穆斯林的个人行为以及穆斯林与非穆斯林的相互关系，直至规定社会秩序和国家制度，具有至高无上的地位和不可侵犯的神圣性。沙里亚被视作安拉意志的体现，苏丹只是沙里亚的捍卫者，欧莱玛则是沙里亚的执行者。苏丹颁布的法令称作卡农(canon)，构成沙里亚的延伸和补充。苏丹颁布的法令，在颁布者死后，被视作无效，直到新的苏丹即位后重新确认，方可继续生效。突厥人以及其他被征服地区的习惯法称作阿戴特(adat)，构成法律体系的最低

① Imber, C., *The Ottoman Empire, 1300—1650*, New York 2002, p.232.

② Lewis, G., *Modern Turkey*, New York 1974, p.32.

层次。卡农和阿戴特具有明显的世俗色彩,主要涉及刑事诉讼、租佃关系和税收制度。苏丹穆罕默德二世和苏莱曼一世在位期间,相继颁布多项卡农,援引沙里亚的原则和概念,规定国家机构设置、宫廷礼仪、财政税赋和相关刑法条款。

宗教学校是传授沙里亚的载体,包括初等学校和高等学校。附属于清真寺的宗教小学称作麦克台卜(maqtabah)。麦克台卜遍布乡村和城市,构成初等学校的基本形式,学习内容包括诵读《古兰经》、伊斯兰教常识和宗教道德。高等学校是伊斯兰教经学院,称作麦德莱赛(madrasah)。麦德莱赛主要讲授阿拉伯语、波斯语、经注学、圣训学、教义学和教法学,培养伊斯兰教的神职人员和宗教法官。宗教学校处于瓦克夫的地位,具有一定程度的独立性。奥斯曼帝国时期,伊斯兰教的宗教教育体制日臻成熟,宗教学校开始出现等级结构。穆罕默德二世于15世纪70年代在伊斯坦布尔建立的8所宗教学校,可谓奥斯曼帝国的最高宗教学府。

麦克台卜

宗教教育的体系化和宗教学者的官方化,是奥斯曼帝国时期的突出现象。与此同时,崇尚苦行、禁欲和神秘主义的苏菲派逐渐成为民间伊斯兰教的载体,进而与官方伊斯兰教分道扬镳。“苏菲”(sufi)一词在阿拉伯语中本意为“羊毛”。苏菲派倡导禁欲和苦行的生活,其追随者大都身着羊毛粗衣,以示质朴,故得此名。苏菲派系伊斯兰教内部致力于寻求凡人与安拉直接交流进而获得信仰真谛的神学倾向,专注个人潜修。苏菲派的宗教实践,最初只是建立在个人基础之上的无组织的信仰方式。自塞尔柱苏丹时代开始,苏菲派的追随者逐渐出现聚合的倾向,进而在伊斯兰世界各地形成诸多教团组织。苏菲教团的成员通称德尔维什(darwish,源于波斯语,本意为贫民、乞丐),他们根据个人修炼的不同水平,分为若干等级。德尔维什即内心无任何念头的人,言而无语,视而不见,听而不闻,食而无味,无动无静,无喜无忧。每个教团都有称作道堂的宗教中心,也有各自的活动区域。教团成员的主要功修内容是迪克尔(dhikr),即时刻记念安拉,反复赞颂安拉,直至达到无尽无休的程度。迪克尔作为苏菲教团的功修,源于《古兰经》的如下启示:"信士们啊!你们应当常常记念安拉,你们应当朝夕赞颂他超绝万物。"迪克尔的念词,包括称作沙哈达(al-Shahadah)的清真言、《古兰经》的启示、赞颂安拉和先知穆罕默德的内容,以及某些具有神秘色彩的苏菲派诗歌和散文。教团成员或高声赞念,修炼肉体,或低声默念,启迪心灵,或伴以和谐悦耳的音乐,或伴以婆娑旋转的舞蹈,种类多样,形式各异。苏菲教团的首领对于普通成员拥有绝对的权威,教团的创始人则往往被后来者视作圣徒并加以尊崇,由此形成苏菲教团特有的圣墓崇拜。圣墓在阿拉伯语中称作"拱北"(qubbah),波斯语中称作"麻札"(mazar),个别教团常以朝拜圣墓取代朝觐克尔白。

苏菲派自1071年曼齐喀特战役后传入安纳托利亚,逐渐渗透到穆斯林宗教生活的诸多层面,形成深厚的民间根基。奥斯曼帝国境内的苏菲派信徒大都隶属于卡迪里教团、纳格什班迪教团、拜克塔什教团和麦乌拉维教团,派系繁杂,人数众多,具有广泛的社会影响。卡迪里教团(al-Tariqah al-Qadiriyyah)始建于12世纪的巴格达,创始人是阿卜杜勒·卡迪尔·吉拉尼(Abd al-Qadir al-Jilani, 1078—1166),系伊斯兰教历史上最早出现的苏菲教团,大约17世纪传入安纳托利亚。纳格什班迪教团(al-Tariqah al-Naqshibandiyyah)始建于14世纪的布哈拉,创始人是穆罕默德·白哈丁·布哈里(Muhammed Bahadin al-Bukhari, 1318—1389),在突厥人中影响甚大,15世纪传入安纳托利亚,备受奥斯曼帝国苏丹的推崇。拜克塔什教团(al-Tariqah al-Baktashiyyah)始建于13世纪,创始人是拜克塔什(al-Hajj Baktash,卒于1335年),具有一定程度的什叶派色彩。拜克塔什教团的信众大都分布在鲁梅利亚即巴尔干乡村,是在巴尔干半岛传播伊斯兰教的主要载体。由于奥斯曼帝国长期在巴尔干地区募集兵源,拜克塔什教团与近卫军团逐渐形成密切的联系,充当近卫军团的随军神职人员,而近卫军团的战士则自称拜克塔什的子孙,尊崇拜克塔什教团的苏菲长老。麦乌拉维教团(al-Tariqah al-Mawlawiyyah)始建于13世纪的鲁姆苏丹国都城科尼亚,创始人是波斯血统的神秘主义诗人鲁米(1207—1273),在安纳托利亚的土耳其人中广泛传播。麦乌拉维教团以特有的旋转舞著称于世,宗教仪式经常伴随旋转的舞姿,其信众因此得名"旋转的德尔维什"。麦乌拉维教团的信众主要分布在安纳托利亚的城镇地区,与手工业者及商人阶层联系密切,是奥斯曼帝国政府用于制衡拜克塔什教团的重要宗教势力。“梅夫莱维派(即麦乌拉维教团)的首脑,是一个极受尊敬的有名人物,有时候他出面主持新苏丹登基时举行的佩剑礼”①。

鲁米

麦乌拉维·贾拉伦丁·鲁米教导弟子

作者点评

亚非欧大陆的中央地带幅员辽阔,四通八达,素有帝国统治的历史传统。伊斯兰教诞生前的千余年间,来自地中海世界的罗马拜占庭帝国与崛起于伊朗高原的波斯帝国长期处于战争状态,在西亚北非地区形成东西对峙的政治格局。伊斯兰教诞生后,信仰伊斯兰教的阿拉伯人在他们心中的圣战的旗帜下走出贫瘠的家园,拥向武力征服的战场,荡平波斯帝国,重创拜占庭帝国,继而主宰西亚北非地区长达六百余年。奥斯曼帝国作为继阿拉伯帝国之后传承伊斯兰文明的历史载体,继承哈里发时代的宗教政治传统,实行君主至上和教俗合一的政治体制,世俗权力与宗教权力错综交织,而家族血统和圣战实践提供了奥斯曼帝国统治权力的合法性来源。奥斯曼帝国在世界历史的舞台上历经六百余年的沧桑,可谓亚非欧大陆中央地带最后的封建帝国。

---

① [美]伯纳德·刘易斯:《现代土耳其的兴起》,范中廉译,商务印书馆1982年版,第428页。

第五章
奥斯曼帝国的社会与经济

一、疆域与人口

奥斯曼帝国的人口数量并无准确的统计,然而瘟疫、饥荒、战争、移民无疑是影响奥斯曼帝国人口数量的主要因素。根据相关资料的统计,鼎盛时期的奥斯曼帝国由三大区域组成,其中包括希腊、保加利亚、阿尔巴尼亚、塞尔维亚、匈牙利和罗马尼亚在内的欧洲东南部巴尔干地区的领土面积约88万平方公里,安纳托利亚的领土面积约76万平方公里,包括叙利亚、伊拉克、埃及、马格里布和阿拉伯半岛沿海地区在内的阿拉伯世界领土面积约75万平方公里。奥斯曼帝国的臣民,按照宗教可以划分为穆斯林、东正教基督徒、天主教基督徒和犹太人若干米勒特,按照民族则包括土耳其人、阿拉伯人、库尔德人、鞑靼人、亚美尼亚人、波斯尼亚人、塞尔维亚人、保加利亚人、希腊人、切尔克斯人等诸多族群。

另据资料统计,奥斯曼帝国的总人口,苏莱曼一世当政期间约为1 200万,16世纪末增至2 200万。1800年前后,奥斯曼帝国的总人口约为2 500万—3 000万,其中巴尔干半岛约有人口900万,安纳托利亚约有人口600万;在阿拉伯世界,埃及约有人口350万,马格里布约有人口450万,叙利亚约有人口175万,伊拉克约有人口125万,阿拉伯半岛约有人口100万。

奥斯曼帝国的不同地区在人口密度方面表现为明显的不均衡状态。巴尔干地区的人口密度是安纳托利亚地区人口密度的两倍,安纳托利亚地区的人口密度是新月地带人口密度的三倍,阿拉伯半岛长期处于地广人稀的状态,人口密度不及安纳托利亚的五分之一。

奥斯曼帝国的统治者秉承塞尔柱时代的政治传统和治国方略,其所遵循的治国理念是：公正的社会秩序需要国家的有效统治，国家的有效统治需要维持强大的军队，维持强大的军队需要充足的物质财富，充足的物质财富需要臣民的辛勤劳作。基于上述治国理念，苏丹的臣民至少在理论上严格区分为阿斯卡里(askari)和拉伊亚(layia)两大阶层。“阿斯卡里”一词源于阿拉伯语，本意为军人或战士，特指称作加齐的圣战者和称作欧莱玛的穆斯林宗教学者以及宫廷的侍从和政府的官吏，享有免纳赋税的特权，构成奥斯曼帝国的统治阶层。拉伊亚一词亦源于阿拉伯语，本意为“牧人看守的畜群”，特指经济活动的从事者，包括商人、手工业者和农民，承担缴纳赋税的义务，构成奥斯曼帝国的依附阶层。拉伊亚按照生活方式区分为定居者与游牧者，按照从事职业区分为农民、工匠、商贩和牧人，按照民族血统区分为突厥人、阿拉伯人、柏柏尔人、库尔德人、切尔克斯人、斯拉夫人、希腊人、亚美尼亚人、犹太人等，按照宗教信仰区分为穆斯林、基督徒和犹太教徒。奥斯曼帝国规定，不同的社会阶层身着不同的服饰，以便相互区分，避免混淆，其中农民和工匠不得身着华丽的服饰，穆斯林与非穆斯林不得身着相同的服饰，不同的宗教群体居住在城市和乡村的不同区域。

二、 米勒特制度

奥斯曼帝国疆域辽阔，臣民的社会构成表现为明显的多元状态，语言、血统、经济活动和生活方式诸多方面差异甚大，不同的宗教信仰则是确定社会成员地位和区分诸多社会群体的基本标志。在此基础上，奥斯曼帝国的统治者沿袭哈里发时代形成的吉玛人制度，实行所谓的米勒特制度。

吉玛(dhimmah)在阿拉伯语中本意是保护性的契约；吉玛人(ahl al-dhimmah)亦称吉米，意为“根据契约受到保护的人”，特指在伊斯兰国家的疆域内通过订立契约的形式而接受统治者保护的非穆斯林臣民。吉玛人的概念源于《古兰经》的相关启示。《古兰经》严格区分多神崇拜的阿拉伯人与一神信仰的犹太人和基督徒，将前者称作“以物配主的人”，而将后者称作“有经典的人”(ahl al-Kitab)。先知穆罕默德时代，伊斯兰国家局限于阿拉伯半岛的范围，曾受天经是非穆斯林接受伊斯兰国家保护的先决条件，吉玛人则是所谓“有经典的人”之宗教概念在现实领域的逻辑延伸。先知穆罕默德去世后，伊斯兰国家征服阿拉伯半岛以外的广大区域，非穆斯林臣民数量剧增，犹太人和基督徒无疑处于被保护者的地位，琐罗亚斯德教徒亦被纳入吉玛人的行列。

提供保护与人身依附两者之间无疑具有内在的逻辑联系，吉玛人作为被哈里发国家保护的社会群体，长期处于依附和从属的地位。与穆斯林相比，吉玛人至少在理论上处于无权的地位。另一方面，吉玛人在缴纳人丁税的前提下构成相对自治的社会群体。吉玛人有权自行征税，自行审理诉讼，操各自原有的语言，延续各自原有的生活方式，自行选择宗教信仰。

奥斯曼帝国将苏丹统治下的臣民划分为穆斯林米勒特、希腊人米勒特、亚美尼亚人米勒特和犹太人米勒特四大群体。“米勒特”(millet)一词源于阿拉伯语，本意为宗派和教派。“米勒特是一种宗教-政治社群，因其归属之宗教命名。米勒特的成员遵守该宗教的规定甚至于该宗教的法律，由自己的领袖主持行政——自然，其限度是不能和国家的法律与利益相冲突”。①

穆斯林的米勒特包括奥斯曼帝国境内信奉伊斯兰教而操土耳其语、阿拉伯语、库尔德语、阿尔巴尼亚语以及希腊语和其他巴尔干、高加索地区语言的诸多族群。奥斯曼帝国的穆斯林最初主要分布在安纳托利亚地区。1500年，安纳托利亚的穆斯林约80余万户。16世纪征服阿拉伯地区的结果是，穆斯林人数剧增，成为奥斯曼帝国最大的米勒特。与此同时，阿拉伯人取代突厥人，成为奥斯曼帝国境内最大的穆斯林族群。

希腊人的米勒特是奥斯曼帝国境内人数最多的非穆斯林米勒特，包括信奉基督教东正教派的希腊人、塞尔维亚人、保加利亚人、罗马尼亚人以及少量的阿尔巴尼亚人、阿拉伯人和土耳其人。希腊人的米勒特，其最高首领是伊斯坦布尔的东正教教宗。东正教教宗的任命需经苏丹核准，被授予三根马尾的帕夏标志，具有广泛的宗教权力和相应的世俗权力。

亚美尼亚人的米勒特包括奥斯曼帝国境内信奉亚美尼亚派基督教的亚美尼亚人以及埃及的科普特派基督徒和叙利亚的雅各派基督徒，所谓的叙利亚派基督徒(Suriyanis)即操古叙利亚语生活在安纳托利亚南部的基督徒，以及所谓的亚兹德派基督徒(Yazidi)即操库尔德语生活在安纳托利亚的东南部的基督徒亦属亚美尼亚人的米勒特，上述教派在拜占庭帝国统治时期长期被东正教视作异端教派。亚美尼亚人的米勒特，其宗教首领的驻地最初位于高加索地区的埃希米亚兹因，穆罕默德二世当政期间于1461年迁至伊斯坦布尔。

犹太人的米勒特包括以希伯来语作为母语，而在不同地区分别操西班牙

① ［美］伯纳德·刘易斯：《中东：激荡在辉煌的历史中》，郑之书译，中国友谊出版公司2000年版，第426页。

巴叶济德二世

语、阿拉伯语和希腊语的犹太人，散居在奥斯曼帝国的诸多城市。巴叶济德二世当政期间，超过 20 万犹太人被天主教徒逐出伊比利亚半岛，移居奥斯曼帝国境内，分布于伊斯坦布尔、伊兹密尔、埃迪尔内、塞萨洛尼基和巴勒斯坦，其中塞萨罗尼基已然成为当时世界上拥有最大数量犹太人的城市。此外，来自德国和中欧地区的犹太人移民，称作阿什肯纳兹(Ashkenazi)，亦生活在奥斯曼帝国境内的诸多地区。16 世纪的伊斯坦布尔约有 70 万人口，其中穆斯林占 58%，包括东正教徒和亚美尼亚人在内的基督徒占 32%，犹太人占 10%。

奥斯曼帝国统治下的诸多族群尽管被划分为不同的米勒特，却呈错综交织的分布状态。在巴尔干半岛，多数居民属于斯拉夫人、希腊人和阿尔巴尼亚人，土耳其人构成少数族群。在安纳托利亚高原，土耳其人占据人口的多数，亦有相当数量的居民属于希腊人、亚美尼亚人和库尔德人。叙利亚、伊拉克、阿拉伯半岛、埃及和马格里布无疑构成传统的阿拉伯世界，而土耳其人则是凌驾于阿拉伯人之上的统治者。“在奥斯曼帝国，没有一个行省的人口操单一的语言”①。另一方面，奥斯曼帝国的臣民尽管包括不同的族群，分别属于不同的米勒特，然而土耳其语无疑是奥斯曼帝国的官方语言。政府官员无论来自哪个族群，均须在正式的场合操土耳其语。

米勒特作为宗教群体，并不具有民族的内涵。换言之，每个米勒特包含不同的民族成分，相同的民族却由于信仰的差异而分别属于不同的米勒特。米勒特制度的实质，在于苏丹与诸多宗教群体首领的权力分享，进而构成奥斯曼帝国统治臣民的重要政治基础。向奥斯曼帝国缴纳人丁税，是非穆斯林诸米勒特区别于穆斯林米勒特的主要标志。人丁税通常采用货币的形式缴纳，征纳对象是具有相应经济条件的成年男性自由人，教士、妇女、儿童和赤贫者免纳人丁税。基督徒和犹太人在缴纳人丁税的条件下，享有一定程度的自治权利，处于二等臣民的地位。据统计，1477 年，伊斯坦布尔共有居民

① Imber, C., *The Ottoman Empire, 1300—1650*, New York 2002, p.2.

16 324 户，其中 9 486 户属于穆斯林米勒特，3 743 户属于希腊人米勒特，1 647 户属于犹太人米勒特，434 户属于亚美尼亚人米勒特。[①]另据统计，1490—1491 年，巴尔干地区缴纳人丁税的非穆斯林为 67.4 万户，安纳托利亚缴纳人丁税的非穆斯林 3.3 万户。1528 年，奥斯曼帝国征纳的人丁税总额为 4 600 万阿克切，占奥斯曼帝国全部岁入的 8%，其中 4 230 万阿克切征自鲁梅利亚，370 万阿克切征自安纳托利亚。[②]

奥斯曼帝国的社会结构呈现为马赛克镶嵌的状态，定居社会与游牧世界、城市与乡村、贵族与平民处于不同的社会地位，诸多的社会群体利益各异，穆斯林与非穆斯林之间的信仰差异尤其构成划分社会群体的首要因素。奥斯曼帝国境内的穆斯林主要分布于安纳托利亚和阿拉伯地区，基督徒大都分布于巴尔干地区。奥斯曼帝国征服以后，在阿尔巴尼亚、波斯尼亚、克里特和保加利亚，为数众多的基督徒改奉伊斯兰教。相当数量的穆斯林分布于巴尔干地区的波斯尼亚和阿尔巴尼亚以及马其顿和色雷斯，安纳托利亚和阿拉伯世界亦有少量的基督徒。奥斯曼帝国境内的穆斯林大都属于逊尼派，巴尔干半岛、安纳托利亚、叙利亚和伊拉克分布着少量的什叶派穆斯林，苏菲教团的影响遍及城市和乡村的各个角落。基督徒划分为诸多教派，其中以东正教的信众人数居多，形成伊斯坦布尔、安条克、耶路撒冷和亚历山大四大教区。

19 世纪末阿尔巴尼亚斯库台穆斯林

不同的米勒特成员生活在城市

---

① Inalcik, H., *The Ottoman Empire: the Classical Age 1300—1600*, New York 1973, p.141.

② Inalcik, H., *An Economic and Social History of the Ottoma Empire*, Vol.I, Cambridge 1994, p.26, pp.66—67.

和乡村的各自区域,分别恪守各自的宗教法律,操各自的传统语言,沿袭各自的生活习俗,隶属于各自的宗教首领,相安无事。穆斯林男子与非穆斯林女子之间的通婚现象随处可见:非穆斯林女子嫁与穆斯林男子后,可保留原有的宗教信仰,但是所生的子女则被视作穆斯林。与中世纪基督教世界的宗教迫害相比,奥斯曼帝国长期奉行宗教宽容的政策,允许异教信仰的合法存在,对于异教徒提供相应的保护。然而,由于奥斯曼帝国坚持伊斯兰教统治的传统原则,穆斯林贵族垄断国家权力,非穆斯林不得担任政府官职,不承担兵役,不得分享国家权力。米勒特制度的意义在于,诸多宗教社团俨然成了奥斯曼帝国境内的国中之国,诸多宗教的文化传统在奥斯曼帝国长期延续,进而导致奥斯曼帝国社会结构中浓厚的多元色彩,直至成为奥斯曼帝国解体和崩溃的隐患。

三、 封邑制度

奥斯曼帝国沿袭哈里发时代的历史传统,援引伊斯兰教的相关原则,实行国家土地所有制。奥斯曼帝国的国家土地所有权,起源于奥斯曼帝国作为征服者的统治权。奥斯曼帝国的国有土地称作米里(miri),特指乡村的耕地,耕作内容局限于粮食作物。城市的土地和乡村的宅地以及牧场和果园系非国有的私人地产,不属于米里的范畴。

伊斯坦布尔的苏丹至少在理论上拥有全国的土地,以提供兵役作为条件将土地赐封给穆斯林贵族,进而在奥斯曼帝国直接控制和执行奥斯曼帝国法律的巴尔干和安纳托利亚诸多地区建立封邑制度。奥斯曼帝国的封邑名为提马尔(timar),提马尔一词源于波斯语,本意为照料。奥斯曼帝国的提马尔制起源不详,或起源于塞尔柱时代的伊克塔制,或起源于拜占庭帝国的普洛尼亚制,目前尚无定论。封邑制度作为国家土地所有制的逻辑延伸,不仅是奥斯曼帝国军事制度的重要基础,而且构成奥斯曼帝国经济社会制度的突出特征。

奥斯曼帝国的军事封邑不同于中世纪欧洲基督教世界的采邑领地,其前提条件是国家对于土地的绝对控制,而封邑面积的增减与国家土地所有制的兴衰表现为同步的状态。伊斯坦布尔的苏丹明确宣布,所有耕地皆为米里即国有土地,只有称作穆勒克(mulk)的自由领有地和称作瓦克夫的宗教地产不在其列。1528 年,87%的耕地被纳入米里的范围。封邑包括土地和耕种土地的农民。封邑的耕作者构成国家的佃农,处于政府的保护之下,世代享有土地的耕作权,地租的征纳标准、征纳时间和征纳方式由苏丹确定,封邑的领有者无权更改。奥斯曼帝国的法律禁止农民弃田出走，封邑的领有者在规定的期限内有权追回逃亡的农民。封邑的领有者并无土地的所有权，只是土地收成的享用者，未经国家允许不得出卖和转让土地或将土地赠予他人。根据伊斯兰教法，封邑的领有者必须保证土地处于耕种的状态，如果土地荒芜超过3年，则由国家收回。封邑制度的实质，在于土地受益权的赐封而非土地所有权的赐封。

奥斯曼帝国的封邑制度沿袭哈里发时代的惯例，土地受益权的非世袭性和封邑的频繁更换构成奥斯曼帝国封邑制度的明显特征。所有封邑至少在法律上由苏丹直接赏赐，并由中央政府登记造册，贵族内部的等级分封则被严格禁止。尽管封邑的领有者试图获得苏丹的允准，将封邑传与子嗣，然而封邑的世袭显然缺乏必要的法律依据，提供必要的兵役无疑是领有封邑的前提条件。1530年，苏莱曼一世颁布法令，明确禁止行省长官即贝勒贝伊自行分配军事封邑。“从这时起，贝勒贝伊必须为有资格得到封地的人提出申请，帝国政府根据申请书发给授地通知，并将他登记在封地簿册上”[①]。

苏莱曼一世在位期间，巴尔干和安纳托利亚普遍实行封邑制，阿拉伯地区则实行包税制。16世纪后期开始，苏丹往往在封邑的领有者死后收回封邑，改为包税地，由包税人直接向伊斯坦布尔缴纳赋税，封邑制度随之出现衰落的征兆。进入17世纪，封邑数量逐年减少，包税范围不断扩大。以安纳托利亚西部的艾丁桑贾克为例，1573年的封邑包括提马尔590处和齐阿迈特50处，1633年的封邑下降为提马尔260处和齐阿迈特30处，下降幅度接近40%；1563年，70%的提马尔由领有者世袭继承，1610年，只有10%的提马尔由领有者世袭继承。[②]另以埃尔祖鲁姆为例，1653年时共有提

苏莱曼一世

① ［德］卡尔·布罗克尔曼：《伊斯兰各民族与国家史》，孙硕人等译，商务印书馆1985年版，第345页。

② Imber, C., *The Ottoman Empire 1300—1650*, New York 2002, p.211, p.209.

马尔 5 620 处,1715 年时提马尔数量减少 2 120 处,下降幅度为 2/5。[1]

四、农业与农民

奥斯曼帝国属于典型的农本社会,绝大多数的人口生活在乡村,自给自足的农业生产构成奥斯曼帝国经济生活的基础,土地无疑是获取财富的首要来源,小农经济长期占据主导地位。农民普遍沿袭休耕和轮种的农作技术,采用家庭耕作的传统方式,农具简陋,技术落后,粗放经营,自给自足。奥斯曼帝国传统农业的典型作物,是以谷物为主的粮食作物。冬小麦构成最重要的粮食作物,秋季播种,春季收割。夏季作物种类繁多,水稻、亚麻、棉花、烟草、甘蔗和咖啡在诸多地区广泛种植。拜占庭帝国时代的文献资料没有关于在安纳托利亚种植水稻的记载,奥斯曼帝国时代安纳托利亚种植的水稻系土耳其人从中亚引进的新作物。至于游牧的经济活动,主要分布于定居世界边缘的高原、山区和沙漠地带。游牧民大都从属于传统的血缘组织,处于居无定所的生活状态,追随称作谢赫和贝伊的部族首领,向奥斯曼帝国缴纳赋税,提供劳役。土库曼游牧民从中亚和伊朗移入安纳托利亚中部的内陆高原,进而蔓延到周围区域,数量庞大,成为奥斯曼帝国最重要的游牧族群。羊群无疑是土库曼人主要的畜牧产品,其他的畜牧产品还有骆驼、马、驴和水牛。土库曼人向奥斯曼帝国的骑兵提供战马,位于安纳托利亚北部黑海沿岸的卡斯塔莫努(Kastamonu)是最负盛名的战马牧场,所产战马 14 世纪时售价高达每匹 1 000 金币。奶酪、羊毛、皮革亦是土库曼人重要的畜牧产品,大量销往定居地区。土库曼人制作的地毯,质地上乘,闻名遐迩。

奥斯曼帝国实行国家土地所有制,土地属于国家所有。土地税构成奥斯曼帝国首要的岁入来源,耕地的丈量和农产品收成的评估则是国家制定征税标准的前提条件。耕种米里的农民作为国家的佃农,领有称作西夫特(cift)的份地,缴纳国家规定的租税,享有世袭租佃权,不得改变土地的用途,不得随意转让和分割继承,不得置土地处于荒芜状态超过 3 年,由此形成规模庞大的小农阶层。“在土地上劳动的农民,只要保持耕作和纳税,他就有权一直耕种这块土地……农民可以把这种权利传给儿子,但是在没有得到提马尔领主的特别允许之前不能把它卖掉或赠予别人。”[2]在理论上,官府根据土地的

① Karpat, K.H., *Social Change and Politics in Turkey*, Leiden 1973, p.35.

② Shaw, S.J. & Shaw, E.K., *History of the Ottoman Empire and Modern Turkey*, Vol.1, Cambridge 1976, p.126.

耕作条件征纳农作物产量的10%—50%作为土地税。然而,实际情况千差万别,征纳的数额取决于国家控制的程度。农民除缴纳土地税以外,还承担名目繁多的杂役,所剩无几。税收包括货币税和实物税两种形式,各地区由于所处自然环境、地理位置和交通状况不同而存在明显的差异,货币税与实物税的比例不尽相同。

西帕希

伊斯兰教法禁止农民弃田,强调土地必须处于耕种状态,旨在保证农业生产和土地收益。官府严格限制农民的迁徙行为,耕作者固着于土地,弃田逃亡者受到领主和官府的相应惩罚。1539年颁布的一项法令规定:如果农民离开土地而使土地荒芜超过10年,需缴纳一定数量的罚金;如果农民离开土地不足10年,封邑的主人有权在法官准许的情况下要求遣返农民。"离开土地并试图在城镇定居的农民被强制遣返。农民只有设法在城市居住超过10年并且拥有经常性的工作而无需社会援助时,才能成为合法的城市居民","假如一个耕作者成为一个有收入的手工艺者,西帕希会强迫他纳税以作为补偿金,这种税称为'中断耕作税'"。①另一方面,奥斯曼帝国的农民在诸多方面处于官府的保护之下,境况不同于中世纪西欧的农奴。西帕希通常行使维持乡村秩序的权力,然而教界的卡迪负责乡村的司法审理,形成对西帕希的监督和制约。

村社组织和部族群体作为中东地区的古老传统在奥斯曼帝国境内长期延续,农民普遍生活在具有浓厚血缘色彩和封闭倾向的村社和部族之中。村社首领和部族长老控制水源的分配和耕地的使用,在一定的范围内行使征纳赋税和仲裁纠纷的职责,构成联结国家与农民的中间环节。农民作为土地的耕作者,依附于村社首领和部族长老,处于村社和部族的保护之下。分成制是中东地区由来已久的租佃方式,地主与农民根据耕地、水源、劳动力、农具和种子五项要素划分农作物的收成。农民主要缴纳实物地租,同时承担一定的劳役,货币地租尚不多见。国家所有制的土地制度,以及村社和部族对于

① Shaw, S.J. & Shaw, E.K., *History of the Ottoman Empire and Modern Turkey*, Vol.1, Cambridge 1976, p.150, p.126.

土地的共同占有权，排斥着农民支配土地的个人权利。

五、城市与行会

奥斯曼帝国时代，安纳托利亚的城市大都是拜占庭帝国时代基督教城市的延续。科尼亚的前身是拜占庭城市伊科尼(Iconium)，阿玛西亚的前身是拜占庭城市阿玛赛亚(Amaseia)，锡瓦斯的前身是拜占庭城市塞巴斯蒂亚(Sebasteia)，开塞利的前身是拜占庭城市卡帕多西亚的凯撒利亚(Caesarea in Capadocia)，克尔谢希尔的前身是拜占庭城市米西苏斯(Mocissus)，埃斯基谢希尔的前身是拜占庭城市多利莱昂(Dorylaion)，安卡拉的前身是拜占庭城市安希拉奴(Ancyranum)，安塔利亚的前身是拜占庭城市安塔雷亚(Attaleia)。奥斯曼帝国时代亦有诸多的新兴城市，大都分布在商路沿途和贸易中心，其中包括阿拉尼亚(Alanya)、库巴迪耶(Kubadiye)、阿克谢希尔(Aksehir)、贝伊谢希尔(Beysehir)和赛伊迪谢希尔(Seydisehir)。另一方面，随着奥斯曼帝国重心的西移，安纳托利亚东部城市埃尔祖鲁姆(Erzurum)、埃尔津詹(Erzincan)、阿赫拉特(Ahlat)、凡城(Van)、比特利斯(Bitlis)以及安纳托利亚东南部城市迪亚巴克尔(Diyarbakır)、乌尔法(Urfa)、马尔丁(Mardin)和艾因塔布(Ayintab)繁华不再，逐渐丧失塞尔柱时代原有的重要地位。

奥斯曼帝国时代安纳托利亚城市中的穆斯林人口，主要是土耳其人。在科尼亚、锡瓦斯和开塞利这样的大城市，亦有非土耳其血统的穆斯林居民，包括阿拉伯和波斯血统的宗教学者、苏菲教团的德尔维什、称为谢里夫(sharif，特指先知穆罕默德女婿阿里的长子哈桑的后裔)和赛义德(sayyid，特指先知穆罕默德女婿阿里的次子侯赛因的后裔)的圣族后裔、商人和官吏。《伊本·白图泰游记》多次提及在安纳托利亚旅行期间所见非土耳其血统的城市居民，可为佐证。在奥斯曼帝国时代安纳托利亚的多个城市中，生活着相当数量的非穆斯林人口，包括希腊人、亚美尼亚人以及少量的犹太人和欧洲商人。伊本·白图泰在游记中将奥斯曼城市的非穆斯林人口称作“受管辖的鲁姆人”，向苏丹缴纳人丁税。在奥斯曼帝国时代的安纳托利亚，穆斯林并非在所有的城市皆构成多数居民。据《伊本·白图泰游记》记载，在一些城市，希腊人多于土耳其人，在另一些城市，亚美尼亚人多于土耳其人。伊本·白图泰在游记中写道，埃尔津詹是一座人烟密集的大城，城内居民多为亚美尼亚人。伊本·白图泰在途经黑海南岸城市阿玛斯拉时，亦曾发现该城居民多为热那亚人，信奉基督教。犹太人主要分布在科尼亚、安塔利亚、锡诺普和锡瓦斯。

在布尔萨，作为穆斯林的土耳其人、阿拉伯人、波斯人和作为非穆斯林的希腊人、亚美尼亚人、犹太人分别生活在称为马哈莱(mahalle)而专属于各自族群的城市社区，彼此之间相安无事，相处和睦。兼有不同族群、教派之多元化的城市社区，作为始于阿拉伯帝国时代的中东城市传统，可谓中世纪伊斯兰城市区别于同时期欧洲基督教城市的明显特征。城市社区的多元化格局，亦是中世纪伊斯兰文明区别于中世纪欧洲基督教文明的冰山一角。

奥斯曼帝国的城市普遍位于定居地区，依托定居农业作为基本的粮食供应地，为农产品提供市场，吸收乡村的剩余产品，同时向乡村提供手工业品，满足乡村市场的需要，进而形成与乡村之间的密切联系。另一方面，奥斯曼帝国的城市大都分布于商路沿线。安纳托利亚的伊斯坦布尔、布尔萨和安卡拉，巴尔干半岛的埃迪尔内，埃及的开罗，叙利亚的大马士革和阿勒颇，伊拉克的巴士拉和巴格达，皆为奥斯曼帝国的贸易枢纽。奥斯曼帝国鼓励发展远程贸易，保护商路的通畅和货物运输的安全，在商路沿途的城市建造诸多的商栈用于客商居住和货物储存。伊斯坦布尔作为奥斯曼帝国的首都，具有庞大的市场需求和发达的区域性贸易。保证伊斯坦布尔的物资供应，是苏丹政府的重要职责。伊斯坦布尔地处东南欧与亚洲以及地中海与黑海之间，系东西方之间过境贸易的交汇点。欧洲的纺织品和东方的香料构成伊斯坦布尔过境贸易的首要内容，商旅驼队频繁往返于伊斯坦布尔与伊朗、叙利亚、伊拉克、中亚之间。马尔马拉海东侧的布尔萨亦是安纳托利亚的重要商业据点和东西方之间的商品集散地。1340 年，乌尔汗在布尔萨建成大型的巴扎。此后，布尔萨的人口迅速增多，1485 年约 5 000 户，1530 年增至 6 350 户，1580 年达到 12 850 户。伊朗的生丝、欧洲的毛纺织品、埃及的糖和印度的香料，是布尔萨市场的主要商品，布尔萨生产的丝绸长期远销欧洲各国。锡尔特因盛产铜器而闻名于世，代尼兹利和阿克谢希尔生产优质棉布，锡瓦斯和卡斯塔莫努生产优质毛织品，埃尔津詹生产天鹅绒，埃尔比勒和锡尔特生产亚麻制品。科尼亚曾经是罗姆苏丹国的都城，亦是奥斯曼时代安纳托利亚的重要城市。据《伊本・白图泰游记》的记载，科尼亚始建于亚历山大东征时代，城市宽大，人烟稠密，市场布局美妙，各行各业各有专区，泉水河水和花木水果样样俱全。伊本・白图泰在游记中记载的另一城市阿克萨赖，是罗姆地区最美丽最坚固的城市之一，四面绕以甘泉流水，三条河流穿城而过，清水流至家家户户的门前，城内花园甚多，该城生产的绵羊毛织成的地毯名为阿克萨赖地毯，质地举世无双，远销叙利亚、埃及、伊拉克、印度和中国。《伊本・白图泰游记》还曾提及锡瓦斯、阿玛西亚、锡诺普诸城，称赞锡瓦斯建筑美丽、市街宽阔、市场拥挤，称赞阿玛西亚是一座美丽宽大的城市，河流、树木和花园应有尽有，沿河有水车供市民浇灌和饮用，伊本·白图泰笔下的锡诺普，三面环海，一面筑有坚固的城墙。

16 世纪生产的瓷器 1

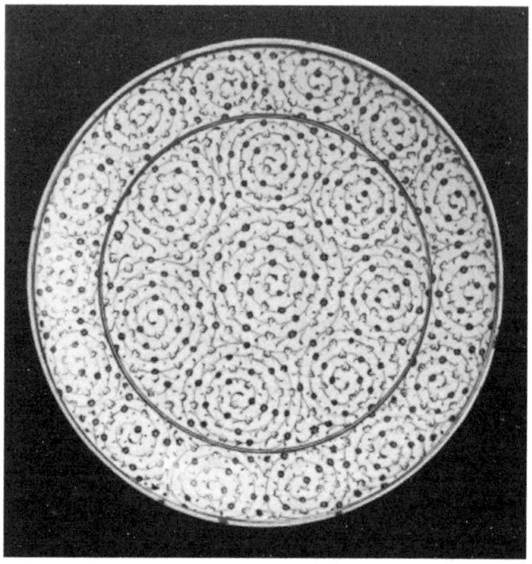

16 世纪生产的瓷器 2

15 世纪布尔萨生产的天鹅绒

16 世纪科尼亚制作的地毯

城市作为奥斯曼帝国的重心所在，具有经济、政治、军事和宗教的多重功能。奥斯曼于1302年征服卡拉加希萨尔后，曾经从格尔米延公国迁移大量人口入住该城。1430年苏丹穆拉德二世亦曾从周边地区移民入住塞萨罗尼基城内，同时鼓励战乱期间的逃亡者返回城内居住。据《伊本·白图泰游记》记载，14世纪的君士坦丁堡，作为拜占庭帝国的都城，分为东、西两区，东区居民多为穆斯林，西区居民多为基督徒，包括热那亚人、威尼斯人、法兰西人和罗姆人，以经商为主，有船只摆渡于东区与西区之间，城区以石板铺路，各行各业各有固定区域而不得混杂，市场各有栅门相通，夜间关闭。然而，君士坦丁堡于1453年被穆斯林攻陷之时，人口不足5万。苏丹穆罕默德二世当政期间，以归还财产和给予信仰自由作为条件，吸引出逃的希腊人、亚美尼亚人和犹太人重返故里，同时下令从鲁梅利亚和安纳托利亚迁4 000户家庭移居伊斯坦布尔，迁3万户农民移入伊斯坦布尔周围的35个无人居住的乡村，以保障伊斯坦布尔的农产品供应。穆罕默德还曾下令，伊斯坦布尔城内塔拉区的逃亡者，若三个月内返回原住所，其原有财产全部归还，否则做充公处理。1453—1481年，奥斯曼帝国在伊斯坦布尔新建清真寺209座，学校24所，公共浴室32处，客栈和巴扎12处。1477年，伊斯坦布尔的总人口接近10万。16世纪初，伊斯坦布尔的人口达到40万，成为当时欧洲和中东最大的城市。16世纪末，伊斯坦布尔的人口增至80万，其中40%系非穆斯林，主要分布于加拉塔区。

19世纪末伊斯坦布尔加拉塔大桥景色

热那亚人曾经是伊斯坦布尔最大的商人群体。随着奥斯曼帝国的广泛征服，希腊人以及犹太人和亚美尼亚人逐渐取代热那亚人的地位。希腊人在包税、大宗贸易批发和航运领域独占鳌头，加拉塔区几乎成为希腊商人的世界。

1800年前后，奥斯曼帝国约15%的

人口生活在1万人以上的城市。①另据相关资料的统计,1800年前后,安纳托利亚的主要城市伊斯坦布尔约有人口75万,伊兹密尔约有人口10万,布尔萨约有人口5万,安卡拉、埃尔祖鲁姆和科尼亚亦有超过万人的城市人口;在奥斯曼帝国统治下的阿拉伯世界,埃及10%的人口生活在开罗、艾斯尤特、马哈拉、坦塔、罗赛达、迪米耶塔、亚历山大等城市,叙利亚20%的人口生活在大马士革、阿勒颇、霍姆斯、哈马、耶路撒冷、的黎波里等城市,伊拉克15%的人口生活在巴格达、摩苏尔、希拉、巴士拉等城市。一些研究者甚至认为,1800年前后中东的城市人口比例高于同时期的基督教欧洲。②

伊斯坦布尔街头小吃摊

清真寺和市场是城市不可或缺的组成部分。奥斯曼帝国的统治者每占领一座城市,必首先在毗邻清真寺处开辟市场。苏丹奥斯曼曾经在埃斯基谢希尔和卡拉加希萨尔两座城市建立新的市场。市场内的商业贸易和商人安全受到官府的保护,无论穆斯林抑或异教徒。伊斯坦布尔的大市场位于圣索菲亚教堂的附近,店铺超过千家,构成伊斯坦布尔的主要商业区。1463—1470年,穆罕默德二世在伊斯坦布尔建造新的大清真寺,周围环绕着8所宗教学校,学生总数超过600人,2处客栈每天接待旅客160人,附近的大市场有店铺320家。17世纪中叶,伊斯坦布尔有清真寺150处,宗教学校130处,客栈100处。奥斯曼帝国的市场流通既有实物交易,亦有货币交易。奥斯曼帝国境内的通用钱币是称作阿克切的银币,塞尔柱时代延续下来的铜币和拜占庭帝国时代延续下来的金币亦流通于奥斯曼帝国的市场。

① Zurcher, E.J., *Turkey: A Modern History*, London 1993, p.11.

② Owen, R., *The Middle East in the World Economy 1800—1914*, London 1993, p.24.

布尔萨、科尼亚和锡瓦斯是安纳托利亚国际贸易的中心所在。锡瓦斯位于安纳托利亚中部,地处东西方商路以及南北商路的交会点,吸引来自伊朗、埃及、叙利亚和俄罗斯、金帐汗国的商人,各路商贾云集于此。来自东方的丝绸和香料直至中国的瓷器,由伊朗商人贩运到布尔萨的市场,继而转运销往欧洲。南部沿海城市安塔利亚是连接安纳托利亚经海路通往埃及和欧洲的重要商埠。来自欧洲和伊朗、埃及的棉布是奥斯曼帝国境内城市贸易的首要商品,来自叙利亚的丝绸、来自埃及的亚麻制品和来自伊朗的生丝亦充斥于奥斯曼帝国的城市市场。奥斯曼帝国在巴尔干地区的贸易中心是埃迪尔内和普罗夫迪夫。黑海沿岸的贸易中心包括特拉布宗、萨姆松(Samsun)和锡诺普,以克里米亚和俄罗斯作为贸易对象。

奥斯曼城市亦长期延续贩卖奴隶的贸易传统,加里波利、布尔萨和安塔利亚都有相当规模的奴隶贸易,奴隶的来源主要来自战争中掠夺的战俘。据《伊本・白图泰游记》记载,伊本・白图泰曾经在希腊塞奥洛戈斯的奴隶市场以40第纳尔购买一名基督徒女奴。奥斯曼帝国境内贩卖的奴隶,主要作为劳动力销往埃及和爱琴海岛屿塞浦路斯、克里特岛、罗德岛以及意大利的热那亚、威尼斯,甚至远销伊比利亚半岛。

官府将城市划分为各个特定的生活区域,派出官员进行管理,其中最重要的官员是称作卡迪的穆斯林法官,负责向米勒特和行会颁布法令并确保执行。称作伊赫提萨卜(Ihtisab)的市场稽查制度是伊斯兰世界的传统制度,旨在保障公平的交易,被纳入沙里亚的框架之中。市场稽查员称作穆赫台绥卜(Muhtasib),作为穆斯林法官卡迪的下属和伊赫提萨卜的执行者,履行管理市场的职责,监督产品的质量和交易的过程,规定交易价格和交易内容,征纳交易税。每个城市按照宗教或职业划分为若干社区,每个社区围绕自己的宗教建筑或市场,社区之间相互独立。耶尼切里在和平时期充当城市警察的角色,负责城市的治安管理。

奥斯曼帝国城市主要的手工业部门包括食品加工业、纺织业、建筑业、金属加工业、制革业和木材加工业。城市手工业普遍采用作坊的经营方式,设备简陋,资金匮乏。在奥斯曼帝国的诸多城市,手工作坊通常组成行会,其内部体系与中世纪西欧城市的行会颇为相似,具有明显的等级性、封闭性和排他性。奥斯曼帝国时代的安纳托利亚城市区别于其他伊斯兰城市的明显特征,在于苏菲教团的广泛影响。称为阿希利克(ahilik)的行会兼有苏菲道堂的宗教功能。《伊本・白图泰游记》中关于奥斯曼城市的苏菲行会,多有笔墨描述。奥斯曼城市的苏菲行会具有广泛的自治权利，涵盖市政管理的诸多功能，具有广泛的政治和社会影响力。相比之下，其他诸如开罗、大马士革、阿勒颇、巴格达、大不里士、撒马尔罕、布哈拉等伊斯兰城市，普遍处于官府的控制之下，缺乏自治的民间色彩。在17世纪的伊斯坦布尔，手工业的从业者共计26万人，分别属于1 109个行会；在同时期的开罗，手工业的从业者共计12万人，分别属于262个行会。“所有手工匠都有自己的行会，所有手艺人都属于自己的团体，当然农村手工匠例外，他们独自经营”。[①]手工业行会由从事同一行业的若干手工作坊组成，作坊内部实行严格的等级制，明确规定工匠、帮工与学徒的地位。学徒的期限通常为1 001天，此间由工匠负责学徒的食宿，不支付报酬。学徒在期满之后，经考核升至帮工，继续在作坊从业3—5年，领取报酬，直至成为工匠和独立开设作坊。然而，工匠开设作坊往往受到行会的严格限制，加之财力匮乏，困难重重。行会首领通常负责以固定的价格购置生产原料，然后分发给行会的各个作坊。行会垄断原料供应，实行统一的原料供应价格，规定和限制原料供应的数量，监督生产工艺和产品质量，限制作坊的数量和从业者的人数，排斥内部竞争。在大多数情况下，行会的产品主要销往本地市场，而市场通常处于行会的垄断和控制之下。行会内部存在明显的职业世袭现象，工匠与帮工、学徒之间往往存在具有家族色彩的宗法关系。

伊斯坦布尔的理发师

行会作为城市的民间组织，行使广泛的公共职能。官府在向行会成员征纳捐税的前提下，通常允许行会自行管理内部事务。安纳托利亚的行会表现出明显的自治倾向，行会首领在城市具有

① [巴基斯坦]赛义德·菲亚兹·马茂德：《伊斯兰教简史》，吴云贵等译，中国社会科学出版社1981年版，第401页。

广泛的权力和影响。“工匠和手艺人都加入行会，行会则对其成员和产品实行监督，有些地方行会势力很大，足以有效地控制当地的政府”。①另一方面，行会通常存在于米勒特的框架之内，具有浓厚的宗教色彩，行使相应的社会职能。“行会执行所有种类的社会职能，经常与宗教团体或米勒特联合……作为其所属的宗教对个人的强制性要求的补充”。②在安纳托利亚，穆斯林的行会大都建立在苏菲教团的基础之上，隶属于不同的苏菲教团，处于不同苏菲教团的保护之下，崇拜各自教团的苏菲圣徒，与苏菲教团形成错综复杂的关系，进而构成苏菲教团在城市社会的延伸，具有浓厚的民间色彩。

六、 商业与商人

在奥斯曼帝国统治下的亚非欧大陆中央地带，最重要的运输方式是陆路驮运。驮运的规模相当可观：1800 年，苏丹达尔富尔前往开罗的商队由 5 000 峰骆驼组成，运载货物超过 1 000 吨；特拉布宗与大不里士之间的商队由 1.5 万峰骆驼组成，每年往返三次，运送的货物超过 2.5 万吨。然而，驮运的缺点是速度慢、费用高、危险性大。地中海和黑海沿岸的希腊人以及红海和波斯湾沿岸的阿拉伯人采用海运的方式，多瑙河、尼罗河、底格里斯河和幼发拉底河则构成主要的内河运输通道。运往伊斯坦布尔的谷物和运往埃及的木材，主要采用海运的方式。

奥斯曼帝国的商业活动，包括地方贸易、区域贸易和国际贸易三种类型。地方贸易是最重要的贸易活动，经营者大都系小商人和手工业者，通常采用实物交易的方式。区域贸易系奥斯曼帝国境内不同地区之间的贸易，如安纳托利亚与埃及的贸易、埃及与叙利亚的贸易、伊斯坦布尔与其粮食供应地之间的贸易，往往采用集市贸易的方式。国际贸易包括中东与欧洲之间的贸易以及中东与中亚、印度等地之间的贸易，后者的重要性超过前者，红海和波斯湾构成国际贸易的主要通道。奥斯曼帝国与欧洲之间的贸易主要通过四条路线，即通过里海和黑海与俄国之间的贸易，通过巴尔干地区与奥地利之间的贸易，通过地中海与西欧之间的贸易。伊斯坦布尔是奥斯曼帝国最重要的

---

① [美]戴维森：《从瓦解到新生：土耳其的现代化进程》，张增健等译，学林出版社 1996 年版，第 56 页。

② Shaw, S.J. & Shaw, E.K., *History of the Ottoman Empire and Modern Turkey*, Vol.1, Cambridge 1976, p.157.

国际贸易枢纽，布尔萨、埃迪尔内、亚历山大和开罗亦在奥斯曼帝国的国际贸易中占据重要的地位。热那亚商人曾经长期活跃于东地中海水域，与君士坦丁堡的拜占庭帝国关系密切。1453年君士坦丁堡陷落后，热那亚商人一度被迫退出东地中海水域，威尼斯商人和佛罗伦萨商人取而代之，频繁出入于伊斯坦布尔和布尔萨，成为奥斯曼帝国境内穆斯林商人、基督徒商人以及犹太商人的贸易伙伴。奥斯曼帝国与东方之间亦保持密切的贸易交往，长期从伊朗进口生丝，布尔萨和伊斯坦布尔即是加工伊朗生丝的主要城市。16世纪初，奥斯曼帝国与萨法维王朝之间战事频繁。苏丹塞里姆一世在位期间，一度禁止从伊朗进口生丝，试图切断萨法维王朝的财源。印度和东南亚出产的香料畅销奥斯曼帝国的市场，开罗和阿勒颇是奥斯曼帝国境内贩运印度和东南亚商品的主要集散地。

奥斯曼帝国具有发达的区域性贸易，日常生活用品是区域性贸易的主要内容。伊斯坦布尔人口众多，谷物作为首要的生活物资来自帝国境内的诸多地区，如色雷斯、多瑙河盆地、南俄草原、安纳托利亚西部沿海和埃及出产的谷物，经海路和陆路源源不断地运抵伊斯坦布尔。1483年，驶往伊斯坦布尔

19世纪末伊斯坦布尔景色

的商船多达 4 000 余艘。黑海俨然是奥斯曼帝国的内海,黑海沿岸则是伊斯坦布尔和爱琴海地区的主要农产品供应地。希腊商人长期经营黑海贸易,希腊商船航行于伊斯坦布尔与黑海诸多港口城市之间,贩运谷物、肉、鱼、油、盐、皮革和木材。埃及素有"地中海谷仓"的美誉,所产谷物不仅供应伊斯坦布尔,而且销往叙利亚和希贾兹,同时从安纳托利亚南部输入木材,从叙利亚输入染料、橄榄油和各种干果。

伊斯兰教法明确区分伊斯兰世界与异教的世界,两者之间在理论上只能处于战争的状态,奥斯曼帝国亦起源于加齐对基督徒发动的圣战。然而,奥斯曼帝国与基督教欧洲的战争并未导致东西方之间商路的中断和贸易的衰落。相反,奥斯曼帝国与基督教欧洲之间的贸易往来呈明显的上升趋势,关税和贸易税的征收构成苏丹政府的重要财源。蒙古西征期间,阿塞拜疆的大不里士曾经是东西方之间的贸易枢纽。自 14 世纪开始,安纳托利亚成为欧亚大陆的主要贸易通道,而布尔萨逐渐取代大不里士成为安纳托利亚最重要的贸易中心和东方商品销往欧洲的集散地。伊朗的生丝、埃及的糖、印度的香料以及弗兰德尔和佛罗伦萨的毛纺织品,是布尔萨市场的主要商品。13 世纪中叶,意大利的托斯卡尼成为欧洲最早的丝绸生产中心,所产的丝绸销往罗马、布鲁日、伦敦和香槟市场。14 世纪,波伦那、热那亚、佛罗伦萨和威尼斯相继建立丝绸加工业,伊朗北部的里海沿岸则是欧洲主要的生丝来源。伊朗商人将生丝自大不里士经安卡拉运抵布尔萨,继而由热那亚人转运到欧洲。15 世纪的一位欧洲旅行家曾经在大马士革跟随一支穆斯林商队前往布尔萨,3 000 峰骆驼运载着来自东方的香料及其他货物,而货物的买家是热那亚商人和佛罗伦萨商人。与此同时,安纳托利亚成为联结东欧诸地与印度洋世界的贸易纽带,来自南方的香料、糖和各种织物与来自北方的毛皮和奴隶成为南北方之间的贸易内容。

奥斯曼帝国征服马木路克王朝以后,派遣海军赶走葡萄牙人,占据也门和亚丁港,控制自埃及经红海水域至印度洋的贸易通道,埃及的开罗和亚历山大、叙利亚的阿勒颇、也门的亚丁以及伊拉克的巴士拉成为奥斯曼帝国在阿拉伯世界的贸易中心。阿勒颇是黎凡特地区最重要的生丝和丝织品集散地:伊朗和叙利亚的生丝及丝织品运抵阿勒颇,继而由威尼斯商人销往欧洲,1600 年的交易量达到 140 吨,价值 150 万金币。1599—1602 年,阿勒颇的关税年收入达到 30 万金币,而整个叙利亚每年上缴苏丹的全部关税收入为 46 万金币。1605 年,从阿勒颇出口威尼斯的货物价值 150 万金币,出口法国的货物为80万金币，出口英国的货物为30万金币，出口荷兰的货物为15万金币。17世纪，伊兹密尔成为布尔萨和阿勒颇在东西方贸易领域的竞争对手。每年有5—6支亚美尼亚商队贩运伊朗的生丝和丝织品，经大不里士—埃里温—安卡拉—伊兹密尔的商路销往欧洲。布尔萨是奥斯曼帝国的重要丝绸产地，亦是伊朗丝绸销往欧洲的转运枢纽。布尔萨丝绸贸易的繁荣景象，屡屡出现在欧洲旅行家的笔下。羊毛编织的地毯亦是奥斯曼帝国的重要商品，远销欧洲、埃及、中亚直至南亚和中国，科尼亚地毯因其精美图案和丰富色彩而在国际市场久负盛名。巴尔干地区与意大利之间长期保持密切的贸易往来，诸多商业城市分布于多瑙河流域和亚德里亚海沿岸，杜布罗夫斯克则是意大利商人在巴尔干地区最重要的贸易据点。意大利商人主要贩运波斯尼亚和塞尔维亚的银矿资源，同时向巴尔干地区出口意大利纺织品，换取皮革、羊毛、乳酪、鱼、蜂蜜和奴隶。

苏丹政府鼓励东西方之间的商业交往，保护帝国境内穆斯林臣民土耳其人、阿拉伯人、波斯人和非穆斯林臣民希腊人、犹太人、亚美尼亚人、斯拉夫人的贸易活动。与此同时，苏丹政府以条约的形式保护来自欧洲诸国的基督教商人在帝国境内的贸易活动。最早获得条约保护的欧洲基督教商人是意大利的热那亚人。14世纪中叶，热那亚与威尼斯处于战争状态，威尼斯与拜占庭以及保加利亚结盟，奥斯曼帝国则与热那亚结盟，是为苏丹政府赐予热那亚人条约保护的直接原因。14世纪80年代，穆拉德一世赐予威尼斯商人享有条约保护的贸易地位。15世纪中叶，奥斯曼帝国与威尼斯激烈争夺巴尔干沿海地区和爱琴海岛屿，穆罕默德一世遂赐予威尼斯的对手佛罗伦萨商人享有条约保护的贸易地位。巴叶济德二世当政期间，奥斯曼帝国与威尼斯依然处于战争状态，苏丹遂于1498年赐予那不勒斯商人享有条约保护的贸易地位。1536年，苏丹政府赐予哈布斯堡家族的对手法国商人享有条约保护的贸易地位。1580年，英国获得条约保护地位。1612年，荷兰获得条约保护地位。16世纪末，英国商人开始向奥斯曼帝国输出呢绒制品，换取来自伊朗的生丝销往欧洲。进入17世纪，法国逐渐取代威尼斯，控制黎凡特地区的过境贸易。至于奥地利商人，由于哈布斯堡家族与苏丹政府处于战争状态，其在帝国境内的贸易活动不受条约的保护。

所谓的条约，实际上是苏丹政府颁布的特许状，赐予帝国境内的欧洲基督教商人米勒特的自治地位，苏丹赐封的领事作为米勒特的最高首领行使贸易监督权和司法权。在条约的保护下，欧洲基督教商人获准在奥斯曼帝国境内自由旅行。欧洲基督教商人的米勒特，主要分布于伊斯坦布尔、伊兹密尔、贝鲁特、阿勒颇、开罗，其中法国商人和意大利商人居多，英国商人和荷兰商人次之。

作者点评

综观世界历史，诸多国家和地区皆曾经历封建主义的发展阶段，而贵贱尊卑的等级社会和自给自足的农本经济构成封建主义的普遍现象，奥斯曼帝国亦不例外。奥斯曼帝国是建立在圣战基础上的庞大封建帝国，领土的兼并形成了辽阔的版图，囊括了亚非欧大陆中央地带的不同教派和诸多族群。奥斯曼帝国延续了阿拉伯帝国的历史传统，一方面具有浓厚的伊斯兰教色彩，另一方面奉行相对宽容的宗教政策。米勒特制度提供了穆斯林臣民与非穆斯林臣民长期并存的社会框架，避免了同时期欧洲基督教世界宗教迫害现象的发生。不同宗教信仰的诸多族群尽管处于贵贱尊卑的不同社会地位，却得以在伊斯坦布尔苏丹的统治下相安无事，奥斯曼帝国呈现出马赛克镶嵌般的斑斓色彩。在近代西方冲击的大潮到来之前，奥斯曼帝国统治下的亚非欧大陆中央地带具有农本社会的典型特征，个体生产和自给自足的自然经济占据主导地位。农业无疑是基本的生产领域，土地则是首要的财富来源。在国家土地所有制的条件下，农民依附于土地，进而依附于封建国家。

第六章
奥斯曼帝国黄金时代的结束

一、 苏丹权力的式微

奥斯曼帝国鼎盛时期,苏丹凌驾于社会之上,行使至高无上的绝对权力。第 10 代苏丹苏莱曼一世当政期间,可谓奥斯曼帝国的黄金时代,而此间的西欧正值文艺复兴和近代民族国家初兴的历史阶段。16 世纪的意大利政治思想家马基雅维利曾经对当时奥斯曼帝国苏丹与法国国王的权势做出如下比较:"就土耳其人来说,整个王国全在一位主公的控制之下,其他人都是他的藩属;他把全国分成若干州或政府,并把其中一些人派往那里;另外的人,他愿意杀就杀,愿意撤换就撤换。但是,法兰西国王只是席坐一堂的众多位主公中的一位主公,他们这些人都是老早就被他们的臣民承认如是了得,受他们的臣民的爱戴,有说不尽的显赫重要;国王要想把他们的国家从他们的手里拿走,那便要冒着老大的危险。"①

然而,自 1566 年苏莱曼一世死后,苏丹的统治权力日渐式微,奥斯曼帝国的宫廷政治日趋腐败,后宫参政,苏丹更替频繁,内部冲突迭起,政局动荡。奥斯曼帝国的前 10 位苏丹,平均在位 27 年,皆久经沙场,能征善战。相比之下,自 1566 年苏莱曼一世去世和奥斯曼帝国黄金时代结束到 1789 年塞里姆三世即位并首开新政举措的先河,历经 17 位苏丹的统治,平均在位 13 年,大都系碌碌无为的平庸之辈。

苏丹塞里姆二世(Salim Ⅱ, 1566—1574 年在位)酗酒成性,时人称之为"酒鬼塞里姆"。塞里姆二世即位之初,向近卫军团支付所谓的登基费,以近

① [美]伯纳德·刘易斯:《现代土耳其的兴起》,范中廉译,商务印书馆 1982 年版,第 468 页。

乎贿赂的方式换取近卫军团的支持。塞里姆二世在位期间，沉迷后宫，疏于国事，长期将朝政交付大维齐尔索库鲁·穆罕默德(Sokullu Muhammed)掌管，放任廷臣与后宫之间的权力倾轧，官场腐败成风，奥斯曼帝国的衰落迹象已经开始初步显现。穆拉德三世(Murad Ⅲ，1574—1595 年在位)即位后，威尼斯血统的王后萨菲娅(Safiya)把持后宫，干预朝政，裙带政治泛滥一时。奥斯曼二世(Uthman Ⅱ，1618—1622 年在位)一度尝试改革军政体制和强化苏丹权力，引发近卫军团在伊斯坦布尔发动兵变，奥斯曼二世遭到废黜，随后死于暗杀，是首位死于暗杀的奥斯曼帝国苏丹。继奥斯曼二世之后即位的穆斯塔法一世(Mustafa Ⅰ，1622—1623 年在位)，形同傀儡，任由后宫和廷臣的摆布，在位一年即遭废黜。穆拉德四世(Murad Ⅳ，1623—1640 年在位)即位后，励精图治，整肃国内秩序，铲除异己，遏制廷臣与后宫之间的权力倾轧，强化苏丹的统治地位，日渐式微的奥斯曼帝国似乎出现中兴的迹象。穆拉德四世是继苏莱曼一世之后唯一亲临战场的苏丹，曾经两次率军东征萨法维王朝，直至 1639 年与萨法维王朝签订《卡斯里西林和约》，最终划定奥斯曼帝国的东方疆域，美索不达米亚永久性地脱离萨法维王朝，并入奥斯曼帝国的版图。穆拉德四世死后，伊卜拉欣作为奥斯曼王室家族仅存的男性成员继任苏丹，是为伊卜拉欣一世(Ibrahim Ⅰ，1640—1648 年在位)。伊卜拉欣一世在位前期，大维齐尔科曼克斯·卡拉·穆斯塔法(Kemankes Kara Mustafa)位高权重，总览朝政。1644 年，大维齐尔科曼克斯·卡拉·穆斯塔法死于宫廷谋杀，后宫势力随之进一步膨胀。1648 年，近卫军团发动兵变，废黜伊卜拉欣一世，拥立其子穆罕默德即位，是为苏丹穆罕默德四世(Muhammed Ⅳ，1648—1687 年在位)。穆罕默德四世在位期间，依然沉迷后宫，穆罕默德·科普鲁卢和穆斯塔法·科普鲁卢(Mustafa Koprulu)父子出任大

伊卜拉欣一世

维齐尔，主宰朝政，史称科普鲁卢时期。1687 年，穆罕默德四世被大维齐尔穆斯塔法・科普鲁卢废黜，伊卜拉欣一世之子苏莱曼即位，是为苏莱曼二世(Sulayman Ⅱ，1687—1691 年在位)。1730 年，伊斯坦布尔的近卫军团再度发动兵变，废黜艾哈迈德三世(Ahmad Ⅲ，1703—1730 年在位)，拥立马哈茂德一世继任苏丹(Mahmud Ⅰ，1730—1754 年在位)。

此间，伊斯坦布尔的中央政府对于地方局势和行省事务的控制不断削弱，政治生活的天平开始倾斜，包括帕夏和贝伊在内的世俗贵族以及执掌宗教权力的欧莱玛往往各行其是，成为挑战苏丹统治地位的隐患。在安纳托利亚，奥斯曼帝国中央政府的实际控制范围局限于马尔马拉海沿岸、布尔萨、埃斯基萨希尔和卡拉曼一带；安纳托利亚的其他地区，包括安卡拉、特拉布宗、艾丁、安塔利亚和阿达纳，分别隶属于六大西帕希家族。在鲁美利亚，多瑙河沿岸、埃迪尔内、保加利亚和阿尔巴尼亚分别隶属于四大西帕希家族。在奥斯曼帝国的东方，巴格达的马木路克首领苏莱曼帕夏统治着两河流域。“在奥斯曼帝国的大部分地区，苏丹的统治权力是微弱的；在北非和阿拉伯半岛，苏丹的统治权力实际上是不存在的”。[①]

埃迪尔内喷泉广场

1786 年，出使伊斯坦布尔的法国人舒瓦瑟尔・古菲曾经在信中说：“这里不像在法兰西那样，皇帝可以独自作主。在土耳其，恰恰相反，若是想要做点什么事的话，便必须设法去说服那些事事都得由他们来评断道理的欧莱玛，去说服不论过去的或是现在的国家掌权者。”1803 年，来自印度的穆斯林旅行家米尔扎・阿布・塔利布汗写道：“他们的皇帝无权随便杀人，也不得凭着一时的高兴或是感情用事随便赦免罪人。在所有重大事务上，皇帝都有义务要同朝

① Zurcher, E.J., *Turkey*, *A Modern History*, London 1993, p.11.

中权贵进行商量,而这些权贵们,或是由于希望得到提升,或是由于害怕惩罚,一个个全都变得服服帖帖的。”①

二、 包税制的兴起

自 17 世纪开始,在与欧洲基督教诸国的战事中,传统封邑制骑兵即西帕希的战斗力明显下降,装备新式火器的雇佣制步兵即称作耶尼切里的近卫军团取代传统骑兵而成为奥斯曼帝国军事力量的核心成分。伴随着军事技术的变革,货币的支付取代土地的赐封成为维持军队的基本形式,封邑制出现衰落的趋势,封邑领有者的人数逐年减少。据相关资料统计,奥斯曼帝国的封邑领有者,1475 年为 6.3 万人,1610 年下降为 4.5 万人,1630 年已不足 1 万人。

“为了迅速而便利地取得现金的回转,苏丹没有直接去管理这类土地的赋税,而是采取按照不同的租约和转让方式,把赋税放给别人的办法”。②于是,包税制逐渐取代封邑制,成为奥斯曼帝国开辟财源和聚敛财富进而保证军饷支出的有效手段。包税者大都出自商人阶层,构成联结中央政府与乡村民众的重要纽带。最初,包税者仅仅充当非官方的征税人,征税期限通常为 3 年,征税标准由中央政府规定。久而久之,包税权逐渐世代相袭,包税者权力范围扩大,控制乡村民众,形成广泛的经济、社会和政治影响,进而构成否定国家土地所有制直至挑战苏丹和帝国政府的潜在隐患。

封邑制的衰落明显削弱苏丹政府对于行省和桑贾克的直接控制,助长奥斯曼帝国地方势力的离心倾向。另一方面,包税制的推行切断了国家与农民之间的联系,农民失去政府提供的保护,逐渐依附于包税人,与此同时,包税人不断扩大其对于土地的支配权和控制权,进而演变为大地产主和乡村的统治者。“在理论上,他们只是作为租约人和租税包收人而占有地产的,但是,日益变得软弱的政府失去对各省的控制权,这些新土地所有者因而能够增多他们占有的土地,并且增强了这种占有的可靠性。在 17 世纪、18 世纪,他们甚至开始篡夺政府的一些职权”。③

---

① [美]伯纳德·刘易斯:《现代土耳其的兴起》,范中廉译,商务印书馆 1982 年版,第 468 页,第 469 页。
②③ [美]伯纳德·刘易斯:《现代土耳其的兴起》,范中廉译,商务印书馆 1982 年版,第 471 页。

三、 商路转移与价格革命

尽管奥斯曼帝国的崛起并非导致新航路开辟的主要原因，1453 年君士坦丁堡陷落导致新航路开辟的观点具有夸大和虚构的成分，然而新航路的开辟对于奥斯曼帝国的历史进程无疑产生了深刻的影响。

奥斯曼帝国横跨亚非欧大陆的中央地带，扼守东西方之间传统贸易的十字路口。中国、印度、波斯与基督教欧洲之间的陆路贸易，以及红海、黑海和地中海东部的海上贸易，无不处于奥斯曼帝国的控制之下。首都伊斯坦布尔以及安纳托利亚的布尔萨、巴尔干半岛的杜布罗夫斯克、叙利亚的阿勒颇和埃及的亚历山大，构成奥斯曼帝国贸易网络的重要枢纽。幅员辽阔的奥斯曼帝国有巨大的市场需求，东西方之间的过境贸易尤其构成奥斯曼帝国的重要财源。奥斯曼帝国控制陆路贸易，长期采用商旅驼队的贩运方式。欧洲基督教诸国控制海路贸易，主要采用商船贩运货物。

新航路的开辟引起世界范围内商路的转移，大西洋成为东西方之间的主要贸易通道。自大西洋经好望角至印度洋的新兴海上贸易，开始挑战奥斯曼帝国控制的传统陆路贸易。17 世纪的一位奥斯曼学者曾经这样写道："现在欧洲人已经学会认识整个世界；他们的船只派往世界各地，并夺取了重要港口。在过去，印度、信德和中国的货物照例都是首先来到苏伊士，然后经穆斯林的手分发到世界各地。但是，如今这些货物都已改由葡萄牙、荷兰和英国等国船只载运前往法兰基斯坦，再由那里分运到世界各地。凡是他们自己不需要的东西，便运来伊斯坦布尔和其他伊斯兰的地方，并以五倍的高价出售，从而大发其财。伊斯兰各地因此越来越感到金银的缺乏。奥斯曼帝国必须设法取得也门沿海各地，以及通过那些地方的贸易，否则，在不久的将来，欧洲人便将控制伊斯兰各地。"①然而，基督教欧洲商人经营的海上贸易此时并未完全取代途经奥斯曼帝国的陆路贸易。"1630 年后，欧洲消费的香料和胡椒肯定已改经大西洋运输，但是丝绸，不久以后的咖啡和药材，再往后的棉花以及印花布或单色布，仍由近东运往欧洲"。②

---

① [美]伯纳德·刘易斯：《现代土耳其的兴起》，范中廉译，商务印书馆 1982 年版，第 34 页。

② [法]费尔南·布罗代尔：《15—18 世纪的物质文明、经济和资本主义》，第三卷，施康强、顾良译，生活·读书·新知三联书店 1993 年版，第 540 页。

奥斯曼帝国长期实行银本位的货币制度，银币构成奥斯曼帝国的基本货币形式。新航路开辟后，美洲的贵金属，特别是廉价的白银，经欧洲大量流入中东，导致奥斯曼帝国的所谓价格革命。奥斯曼帝国自 16 世纪末开始出现明显的货币贬值。金币与银币的兑换比例，1580 年为 1 ∶ 60，1590 年为 1 ∶ 120，1640 年为 1 ∶ 250。货币贬值导致奥斯曼帝国政府岁入锐减，从 1534 年的 500 万金币下降为 1591 年的 250 万金币。与此同时，小麦的价格在 16 世纪上涨了 20 倍。尽管如此，不应过分强调价格革命与奥斯曼帝国衰落之间的必然联系，也不应将奥斯曼帝国的衰落简单归结为价格革命的结果。所谓的价格革命缘起于新航路的开辟，价格革命首先影响西欧诸国，继而波及奥斯曼帝国境内，后者所受影响的程度远不及前者，价格革命在西欧诸国和奥斯曼帝国所导致的后果亦迥然不同，进而导致西欧诸国与奥斯曼帝国之间日趋明显的历史落差。

四、 对外战争的败绩

伊斯兰教的传统理论强调社会成员的信仰差异，明确区分穆斯林统治的伊斯兰领土与异教徒统治的战争区域，进而将征服异教徒统治的战争区域视作伊斯兰国家的终极目标。奥斯曼土耳其人兴起于伊斯兰世界与基督教世界接壤的边疆地带，奥斯曼帝国赖以存在的历史基础在于穆斯林对基督徒发动的圣战和伊斯兰世界的领土扩张，而奥斯曼帝国的衰落直接表现为对外战争的失利与领土的丧失。

1593 年，奥斯曼帝国与哈布斯堡王朝之间战事再起，哈布斯堡王朝的军队在匈牙利境内的西塞克击败奥斯曼帝国的军队。此后，双方战事延续长达 13 年之久，哈布斯堡王朝的军队一度突破奥斯曼帝国的多瑙河防线，波斯尼亚、瓦拉几亚、特兰西瓦尼亚和摩尔达维亚相继反叛。直至苏丹艾哈迈德一世即位后，奥斯曼帝国与哈布斯堡王朝均无力再战，签订和约，奥斯曼帝国放弃向奥地利人征纳贡金，承诺给予法国、威尼斯、荷兰商人以贸易优惠。尽管如此，17 世纪中叶，奥斯曼帝国在东南欧领有的疆域尚且超过法国和西班牙面积的总和，奥斯曼帝国的军队驻扎在波兰南部的布格河、俄罗斯南部的顿河和第涅伯河沿岸。奥斯曼帝国在亚洲领有的疆域，西起红海，东至扎格罗斯山，北起高加索山区，南至波斯湾。在非洲，埃及和马格里布的穆斯林祝福着伊斯坦布尔的苏丹。在东地中海水域，罗德岛、克里特岛和塞浦路斯的基督徒向奥斯曼帝国称臣纳贡。

17世纪后期，奥斯曼帝国在与欧洲基督教诸国的战争中屡遭败绩。1683年，奥斯曼帝国军队攻势受挫，兵败维也纳城下，继而退出布达佩斯和贝尔格莱德，匈牙利和塞尔维亚脱离奥斯曼帝国，多瑙河成为奥斯曼帝国与哈布斯堡王朝之间新的界河，伊斯坦布尔的苏丹在多瑙河以北地区的统治权力丧失殆尽。与此同时，威尼斯人夺取希腊诸地，俄国军队攻占黑海北岸的亚速。1695年苏丹穆斯塔法二世（Mustafa Ⅱ，1695—1703年在位）即位后，奥斯曼帝国接连三次发动反攻，却再无回天之力，均以惨败收场，其在巴尔干半岛的颓势已然成为定局。与此同时，威尼斯人夺取希腊诸地，俄国军队攻占黑海北岸的亚速。1699年，奥斯曼帝国与欧洲基督教诸国在多瑙河右岸的卡洛维兹签订和约，

穆斯塔法二世

《卡洛维兹和约》（*Carlo Horowitz Treaty*）基于占有地保有原则，谈判各方保留所有实际占有的疆域，特兰西瓦尼亚和匈牙利划归哈布斯堡王朝，乌克兰南部划归波兰，希腊南部划归威尼斯，德涅斯特河以北地区划归俄国。《卡洛维兹和约》的签署，标志着奥斯曼帝国与基督教欧洲之间的关系开始出现明显的变化，奥斯曼帝

签订《卡洛维兹和约》

国对于基督教欧洲的军事态势由主动性的战略进攻转变为被动性的战略防御。1716 年,奥斯曼帝国与哈布斯堡王朝之间战事再起,奥斯曼帝国军队再遭败绩,损失惨重。1718 年,双方签订《帕萨罗维兹条约》(*Passarowitz Treaty*),奥斯曼帝国与哈布斯堡王朝之间的边界线从多瑙河再度南移。

17 世纪,奥斯曼帝国在基督教欧洲的主要战争对象是奥地利的哈布斯堡王朝。进入 18 世纪,哈布斯堡王朝(Habsburg Dynasty)与普鲁士激烈角逐中欧的霸权,奥斯曼帝国与俄国的战争逐渐取代与哈布斯堡王朝的战争,巴尔干半岛、黑海北岸和南高加索地区的领土成为奥斯曼帝国与俄国之间的主要争夺目标。1710—1711 年,俄国与奥斯曼帝国开战,是为 18 世纪两国之间的首次战争,沙皇彼得大帝率领的俄军进攻奥斯曼帝国,奥斯曼帝国军队在鞑靼人和哥萨克人的支持下顽强反击,俄军败绩。随后,双方签订《普鲁什和约》(*Pruth Treaty*),俄国向奥斯曼帝国归还此前占领的所有领土,承诺放弃干涉奥斯曼帝国的内部事务,奥斯曼帝国则允许俄国商人在其境内自由贸易。1735—1739 年,俄国与奥斯曼帝国再度开战,双方互有胜负,签署《贝尔格莱德和约》(*Belgrade Treaty*)。1768—1773 年,奥斯曼帝国与俄国继续交战,奥斯曼帝国军队败绩,俄军占领布加勒斯特,控制摩尔达维亚和瓦拉几亚,攻入南高加索地区,俄罗斯舰队经大西洋和地中海进入爱琴海水域,在希俄斯岛附近的海战中重创奥斯曼帝国舰队。1774 年,奥斯曼帝国苏丹被迫与沙皇俄国在保加利亚境内库楚克·开纳吉的俄国军营签订和约。根据《库楚克·开纳吉和约》(*Kuchuk Kainarji Treaty*),奥斯曼帝国丧失克里米亚和黑海北岸穆斯林汗国的宗主权,支付 750 万阿克切的战争赔款,俄国获得多瑙河以及黑海、达达尼尔海峡和博斯普鲁斯海峡的航运权,同时俄国政府获准向伊斯坦布尔派驻公使,奥斯曼帝国境内的东正教徒处于俄国政府的保护之下。1778 年,俄军占领克里米亚半岛。1779 年,克里米亚被正式并入俄国版图。1787 年,奥斯曼帝国要求俄国归还克里米亚并承认其对于格鲁吉亚的宗主权,引发其与俄国之间新的战争,是为两国之间在 18 世纪的最后一次交战,波将金(Potemkin)、鲁缅采夫(Rumyantsev)、苏沃洛夫(Suvorov)和库图佐夫(Kutuzov)统率的俄军大获全胜,迫使奥斯曼帝国于 1792 年在摩尔达维亚签署《雅西和约》,承认克里米亚和格鲁吉亚并入俄国版图,德涅斯特河成为双方之间的界河,黑海北岸尽属俄国领土。对外战争的屡屡失利和疆域的接连丧失,标志着奥斯曼帝国的衰落。

法国是奥斯曼帝国的传统欧洲盟国。自 16 世纪起,奥斯曼帝国与法国建立密切的外交联系，旨在共同反对称霸中欧的哈布斯堡王朝。1569年，苏丹塞里姆二世与法国签署协议，给予法国人在奥斯曼帝国境内的贸易优先权，允许法国船只自由进出奥斯曼帝国海域和港口，同时给予悬挂法国国旗的其他国家船只享有同等的权利。进入18世纪，普鲁士的兴起导致欧洲政治格局的深刻变化，法国与哈布斯堡王朝以及奥斯曼帝国的关系随之发生变化。1798年，拿破仑率领法军从土伦出发，在亚历山大登陆，继而占领开罗。1799年，奥斯曼帝国与英国、俄国建立反法联盟。1801年，驻守埃及的法军向英军投降。此后，英国成为影响奥斯曼帝国的主要外部势力。奥斯曼帝国统治下的中东，地处英国本土与英属印度之间的重要战略位置。控制英国本土与英属印度之间的贸易通道，以及扩大英国工业品在中东的市场，构成了促使英国插足奥斯曼帝国的主要原因。

作者点评

大自然中没有不败的花朵，历史的长河中同样没有日不落的帝国。花开花落，斗转星移，既是亘古不变的自然规律，也是历史长河的形象写照。奥斯曼帝国脱胎于安纳托利亚西北一隅的弹丸之地，百余年间雄踞亚非欧大陆的中央地带，如日中天。至苏丹苏莱曼一世死后，疆域辽阔的庞大帝国矛盾叠加，衰落的迹象日渐浮出水面。崛起中的欧洲诸国与相对停滞的伊斯兰世界之间形成巨大的历史落差，奥斯曼帝国无力抗衡来自西方的冲击，江河日下，往日的辉煌随之渐渐远去。

第七章

自上而下的新政举措与宪政运动

一、 塞里姆三世与马哈茂德二世的新政举措

奥斯曼帝国的衰落与近代欧洲的崛起两者之间具有内在的逻辑联系。自新航路开辟，特别是自工业革命开始以来，基督教欧洲诸国的现代化进程逐渐启动。相比之下，奥斯曼帝国恪守传统秩序，墨守成规，长期处于相对停滞的状态。由此形成的历史落差，改变着基督教欧洲与奥斯曼帝国之间的力量对比。奥斯曼帝国面临近代欧洲崛起的巨大压力，来自基督教世界的战争威胁促使伊斯坦布尔的苏丹开始推行自上而下的新政举措，所谓的西化进程由此拉开帷幕。

郁金香时代建筑风格的代表——艾哈迈德三世喷泉

法国是奥斯曼帝国的传统盟友。早在18世纪初，苏丹艾哈迈德三世（Ahmed Ⅲ，1703—1730年在位）钟情于法国文化和生活情调，尤其酷爱从西欧引进的稀有花卉郁金香，在伊斯坦布尔的黄金角海岸新建郁金香花园，模仿巴黎枫丹白露宫的建筑风格，名为萨达巴特宫（Sadabat Palace），由水

池、喷泉、雕塑、花园和亭阁组成，聘请法国画师在宫内作画，引发民间竞相追逐。此间，郁金香盛开于伊斯坦布尔全城，栽培郁金香俨然成为社会上层的特权和达官显贵的身份象征，亦是苏丹宫廷和贵族宅邸不可或缺的点缀物，奢华之风盛行，时人称之为郁金香时代(the Tulip Era)，西化色彩初露端倪，法国文化和时尚已然令奥斯曼帝国的统治者心向神往。1719 年和 1721 年，艾哈迈德三世先后派出外交人员常驻于维也纳和巴黎，以了解西方作为外交人员的首要职责，旨在扩大与西方世界之间的文化交流。苏丹马哈茂德一世在位期间，聘请法国贵族邦纳瓦尔(1675—1747)组建欧式新军，身着欧式军服，引进欧式武器，采用欧式战术，直至创建欧式军事学校。1750 年，迫于近卫军团的压力，邦纳瓦尔组建的欧式新军被苏丹解散。苏丹阿卜杜勒·哈米德一世(Abdul Hamid Ⅰ, 1774—1789 年在位)亦曾尝试军事改革，聘请有匈牙利血统的法国军官德·托特(1730—1793)在伊斯坦布尔组建欧式炮兵，创办欧式火炮工厂和炮兵学校，同时引进法国技术重建俄土战争期间损失殆尽的奥斯曼海军。

塞里姆三世推行新政举措之前，奥斯曼帝国有名为耶尼切里的近卫军团约 15 万人，其中 5 万人驻扎在首都伊斯坦布尔。1792 年，塞里姆三世首先组

艾哈迈德三世

塞里姆三世

建员额600人的新军，身着欧式军服，采用西方战术，聘请法国军官主持训练。此后，新军的规模不断扩大，1797年为2 500人，1801年增至9 000人。1807年，新军人数达到3万人。新军的兵源，主要是来自安纳托利亚的土耳其青年。塞里姆三世组建的新军实行薪俸制，装备精良，训练有素，分别驻扎于伊斯坦布尔和安纳托利亚内地。与此同时，塞里姆三世大幅裁减近卫军团的兵员人数，废除近卫军团冬季解散的传统体制，实施新的兵役轮换制度，增加近卫军团的火器配置，规范近卫军团的军饷发放，旨在提升近卫军团的战斗力水平，然而效果甚微。

组建新军意味着巨大的财政支出，而保证财政的收支平衡需要高效的政府运作。为此，塞里姆三世重组包括12位大臣的御前会议，调整御前会议成员的职责，削减大维齐尔的权力，缩短行省长官的任期，缩小包税范围，设立直接征收赋税的专门机构，扩大财源，筹集军费，创办新式军事医院和军事工程学校，向伦敦、巴黎、柏林和维也纳派出常驻外交机构。1793年，塞里姆三世从包税商手中收回约400处封邑，实行直接征税。此后，越来越多的封邑处于苏丹的直接控制之下。

塞里姆三世的新政举措，损害了传统的军事贵族、近卫军团、欧莱玛阶层和包税商的既得利益，遭到保守势力的激烈反对。1807年5月，驻扎在伊斯坦布尔的近卫军团发动兵变，以新政举措与伊斯兰教法不符为由，强迫塞里姆三世宣布解散新军，进而罢免塞里姆三世，拥立穆斯塔法四世（Mustafa Ⅳ，1807—1808年在位）出任苏丹。穆斯塔法四世即位后，谴责塞里姆三世的改革举措系违背教法的邪恶行为，宣布取消新军，恢复奥斯曼帝国的原有秩序，新政随之夭折。

1808年7月，多瑙河地区的奥斯曼贵族巴拉克塔尔·穆斯塔法帕夏（Baraktar Mustafa Pasha）率军入主伊斯坦布尔，废黜苏丹穆斯塔法四世，在塞里姆三世死于保守派的暗杀后，拥立马哈茂德继任苏丹，是为马哈茂德二世（Mahmud Ⅱ，1808—1839年在位）。马哈茂德二世当政期间，恢复塞里姆三

马哈茂德二世

服饰改革后的马哈茂德二世

世时期颁布的新政法令，延续塞里姆三世制定的新政举措，扩大改革的领域，时人称之为奥斯曼帝国的彼得大帝。

塞里姆三世的新政举措，主要局限于军事层面。相比之下，马哈茂德二世的新政举措，涉及奥斯曼帝国统治制度的诸多领域，包括军队的欧式化、土地制度的非封邑化、政府机构的官僚化和政治生活的世俗化，其中新军的重建构成新政的核心内容。

马哈茂德二世首先致力于重建新军，配备新式枪支和火炮，聘用普鲁士军官，采用普鲁士的训练模式。1826年5月，马哈茂德二世与驻扎在伊斯坦布尔的近卫军团发生冲突，后者试图效法1808年的兵变，故伎重施。马哈茂德二世派出新军镇压近卫军团的反叛，以新式火炮轰击反叛者，进而解散近卫军团。1827年，新军人数达到2.7万人，分为31个团，其中10个团驻守伊斯坦布尔，21个团驻守行省；每团包括3个营，每营包括8个连。马哈茂德二世当政后期，新军总数达到6.5万人。

1831年，苏丹宣布将提马尔收归国有，废除封邑制，全面改革税制，旨在扩大财源，为重建新军提供必要的经济支持。与此同时，马哈茂德二世改革奥斯曼帝国传统的官僚机构，设立新的国务会议，下辖陆军部、内务部、外交部、财政部、司法部和瓦克夫事务部，大维齐尔改称首相（不久后又弃首相的称谓而恢复维齐尔的称谓），起用新官吏，身着欧式官服，实行薪俸制，旨在强化苏丹的统治，削弱贵族的离心倾向。

此外，马哈茂德二世效法埃及的统治者穆罕默德·阿里帕夏，在保留传统宗教教育体制的同时，推行世俗教育，进而形成教俗二元的教育体系。马哈茂德二世当政期间，派遣留学生赴西欧诸国学习军事技术，创办包括陆军学校、海军学校和军事医学院在内的新式学校，聘用欧洲教官，采用欧洲教学模式，使用欧洲语言授课，旨在培养新军将领及政府官吏，是为奥斯曼帝国世俗教育的原型。

苏菲派拜克塔什教团长期以来与近卫军团保持密切关系，制约着苏丹的权力，构成奥斯曼帝国政治舞台上举足轻重的社会势力。马哈茂德二世解散近卫军团之后，平息拜克塔什教团发动的叛乱，进而取缔拜克塔什教团，没收其财产。1826 年，马哈茂德二世任命伊斯坦布尔的大穆夫提作为欧莱玛的最高宗教首领，同时规定瓦克夫事务部掌管欧莱玛控制的宗教地产，剥夺欧莱玛的经济自主权，由国家向欧莱玛发放俸禄，宣布教育部和司法部分别掌管学校教育和司法审理，将欧莱玛纳入苏丹控制的国家体系，进而开辟奥斯曼帝国世俗化进程的先河。

二、花厅御诏与坦泽马特时代的改革

1839 年 6 月马哈茂德二世死后，其子阿卜杜勒·迈吉德一世（Abdul Majid Ⅰ，1839—1861 年在位）即位。马哈茂德二世生前所致力推行的新政举措并未由于苏丹的更替而夭折，新苏丹延续着强化中央集权和实施现代化改革的政策。阿卜杜勒·迈吉德一世即位之际，正值穆罕默德·阿里帕夏在埃及的势力日渐强大，开罗与伊斯坦布尔之间矛盾加剧，奥斯曼帝国亟须得到欧洲列强的支持，遏制穆罕默德·阿里帕夏的领土扩张。1839 年 11 月，在伊斯坦布尔托普卡帕宫外的玫瑰花园广场，大维齐尔穆斯塔法·雷什德帕夏以苏丹的名义颁布敕令，史称花厅御诏（Hatt-i Serif of Gulhane）。花厅御诏的内容包括：1.保障苏丹臣民的生命、荣誉和财产；2.废除包税制，实行直接征税制；3.采用征兵制，明确限定服役期限；4.打破宗教界限，强调权利分配的世俗原则，即帝国臣民无论信仰何种宗教，皆享有同等的法律地位。

阿卜杜勒·迈吉德一世

奥斯曼帝国颁布的花厅御诏，无疑包含自由平等的法律原则和世俗化的政治倾向。自由平等的法律原则，来源于西方近代的宪政思想。奥斯曼帝国内部诸多民族和非穆斯林宗教群体日趋高涨的反抗运动，构成法律地位之平等思想的社会基础。花厅御诏颁布的目的，在于缓解奥斯曼帝国境内的社会矛盾，争取西方列强的支持，进而遏制穆罕默德·阿里帕夏的离心倾向。西方列强要求改善基督徒的地位和对基督徒提供保护所形成的压力，亦是促使奥斯曼帝国颁布花厅御诏的重要原因。

1839 年花厅御诏的颁布，标志着奥斯曼帝国进入坦泽马特时代(Tanzimat Era, 1839—1876)。坦泽马特是土耳其语“改革”一词的音译。坦泽马特时代沿袭和发展塞里姆三世和马哈茂德二世的新政举措，强化奥斯曼帝国的中央集权构成坦泽马特时代的历史主题，大维齐尔穆斯塔法·雷什德帕夏(Mustafa Rashid Pasha, 1800—1858)以及卡吉扎德·马哈茂德·福阿德帕夏(Kargizhade Mahmud Fuad Pasha, 1815—1869)和马哈茂德·艾敏·阿里帕夏(Mahmud Amin Ali Pasha, 1815—1871)主持的最高波尔特成为奥斯曼帝国的核心政治机构。

阿卜杜勒·阿齐兹一世

阿卜杜勒·迈吉德一世即位后，扩充新军，打破宗教界限征募士兵，组建 5 个军团，军队将领由中央任命，隶属伊斯坦布尔的苏丹，不再从属于地方行政长官，哥萨克人、鞑靼人、土库曼人和库尔德人构成辅助性的军事力量。新军配备普鲁士制造的枪支和火炮，由普鲁士军官训练，服役期为 5 年。1869 年，重组新军，第一军驻扎在伊斯坦布尔，第二军驻扎在多瑙河流域的萨姆拉，第三军驻扎在蒙纳斯迪尔，第四军驻扎在埃尔祖鲁姆，第五军驻扎在大马士革，第六军驻扎在巴格达，第七军驻扎在也门；每军员额 26 500 人，包括 6 个步兵团、4 个骑兵团和 2 个炮兵团。继阿卜杜勒·迈吉德一世之后的苏丹阿卜杜勒·阿齐兹一世(Abdul Aziz Ⅰ, 1861—1876 年在位)热衷于扩充海军，此间奥斯曼帝国的舰队规模一度位居欧洲第三。

阿卜杜勒·迈吉德一世按照欧洲国家的政府模式改组奥斯曼帝国的政府机构,在国务会议之外增设司法会议,初步实现行政与司法的权力分割。与此同时,阿卜杜勒·迈吉德一世宣布成立地方议会,议会成员包括地方官员、欧莱玛以及选举产生的穆斯林和非穆斯林的民众代表,隶属各级行政长官,负责商讨诸如道路和桥梁的建设、税收、农业生产、商业贸易以及民众的诉求。1840 年,奥斯曼帝国开始实施新的税收体制,原有的各种税收合并为三种基本税收,即征收于非穆斯林的人丁税、征收于穆斯林的什一税和征收于全体臣民的公共税。1864 年和 1871 年,奥斯曼帝国颁布《地方行政法》,参照法国的行政区划颁布法令,将全国划分为 27 个行省(维拉耶特),下辖州(桑贾克)、县(卡扎)、乡(纳希耶)和村(卡里耶),行省总督由苏丹任命。与此同时,阿卜杜勒·迈吉德一世颁布《地方行政会议法》,规定行省、州和县三级行政单位设立行政会议,行政会议的成员包括地方官员、欧莱玛以及选举产生的穆斯林和非穆斯林的民众代表,隶属各级行政长官,负责商讨诸如道路和桥梁的建设、税收、农业生产、商业贸易以及民众的诉求。地方行政会议设立行省联席会议,每年召开一次,着重讨论行省内部事务。与此同时,诸多旨在改革传统体制的新政举措从伊斯坦布尔逐渐延伸到地方行省,提供了处理行省事务和解决地方危机的新途径。阿卜杜勒·迈吉德一世当政期间国家权力的强化,与国家机构的膨胀以及政府部门的文官化呈现同步的趋势;18 世纪末,奥斯曼帝国约有文职官吏 2 000 人,19 世纪中叶,奥斯曼帝国的文职官吏增至数万人。

传统的伊斯兰教理论,坚持沙里亚的神圣地位,否认世俗的立法权,同时强调穆斯林与非穆斯林之间的信仰差异和法律界限。坦泽马特时代,传统的伊斯兰教法并未废止,然而其应用的范围逐渐缩小。奥斯曼帝国在沿袭传统法律框架的同时,开始尝试世俗领域的立法实践,引进世俗法律,进而形成伊斯兰教法与世俗法律并存的二元体系,穆斯林与非穆斯林之间的法律界限和法律地位的差异逐渐淡化。1840 年,奥斯曼帝国颁布新的《刑法》,在遵循传统的伊斯兰教法的基础上,首次引入苏丹的所有臣民在法律面前一律平等的司法原则。根据传统的伊斯兰教法,叛教者应处以死刑;1844 年,该项法律被苏丹废除。1855 年,奥斯曼帝国宣布废除征收于非穆斯林的人丁税,代之以数量相同的代役税。奥斯曼帝国于 1850 年从法国引入商法,1863 年制定《海上贸易法》,进而启动世俗立法的先河。1867 年,奥斯曼帝国颁布法律,允许外国人在帝国境内购置土地。1869 年,奥斯曼帝国建立世俗性质的混合法庭,亦称尼扎米耶法庭,负责审理涉及非穆斯林的法律诉讼。坦泽马特时代,奥斯曼帝国的法庭除传统的沙里亚法庭依旧由穆斯林宗教学者穆夫提和卡迪主持之外,刑事法庭、商业法庭和上诉法庭均由穆斯林法官和非穆斯林法官共同主持,允许非穆斯林出庭指证穆斯林,具有明显的世俗色彩。世俗法律的制定和世俗法庭的创建,导致奥斯曼帝国的二元司法体系,开始打破欧莱玛在司法领域的垄断地位,进而限制欧莱玛的司法权力,构成坦泽马特时代世俗化改革的重要内容。坦泽马特时代的司法改革表明奥斯曼帝国试图融入欧洲列强的司法体系,进而融入西方世界,坦泽马特运动因此被时人视作司法改革运动。与此同时,诸多的非穆斯林宗教族群内部亦经历世俗化的过程,世俗法律逐渐取代宗教法律,基督教和犹太教的教士阶层地位随之下降,米勒特制度趋于瓦解。

坦泽马特时代,教育领域出现明显的世俗化倾向,而创办世俗教育的首要目的,在于满足军队和政府机构的需要,培养新式的军人和官员。奥斯曼帝国于 1846 年创办公共教育会议,1847 年改称公共学校部,1866 年成立公共教育部。1869 年,奥斯曼帝国根据法国的教育模式,制定《公共教育法》,宣布对 12 岁以下的儿童实行强制性教育,采用现代教育方式,规定在帝国境内的乡村和城市普遍设立不同层次的世俗学校,其中 500 人以上的村庄设立称作鲁斯迪耶(Rusdiye)的四年制初级学校,千人以上的市镇设立称作伊达迪耶(Idadiye)的三年制中等学校,省城设立称作苏勒塔尼耶(Sultaniye)的高等学校,同时创办女子学校,面向穆斯林和非穆斯林招收学生,教育经费纳入政府预算。初级学校开设宗教、语言、算术、历史、地理等课程,中等学校开设逻辑、经济、地理、历史、数学、工程、物理、化学、绘图等课程,高等学校开设人文科学、外语、经济、国际法、自然科学、工程技术。奥斯曼帝国的第一所高等学校名为达尔·法农(Dahl Fanon),成立于伊斯坦布尔的加拉塔区,系伊斯坦布尔大学的前身,采用法语和法国教学方式。此外,美国、奥地利、法国、英国、德国和意大利在奥斯曼帝国境内相继创办教会学校,其中多数为初级学校,亦有少量中等学校,采用西方教学模式,学生主要来自非穆斯林的宗教族群。克里米亚战争期间,奥斯曼帝国仅有世俗初级学校 60 所,学生 3 370 人,均为男生。1867 年,世俗初级学校增至 1.1 万所,男性学生 24 万人,女性学生 13 万人。1895 年,世俗初级学校达到 2.9 万所,男性学生 64 万人,女性学生 25 万人。另据相关统计,1895 年,世俗中等学校的学生为 3.5 万人,世俗

19世纪末加拉塔和佩拉(今名贝伊奥卢)景色

高等学校的学生为0.5万人,军事学校的学生为1.7万人。1895年,奥斯曼帝国总人口1 900万,包括穆斯林人口1 400万和非穆斯林人口500万,教育机构包括伊斯兰教的传统宗教学校麦克台卜和麦德莱赛、官办世俗学校、基督徒和犹太人米勒特资助创办的私立学校、欧洲基督教诸国资助创办的教会学校在内的各类学校,学生总数为130万人,其中世俗学校的学生人数约90万人。世俗教育的发展,形成对于宗教教育的挑战,国家权力随之在教育领域逐渐延伸。

坦泽马特时代的新政,主要局限于上层建筑领域,触及封建社会经济基础的改革举措尚不明确。1839年颁布的花厅御诏强调推行税制改革,废除包税制,统一税收标准,缩小免税范围。然而,税制改革进展缓慢,政府岁入并无明显的增加,农民亦未摆脱税吏的盘剥。奥斯曼帝国政府尽管鼓励投资工业,兴办新式工厂,然而步履维艰,成效甚微。1857年,奥斯曼帝国颁布《移民法》,向来自境外的移民分配国有土地,其中定居鲁梅利亚的移民6年免纳土地税,定居安纳托利亚的移民12年免纳土地税,领有土地的移民20年内不得出售土地或离开土地,必须保证土地处于耕作的状态,成为苏丹的农民。1858 年,苏丹颁布《农业法》,明确土地所有权,将所有土地划分为五种类型,即称作米里的国有土地、称作穆勒克的私人地产、称作瓦克夫的宗教地产、称作米特鲁卡的公共土地和称作麦乌特的荒地,将原有的各种土地税合并为收成百分之十的什一税,扩大租种国有土地的农民的经营自主权,直至赋予农民对于所租种土地的交易权,旨在鼓励农业生产。《农业法》的实施,加速了土地所有制的非国有化进程。然而,由于技术落后,工具简陋,加之局势动荡,战乱频繁,奥斯曼帝国的农业生产长期处于停滞不前的状态。

三、宪政运动

青年奥斯曼党(Youth Ottoman Party)亦称奥斯曼青年党,形成于坦泽马特时代后期相对宽松的政治环境,是奥斯曼帝国历史上最早出现的现代意义的政治组织,其社会基础来自具有世俗教育背景和现代自由理念的知识分子和政治精英。青年奥斯曼党具有泛奥斯曼主义的思想倾向,抨击花厅御诏和坦泽马特时代的世俗化改革屈从西方列强的压力、背离伊斯兰教的信仰和出卖奥斯曼帝国的主权,进而试图突破坦泽马特时代的政治框架,倡导宪政主义、民族主义和爱国主义,强调伊斯兰教的意识形态与西方现代文明之间的包容性,强调伊斯兰国家理论与西方自由主义的结合,主张通过君主立宪实现苏丹制与民众政治参与的结合,通过宪法的方式限制官僚机构的权力和保护民众的利益,将选举产生的议会作为实施宪法和实现不同米勒特之政治联合的必要载体,呼吁保卫奥斯曼帝国的领土、维护奥斯曼帝国的统一和重振奥斯曼帝国的辉煌。

纳米克·凯末尔(Namik Kemal, 1840—1888)出身奥斯曼帝国的贵族家庭,曾经担任报刊撰稿人,后来由于与政府不睦而一度流亡欧洲。纳米克·凯末尔作为青年奥斯曼党的代表人物,崇尚法国近代政治文化,深受法国启蒙运动时期思想家孟德斯鸠和卢梭的影响,持自由主义和爱国主义的政治立场,反对坦泽马特时代的苏丹热衷于模仿西方体制和强化独裁统治而无视奥斯曼帝国传统和伊斯兰教信仰的新政举措,强调现代西方的自由民主与早期伊斯兰教的政治理念具有一致性,倡导回归伊斯兰教的政治原则和民众主权的政治理念,主张制定宪法和实行选举,建立代议制政府,保障公民权益。纳米克·凯末尔声称:“人民的主权,意味着政府的权力来自人民……它是由每个个人天然具有的独立性中必然会产生出来的一种权利”,“每个人都是他自

纳米克·凯末尔

己那个世界的皇帝”,①“我们唯一真正的宪法是伊斯兰法典……奥斯曼帝国是建立在宗教原则之上的,如果违背了这些原则,国家的政治生存将处于危险之中”。②

1865年,纳米克·凯末尔等人建立秘密政治组织,名为爱国主义联盟,亦称青年奥斯曼党。此后两年间,青年奥斯曼党的成员达到数百人,其中包括奥斯曼帝国王室成员穆拉德帕夏(Murad Pasha)和哈米德帕夏(Hamid Pasha),以及埃及统治者伊斯玛仪帕夏的胞弟穆斯塔法·法兹勒(Mustafa Fazil)。纳米克·凯末尔与穆斯塔法·法兹勒等人在伦敦、巴黎和日内瓦从事政治活动,创办报刊,发表时局评论,阐述青年奥斯曼党的思想纲领,反对奥斯曼政府的专制统治。1871年,纳米克·凯末尔等人返回伊斯坦布尔,宣传自由与宪政思想,倡导英法模式的议会制度,屡遭苏丹政府的迫害。青年奥斯曼党的出现,标志着奥斯曼帝国政治生活的崭新模式初露端倪,具有深远的政治影响。青年奥斯曼党阐述的政治思想,提供了宪政运动的理论框架。

坦泽马特时代,最高波尔特即御前会议逐渐上升为奥斯曼帝国的权力中枢,与欧洲列强之间的外交往来则是国家政务的重中之重,外交事务由大维齐尔直接掌管成为惯例。穆斯塔法·雷什德帕夏、卡吉扎德·马哈茂德·福阿德帕夏和马哈茂德·艾敏·阿里帕夏犹如坦泽马特时代推行新政的三驾马车,位高权重,左右政局,力主强化奥斯曼帝国的独裁专制。1867年,苏丹阿卜杜勒·阿齐兹一世率领包括王子阿卜杜勒·哈米德帕夏和外交大臣卡吉扎德·马哈茂德·福阿德帕夏在内的庞大团队出访欧洲,是为首位出访欧洲的奥斯曼帝国苏丹。

19世纪50年代末到70年代初,穆斯塔法·雷什德帕夏、卡吉扎德·马

---

① [美]伯纳德·刘易斯:《现代土耳其的兴起》,范中廉译,商务印书馆1982年版,第153页。
② [美]戴维森:《从瓦解到新生:土耳其的现代化进程》,张增健等译,学林出版社1996年版,第102页。

哈茂德·福阿德帕夏和马哈茂德·艾敏·阿里帕夏相继去世，新兴政治势力遂开始浮出水面，是为宪政改革的重要力量。1873—1874年，安纳托利亚遭遇严重的自然灾害，乡村人口锐减，导致政府税收明显下降，财政拮据。与此同时，基督徒人口居多的巴尔干地区爆发叛乱，波及波斯尼亚、黑塞哥维那和保加利亚。奥斯曼帝国出兵镇压，大量的叛乱者被处死，时人称之为“保加利亚大屠杀”（Bulgaria Massacre），伊斯坦布尔的苏丹政府因此面临来自欧洲基督教诸国的巨大压力。

1876年无疑是奥斯曼帝国历史上最动荡的一年，相继历经三位苏丹。1876年5月，伊斯坦布尔发生宫廷政变，1876年5月，苏丹阿卜杜勒·阿齐兹一世被迫退位，曾经参与青年奥斯曼党政治活动、热衷于宪政改革并与纳米克·凯末尔交往甚密的穆拉德帕夏即位，是为穆拉德五世（Murad Ⅴ，1876—1876年在位）。穆拉德五世即位后承诺颁布宪法和实行宪政，却在1876年9月由于健康原因而被迫退位，阿卜杜勒·哈米德帕夏在宫廷重臣米扎特帕夏等人的拥立下继任苏丹，是为阿卜杜勒·哈米德二世（Abdul Hamid Ⅱ，1876—1909年在位）。

阿卜杜勒·哈米德二世

阿卜杜勒·哈米德二世是苏丹阿卜杜勒·迈吉德一世之子，生母是切尔克斯人酋长之女。阿卜杜勒·哈米德二世幼年在宫廷接受传统教育，学习阿拉伯语、波斯语和伊斯兰教知识，亦与伊斯坦布尔的多名基督徒和犹太人交往甚密，通晓法语，钟爱西方音乐，痴迷于西方侦探小说，曾于1867年随苏丹阿卜杜勒·阿齐兹一世访问欧洲，目睹现代文明，视野开阔。

阿卜杜勒·哈米德二世即位后，指定青年奥斯曼党的重要成员米扎特帕夏（Midhat Psha）以大维齐尔的身份主持召开立宪会议。立宪会议包括28名成员，其中政府官员16名，欧莱玛10名，军官2名。1876年10月，立宪会议制定议会草案，颁布《临时选举法》。同年12月，奥斯曼帝国历史上的第一部宪法即1876年宪法正式公布。1876年宪法的颁布，“至少在理论上标志着奥斯曼帝国从独裁君主制转变为立宪君主制。在奥斯曼帝国六百年的历史上，苏丹不再享有绝对的权力，民众分享的政府权力得到承认，尽管这样的权力可能受到种种的限制”。①

米扎特帕夏

奥斯曼帝国颁布的1876年宪法以1831年比利时宪法和1850年普鲁士宪法作为蓝本，包括12章119款。1876年宪法规定，成立由上议院和下议院组成的两院制议会，上议院议员由苏丹任命，终身任职，下议院议员选举产生，每5万名男性国民选举1名下议院议员，任期4年，上议院议员的人数不得超过下议院议员人数的1/3；全体议员必须宣誓效忠苏丹和遵守宪法；内阁提交的法案和预算首先由下议院审议，然后由上议院审议，直至获得苏丹的批准；议员不得同时担任政府公职。根据1876年宪法，苏丹拥有广泛的权力，包括召集和解散议会、任免内阁大臣、批准议会制定的法律、统率军队、对外宣布战争与缔结和约；苏丹具有哈里发的身份，是伊斯兰教的保卫者和沙里亚的监护者，处于神圣不可侵犯的地位，不对任何他人或机构负责。1876年宪法规定，奥斯曼帝国是不可分割的整体，帝国境内的所有臣民皆称作奥斯曼人且处于平等的法律地位和享有同等的权利，司法独立，保障人权和人身自由，保护私有财产，伊斯兰教是帝国的国教，其他宗教受帝国政府的保护，土耳其语为官方语言。1876年宪法规定，内阁政府对苏丹负责，首相及内阁大臣由苏丹任免；大维齐尔主持内阁会议，内阁决议须经苏丹批准方可生效。

1877年1月，奥斯曼帝国举行第一次议会选举，穆斯林获得71个席位，

① Devereux, R., *The First Ottoman Constitutional Period*, Baltimore 1963, p.47, p.59, p.15.

奥斯曼帝国召开第一届议会

基督徒获得44个席位，犹太人获得4个席位；苏丹任命26名上议院议员，其中21人为穆斯林。1877年3月，奥斯曼帝国召开第一届议会；同年6月，苏丹阿卜杜勒·哈米德二世宣布解散第一届议会。1877年11月，奥斯曼帝国举行第二次议会选举，穆斯林获得64个席位，基督徒获得43个席位，犹太人获得6个席位。同年12月，第二届议会在伊斯坦布尔召开。

1876年宪法的颁布和立宪君主制政体的建立，史称奥斯曼帝国历史上的第一次宪政运动。1876年宪法无疑包含诸如自由、平等、选举、议会、司法独立和权力制约等现代政治要素。然而，1876年宪法强调苏丹的权力与臣民的义务，至于苏丹的责任和臣民的权利则缺乏明确的规定。1877年3月召开的第一届议会与苏丹政府处于合作的状态，议长由苏丹阿卜杜勒·哈米德二世提名保守派人士艾哈迈德·瓦菲克(Ahmed Wafiq)担任，议会俨然是苏丹政府的口舌，反对派议员的声音微乎其微。相比之下，1877年12月召开的第二届议会与苏丹政府之间的关系出现明显的变化；议长由议员选举自由派人士哈桑·法赫米(Hasan Fakhmi)担任，议会讨论具有浓厚的民主氛围，反对派占据议会的多数席位，苏丹政府的诸多政策遭到反对派议员的激烈抨击。1878年2月，苏丹阿卜杜勒·哈米德二世宣布议会休会。

1876年宪法规定，"倘若苏丹解散议会，新的议会必须在六个月之内召开"，"宪法条款不得以任何借口予以中止"。[①]然而，自1878年起的30年间，

① [美]戴维森：《从瓦解到新生：土耳其的现代化进程》，张增健等译，学林出版社1996年版，第111页。

议会停止召开,宪法如同一纸空文,宪政制度名存实亡,苏丹阿卜杜勒·哈米德二世作为拥有绝对权力的专制君主,长期统治奥斯曼帝国。宪政运动的发起人和大维齐尔米扎特帕夏遭到撤职流放,1884 年死于阿拉伯半岛的塔伊夫。继米德哈特帕夏之后,苏丹阿卜杜勒·哈米德二世于短短 6 年间任免 16 位大维齐尔,却不授予大维齐尔以管理国家的实际权力。与此同时,苏丹的宫廷取代大维齐尔主持的最高波尔特,成为奥斯曼帝国的权力中心。最高波尔特下辖警察部、内务部、外交部、宗教部、军事部、司法部、财政部、教育部、贸易与公共工程部,作为奥斯曼帝国的内阁,处于从属于宫廷的地位,成为苏丹实行独裁统治的御用工具。自塞里姆三世和马哈茂德二世时代开始的旨在强化苏丹统治地位和奥斯曼帝国中央集权的政治理想,在阿卜杜勒·哈米德二世当政的时代终于成为现实。

作者点评

自 15 世纪末开始,近代的曙光在亚非欧大陆的西端冉冉升起。在工业革命的推动下,欧洲基督教世界迅速崛起。相比之下,奥斯曼帝国统治下的亚非欧大陆中央地带处于停滞的状态,农本社会长期延续,由此形成与欧洲基督教世界之间的巨大历史落差。进入 19 世纪,在西方世界的外力冲击下,伊斯坦布尔的苏丹自上而下推行新政,组建新军,改造政府机构,旨在强化中央集权,应对来自西方的威胁,试图延续奥斯曼帝国在亚非欧大陆中央地带的霸主地位,古老的封建帝国开始经历蜕变的过程,现代化的历史帷幕由此徐徐拉开。

第八章

传统经济社会秩序的衰落

一、 西方列强的贸易扩张

奥斯曼帝国地处亚非欧大陆的核心区域，长期控制东西方之间的贸易通道。然而，奥斯曼土耳其人有尚武的传统，热衷于圣战事业，鄙视商业。欧洲基督教商人以及奥斯曼帝国境内的非穆斯林亚美尼亚人、犹太人和希腊人，成为沟通奥斯曼帝国与西方基督教世界之间贸易交往的重要纽带。1536年，奥斯曼帝国与法国签署通商条约，伊斯坦布尔的苏丹赐予法国商人在奥斯曼帝国境内享有自由贸易权和治外法权即领事裁判权。此后，欧洲基督教诸国竞相效尤，与奥斯曼帝国签署一系列享有同样特权的通商条约。

鼎盛时期的奥斯曼帝国，无疑是建立在农本社会基础上的东方传统文明。自塞里姆三世和马哈茂德二世推行新政开始，奥斯曼帝国逐渐形成西化的色彩和重商主义的倾向，奥斯曼帝国与欧洲基督教诸国之间的贸易交往明显扩大。坦泽马特时代，正值欧洲经济的繁荣阶段。1838 年，英国与奥斯曼帝国签署商务协约，规定奥斯曼帝国政府从英国进口货物按 5%征收关税，出口则按 12%征收关税。此后，其他西方国家亦从奥斯曼帝国政府获得类似的贸易优惠。坦泽马特时代，奥斯曼帝国的进出口贸易额增长 5 倍。另据统计，奥斯曼帝国与欧洲基督教诸国之间的贸易额，1783 年约合 440 万英镑，1845 年约合 1 220 万英镑，1876 年约合 5 400 万英镑。安纳托利亚港口城市伊兹密尔与法国港口城市马赛之间的进出口贸易额，1750 年为 990 万法郎，1850 年增至 6 700 万法郎，1881 年达到 3.2 亿法郎。[①]另据估计，1840

① Karpat, K.H., *Social Change and Politics in Turkey*, Leiden 1973, pp.39—40.

19 世纪 80 年代的伊兹密尔港

年奥斯曼帝国的出口产品约占国内生产总量的 4%—5%，1870 年奥斯曼帝国的出口产品约占国内生产总量的 7%—8%，其中出口农产品约占农产品生产总量的 12%—16%。[①] 1850—1914 年，奥斯曼帝国的地毯出口额增长约 7—8 倍。1800—1900 年，安纳托利亚、埃及、叙利亚和伊拉克的对外贸易额增长 10 倍，年贸易额从不足 1 000 万英镑增至超过 1 亿英镑。[②]与此同时，奥斯曼帝国的贸易赤字呈明显上升的趋势。

19 世纪以前奥斯曼帝国与欧洲基督教世界之间的传统贸易，主要是中东地区手工业制品的输出以及包括伊朗、印度在内的东方物产的贩运，来自奥斯曼帝国以及伊朗、印度的纺织品、金属器皿、纸张、玻璃、蔗糖、丝绸、香料畅销于欧洲市场。进入 19 世纪，奥斯曼帝国与欧洲基督教世界之间的贸易模式经历逆向的变化，中东地区的农作物出口和欧洲基督教世界的工业品在奥斯曼帝国市场的倾销呈明显上升的趋势。欧洲基督教世界的工业品和所谓的殖民地产品即来自西印度群岛的咖啡、甘蔗，主要经过伊斯坦布尔、伊兹密尔、亚历山大，以及叙利亚沿海城市伊斯肯德伦、拉塔基亚、的黎波里、贝鲁特、西顿、阿克，或经过巴尔干半岛和多瑙河，进入奥斯曼帝国境内。

1800 年以前，来自马赛的法国商人控制奥斯曼帝国与欧洲基督教世界

① Zurcher, E.J., *Turkey: A Modern History*, London 1993, p.51.

② Owen, R., *The Middle East in the World Economy 1800—1914*, London 1993, p.287.

之海路贸易的一半以上，尤其是在黎凡特地区的进出口贸易领域独占鳌头。法国商人主要经营法国毛纺织品出口中东的贸易，与英国的高档毛纺织品相比，法国的毛纺织品价格低廉，在黎凡特地区具有广阔的市场。随着拿破仑战争结束后欧洲政治格局的变化，特别是英国工业革命完成以后，法国的贸易优势逐渐丧失，英国商人开始控制欧洲基督教世界与奥斯曼帝国之间的海路贸易，进而导致英国工业品在中东市场的倾销，棉纺织品成为英国商业扩张的主要工具。以黎凡特地区为例，1816 年即拿破仑战争结束后的第一年，英国在黎凡特的出口额约为 30 万英镑，其中棉纺织品占 19 万英镑。1818 年，英国在黎凡特的出口额增至 80 万英镑，其中棉纺织品占 55 万英镑。1828—1831 年，英国向奥斯曼帝国出口的棉纺织品增长 10 倍，1835—1855 年，英国向奥斯曼帝国出口的棉纺织品再次增长 10 倍。1850 年，英国出口安纳托利亚的商品总额为 252 万英镑，其中棉纺织品占 198 万英镑；英国出口叙利亚的商品总额为 30 万英镑，其中棉纺织品占 27 万英镑。伊斯坦布尔和伊兹密尔是奥斯曼帝国境内最重要的英国工业品集散地，安纳托利亚则是奥斯曼帝国境内最重要的英国工业品市场。19 世纪中叶，英国出口奥斯曼帝国的商品中，约 75% 销往安纳托利亚的市场。与此同时，英国工业品经过黎凡特港口城市贝鲁特，进入叙利亚腹地的大马士革和阿勒颇，直至销往伊拉克市场。

奥斯曼帝国境内犹太人

穆斯林商人通常经营奥斯曼帝国境内的地方贸易和区域贸易，国际贸易处于基督教商人和犹太人的控制之下。奥斯曼帝国与欧洲基督教世界之间贸易交往的扩大，导致奥斯曼帝国境内欧洲移民人数的增长。埃及的亚历山大和黎凡特地区的沿海城市，俨然是欧洲人在中东伊斯兰世界新的家园。奥斯曼帝国境内的欧洲移民一方面与欧洲银行保持密切的信贷联系，另一方面与土著商贩建立密切的商业联系，成为中东伊斯兰世界与欧洲基督教世界之间贸易交往的纽带和桥梁。

与此同时,欧洲基督教世界在奥斯曼帝国境内的私人投资均呈明显上升的趋势,私人投资的领域主要是铁路、公路、港口和银行以及其他与出口联系的公共部门的投资。

坦泽马特时代的新政举措,特别是组建新军和扩充官僚机构,耗资巨大,奥斯曼帝国财政入不敷出。由于与西方贸易的不断扩大,奥地利、法国和俄国的货币充斥于奥斯曼帝国的市场,成为帝国境内重要的交换媒介,货币贬值作为缓解财政危机的传统方式逐渐淘汰。亚美尼亚商人开办的银行尽管向苏丹政府提供借贷,然而数额有限,且需支付高额利息。1851 年,大维齐尔穆斯塔法·雷什德帕夏与英法政府签署借贷 5 500 万法郎的债务协议,遭到苏丹的否决。1854 年,奥斯曼帝国迫于克里米亚战争的需要,与英国签署债务协议,首开向西方列强举债的先河。此后 20 年间,奥斯曼帝国政府 13 次签署债务协议,至 1875 年债务总额达到 2.4 亿英镑。1876 年阿卜杜勒·哈米德一世即位时,奥斯曼帝国财政岁入的 80%用于偿还外债,政府财政濒临崩溃的边缘。1881 年,奥斯曼帝国苏丹允准成立奥斯曼债务管理局,由来自英、法、德、意和奥匈等国的外国债务人代表组成的理事会领导该机构,雇员超过 5 000 人,负责管理以税收作为基础的帝国岁入,偿还公共债务。奥斯曼债务管理局充当奥斯曼帝国政府与西方债权国及投资者的中介机构,旨在维护西方债权国和投资者的利益。奥斯曼债务管理局的建立,严重损害了奥斯曼帝国的主权。

二、 市场化进程的启动

19 世纪的奥斯曼帝国,尽管经济活动依旧建立在个体农业的基础之上,然而农作物的种植结构无疑经历着剧烈的变化。奥斯曼帝国与欧洲基督教世界之间贸易交往的扩大,为中东地区的农产品提供了广阔的市场。西方列强的贸易扩张和工业品倾销的直接结果,是奥斯曼帝国农产品出口的急剧增长。赋税和地租的货币化,亦是加速农产品市场化进程的重要因素。与此同时,农作物播种的区域性分工日益明显。在奥斯曼帝国境内的地中海沿岸地区,特别是安纳托利亚西部、叙利亚和黎巴嫩山区,面向流通领域和国际市场的经济作物播种面积不断扩大,棉花、生丝、甘蔗、烟草、鸦片产量呈明显的上升趋势,农业生产的市场化程度随之逐渐提高。相比之下,奥斯曼帝国的内陆地区普遍播种粮食作物,依旧维持自给自足的传统经营模式,农业生产的市场化程度低下，由此形成与沿海地区农业经营模式的明显差异。

奥斯曼帝国境内农业市场化程度的提高和农作物出口的增长，在相当长的时期内并非通过改善农业技术、改进经营方式和增加农业投资得以实现，而是在大多数情况下依旧采取传统的生产技术和经营方式，主要依靠耕地的扩大和劳动力投入的增长，延续传统的小生产模式。尽管如此，交换关系的扩大刺激着农民的生产积极性，大规模的垦殖运动和耕地面积的增长则是农作物市场化程度提高的逻辑结果。另一方面，国家土地所有制以及村社和部族的土地共同占有权日渐式微。尤其是 1858 年奥斯曼帝国土地法颁布以后，私人土地所有制呈上升趋势，私人地产明显扩大，越来越多的土地作为商品进入流通领域，导致乡村社会的剧烈分化。无地农民日渐增多，沦为雇佣劳动力。

西方列强的贸易扩张和西方工业品倾销的另一结果，是奥斯曼帝国传统手工业的衰落趋势。“奥斯曼工业的总衰退，在时间上可以一直回溯到 19 世纪初期，当时的土耳其也像其他许多国家一样，正经受着不断扩张的欧洲工业资本主义的冲击，势如潮涌的大量廉价工业品不断流入土耳其市场。进口货中最重要的是纺织品，老式的土耳其棉业和丝业织造者因而受到了打击。其他进口货物包括铁器、刀、时钟、纸张和食糖，而对于这些东西，土耳其的地方工业照样无法与西方竞争”。[①]至 19 世纪后期，奥斯曼帝国逐渐沦为西方工业国的农产品供应地和工业品市场，传统手工业濒临崩溃的边缘。城市的行会组织尽管长期延续，然而其传统的经济社会职能逐渐丧失。市场化程度的提高排斥着行会经济的垄断地位，政府机构的完善否定着行会原有的社会影响。随着乡村家庭手工业规模的扩大和城市行会手工业的衰落，工业生产与行会组织的共生状态逐渐消失。

马哈茂德二世当政期间，开始创办现代工业，主要生产军需品。阿卜杜勒·迈吉德即位后，从欧洲引进技术和设备，现代工业的规模进一步扩大。奥斯曼帝国的早期现代工业，大都分布在巴尔干半岛、伊斯坦布尔和安纳托利亚西部以及黎凡特地区，塞萨罗尼基、伊兹密尔、贝鲁特和伊斯坦布尔成为奥斯曼帝国现代工业的中心所在，产品主要满足国内市场的需求。布尔萨是奥斯曼帝国的丝织业中心，1845 年开始出现瑞士人经营的丝织企业，采用蒸汽动力，至 1876 年，采用蒸汽动力的丝织企业超过 14 家。伊兹密尔有地毯编织厂多家，雇用工人千余人，另有面粉厂、榨油厂、玻璃工厂、造纸厂、棉纺

---

① [美]伯纳德·刘易斯:《现代土耳其的兴起》，范中廉译，商务印书馆 1982 年版，第 482 页。

19 世纪末的布尔萨景色

19 世纪末的于斯屈达尔景色

厂、织布厂,大都由西方商人投资兴办。1853 年,黎巴嫩有丝织企业 9 家,产品销往法国。1861 年颁布的《矿产法》,结束政府对于矿产开采的垄断,允许私人投资开采。此后,西方商人投资采矿业,奥斯曼帝国境内的矿产资源随之流向欧洲基督教世界。

人口的增长与新旧秩序的更替以及现代化的进程之间具有内在的逻辑联系。1800 年以前,奥斯曼帝国的人口长期处于停滞的状态,甚至出现一定程度的下降趋势。1800—1914 年,奥斯曼帝国的人口呈持续增长的趋势,人口年增长率约为 1%,其中 19 世纪后期的人口增长速度超过 19 世纪前期。据相关资料的统计,1872 年,奥斯曼帝国的总人口,包括埃及和巴尔干半岛在内,约为 4 000 万;伊斯坦布尔的苏丹直接控制的地区人口约为 2 300 万,其中欧洲地区人口约为 900 万,亚洲地区人口约为 1 400 万。另据资料统计,1800—1914 年,安纳托利亚地区的人口从 650 万增至 1 470 万;伊拉克的人口 1860 年仅 120 万,1914 年达到 320 万。另据资料统计,1800—1900 年,叙利亚和黎巴嫩的人口从 30 万增至 240 万,巴勒斯坦的人口从 30 万增至 60 万。经济社会环境的改善以及瘟疫和灾荒的减少,是导致人口增长的基本原因。

另一方面,奥斯曼帝国的人口分布出现明显的变化,城市人口在总人口中所占的比例呈持续上升的趋势。1800—1914 年,奥斯曼帝国境内的主要城市伊斯坦布尔从 40 万人增至 110 万人,伊兹密尔从 10 万人增至 30 万人,安卡拉从 20 万人增至 40 万人,贝鲁特从 0.6 万人增至 15 万人,耶路撒冷从 1 万人增至 8 万人,巴格达从 5 万—10 万人增至 15 万人,巴士拉从 0.4 万人增至 2 万人。[①]另据统计,1850—1900 年,阿勒颇从 7.7 万人增至 9 万人,海法从 0.1 万人增至 0.5 万人,雅法从 2 万人增至 4 万人,大马士革从 5 万人增至 8 万人。[②]此外,奥斯曼帝国境内的游牧人口与定居人口亦经历着此消彼长的变化过程,农田的扩大与牧场的减少成为 19 世纪奥斯曼帝国经济生活的突出现象。在安纳托利亚、叙利亚和伊拉克,游牧部落的活动范围逐渐缩小。

直至 1800 年,奥斯曼帝国依然沿袭传统的交通运输模式,内陆运输普遍依靠商旅驼队,古老的帆船航行于尼罗河、幼发拉底河和底格里斯河以及奥斯曼帝国的周边海域。进入 19 世纪,随着西方列强的贸易扩张和中

---

① Issawi, C., *An Economic History of the Middle Eastand North Africa*, New York 1982, p.101.

② Grunwald, K., and Ronall, J.O., *Industrialization in the Middle East*, New York 1960, p.41.

东市场化进程的启动，奥斯曼帝国在交通运输领域经历革命性的剧烈变革。现代交通运输体系的初步建立，明显加速着人流和物流的运动，进而构成推动奥斯曼帝国经济生活市场化进程和瓦解传统社会之封闭状态的重要杠杆。

奥斯曼帝国境内最早出现的现代交通工具是西方制造的蒸汽船。19 世纪 20 年代初，蒸汽船首先出现于多瑙河流域。1828 年，第一艘蒸汽船抵达伊斯坦布尔，奥斯曼帝国与西地中海之间的定期航线随之开通。30 年代，蒸汽船进入底格里斯河和幼发拉底河水域。19 世纪后期，蒸汽船的平均排水量达到 1 000 吨，相当于传统帆船排水量的 10—20 倍。1895 年，奥斯曼帝国共有各种船只 5 万余艘，其中蒸汽船约 3 千艘。1905 年，奥斯曼帝国的各种船只总数增至 6.9 万艘，其中蒸汽船达到 4 800 余艘。19 世纪 60 年代，在抵达伊斯坦布尔港的各类船只中，传统帆船是蒸汽船的 4 倍；1900 年，在抵达伊斯坦布尔港的各类船只中，传统帆船仅占 5%。随着蒸汽船的广泛使用，港口建设出现长足的进步，伊斯坦布尔、伊兹密尔、贝鲁特、伊斯肯德伦、亚丁、巴士拉成为奥斯曼帝国现代航运的重要枢纽。1830—1913 年，进入贝鲁特港的船只吨位从 4 万吨增至 170 万吨，进入伊兹密尔港的船只吨位从 1.5 万吨增至 220 万吨，进入巴士拉港的船只吨位从 1 万吨增至 40 万吨；伊斯坦布尔作为东地中海沿岸最重要的港口，1913 年进港船只吨位达到 400 万吨。

19 世纪奥斯曼帝国在交通运输领域最重要的变化是铁路的开通。如果说蒸汽船的出现标志着航运领域的革命，进而影响着奥斯曼帝国沿海地区的经济社会生活，那么铁路的开通则标志着陆路运输的革命，进一步密切着广袤的内陆世界与沿海地区之间的经济社会联系。奥斯曼帝国境内的铁路始建于克里米亚战争之后。1866 年，自伊兹密尔通往安纳托利亚内陆的铁路动工兴建。伊斯坦布尔至维也纳的铁路始建于 1868 年，1888 年完工。阿卜杜勒·迈吉德一世当政期间，奥斯曼帝国境内的铁路通车里程达到 450 公里，分布于巴尔干半岛和安纳托利亚西南部。1874 年，比利时人巴龙·德·希尔什主持建成著名的东方铁路，自伊斯坦布尔通往巴尔干半岛，经埃迪尔内至索菲亚，全长 560 公里；1888 年，东方铁路经贝尔格莱德延伸至奥地利边境。自伊斯坦布尔通往亚洲方向的铁路，1873 年到达马尔马拉海港口城市伊兹米特，1892 年到达安纳托利亚腹地城市安卡拉，1896 年到达安纳托利亚中南部城市科尼亚，1914 年与巴格达铁路相连，直至到达波斯湾港口城市

1883 年最初的东方快车

1891 年东方快车的宣传广告

巴士拉，是为闻名遐迩的中东铁路。1892 年，法国商人和英国商人分别投资兴建耶路撒冷至雅法的铁路和大马士革至阿克的铁路，是为叙利亚最早的铁路。1908 年，自大马士革至麦地那的希贾兹铁路建成通车，全长 1 320 公里，成为连接叙利亚与阿拉伯半岛西部的重要交通纽带。铁路是西方投资的重要领域，奥斯曼帝国境内的铁路主要由英国、法国和德国承建。19 世纪末 20 世纪初，铁路投资占法国在奥斯曼帝国境内投资总额的 62%，占德国在奥斯曼帝国投资总额的 86%。1911 年，奥斯曼帝国共有铁路 4 000 公里，从事铁路运输者 1.3 万人，运送旅客 1 600 万人，运送货物 260 万吨。其中，巴尔干半岛 1 000 公里的铁路运送 800 万旅客，安纳托利亚 1 500 公里的铁路运送旅客 700 万人。相比之下，在地广人稀的阿拉伯诸省，1 500 公里的铁路仅运送旅客 90 万人。

三、 智力的觉醒

奥斯曼帝国前期，文化生活表现为明显的二元色彩，安纳托利亚的城市和定居地区的社会精英崇尚波斯文化，而广大乡村和边境地区的游牧群体盛行突厥文化。神秘主义的苏菲教团遍布各地，成为民间文化的社会载体和精神家园。相比之下，奥斯曼帝国的西化进程始于18世纪，首先表现为法国文化对于奥斯曼社会的广泛影响。苏丹艾哈迈德三世当政期间，热衷法国文化，栽培郁金香在伊斯坦布尔成为时尚，是为奥斯曼帝国历史上闻名遐迩的郁金香时代。郁金香时代最重要的历史遗产，是伊卜拉欣·米特费里卡(Ibrahim Miteferrka，生卒年不详)翻译的西方著作。伊卜拉欣·米特费里卡是匈牙利人，出身特兰西瓦尼亚的新教家庭，后以奴隶的身份皈依伊斯兰教，进而在奥斯曼帝国步入仕途，追随大维齐尔达马特·伊卜拉欣帕夏。伊卜拉欣·米特费里卡兼有基督教和伊斯兰教的双重文化背景，通晓西方语言，从政期间致力于向奥斯曼帝国介绍西方科学知识和统治艺术。伊卜拉欣·米特费里卡于1731年出版《民族秩序中的科学方法》，继而将笛卡儿和伽利略的科学著作翻译成土耳其文。进入19世纪，法国革命期间形成的政治思想逐渐传入奥斯曼帝国，开始挑战伊斯兰世界的传统政治理论，奥斯曼帝国智力觉醒的序幕由此徐徐拉开。

伊斯兰世界的传统政治理论，强调统治者的权力与臣民的义务：统治者应当遵循公正的原则，所谓的仁政构成理想的政治模式；臣民理应履行相应的义务，至于臣民拥有的权力则无足轻重抑或无从谈起。阿拉伯语中曾有如下的格言："如果哈里发为人公正，那是他的赏赐而你

郁金香时代的代表性建筑——艾哈迈德三世喷泉，后面是爱亚索菲亚清真寺

应该表示感谢。如果哈里发为人不公正,那是他的罪过而你应该保持耐心”。[①]伊斯兰世界的传统政治理念,由此可见一斑。

所谓的“自由”在传统社会是相对于奴隶的法律概念,在现代社会则是与公民权密切相关的政治概念。1789 年爆发的法国革命,赋予“自由”一词以崭新的政治内涵,主权在民成为自由的前提和保障,自由主义成为反对人身依附之封建思想的理论工具,宪政和代议制政府成为民众向往的政治典范,而民族主义则成为巴尔干地区诸多基督教民族反抗苏丹统治和争取自由的意识形态,尤其是助长了希腊人和塞尔维亚人的民族解放运动。继巴尔干地区基督教诸民族之后,阿拉伯世界亦以民族主义作为反抗奥斯曼帝国统治和争取自由的革命意识形态。

奥斯曼帝国最早的印刷业,源于 15 世纪末 16 世纪初巴叶济德二世当政期间来自西班牙的犹太移民在伊斯坦布尔和塞萨罗尼基建立的印刷所。“印刷术似乎是在 1492 年西班牙驱逐犹太人之后,由西班牙的犹太难民带到中东地区”。[②]1551 年访问伊斯坦布尔的法国人德尼克雷曾经在《土耳其游记》中写道,来自西班牙的犹太人“不惜使基督教蒙受巨大损失而教给土耳其人许多有关军事的创造发明、战术和组织方法,包括制造大炮、步枪、火药、子弹以及其他武器等等。同样,他们还给这个地区带去了过去所从来没有见过的印刷术,并用精美的字体印制出不同语言的书籍,如希腊、拉丁、意大利、西班牙等文字,甚至还有希伯来文字”。[③]

1567 年,来自维也纳的基督教传教士在伊斯坦布尔创办亚美尼亚教派印刷所。1627 年,伊斯坦布尔出现了希腊人创办的印刷所。然而,在奥斯曼帝国,印刷术的传播与火器的传播经历了不同的道路:火器的引进旨在用于圣战的实践,印刷术的引进则与异教思想的出现密切相关。因此,当来自西班牙的犹太人请求巴叶济德二世准许在土耳其建立印刷所时,巴叶济德二世告诫犹太人只能印刷希伯来文字和欧洲文字,而不得印刷土耳其文字和阿拉伯文字。1727 年,伊斯坦布尔出现第一家由穆斯林经营的土耳其文印刷所,印刷设备从西欧进口,雇用犹太人和基督徒印刷工匠,主要印刷历史、地理和语言书籍。这家印刷所曾经于 1742 年一度倒闭,1784 年重新开业。

---

① [美]伯纳德·路易斯:《现代土耳其的兴起》,范中廉译,商务印书馆 1982 年版,第 141 页。

② [美]伯纳德·路易斯:《中东:激荡在辉煌的历史中》,郑之书译,中国友谊出版社 2002 年版,第 12 页。

③ Shaw, S.J. & Shaw, E.K., *History of the Ottoman Empire and Modern Turkey*, Vol.1, Cambridge 1976, p.235.

1796 年，伊斯坦布尔开始发行法文报纸。1824 年，伊兹米特开始发行法文报纸。1831 年，苏丹马哈茂德二世在伊斯坦布尔创办第一份土耳其文周报，发布政府法令和官方消息。19 世纪后期，苏丹政府对于印刷业的限制逐渐放松。1883 年，伊斯坦布尔有印刷所 54 家；1908 年，伊斯坦布尔的印刷所增至 99 家。19 世纪下半叶，伊斯坦布尔和其他主要城市的印刷所出版图书约 3 000 种，其中宗教类图书 390 种，诗歌类图书 360 种，语言类图书 260 种，历史类图书 180 种，小说类图书 180 种，政府公报 140 种，科学类图书 80 种，数学类图书 80 种，经济和财政类图书 20 种。

奥斯曼帝国最早的报纸，是发行于 1840 年的《新闻报》，近似于官方的政府公报。同年出现第一家非官方的土耳其语报纸，打破官方的新闻垄断，创办者是英国人威廉·丘吉尔，作者却是土耳其人。1860 年，出现第一家由土耳其人创办的非官方报纸，创办者是土耳其人尤素夫·阿加。此后，多家由土耳其人创办的非官方土耳其语报纸相继浮出水面。1862 年，奥斯曼帝国出现第一种民间发行的报纸，具有自由主义和爱国主义的色彩，包含对于政府的温和批评，至 19 世纪 60 年代末趋于激进。在现代化的进程中，报纸和出版业成为传播自由主义和立宪思想的载体和工具。阿卜杜勒·哈米德二世当政期间，报纸种类增加，发行范围扩大。然而，由于严格的审查制度，自由主义、民族主义和宪政主义以及批评政府的内容受到明显的限制，传统主义和伊斯兰主义的宣传以及科学和文化的内容占据报纸的主要版面。

此外，19 世纪 30 年代以前，欧莱玛控制的宗教学校构成奥斯曼帝国的主要教育载体。兼设传统宗教课程与现代世俗课程的官办穆斯林学校始建于 1839 年，标志着奥斯曼帝国现代教育的初露端倪。1856 年，奥斯曼帝国颁布法令，允许非穆斯林进入官办学校接受教育。阿卜杜勒·哈米德二世当政期间，致力于发展现代教育，1869 年奥斯曼帝国颁布的《公共教育法》，最初只是发展教育的蓝图，此间逐渐转换为现实。阿卜杜勒·哈米德二世无疑极力推崇伊斯兰主义作为凝聚帝国臣民的忠诚和强化帝国臣民宗教政治认同的意识形态，然而在阿卜杜勒·哈米德二世看来，伊斯兰宗教学者即欧莱玛“过于保守”，有必要在延续传统宗教教育体系的同时，在宗教教育之外另辟新的空间，积极发展新式的世俗教育。阿卜杜勒·哈米德二世认为，发展新式世俗教育对于振兴奥斯曼帝国至关重要，而西方列强在奥斯曼帝国境内创办的教会学校则是侵蚀奥斯曼帝国青年一代甚至诱导奥斯曼帝国青年一代背叛宗教和国家的潜在隐患，因此抵制全盘西化的教育模式，倡导引进西方现代教育的同时坚持伊斯兰教传统文化的历史根基，以创办具有浓厚本土化色彩的穆斯林学校作为发展奥斯曼帝国教育的基本理念。阿卜杜勒·哈米德二世在位期间，创办新式学校多达1万所。始建于1859年的文官学院，经过不断的改进和完善，成为奥斯曼帝国知识界的中心所在和滋生新思想的温床。伊斯坦布尔大学亦称达尔·法农·奥斯曼(Dahl Fanon Ottoman)，创办于1900年，是奥斯曼帝国和整个伊斯兰世界的第一所本土化的现代高等学府。另据1908年的官方统计，奥斯曼帝国共有师范学院31所，分布在首都和诸多省区。

19世纪末奥斯曼帝国战争部，后成为伊斯坦布尔大学校园

作者点评

西方世界对于奥斯曼帝国的冲击，不仅表现为战争的威胁，而且表现为贸易的扩张。自给自足的自然经济无疑是农本社会和传统文明的物质根基。进入19世纪，西方世界的贸易扩张导致亚非欧大陆中央地带的经济结构发生深刻的变化。随着货币关系的扩大、地租形态的转换、农作物结构的调整、农产品出口的增长、农业生产市场化程度的提高、传统手工业的衰落、现代工业的兴起、蒸汽船和铁路的引入、西方现代政治思潮的传播，奥斯曼帝国传统文明的冰山开始出现融化的迹象。

第九章
从青年土耳其党革命到奥斯曼帝国的灭亡

一、 巴尔干起义

塞里姆三世和马哈茂德二世推行的新政举措以及19世纪中叶的坦泽马特运动,始终围绕着完善中央集权的鲜明主题,旨在强化伊斯坦布尔的专制独裁和遏制地方势力的离心倾向,进而维持奥斯曼土耳其人对于诸多被征服民族的封建统治。在奥斯曼帝国多元民族构成的特定历史条件下,民族主义运动的高涨成为苏丹统治下的民众反抗专制独裁和争取自由民主的首要形式。

19世纪的奥斯曼帝国,民族矛盾与宗教矛盾错综交织。伊斯坦布尔的苏丹政府始终面临而无法解决的严重问题,是在西方列强的冲击和干预下帝国境内欧洲省区非穆斯林臣民日益高涨的民族主义浪潮。19世纪初,奥斯曼帝国苏丹统治下的东南欧地区,包括希腊、保加利亚、塞尔维亚、波斯尼亚、黑塞哥维那、门德内哥罗、摩尔达维亚和瓦兰几亚,面积约24万平方公里,人口约800万。

卡拉乔尔杰·彼得洛维奇

1804年,塞尔维亚人发动起义,首开东南欧地区民族解放运动的先河。1806年,卡拉乔尔杰·彼得洛维奇(Karadjordje Petrovic, 1768—1817)领导的塞尔维亚起义军击败奥斯曼帝国军队,攻占贝尔格莱德,迫使奥斯曼帝国苏丹塞里

米洛什·奥布雷诺维奇

拜伦

姆三世缔结和约。1813 年,奥斯曼帝国军队恢复在塞尔维亚的统治权力,实行高压政策。1815 年 4 月,塞尔维亚人再度起义,推举米洛什·奥布雷诺维奇(Milos Obrenovic, 1780—1860)为起义军首领,夺回塞尔维亚大部分地区。同年 10 月,在俄国政府的干预和斡旋下,苏丹被迫承认塞尔维亚人作为奥斯曼帝国的臣民享有自治的权利,允许塞尔维亚人拥有武装和自行征税。1817 年,塞尔维亚召开国民议会,米洛什·奥布雷诺维奇当选塞尔维亚大公。

1821 年,希腊人发动起义,摆脱奥斯曼帝国的统治和争取民族独立是希腊人起义的宗旨。起义首先在希腊半岛爆发,继而扩展到克里特岛、爱琴海诸岛和马其顿。英国著名诗人拜伦(George Gordon Byron, 1788—1824)曾经于 1823 年作为志愿者奔赴希腊,解囊相助,帮助组建希腊舰队,1824 年病逝于希腊。伊斯坦布尔的苏丹不得不依靠埃及统治者穆罕默德·阿里帕夏出兵介入,平定希腊人的起义。穆罕默德·阿里帕夏之子伊卜拉欣于 1825 年率埃及军队在伯罗奔尼撒半岛登陆,1826 年攻陷雅典。1827 年,英国、法国和俄国介入希腊战争,要求奥斯曼帝国在保留宗主权的前提下给予希腊自治地位。同年,英法俄联合舰队在纳瓦里诺海战中击败奥斯曼帝国和埃及联合舰队。1829 年,苏丹被迫签署《埃迪尔内条约》,承认希腊独立,给予摩尔达维亚和瓦兰几亚公国以及塞尔维亚部分地区的自治权，并且将巴尔干东部地区割让给俄国。

19 世纪 60—70 年代，罗马尼亚、塞尔维亚、门德内哥罗、波斯尼亚、保加利亚和帖萨罗尼加诸地相继摆脱奥斯曼帝国的统治。1877 年，奥斯曼帝国与俄国之间再度爆发战争，由于该年是伊斯兰历 1293 年，亦称“93 年战争”。1877 年 4 月，俄国对奥斯曼帝国宣战，俄军分别在西部的多瑙河战场和东部的高加索战场击败奥斯曼帝国军队，攻入巴尔干半岛和安纳托利亚。1878 年 1 月，俄军兵临伊斯坦布尔城下。同年 3 月，奥斯曼帝国被迫与俄国签订城下之约，是为《圣斯特凡诺条约》，承认罗马尼亚、塞尔维亚和门德内哥罗独立，承认波斯尼亚和黑塞哥维那在奥斯曼帝国版图之内享有自治地位，放弃对于保加利亚的宗主权。随后，奥斯曼帝国再度与英国和奥匈帝国签订《柏林条约》，修改《圣斯特凡诺条约》的部分条款，将塞浦路斯划归英国而将波斯尼亚和黑塞哥维那划归奥匈帝国。《圣斯特凡诺条约》和《柏林条约》的签署，意味着奥斯曼帝国丧失大约 1/3 的疆域和超过五分之一的人口，伊斯坦布尔的苏丹对于东南欧地区的统治濒临终结。“93 年战争”之后，奥斯曼帝国在

19 世纪末黑塞哥维那莫斯塔尔土耳其人街铺景色

巴尔干半岛的疆域被西方列强瓜分殆尽,欧洲领土所剩无几,其欧洲属性亦丧失殆尽。奥斯曼帝国的疆域不再被视作囊括欧亚广大地区,俨然是版图局限于亚洲的伊斯兰国家。

至19世纪90年代,亚美尼亚人逐渐成为奥斯曼帝国境内民族宗教矛盾的焦点所在。

奥斯曼帝国时代,亚美尼亚人主要分布在安纳托利亚东部和南高加索地区,大都属于东正教基督徒,亦有少量亚美尼亚人信奉天主教。据大致的统计,生活在安纳托利亚的亚美尼亚人约有150万,占安纳托利亚总人口的1/10。亦有史料推测,亚美尼亚人约占19世纪末奥斯曼帝国总人口的6%—8%。然而,不同于巴尔干半岛的诸多非穆斯林族群,亚美尼亚人散居于安纳托利亚各地,普遍属于人口少数族群,即便在安纳托利亚东部的6个行省中,亚美尼亚人在全部人口中所占比例亦不超过1/4。在安纳托利亚东部,信奉基督教的亚美尼亚人与信奉伊斯兰教的库尔德人之间的关系长期处于紧张的状态。1887年和1890年,亚美尼亚人分别在日内瓦和第比利斯创建政治组织,名为亚美尼亚革命联盟,致力于争取亚美尼亚独立的运动,试图赢得西方世界的支持。亚美尼亚人的诉求,包括5年内免缴赋税,5年后缴纳赋税减少至现行数额的20%,在安纳托利亚东部的6个行省由亚美尼亚人出任地方长官,建立由基督徒组成的宪兵武装。阿卜杜勒·哈米德二世拒绝接受亚美尼亚人的上述诉求,却在多地任命基督徒作为地方长官,同时颁布大赦法令。1896年,亚美尼亚人在伊斯坦布尔一度占领奥斯曼银行,苏丹阿卜杜勒·哈米德二世险遭炸弹袭击。随后,阿卜杜勒·哈米德二世建立由库尔德人组成的哈米迪耶军团(Hamidiye),用于镇压亚美尼亚人的暴力反抗。库尔德人武装由此浮出水面,进而产生深远的历史影响。

正值苏丹阿卜杜勒·哈米德二世忙于平息亚美尼亚人的反叛之际,希腊人的民族解放运动再度高涨。希腊人试图复兴文明和重建爱琴海世界的希腊帝国,克里特岛成为希腊人反抗奥斯曼帝国统治的中心所在。1895年,希腊人在克里特岛武装反抗奥斯曼帝国的统治,要求将克里特岛并入希腊半岛。苏丹阿卜杜勒·哈米德二世有意任命希腊人作为克里特岛的地方长官,缓解希腊人与奥斯曼帝国之间的矛盾,却遭到约占克里特岛人口30%的穆斯林民众的强烈反对。克里特岛的希腊人起义得到了希腊本土广大民众的支持,1897年4月奥斯曼帝国向希腊宣战,希土战争爆发。同年5月,希土战争结束,希腊战败,希腊军队撤出克里特岛,奥斯曼帝国恢复对克里特岛的主权。

二、青年土耳其党革命

自19世纪中叶开始，反对苏丹专制独裁和争取自由民主的政治倾向在奥斯曼帝国的统治民族即土耳其人中逐渐萌生，青年奥斯曼党的政治实践和1876年宪法的颁布可谓奥斯曼帝国历史上宪政运动的最初尝试。1878年，苏丹阿卜杜勒·哈米德二世解散议会，流放米扎特帕夏，镇压立宪派，削弱最高波尔特的权力，压缩内阁的政治空间，伊斯坦布尔的苏丹宫廷重新成为奥斯曼帝国的权力中枢。此后30年间，阿卜杜勒·哈米德二世撤换多达25位大维齐尔，库楚克·赛义德帕夏(Kucuk Said Pasha)和卡米勒帕夏(Kamil Pasha)先后10次出任大维齐尔，又10次被苏丹罢免。奥斯曼帝国的极权政治达到顶峰，苏丹的独裁权力明显膨胀，阿卜杜勒·哈米德二世则被视作血腥的暴君，亦可谓奥斯曼帝国历史上最后一位强势的苏丹。“他企图恢复最后的东方式的专制来巩固自己的权力。他的帝国中的每一个自由的思想活动都在萌芽时就被扼杀”[①]。阿卜杜勒·哈米德二世的高压政策，导致宪政倾向与独裁统治之间的矛盾日趋激化，政治革命的客观形势逐渐成熟。

艾哈迈德·礼萨

1887年，奥斯曼帝国医学院的6名学生首创统一与进步协会。1889年即法国革命100周年之际，阿尔巴尼亚裔的穆斯林伊卜拉欣·特莫在伊斯坦布尔发起创立激进的反对派政治组织奥斯曼统一协会，秘密宣传宪政思想。此后，由于苏丹政府的迫害，奥斯曼统一协会的许多成员流亡国外，继而在热那亚和巴黎成立统一与进步委员会，西方人称之为青年土耳其党(Young Turkish Party)，继续反对苏丹政府，艾哈迈德·礼萨(Ahmed Reza, 1859—

① [德]卡尔·布罗克尔曼:《伊斯兰各民族与国家史》，孙硕人等译，商务印书馆1985年版，第431页。

1930)是该组织的核心成员。青年土耳其党主张恢复1876年宪法,召开新的议会,建立真正意义的君主立宪制,捍卫奥斯曼帝国。

青年土耳其党内部包括诸多的政治群体,具有不同的政治背景和政治倾向,倡导不同的斗争方式,分别在伦敦、巴黎、热那亚、日内瓦、布加勒斯特和埃及以流亡者的身份从事政治活动,发行各自的报刊。穆罕默德·穆拉德·埃芬迪(Muhammed Murad Effendi)等人强调泛伊斯兰主义的意识形态,寻求与苏丹的政治妥协,主张温和的改良运动。1897年,穆罕默德·穆拉德·埃芬迪等人接受苏丹政府的劝说,从日内瓦返回伊斯坦布尔,脱离青年土耳其党。1902年,青年土耳其党人在巴黎召开奥斯曼自由主义者大会,参加者包括土耳其人、亚美尼亚人、阿尔巴尼亚人、阿拉伯人、库尔德人等,呼吁恢复1876年宪法,实现奥斯曼帝国臣民的平等地位和领土主权的完整。不久,青年土耳其党内部再次分裂。从伊斯坦布尔逃亡巴黎的奥斯曼皇室成员萨巴赫丁(Sabah al-Din, 1877—1948)创立奥斯曼自由主义者协会,主张争取欧洲列强的支持和介入,通过军事政变推翻苏丹政权,实现奥斯曼帝国境内的广泛民族自治。艾哈迈德·礼萨拒绝寻求西方干涉,坚持恢复议会选举,限制苏丹权力,通过议会君主制的形式保障公民权益,实现自由和民主的政治目标。

1905年日俄战争之后,俄国召开立法会议,启动宪政进程。1906年,波斯爆发宪政运动,颁布宪法。国际形势的变化加快了奥斯曼帝国的政治反对派的行动步伐,青年土耳其党在奥斯曼帝国军队中的影响迅速扩大。包括后来成为土耳其共和国国父的穆斯塔法·凯末尔在内的部分军官在大马士革成立自由与祖国协会,马其顿则是奥斯曼帝国境内反对派政治势力的主要活动区域。马其顿地区的人口构成极其复杂,包括塞尔维亚、保加利亚、希腊和马其顿血统的东正教徒和阿尔巴尼亚、土耳其血统的穆斯林以及犹太人,民族矛盾与宗教矛盾错综交织,政治倾向各异,反对阿卜杜勒·哈米德二世独裁统治的政治势力暗流涌动。

1906年,自由与祖国协会并入青年土耳其党在塞萨罗尼基创立的奥斯曼自由协会,进而以驻守马其顿的第三军和驻守埃迪尔内的第二军作为争取对象,并与巴黎的反对派组织建立联系。1908年初,青年土耳其党各个分支在巴黎召开会议,就包括废黜阿卜杜勒·哈米德二世、恢复1876年宪法、捍卫奥斯曼帝国领土完整和不同民族教派实现平等法律地位在内的基本政治纲领达成共识。1908年6月,英国国王爱德华七世与俄国沙皇尼古拉二世

青年土耳其党人进入伊斯坦布尔

在爱沙尼亚首都塔林会晤，讨论巴尔干半岛的局势，试图进一步控制巴尔干半岛，进而肢解奥斯曼帝国。消息传到塞萨罗尼基，引发青年土耳其党军官的强烈反响。1908年7月，奥斯曼自由协会成员恩维尔帕夏等人在马其顿的塞萨罗尼基发动兵变，迫使苏丹承诺恢复中断30年之久的议会选举，由此开始了奥斯曼帝国历史上的第二次宪政运动，史称"青年土耳其党革命"(Young Turkish Revolution)。

青年土耳其党革命无疑是奥斯曼帝国晚期最重要的历史事件，时人视之为"奥斯曼大革命"，甚至将1908年7月的青年土耳其党革命与1776年7月美国颁布独立宣言、1789年7月法国大革命相提并论，合称三大"七月革命"，抑或将1908年青年土耳其党革命与1911年中国辛亥革命、1917年俄国十月革命视作20世纪初的三大革命。然而，青年十耳其党革命并非广泛的民众政治运动，亦非自由主义的改良运动，而是兵变形式的政治革命，旨在于行将崩溃之际拯救苟延残喘的奥斯曼帝国，阿卜杜勒·哈米德二世的独裁统治所引发的日趋尖锐的社会矛盾则提供了青年土耳其党革命的土壤。

1908年9月，青年土耳其党在伊斯坦布尔召开代表大会，通过政治纲领。青年土耳其党的政治纲领，沿袭第一次宪政运动的基本思想，强调议会君主制的政治目标和泛奥斯曼主义的意识形态，进而确立第二次宪政运动的基本框架。青年土耳其党人声称："专制政府已经消失。从此以后，我们都是兄弟。再也没有保加利亚人、希腊人、罗马尼亚人、犹太人和穆斯林的区分；在同一片蓝天下，我们是平等的，我们为自己是奥斯曼人而自豪。"①

1908年10月，奥斯曼帝国举行议会选举。根据新的《选举法》，年满25岁的男性具有选举权，年满30岁且通晓土耳其语的男性具有被选举权，每5

① Miller, W., *The Ottoman Empire 1801—1913*, Cambridge 1913, p.476.

万选民选举产生1名议员。议员来自穆斯林和基督徒的不同教派以及犹太人,分别属于奥斯曼帝国境内的诸多民族。在议会275个席位中,土耳其人占142个席位,阿拉伯人占60个席位,阿尔巴尼亚人占25个席位,希腊人占23个席位,亚美尼亚人占12个席位,犹太人占5个席位,保加利亚人占4个席位,塞尔维亚人占3个席位,弗拉其人占1个席位。同年12月,奥斯曼帝国议会在伊斯坦布尔召开,流亡法国的青年土耳其党人艾哈迈德·礼萨当选为议会议长。

穆罕默德五世

1909年4月13日,保守派在伊斯坦布尔发动兵变,撤换内阁首相以及部分青年土耳其党军官,罢免艾哈迈德·礼萨的议长职务,恢复伊斯兰教法。统一与进步委员会成员被逐出伊斯坦布尔,马其顿成为青年土耳其党人的主要据点。4月24日,驻守马其顿的第三军团司令穆罕默德·谢夫凯特(Muhammed Shafikat)率军占领伊斯坦布尔,平息保守派发动的兵变,废黜阿卜杜勒·哈米德二世,推举阿卜杜勒·哈米德二世的胞弟雷沙德出任苏丹,是为穆罕默德五世(Muhammed Ⅴ,1909—1918年在位)。阿卜杜勒·哈米德退位后,被放逐到塞萨罗尼基,后被软禁于伊斯坦布尔的贝勒贝伊宫,直到1918年2月死去。

与1876年宪法相比,1909年宪法在沿袭第一次宪政运动的基本框架即实行君主立宪政体和捍卫奥斯曼帝国领土完整的同时,明确限制苏丹的权力,集中体现青年土耳其党的政治纲领。根据1909年宪法,议会采取两院制,包括上议院和下议院;上议院议员中1/3由苏丹指定,终身任职,上议院另外2/3的议员和下议院议员选举产生,任期4年;取消苏丹将所谓危害国家安全者驱逐出境的权力。1909年宪法进一步保障公民权利,规定20岁以上的帝国公民皆享有选举权而不受财产资格的限制,公民享有结社的权利。

1909 年宪法扩大议会权力，规定内阁对议会负责而不再对苏丹负责，议会行使充分的立法权而无需苏丹的批准。

1909—1913 年奥斯曼帝国政治生活的突出现象，是诸多政党的相继建立和新旧政治势力在议会展开的激烈角逐。1909 年底，统一与进步委员会的政敌创建自由党和改革党。1910 年春和 1911 年初，统一与进步委员会中的持不同政见者创建人民党和新党。1910 年 9 月，左翼知识分子侯赛因·希勒米(Husayn Hilmi)创建奥斯曼社会主义党。1911 年 11 月，包括自由党、改革党、人民党、新党在内的 13 个政党以及来自希腊、亚美尼亚、阿尔巴尼亚、保加利亚的反对派议员组建自由与谅解联盟，进而在议会内部同统一与进步委员会分庭抗礼。自由与谅解联盟主张实行地方分权的国家体制，给予奥斯曼帝国境内的民族宗教少数派以一定程度的自治地位。相比之下，统一与进步委员会主张实行中央集权的政治制度，强化奥斯曼帝国政治生活的土耳其色彩。

1912 年春，奥斯曼帝国议会举行青年土耳其党革命后的第二次选举，统一与进步委员会采用暴力干预投票程序，进而控制议会席位，史称“棍棒下的选举”。1913 年 1 月，陆军大臣恩维尔帕夏(Enver Pasha, 1881—1922)、内务大臣塔拉特帕夏(Talat Pasha, 1872—1921)和海军大臣杰马尔帕夏(Gemal Pasha, 1872—1922)发动政变，建立军事独裁，取缔反对派政党，统一与进步委员会作为唯一的合法政党，占据议会 275 个席位中的 269 个席位。1913—1918 年，苏丹的统治名存实亡，青年土耳其党军官成为奥斯曼帝国政治舞台的主导力量，军人寡头的权力垄断则是此间奥斯曼帝国政治生活的突出特征。

恩维尔

青年土耳其党执政期间，致力于稳定社会局势、改革行政体制、完善政府机构和强化国家职能，挽救濒临崩溃的奥斯曼帝国。在军事方面，青年土耳其党政府重组军队，聘请数百名德国军官担任军事顾问，直至任命德国军官冯·谢伦多夫为参谋总长。此间,传统宗教势力遭到进一步的排斥。1913 年,青年土耳其党政府依照德国的相关法律,颁布新的《财产继承法》。1916 年,伊斯坦布尔的大穆夫提不再受邀出席内阁会议。1917 年,宗教法庭划归司法部管辖,宗教学校划归教育部管辖,宗教地产划归瓦克夫事务部管辖。同年颁布的《家庭法》,鼓励女性走出家庭、走向社会、接受现代教育和积极参与公共事务。与此同时,青年土耳其党政府致力于发展民族经济,并且试图通过扩大对外贸易的方式改善与西方列强的关系。然而,修改不平等条约和提高关税的谈判无果而终,贷款的要求亦遭到拒绝。奥斯曼帝国与西方列强之间的尖锐矛盾,导致青年土耳其党政府倾向于民族主义和国家干预的经济政策。1914 年,青年土耳其党政府宣布废除旧的不平等条约,取消奥斯曼帝国苏丹给予西方列强的领事裁判权。

青年土耳其党执政前期,奉行相对温和的经济政策,在发展民族经济的同时,吸引国外投资。巴尔干战争爆发后,国家主义的经济政策逐渐占据上风,政府对于经济领域的干预和控制不断加强。1917 年,青年土耳其党政府成立国家信贷银行,资金 400 万奥斯曼镑,发行股票,股权属于奥斯曼帝国臣民,用于支持民族工业,试图打破西方列强控制的奥斯曼银行在金融领域的垄断局面。

三、 奥斯曼帝国的灭亡

早在 19 世纪初,自穆罕默德 · 阿里入主开罗以后,奥斯曼帝国在尼罗河流域的统治已然名存实亡。与此同时,西方列强不断蚕食埃及以西的马格里卜地区。1830 年,马格里卜中部的阿尔及利亚被法国占领。1881 年,马格里卜东部的突尼斯亦被法国占领。1914 年第一次世界大战爆发后,埃及正式脱离奥斯曼帝国。

青年土耳其党执政时期,奥斯曼帝国进一步解体。1908 年,保加利亚宣布独立,奥匈帝国吞并波斯尼亚和黑塞哥维那,克里特岛纳入希腊版图。1909 年,阿尔巴尼亚爆发起义,宣布脱离奥斯曼帝国。1911 年,意大利占领奥斯曼帝国在北非的属地利比亚。

1912—1913 年,包括塞尔维亚、保加利亚、希腊和门德内哥罗在内的巴尔干同盟与奥斯曼帝国之间爆发战争,史称巴尔干战争(The Balkan Wars)。1912 年 10 月,门德内哥罗首先对奥斯曼帝国宣战,塞尔维亚、保加利亚和希腊随后亦向奥斯曼帝国发出通牒，要求奥斯曼帝国军队撤出巴尔干地区，继而对奥斯曼帝国宣战。巴尔干同盟与奥斯曼帝国在马其顿、塞萨罗尼基和色雷斯展开激战，希腊海军攻占爱琴海诸岛屿，奥斯曼帝国军队败绩。1913 年 5 月，交战双方签署《伦敦和约》，奥斯曼帝国在东南欧的属地丧失殆尽。同年 6 月，奥斯曼帝国趁巴尔干同盟分裂之机发动反攻，击败保加利亚，重新夺回旧都埃迪尔内和色雷斯东部。

巴尔干战争结束后，奥斯曼帝国人口锐减，从 1897 年的约 4 000 万人下降为 1914 年的 1 850 万人。由于横跨欧亚的疆域版图不复存在，伊斯坦布尔不再是奥斯曼帝国的核心区域，奥斯曼帝国甚至有意迁都到安纳托利亚腹地或叙利亚北部。1914 年初，奥斯曼帝国被迫与英国签署协议，放弃阿拉伯半岛东侧的波斯湾沿岸科威特、卡塔尔、巴林诸地的宗主权。与此同时，奥斯曼帝国被迫放弃安纳托利亚东部埃尔祖鲁姆、锡瓦斯、迪亚巴克尔、比特利斯诸地的宗主权，交由欧洲列强委派的总督直接治理。

1913 年 3 月占据埃迪尔内城外城堡的保加利亚军队

1914 年，奥斯曼帝国卷入第一次世界大战。由于奥斯曼帝国的宿敌沙皇俄国与英法结盟，建立协约国阵营，支持巴尔干半岛的民族独立运动，青年土耳其党政府遂与德国、奥匈帝国组成同盟国，对抗协约国。第一次世界大战期间，马尔马拉海峡地区、高加索南部和肥沃的新月地带是奥斯曼帝国与协约国之间的主要战场。1914 年底，奥斯曼帝国军队攻入高加索南部，奥斯曼帝国舰队驶入黑海水域，向沙俄军队发动攻势。与此同时，奥斯曼帝国的军队从巴勒斯坦出发，越过西奈半岛，试图控制苏伊士运河，被驻守埃及的英军击退。1915 年初，奥斯曼帝国军队在高加索南部遭受俄军重创。与此同时，英法舰队进攻马尔马拉海，企图控制博斯普鲁斯海峡和达达尼尔海峡，进而切断奥斯曼帝国与德奥之间的联系，未果。1916 年，奥斯曼帝国军队在高加索南部再度败绩，沙俄军队占领安纳托利亚东部重镇埃尔祖鲁姆、特拉布宗和埃尔津詹。同年，奥斯曼帝国军队在伊拉克击败英军，俘获万余人。1917 年，英军击败奥斯曼帝国军队，攻陷巴格达和耶路撒冷，占领伊拉克和巴勒斯坦。

1916 年 5 月，协约国方面的英国与法国签订瓜分奥斯曼帝国领土的秘密协议，得到俄国的赞同，史称《赛克斯-皮克特协议》(*Sykes-Pickett Agreement*)。根据《赛克斯-皮克特协议》，安纳托利亚高原东部的埃尔祖鲁姆、特拉布宗、比特利斯和凡湖地区划归俄国，安纳托利亚高原南部的阿达纳、西里西亚和叙利亚沿海地区划归法国，地中海东岸的海法、阿克和新月地带的伊拉克中南部划归英国，安纳托利亚高原西南部的伊兹密尔、安塔利亚和科尼亚划归意大利，巴勒斯坦地区划归国际监管。1917 年十月革命后，苏俄政府将《赛克斯-皮克特协议》公诸于世，引发阿拉伯世界对协约国的强烈不满。与此同时，俄国和英国政府分别煽动奥斯曼帝国境内的亚美尼亚人和阿拉伯人发动叛乱。

埃尔祖鲁姆城堡

1918 年 7 月，苏丹穆罕默德五世去世，穆罕默德六世(Muhammed Ⅵ，1918—1922 年在位)即位。同年 10 月，协约国军队占领叙利亚北部和巴尔干半岛，奥斯曼帝国战败投降，苏丹穆罕默德六世指定伊泽特帕夏(Izet Pasha)出任大维齐尔，全权负责谋求休战的相关事宜。青年土耳其党政府垮台，青年土耳其党领袖恩维尔帕夏、塔拉特帕夏和杰马尔帕夏出逃，先后流亡俄国和德国，遭亚美尼亚人追杀，塔拉特帕夏于 1921 年死在柏林，杰马尔帕夏于 1922 年死在高加索，恩维尔帕夏亦于 1922 年死在中亚。1918 年 10 月底，海军大臣劳夫(Rauf)率领的奥斯曼帝国政府代表团在爱琴海利姆诺斯岛(Lemnos)的摩德洛斯与协约国与协约国签署《摩德洛斯和约》(*Modena-los Agreement*)。根据《摩德洛斯和约》,奥斯曼帝国解散军队,放弃在也门和麦地那的宗主权,割让除伊斯坦布尔以外的所有欧洲领土,达达尼尔海峡和博斯普鲁斯海峡实行非军事化,伊兹密尔由希腊管理,协约国控制奥斯曼帝国财政税收以及铁路、航运和通讯线路。《摩德洛斯和约》规定,协约国有权在认为必要的情况下占领奥斯曼帝国的任何地区,协约国有权对于亚美尼亚人地区进行武力干涉。《摩德洛斯和约》签署以后,协约国舰队驶入博斯普鲁斯海峡,英、法、意军占领伊斯坦布尔,进驻安纳托利亚高原及色雷斯,迫使苏丹俯首称臣,奥斯曼帝国奄奄一息,往日的辉煌已经成为远去的历史。

穆罕默德六世

作者点评

鼎盛时期的奥斯曼帝国雄踞亚非欧大陆的中央地带,兵锋远达欧洲腹地。进入19世纪,奥斯曼帝国雄风不再,国势江河日下,疆域萎缩,已然沦为西欧列强眼中的欧洲病夫。在巴尔干半岛诸地,基督徒反抗伊斯坦布尔苏丹的武装起义如同多米诺骨牌一般自南向北蔓延。青年土耳其党人试图拯救濒临崩溃的奥斯曼帝国,虽励精图治,却已无力回天。第一次世界大战的爆发,敲响了奥斯曼帝国覆灭的丧钟,伊斯坦布尔的苏丹俨然成为西方列强手中的玩偶。

第十章

奥斯曼帝国的文化成就

一、文　学

在13世纪即奥斯曼帝国建立的前夕，安纳托利亚同时存在着波斯语、阿拉伯语、土耳其语、希腊语和亚美尼亚语五种不同的语言，语言的分布折射出特定的族群分布和社会结构。波斯语、阿拉伯语和土耳其语属于安纳托利亚之穆斯林族群使用的语言，系安纳托利亚之突厥化和伊斯兰教化的历史结果。塞尔柱人使用波斯语作为官方语言，宗教学者和苏菲教团使用阿拉伯语作为宗教语言和书面语言。相比之下，土耳其语则是流行于民间的口语，并无特定的文字书写形式，目前尚未发现此间土耳其语的书面文字记载。至于希腊语和亚美尼亚语，系安纳托利亚之基督徒族群希腊人和亚美尼亚人使用的母语。

自14世纪初开始，随着奥斯曼人在安纳托利亚的领土扩张，土耳其语作为书面语言逐渐浮现于安纳托利亚的历史舞台。来自安纳托利亚的苏菲教团长老尤努斯·埃姆利（Yunus Emre，卒于1320年）、阿希克·阿里帕夏（Asik Ali Pasha，卒于1332年）和埃尔万·切勒比（Elvan Celebi，卒于1358年），在宗教活动中使用土耳其语作为书面语言传播苏菲派的神学思想，首开土耳其语书面化的先河。此后，土耳其语作为书面语言从宗教领域延伸到文学领域。

至14世纪后期，塞尔柱突厥人逐渐淡出安纳托利亚的历史舞台。与此同时，波斯语逐渐失去往日的地位，土耳其语在官方领域开始取代波斯语和阿拉伯语，越来越多的官方文件采用土耳其语的书写形式。与此同时，土耳其语开始成为安纳托利亚智力生活和文学创作的语言载体。在奥斯曼帝国苏丹的鼓励下，移居安纳托利亚的宗教学者将大量阿拉伯语和波斯语的文学作品、宗教典籍和历史文献翻译成土耳其语。波斯血统的苏菲派学者希哈卜丁·苏赫拉瓦迪(Shihab al-Din al-Suhrawardi, 1153—1191)在伊斯兰世界久负盛名,著述颇丰,涉及占星术、圆梦术、天文学和医学等领域,其多种作品此间被译成土耳其语。

阿拉伯人无疑是伊斯兰文学的开创者,波斯文学堪称中世纪伊斯兰文学的巅峰。相比之下,奥斯曼文学作为伊斯兰文学的后起之秀,在诸多方面深受阿拉伯文学和波斯文学传统的影响。诗歌是土耳其语文学的首要体裁,土耳其人对于诗歌创作情有独钟。奥斯曼诗歌的基本形式是双行诗抑或复式句型,常见体裁包括赞美诗(kaside)、抒情诗(gazel)和叙事诗(mesnevi)。赞美诗具有阿拉伯诗歌和波斯诗歌的浓厚色彩,采用长诗的形式,多为百组以上的对句,以赞颂安拉和为苏丹歌功颂德作为主旨,17—18 世纪成为奥斯曼诗歌的首要形式。抒情诗多为 5 组押韵的对句,常以寥寥数语抒发情感,表现出奥斯曼诗歌创作的本土化倾向和简洁明快的艺术风格。叙事诗亦采用长诗的形式,以叙事作为主题,大都包括引言、正文和结语三个部分,内容冗长,盛行于 16 世纪的奥斯曼文坛。

奥斯曼帝国的诗人,大体包括三种类型,即宫廷诗人、民间诗人和宗教诗人。宫廷诗人往往具有御用的身世背景,长于赞美苏丹和歌功颂德的诗作,以取悦于苏丹为目的,堪称奥斯曼家族的精神伴侣。民间诗人则远离宫廷,常有"广场诗人"之称,长于描述市井生活和闲情逸致,云游四方而遂意抒发喜怒哀乐的内心情感。宗教诗人长于表达虔诚的信仰、赞美安拉和颂扬先知以及历代苏菲圣徒,具有浓厚的神秘主义色彩,鲜有阿拉伯语和波斯语的华丽辞藻,语言质朴。

尤努斯·埃姆利、霍加·德哈尼(Hoca Dehhani,生卒年不详),赛义德·哈姆扎(Seyyad Hamza,生卒年不详)和艾哈迈德·法基赫(Ahmet Fakih,生卒年不详)曾经活跃于白羊王朝(Ak Koyunlu Dynasty, 1378—1508)的宫廷,是最早使用土耳其语作为书面语言的土耳其诗人。艾哈迈德·古尔赛赫里(Ahmet Gulsehri,卒于 1317 年)致力于模仿波斯诗歌的艺术风格,使用波斯语和土耳其语创作诗歌。艾哈迈德·法基赫创作的诗歌,不仅延续波斯诗歌的艺术风格,而且具有苏菲神学的浓厚色彩,多部作品保存至今。相比于同时期盛行于安纳托利亚的苏菲派神秘主义诗歌,霍加·德哈尼的诗歌大都取材于世俗生活,以爱情和美酒作为主题,被后人视作安纳托利亚土耳其语世俗题材诗歌创作的奠基人。霍加·德哈尼模仿中世纪波斯诗人菲尔多西的著名史诗《王书》,写成长达 2 万余行的长诗,作为献给鲁姆苏丹阿拉丁·凯伊库巴德(Allah al-Din Kaykubad, 1284—1308 年在位)的礼物,该部长诗原作失传，支离破碎的轶篇散见于后世文献的记载。阿师格帕夏(Ashiq Pasha，1272—1333)是14世纪奥斯曼帝国民间诗人的杰出代表，长期活跃在安纳托利亚内陆的科尼亚等地，用土耳其语从事文学创作，代表作品是长诗《异乡苦修者的故事》，由1.1万行诗句组成，全诗分为10章，每章又分为10节，其中大量诗句征引经训，从逊尼派穆斯林的视角评价苏菲派的信仰和苦修，以此劝导世人弃恶扬善，寓意深刻，富有哲理。

奥斯曼帝国的历代苏丹，秉承阿拉伯帝国哈里发的传统，对于鼓励创作文学作品情有独钟，不惜以重金网罗文人在宫廷相伴，旨在赢得文人的赞许和美化，渲染统治者的人格魅力，直至死后名垂青史，而竭尽所能地取悦于苏丹进而换取丰厚的回报，则是奥斯曼文人乐此不疲的主题。14世纪末15世纪初的土耳其诗人艾哈迈迪(Ahmedi，生卒年不详)早年就读于埃及的宗教学校，后返回安纳托利亚，成为苏丹巴叶济德二世和塞里姆一世的宫廷御用诗人，在伊斯坦布尔创作大量的诗歌，是土耳其古典文学的重要奠基人。艾哈迈德·布尔萨尼帕夏(Ahmad al-Bursani Pasha，卒于1497年)出身布尔萨的宗教学者家庭，谙熟阿拉伯语和土耳其语，巴叶济德二世在位期间曾经担任大穆夫提，擅长创作抒情诗和宗教诗，铿锵有力，韵律悠扬，是15世纪后期奥斯曼帝国最负盛名的宫廷诗人，被誉为奥斯曼帝国古典诗歌的第一位大师。14世纪末15世纪初的另一重要诗人艾哈迈迪·戴伊(Ahmedi Dai，生卒年不详)，长期效力于伊斯坦布尔的奥斯曼帝国宫廷，是苏丹穆拉德一世、穆罕默德一世和穆拉德二世赏识和青睐的御用诗人，所作诗歌颇富苏菲韵律和神秘色彩。15世纪的赛义希(Seyhi，卒于1429年)，本名为尤素夫·锡南(Yusuf Sinan)，是穆拉德二世的宫廷御用诗人，所作诗歌颇具幽默和讽刺的艺术色彩，堪称土耳其古典诗歌的典范，被誉为“诗人长老”。赛义德·伊玛德丁·纳斯米(Seyid Imadeddin Nesimi，1369—1418)是15世纪奥斯曼帝国苏菲派诗人的杰出代表，长

苏联邮票上的赛义德·伊玛德丁·纳斯米

于表达神秘主义的宗教情怀，有土耳其语和波斯语的多部诗集传世，以优美抒情著称。苏莱曼·什拉比（Sulayman Shlabi，卒于1429年）亦是苏菲派诗人的杰出代表，有传世诗集《圣纪赞歌》，以文学语言描述先知穆罕默德的生平业绩，赞颂其卓越才能和高尚品格，文字优美，字里行间凸显宗教哲理。

赛义德·伊玛德丁·纳斯米逝世

从1453年占领君士坦丁堡到1600年的一个半世纪，历经7位苏丹的统治，可谓奥斯曼帝国的古典时代，亦是土耳其语作为奥斯曼帝国文学创作的语言载体进一步取代阿拉伯语和波斯语的重要环节。来自阿拉伯地区和伊斯兰世界东部的大量文人移入安纳托利亚，定居于伊斯坦布尔，在奥斯曼帝国统治者的赞助下从事文学创作。穆罕默德二世、巴叶济德二世、塞里姆一世和苏莱曼一世皆曾以重金奖励文人佳作，王公贵族竞相效尤，伊斯坦布尔俨然成为奥斯曼帝国的文学中心，埃迪尔内和布尔萨以及科尼亚、阿马西亚和马尼萨亦成为文人荟萃的文学重镇。此间，赞美诗、抒情诗和神秘主义诗歌层出不穷，标志着奥斯曼文学的斐然成就。

奥斯曼帝国古典时代的土耳其诗人自视为鲁姆诗人。在所谓鲁姆诗人的眼中，鲁姆特指以伊斯坦布尔为中心的安纳托利亚西部和鲁梅里亚，是土耳其诗歌的摇篮和沃土。哈亚里（Hayali，卒于1556年）和涅卡提（Necati，生卒年不详）皆长于创作抒情诗，其诗歌具有安纳托利亚的浓郁特色，被后世誉为奥斯曼帝国古典时代的"鲁姆诗王"。穆罕默德·阿卜杜勒·巴基（Muhammed Abdul Baki, 1526—1600）活跃于伊斯坦布尔的苏丹宫廷，其诗歌强调生命短暂和个人享受，迎合了上流社会的价值取向，由于诗歌艺术创作技巧几近完美，被时人誉为"诗人之王"。穆罕默德·伊本·苏莱曼·富祖里（Muhammed ibn Sullayman Fuzuli, 1480—1556）出身巴格达的什叶派宗教学者家

穆罕默德·阿卜杜勒·巴基诗集插图：巴基与其读者

庭，在伊拉克被奥斯曼帝国征服后改奉逊尼派伊斯兰教，寻求苏丹的庇护，擅长以土耳其语创作诗歌，亦有波斯语诗集传世，旋律优美，技巧娴熟，常以诗歌形式感叹人生苦短命运无常，劝导世人弃恶从善，颇受苏丹苏莱曼一世的青睐。

奥斯曼帝国的古典时代亦是奥斯曼文学的黄金时代，诗人迭出，诗作浩如烟海。欧默尔·马基德（Omer Mezid，生卒年不详）于1437年编撰诗歌集，收录84位奥斯曼诗人的诗作。厄格力迪尔里·哈奇·克马尔（Eğridirli Haci Kemal，生卒年不详）于1512年编撰诗歌集，收录266位奥斯曼诗人的诗作。厄迪尔涅里·纳兹米（Edirneli Nazmi，生卒年不详）于1534年编撰诗歌集，收录357位奥斯曼诗人的诗作。佩尔万·阿卜杜拉（Pervane Abdullah，生卒年不详）于1560年编撰诗歌集，收录430位奥斯曼诗人的诗作。以上诗歌集，收录奥斯曼诗作累计多达数千首，均以土耳其语作为创作语言。土耳其语作为奥斯曼文学语言的发展趋势，由此可见一斑。

穆罕默德·伊本·苏莱曼·富祖里

奥斯曼帝国的古典时代，奥斯曼诗人不仅致力于创作诗歌，而且开始热衷于诗歌评论。苏鲁里（Sururi，卒于1562年）、苏迪（Sudi，卒于1598年）和塞米（Şemi，卒于1603年）皆为此间著名诗歌评论家，他们点评前人诗作，评价诗歌优劣，引领诗歌创作方向，进而开奥斯曼诗学的先河。与此同时，编著诗人传记在奥斯曼帝国文坛蔚然成风，旨在记载奥斯曼诗人的生平轶事和诗歌创作经历，分析奥斯曼诗人的创作风格和文学品味。值得注意的是，此间的奥斯曼诗人尽管通常自居为苏丹的仆人，却大都作为鲁姆诗人而不是以宫廷诗人的身份被收入传记。第一位诗人传记作者赛西·贝格（Sehi Beg，卒于1548年），出身基督徒血统的奴隶，后在伊斯坦布尔皈依伊斯兰教并在宫中接受教育，曾经在伊斯坦布尔的宫廷担任书吏和御师，其所编著的诗人传记《天园的八座花园》（*Eight Gardens of Paradise*），首先以官方和民间的身世背景作为排序的依据，再以生卒时间作为排序的第二依据，收录时间为1400—1538年，旨在弘扬奥斯曼诗歌，展示奥斯曼诗人的风采，使奥斯曼诗人名垂史册。第二位诗人传记作者阿卜杜勒·拉提夫·切勒比（Abdul Latif Çelebi, 1491—1582），出身黑海沿岸苏菲派圣城卡斯塔莫努（Kastamonu）的名门望族，长期生活在鲁梅里亚，远离伊斯坦布尔的苏丹宫廷，更具民间生活背景，其所编著的诗人传记《诗人的回忆》（*Reminiscences of Poets and Demonstration of Versiiers*）于1546年问世，特色是除具有苏菲教团和奥斯曼家族背景的13位诗人外，书中收录的其余所有诗人皆依据笔名的字母发音排序，而不再依据身世背景和生卒时间排序，反映出作者忽略诗人之社会地位的平民倾向；在作者看来，鲁姆文坛真正的诗人皆出自苏菲教团且皆生活在奥斯曼人建立国家之前的历史时期，长于抒发真实的情感而不受世俗环境和官方意志的干扰。第三位诗人传记作者阿希克·切勒比（Asik Celebi, 1520—1572），亦出身豪门，长期生活在伊斯坦布尔，其所编著的诗人传记《诗人驿站》（*Stations of Poets*）于1566年问世，收录472位诗人，一律按照诗人笔名的字母笔画数排序；其后编著的所有诗人传记，诗人排序均以此为例。

以上诗人传记的问世，表明土耳其语在奥斯曼帝国的古典时代已经成为文学创作的首要文字载体，奥斯曼文学亦不再仅仅是阿拉伯文学特别是波斯文学的简单模仿，而是表现出鲜明的土耳其属性，异族色彩随之淡出奥斯曼文学。另一方面，以上诗人传记所收录的诗人，分别属于穆斯林的不同教派，却将所有的非穆斯林诗人排除在外。使用土耳其语创作的诗歌，是诗人传记收录的首要条件。使用希伯来语、亚美尼亚语和希腊语创作的诗歌和非穆斯林诗人的诗歌，不在诗歌传记的收录范围。此外，诗人传记并未局限于土耳其人，亦有异域穆斯林诗人。伊朗诗人巴希里（Basiri，生卒年不详）曾经作为萨法维王朝的使者长期留居伊斯坦布尔，使用土耳其语创作大量诗歌，被赛西·贝格的诗人传记《天园的八座花园》收录其中。阿赫迪（Ahdi，生卒年不详）亦是非土耳其血统的穆斯林诗人，阿希克·切勒比的诗人传记《诗人驿站》将其收录书中。宗教的差异和信仰的认同，成为奥斯曼文学的边界。奥斯曼文学的伊斯兰教色彩，由此可见一斑。

17 世纪奥斯曼诗歌的代表人物是奈菲仪（Nef'i，1582—1636）、宰凯里亚·栽德·雅赫亚·艾芬迪（Zekeriyya Zade Yahya Efendi，1552—1644）和尤素夫·纳比（Yusuf Nabi，1642—1712）。奈菲仪出身于埃尔祖鲁姆的寒微家庭，常感怀才不遇，愤世嫉俗，诗作语言尖刻，嘲讽腐败世风。宰凯里亚·栽德·雅赫亚·艾芬迪出生于宗教学者家庭，擅长创作抒情诗，淡化波斯诗歌风格而强化土耳其本土风格，备受苏丹宠信。尤素夫·纳比的诗歌注重借鉴阿拉伯、波斯诗歌的风范，偏爱爱情、美酒和宗教题材，风格优雅，技巧精湛。

进入 17 世纪的奥斯曼文坛，称作萨尔基（sarki）的音乐诗逐渐盛行。萨尔基具有明显的旋律色彩，以颂扬爱情作为主体，语言质朴。纳伊里（Naili，卒于 1666 年）作为诗歌传记作家，首次收录纳迪姆·瓦绥夫（Nedim Vasif，生卒年不详）创作的 11 首萨尔基。穆罕默德·法伊兹（Mehmed Feyzi，生卒年不详）为大维齐尔达马德·伊卜拉欣帕夏（Damad Ibrahim Pasha）创作的萨尔基，曾经在伊斯坦布尔名噪一时。讽刺诗亦在此间开始盛行。麦乌拉维教团的诗人萨尼（Sani，生卒年不详）在伊斯坦布尔首开讽刺诗创作的先河，奈菲仪则是此间最负盛名的讽刺诗人，著有诗集《厄运之源》（*The Shafts of Doom*），常用禁忌的言辞，抨击时局而竭尽所能，树敌甚多，最终因未能取悦苏丹穆拉德四世而遭到杀害。此间奥斯曼文坛的第三种新诗体称作冥诗（vefeyat），以悼念死者作为主题。布尔萨诗人穆罕默德·萨利希（Mehmed Selisi，生卒年不详）以诗歌的形式记述了葬于布尔萨的宗教学者和苏菲长老的生卒始末，阿莱贝伊扎迪·穆罕默德·艾敏（Alaybeyizade Mehmed Amin，卒于 1666 年）在其创作的诗歌中提及生卒始末的历代先贤多达 7 000 余人。

散文是奥斯曼文学中仅次于诗歌的另一重要体裁。现存 15 世纪以前的土耳其语散文，均为译自阿拉伯语和波斯语的散文作品，大都局限于哲学和科学的题材，作者则为域外的宗教学者，以土耳其语作为载体和具有文学色彩的真正意义上的原创散文尚且不为人知。15 世纪以后出现的土耳其语散文，大体上可以划分为三种类型，即朴实的散文、华丽的散文和中间的散文。

其中，朴实的散文采用接近口语化的书面语言，字里行间不含阿拉伯语和波斯语的词形和句式；华丽的散文是去口语化的书面语言，土耳其语与阿拉伯语、波斯语错纵交织，句式复杂；中间的散文在词形和句式方面介于朴实的散文与华丽的散文之间，是最常见的散文形式。

奥斯曼帝国后期的散文创作逐渐形成三种艺术风格。第一种艺术风格的散文称作萨德(sade)，文中大量使用土耳其语日常词汇，通俗易懂，具有浓厚的平民色彩。第二种艺术风格的散文称作苏斯鲁(suslu)，文中主要使用阿拉伯语和波斯语词汇而鲜有土耳其语词汇，追求艺术风格，晦涩高深，受众局限于文人和社会上层。第三种艺术风格的散文称作奥尔塔(orta)，文中兼有土耳其语词汇以及阿拉伯语和波斯语词汇，主要追求文本内容而疏于艺术形式，受众多为具有初步文化基础的市民群体。

德德·克尔库特(Dede Korkut，生卒年不详)是 14 世纪土耳其最为杰出的民间散文家。他的散文集描述土耳其人在高加索山区与格鲁吉亚人以及在安纳托利亚高原东部与拜占庭人的征战史，反映出此间土耳其人的部落习俗和道德标准。奥斯曼帝国中期以后的散文作家，大都来自官方背景的文职书吏。锡南帕夏(Sinan Paşa，卒于 1486 年)在苏丹穆罕默德二世和巴叶济德二世当政期间长期担任维齐尔，塔希扎德·卡佛尔·切勒比(Tacizade Cafer Çelebi, 1459—1515)是苏丹巴叶济德二世和塞里姆一世当政期间的幕僚和法官，皆有多篇散文佳作传世。锡南帕夏的散文以赞美安拉作为主题，兼有土耳其语、阿拉伯语和波斯语的词形句式，辞藻优美，韵律抑扬顿挫，被后人视作华丽的散文之开篇之作，而华丽的散文在其后数十年间甚至被誉为“锡南的风格”。奥斯曼帝国征服君士坦丁堡以后，赞美历代苏丹的叙事散文风行一时。进入古典时代，散文成为堪比诗歌的文学体裁。著名诗人拉提夫曾经创作 500 余首抒情诗和 30 余首赞美诗，后放弃诗歌，致力于创作散文。在拉提夫看来，“诗人如同说谎的骗子，每个人都自以为是凤凰”，唯有散文才是“文人的根基”。拉米(Lami，卒于 1531 年)和加扎里(Gazali，卒于 1538 年)是 16 世纪奥斯曼帝国最负盛名的散文作家，散文作品大都取材于阿拉伯和波斯的文学典故，亦有取材于先人轶事，文笔生动，不乏幽默诙谐，引人入胜。埃弗利亚·切勒比(Evliya Celebi, 1614—1682)的地理学著作和阿齐兹·艾芬迪(Aziz Efendi，卒于 1798 年)的历史学著作，行文优美，风格流畅，亦被视作散文佳作。阿齐兹·艾芬迪出生于克里特岛，曾经在伊斯坦布尔的宫廷服役，继而入仕为官，担任第一位奥斯曼帝国驻普鲁士外交官。阿齐兹·

阿齐兹·艾芬迪

艾芬迪代表作是名为《穆哈耶拉特》(*Muhayyelat*)的故事集，描写奥斯曼王子卡莫尔坎(Kamercan)和公主古尔鲁赫(Gulruh)的历险故事，不仅参照《一千零一夜》的写作手法，而且融入古希腊神话和苏菲圣徒传记的元素，故事情节丝丝入扣。《穆哈耶拉特》于1852年问世，此后多次印刷，备受读者青睐。

进入19世纪，在西方世界扩张浪潮的冲击下，奥斯曼帝国文坛出现了西化的倾向。如同土耳其语曾经大量借用阿拉伯语和波斯语词汇，此间欧洲语言备受推崇，借用法语词汇尤其成为文人时尚。与此同时，波斯传统的文风逐渐淡去，法兰西文学风行奥斯曼帝国文坛，文学创作亦随之焕然一新。伊卜拉欣·伊纳西(Ibrahim Inasi, 1826—1871)、齐亚·高卡尔普(Ziya Gokalp, 1825—1880)和纳米克·凯末尔(Namik Kemal, 1840—1888)，致力于翻译法国诗歌、小说和戏剧，进而以文学作品的形式传播西方现代政治理念，唤醒民众，反对独裁专制，倡导自由民主，曾被誉为奥斯曼帝国晚期的文坛三杰。

伊卜拉欣·伊纳西

19世纪后期，小说逐渐取代传统的叙事诗，成为叙事文学的主要体裁。作为新的文学体裁，小说更多关注现实生活，以城市读者作为首要的受众对象。艾哈迈德·米扎特·艾芬迪(Ahmet Mithat Efendi，生卒年不详)于1875创作的小说《菲拉吞贝伊与拉吉姆·艾芬迪》(*Felatun Bey and Rakim Efendi*)，书中描述的主人公菲拉吞贝伊是不思进取而挥霍无度的富家子弟，沉迷于西方的奢侈生活，陷于声色犬马的物质享乐，直至破产后沦落他乡，书中描述的另一主人公拉吉姆·艾芬迪来自寒门家庭，身处社会底层却努力自强，最终作为成功者留给后人丰厚的遗产，两者虽面临相同的时代环境，人生轨迹迥然各异，形成巨大的反差。作者以文学的手法刻画奥斯曼帝国晚期剧烈变革的历史背景和西方冲击下的社会环境，取材普通民众的生活细节和情感纠葛，探讨徘徊于传统与现代之间的人性危机，语言生动，笔下人物形象栩栩如生，具有强烈的感染力。

艾哈迈德·米扎特·艾芬迪

女性文学的兴起亦是奥斯曼帝国晚期文坛的新亮点，男权社会中女性的解放成为诸多文学作品的人物主题，多部小说从不同的角度展示了社会剧烈变革背景下女性的风貌和女性社会角色的转换。哈里特·齐亚·乌萨克里基勒(Halit Ziya Usakligil，生卒年不详)于 1900 年创作的小说《禁忌之爱》(*Forbidden Love*)，书中描述的主人公阿德南·贝伊在妻子死后与儿子布伦特和女儿尼哈勒在自己的庄园中生活，直到有一天，阿德南·贝伊娶回了年轻的妻子比赫特，家庭生活开始失去平静，女儿尼哈勒不肯接受新的继母，年轻的妻子比赫特亦逐渐感情出轨，钟情于阿德南·贝伊的侄子贝赫鲁尔，最后比赫特得知尼哈勒与贝赫鲁尔即将成婚，陷入精神崩溃，选择了自杀的结局，比赫特死后，阿德南·贝伊又回到了从前的生活。主人公比赫特的遭遇，折射出女性的情感诉求和传统道德伦理的深刻危机，体现出奥斯曼帝国晚期社会变革的冰山一角。

哈里特·齐亚·乌萨克里基勒

二、史　学

奥斯曼史学承袭阿拉伯史学传统，内含宗教史学与世俗史学的双重元素，经历从王朝史到世界史的演变过程，旨在通过特定的历史记忆，从时间的维度定位人类社会的兴衰周期和运动轨迹，进而彰显奥斯曼帝国在伊斯兰世界的正统地位。

早期的奥斯曼史学，着力关注远古的启示时代和英雄时代，将安拉创造世界和人类始祖阿丹视作历史的起点，从伊甸园的阿丹到麦加的穆罕默德可谓启示时代的历史周期，历代先知和经典堪称启示时代的标志，先知穆罕默德的离世无疑意味着启示时代的终结，而世界末日的降临则是历史的最终归宿。早期奥斯曼史学家笔下的英雄时代，着力追溯业已湮没于历史尘埃的中亚突厥人的史诗和传说，安纳托利亚殉难于圣战的诸多圣徒亦被视作英雄时代之史诗和传说的原型，进而被赋予非凡的传奇色彩和魅力光环，是为奥斯曼土耳其人的骄傲，而英雄时代的史学素材，大都源于口传心记的叙事模式。

王朝史与世界史可谓奥斯曼史学的两大主题。所谓王朝史，即以王朝作为历史记述的基本单元。在奥斯曼史家看来，历史是通过统治者而发生的，统治者无疑是历史的创造者，无统治者则无历史可言。早期奥斯曼史学通常只是关注奥斯曼王朝的历史，历代苏丹的生平业绩构成奥斯曼王朝史记述的几乎全部内容，极力美化历代苏丹的丰功伟业则是奥斯曼王朝史的主旨。相比之下，早期奥斯曼史学无意提及世界历史上的其他诸王朝，波斯萨珊王朝的记述似乎只是特例。另一方面，早期奥斯曼王朝史通常取材于民间流传的口头叙事，记述风格近似于英雄时代的史诗，内容支离破碎，缺乏必要的史实考证，完整的史学体系尚且无从谈起。

穆拉德二世至巴叶济德二世在位时期，奥斯曼帝国经历安卡拉战役的惨败和大空位时期的纷乱，国力渐兴。统治者劫后余生，痛定思痛，开始反思自身历史，奥斯曼史学随之逐渐浮出水面。此间奥斯曼史学的代表作，包括艾哈迈迪（Ahmedi，生卒年不详）所著《奥斯曼王室史诗》、卡西菲（Kasifi，生卒年不详）所著《鲁姆的圣战往事》和阿斯科帕萨扎德（Asikpashazade，卒于 1484 年）所著《奥斯曼家族史》。其中，卡西菲所著《鲁姆的圣战往事》旨在追溯奥斯曼家族的起源和奥斯曼帝国的初创历程，阿斯科帕萨扎德的《奥斯曼家族史》系安卡拉战役后约一个世纪的编年史，展示奥斯曼人的圣战传统和忠诚理念，强调奥斯曼王朝高于土库曼王朝和萨法维王朝的尊贵地位和奥斯曼王朝之统治地位的神圣性。此外，奥斯曼史家聂斯里（Nesri，卒于 1520 年）关于巴叶济德二世时期的奥斯曼帝国史，伊德里斯·比特里斯（Idris Bidlisi，卒于 1534 年）关于 15 世纪安纳托利亚东部的诸多重大事件，亦有较为翔实的记述。伊德里斯·比特里斯的作品致力于史学记述的文字雕琢,写作风格近似于华丽的散文,具有波斯传统史学风格的浓厚色彩。艾哈迈德·塞姆希丁(Ahmet Semseddin,卒于1536年)具有奥斯曼家族血统,曾经担任埃迪尔内的宗教法官和伊斯坦布尔的大穆夫提,是巴叶济德二世在位时期最杰出的史家,所著《奥斯曼王朝史》较为全面地记述了奥斯曼帝国早期的历史变迁。

奥斯曼史学与此前的阿拉伯史学皆属伊斯兰史学的重要组成部分,具有浓厚的神学色彩。安拉前定说无疑是奥斯曼史学的神学根基,历史规律源于安拉的前定预设,世界之始末与历史周期之循环皆为安拉意志的体现,而末世论在奥斯曼史学思想中尤其占据特殊的地位。奥斯曼史家以末世论作为世界历史的终点,预言世界末日的即将到来,赋予奥斯曼帝国苏丹以救世主抑或马赫迪的身份之拯救世人的神圣使命,极力渲染奥斯曼帝国苏丹的神圣地位,进而赋予奥斯曼帝国苏丹的统治权力具有神圣的合法性。穆罕默德二世和苏莱曼一世在位期间,阐释末世论的史学思想已然成为奥斯曼史家热衷的主题。

16世纪无疑是奥斯曼帝国的鼎盛时期,也是奥斯曼史学的黄金时期。此间,奥斯曼史家不仅引用土耳其语的史籍,而且大量取材阿拉伯语和波斯语的文献典籍。与此同时,奥斯曼史家的史学视野逐渐拓展,奥斯曼王朝之外其他诸多王朝和民族的历史开始吸引奥斯曼史家的目光,进而形成人类一体的宏观史学。

霍加·萨杜丁·艾芬迪(Hoca Sadeddin Efendi, 1536—1599)出身于宗教学者世家,曾任伊斯坦布尔的大穆夫提,著有《历史的王冠》,以大量原始资料和亲历者的口述为基础,记述从奥斯曼帝国建立伊始至1520年塞里姆一世驾崩约两个世纪的历史,文笔精湛,具有较高的学术价值。穆斯塔法·阿里(Mustafa Ali, 1541—1599)出身于加里波利的商人家庭,亦曾入仕为官,是苏莱曼一世在位期间最负盛名的奥斯曼史家,恰逢盛世,著述等身,一生完成史学作品逾40部,视野开阔,涉猎甚广。穆斯塔法·阿里将世界历史划分为四个时期:一是从安拉创世到伊斯兰教诞生前夕的蒙昧时代,二是从先知穆罕默德到蒙古西征和阿拔斯王朝灭亡的古典伊斯兰时代,三是截至奥斯曼帝国兴起前夕的古代突厥人的历史,四是截至1597年苏丹穆罕默德三世在位时期奥斯曼帝国的历史。穆斯塔法·阿里笔下的世界,基本上局限于伊斯兰教的世界,关于异教世界的历史鲜见于作者的记载。穆斯塔法·阿里的作品，致力于将奥斯曼帝国的历史融入整个世界的历史，考察游牧王国的特质，比较奥斯曼王朝与其他诸多王朝的优劣。根据后世学者的评价，相比于此前奥斯曼史家对于奥斯曼帝国的主观渲染和理想化描述，穆斯塔法·阿里的作品更加强调客观公正的史学理念，分析历史周期的兴衰始末，关注不同历史时代和不同历史现象之间的内在逻辑联系，体现出历史批判的哲学理念，进而开启的奥斯曼史学的崭新阶段。

奥斯曼帝国后期的重要史家是卡蒂普·切勒比(Katip Celebi, 1609—1657)和穆斯塔法·纳伊玛(Mustafa Naima, 1665—1716)。卡蒂普·切勒比是17世纪前期的百科全书式学者，毕生致力于收集整理前人书籍手稿和介绍前人学术成就，所著《概论》收集整理阿拉伯语、波斯语和突厥语文献典籍多达1 500余种，是为奥斯曼帝国不可多得的文化遗产，所著《历史年表》始于安拉创世而止于1648年苏丹穆罕默德四世即位，极具史料价值。穆斯塔法·纳伊玛是奥斯曼帝国的宫廷编年史官，所著《奥斯曼帝国编年史》详尽记述了17世纪末至18世纪初奥斯曼帝国的苏丹起居生活和宫廷轶事，力求去伪存真，还原真相，堪称奥斯曼史学之里程碑式的巨著。穆斯塔法·纳伊玛多有点评此间奥斯曼帝国时局的生辉妙笔，尤其是借鉴阿拉伯史家伊本·赫勒敦的历史循环理论，点评1699年《卡罗维兹和约》，分析奥斯曼帝国兴衰循环的历史周期，展望奥斯曼帝国的国运走向，颇具哲理。

三、科 学

伊斯兰世界重视医学的传统由来已久，成就斐然。奥斯曼学者穆罕默德·阿希克(Mehmed Asik,卒于1596年)将人体视作最美丽的生物，将生命视作最高贵的存在，进而形成两个不同的审视视角，一方面是审视人与自然之间的关系，强调人与自然的互动与和谐；另一方面是审视人体自身，着重考察人体的构造和机理。根据奥斯曼医学，人体健康涉及复杂的生理系统，主要取决于自身机能的调节，外科手术则是身体干预和病患治疗的最后手段。在此基础上，穆罕默德·阿希克认为，人体健康取决于内在的四种体液与外在的四种元素之间的对应关系是否平衡，即血液对应空气，痰对应水，黑胆汁对应土，黄胆汁对应火，特定的气候和饮食以及药物的作用在于恢复体液与外在元素之间的平衡，不同的药物则分别从植物、动物和矿物质中提炼而成。

奥斯曼医学认为，面相和体态以及气质和性格皆是反映健康与否的重要标志,特定的面相和体态以及气质和性格皆与特定的疾患之间具有内在的关联性。蓝色眼球、稀疏胡须、便便大腹的人,多有病患。奥斯曼帝国选拔官吏和战士,亦格外看重面相和体态。此外,奥斯曼医学对音乐与人体健康之间的关系亦有独到见解,将特定旋律的音乐作为治疗病患和恢复健康的辅助手段。具有浓厚神秘色彩的宗教咒语,常被穆斯林视作医治病患的特殊手段。

奥斯曼学者延续古希腊地理学家托勒密(Ptolemy, 90—168)的传统理论,将地球视作球形,地球的一半是陆地,环绕陆地的所谓七海从波罗的海和地中海延伸到印度洋,地球的南半部气候炎热,不适合人类居住,人类的活动范围局限于地球的北半部,是为"可居住区"(al-Rub al-Mamur),地理学家对于南半球几乎一无所知,地理学知识主要来自北半球。奥斯曼学者穆罕默德·阿希克将作为"可居住区"的北半球的地表划分为七个纬度平行的气候区,七个气候区不仅植被、动物和文化风格各不相同,而且与不同的天体之间存在某种关联性。就七个气候区而言,纬度居中的气候区最具优越性,可谓物华天宝,人杰地灵。然而,根据纬度的不同划分的七个气候区,自然的边界与文化以及政治的边界不尽吻合。奥斯曼学者亦不得不承认,伊斯坦布尔与埃及的开罗以及印度的德里尽管地处不同纬度,却呈现出异曲同工的文化。

奥斯曼帝国地处伊斯兰世界的西部,毗邻地处欧洲的基督教世界。长期的圣战密切了奥斯曼帝国与欧洲之间的联系,地中海成为奥斯曼帝国与欧洲互动交往的重要通道。与此同时,奥斯曼帝国的地理学视野逐渐从大陆扩展到海洋,海域交通吸引着奥斯曼地理学家的关注,以海洋地理、海图绘制和航海指南作为标志的新地理学随之渐露端倪。相比于此前阿拉伯人的地理学以旧大陆的陆路游记著称于世,奥斯曼地理学的特色表现为对于远程航海和新大陆的极大关注。最新学术研究表明,奥斯曼帝国在大航海和发现新大陆方面所表现出的浓厚兴趣,绝不亚于

古希腊地理学家托勒密

同时代的基督教欧洲，而奥斯曼人的航海技能，亦不落后于同时代基督教欧洲的航海家。

地中海水域的海图绘制和航海指南，起源于13世纪末至14世纪初的意大利和伊比利亚，西班牙东部的马洛卡岛(Mallorca)以绘制名为波多兰图表的海图和编写航海指南而著称于世。皮利·雷斯(Piri Reis, 1470—1553)长期服役于奥斯曼帝国海军，在地中海水域屡经海战，是奥斯曼帝国历史上最负盛名的航海家。1513年，皮利·雷斯依据波多兰图表并基于哥伦布制作的航海图，绘制全新的世界地图，囊括亚、非、欧三洲的海岸线以及美洲大陆的海岸轮廓，现存其中的大西洋部分，约占全图的1/3，涵盖大西洋东侧的西班牙、非洲西海岸和大西洋西侧的中南美洲以及加勒比海地区，视野之开阔可谓奥斯曼帝国史上空前。皮利·雷斯于1528年绘制的另一幅地图，现存伊斯坦布尔的托普卡帕宫图书馆，涵盖当时已知世界的1/6，详尽显示西北大西洋沿岸从加勒比海的安德列斯群岛至北美的拉布拉多。皮利·雷斯于1521年编写的《海洋志》，描述地中海沿岸地势，书中附有百余幅地图，制作极为精美。

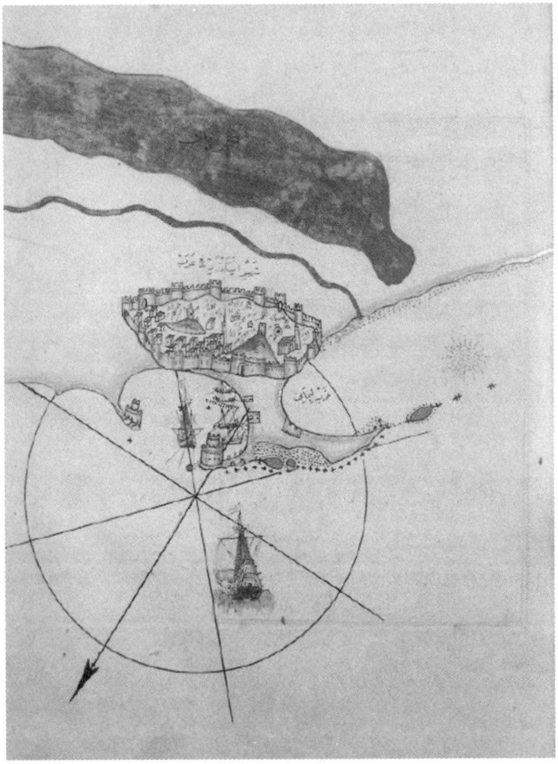
皮利·雷斯《海洋志》插图

奥斯曼旅行家撰写的游记，极大地丰富了奥斯曼帝国的地理学。奥斯曼航海家赛伊迪·阿里·雷斯(Seydi Ali Reis，卒于1562年)曾经于1554年因所乘海船失事而被迫在印度登岸，继而经中亚和伊朗返回伊斯坦布尔，所写游记历数沿途山川风土。伊朗商人阿里·埃克贝尔(Ali Ekber，生卒年不详)于1520年写成《中国志》，引用大量文献资料，详尽介绍明代中国的行政体系。另有佚名作者依据意大利人的资料写成《新世界的发现与征服》，呈送给苏丹穆拉德三世，是为此后百年间奥斯曼人了解美洲的主要来源。

埃弗利亚·切勒比(Evliya Celebi，1614—1682)是奥斯曼帝国最著名的旅行家和地理学家，出生于伊斯坦布尔，曾跟随苏丹穆拉德四世远征巴尔干半岛腹地，并多次在奥斯曼帝国境内及邻国进行考察，足迹遍及亚、非、欧三洲，著有10卷本《一个旅行家的编年史》，记述奥斯曼帝国及其周边地区的地理和人文风貌，资料翔实，内容丰富，文笔流畅，堪称“百科全书式的游记”，后被译为多种西方文字，流传于基督教欧洲。卡蒂普·切勒比亦是奥斯曼帝国的著名旅行家和地理学家，所著《世界地理》收录穆斯林和基督徒旅行家的地理记述，堪称奥斯曼帝国地理学的集大成之作。

16世纪奥斯曼帝国在印度洋的舰队

在奥斯曼帝国，天象观测和天文学研究不仅关系到农业生产和国计民生，而且提供穆斯林履行宗教义务的时间依据和方位依据。天文学以及与之相关的数学，是宗教学校开设的为数有限的科学课程。伊斯坦布尔的宫廷天文学家负责制定天文历表，为苏丹举行宗教大典提供天象观测的必要依据。蒙古人统治时期，继承阿拉伯帝国的天文学传统，在天象观测方面成就斐然。成吉思汗之孙旭烈兀(Hulagu，1217—1265)曾经在大不里士建造天文台观测天象，帖木儿之孙兀鲁伯(Ulugh Beg，1394—1449)亦曾在撒马尔罕建造天文台，聘请穆斯林学者测定恒星方位，编成《兀鲁伯新天文表》。奥斯曼帝国的天文学主要延续蒙古人统治时期的传统，来自布尔萨的奥斯曼学者和数学家

埃弗利亚·切勒比

卡迪扎迪·鲁米(Kadizade Rumi,卒于1432年)长期在撒马尔罕天文台观测天象,是为奥斯曼天文学的鼻祖。苏丹穆罕默德二世在位期间,卡迪扎迪·鲁米的学生阿里·库斯库(Ali Kuscu,卒于1474年)成为伊斯坦布尔的宫廷天文学家,阿里·库斯库的传人米里姆·切勒比(Mirim Celebi,卒于1525年)在天文学领域著述颇丰,在天象观测方面亦多有成就。塔基乌丁·穆罕默德(Takiyuddin Mehmet, 1521—1585年生卒)是奥斯曼帝国最负盛名的宫廷天文学家,出身于大马士革的宗教学者家庭,精通数学和天文学,1570年移居伊斯坦布尔,成为奥斯曼帝国首席天象师,在苏丹穆拉德三世的庇护下主持建造伊斯坦布尔天象台,并撰写《天文台的仪器》一书,关于诸多天文仪器的使用方法有详尽的说明。

伊斯坦布尔天文台的观测研究

奥斯曼天文学的重要内容之一是所谓的宇宙学,奥斯曼帝国的宇宙学所关注的对象是地球在宇宙中的位置。穆罕默德二世在位时期,著名的苏菲派学者亚奇希奥格鲁·艾哈迈德·比坎(Yazicioglu Ahmed Bican,生卒年不详),在翻译前辈学者宰卡里亚·加兹温尼(Zakariya al-Qazwini,卒于1283年)关于地理和自然著作的基础之上,探讨宇宙的起源和即将到来的世界末日,首开奥斯曼宇宙学研究的先河。进入16世纪,穆罕默德·阿希克系统阐释了奥斯曼宇宙学的理论。根据穆罕默德·阿希克阐释的奥斯曼宇宙学,地球作为被海洋环绕的陆地,包括水、火、土和空气四种元素,构成整个宇宙的核心,地球之外依次排列着月球、太阳、五颗行星和数量诸多的恒星,所有的星球以不同的速度处于运动的状态,是为人类可以感知的物质世界。

四、绘画与音乐

伊斯兰教反对绘制人和动物的画像。相传,先知穆罕默德曾说:“复生日在真主面前，遭受烈刑者当为画有生命之物的像的画家”，“谁在今世绘制有生命之物的像，在复生日那人将被迫为其所画之像注入生命，而他是无法注入生命的”。由于在绘画方面多有限制，穆斯林大都热衷于在书法领域尽显艺术才华，形成崇尚书法艺术的传统，进而将美感融汇于书法之中。15世纪后期，伊斯坦布尔提供了书法艺术繁荣的沃土，汇聚了来自东西方的众多学者和艺术家。穆罕默德二世的皇家图书馆收藏了土耳其语、波斯语、阿拉伯语和希腊语的书法艺术手稿，其中不乏来自遥远的波斯文化古城设拉子和大不里士。巴叶济德二世时期，著名书法家哈姆杜拉(Hamdullah，生卒年不详)创作了六种书写字体，成为后世书法创作的典范。誊抄《古兰经》在伊斯兰世界可谓蔚然成风，清真寺和宫廷建筑上镌刻《古兰经》经文则是奥斯曼帝国书法艺术创作的重要形式，其中哈姆杜拉以及阿里・马基德・苏伊(Ali Mezid al-Sui，生卒年不详)书写的《古兰经》经文最负盛名。

奥斯曼帝国的绘画体裁，多为各种书籍的插图。关于早期的奥斯曼绘画，目前知之甚少。13世纪安纳托利亚的插图画作，只有四幅保存至今。14世纪安纳托利亚的插图画作亦是凤毛麟角。15世纪初，埃迪尔内设有隶属苏丹宫廷的画师工作室，最著名的画师名为侯萨姆扎德・苏努拉赫(Husamzade Sunullah，生卒年不详)，然而其画作均已失传。至今可见侯萨姆扎德・苏努拉赫的三幅画作，系出自画师艾哈迈迪(Ahmedi，生卒年不详)笔下的复制品，描绘了一群身披金色服饰的骑手坐在绿色的地面上，以金色斑点作为背景，以绿叶和花卉图案作为画作的框架，显示出晚期拜占庭时代的艺术风格。进入16世纪，伊斯坦布尔的插图画作中开始融入意大利早期文艺复兴的绘画技法。与此同时，插图画师热衷于以历史叙事作为创作题材，以赞美和颂扬奥斯曼家族为己任，奥斯曼家族人物和历代苏丹的绘图风行画界。

奥斯曼帝国的绘画题材十分广泛。现存著名画家尼扎米・哈姆萨(Nizami Khamsa，生卒年不详)的两幅绘画手稿，取材于波斯古代传说中的英雄，其中一幅的画面是巴赫拉姆(Bahram)狩猎的场景，另一幅是伊斯坎达尔(Iskandar)及其在黑暗之地的随从。乌赞・菲尔德弗斯(Uzun Firdevsi，生卒年不详)于1490年献给苏丹巴叶济德二世的画作，画面绘有萨巴女王和朝臣以及仙女、魔鬼、动物的图案，显示出同时期设拉子绘画的艺术风格，亦有来自西班牙和意大利的绘画痕迹。苏丹塞里姆一世时期，奥斯曼帝国在东方战场高奏凯歌，大量波斯艺术家迁入伊斯坦布尔，更多的波斯元素进一步融入奥斯曼帝国的艺术创作。

16 世纪是奥斯曼帝国的鼎盛时期，称作阿赫勒·伊赫拉夫（ehl-ihıref）的御用画师来自不同区域，为奥斯曼帝国宫廷创作奢侈书画，珍藏于托普卡帕宫内。阿卜杜勒·拉赫曼·比斯塔米（Abd al-Rahman al-Bistami，生卒年不详）的画作描绘了世界末日的恐慌场景，同时赋予苏丹苏莱曼一世以救世主的形象。16 世纪最著名的画家是萨赫库里（Şahkuli，卒于 1555 年），长于水墨画，画作取材于包括莲花和棕榈树在内的植物和多种动物，艺术创作具有东方绘画的浓厚色彩。卡拉·梅米（Kara Memi，卒于 1570 年）的画作长于郁金香、康乃馨、玫瑰和石榴花的自然主义描绘，层次饱满，色彩艳丽。阿塞拜疆诗人阿里伊（Arii，生卒年不详）的长篇史诗，效法波斯诗人菲尔多西的长诗，颂扬奥斯曼帝国的辉煌历程，内有多幅插图，展示伊斯坦布尔的奥斯曼帝国宫廷文化，富丽堂皇，既有宫廷宴会和皇室娱乐的场景描绘，亦有围猎和征战的宏大画面，首开奥斯曼帝国叙事绘画的先河。相比之下，海伊达尔·雷斯（Haydar Reis，生卒年不详）长于创作苏丹肖像画，其创作的苏莱曼一世与塞里姆二世父子相伴的肖像画，画法细腻，颇具人物性格特征，迥异于长篇史诗插图的艺术风格。16 世纪后期，历史叙事绘画备受奥斯曼帝国统治者青睐，相关画作大都采用波斯技法，从先知时代的生活场景到历代哈里发和奥斯曼帝国苏丹的肖像成为历史叙事绘画的首选题材。奥斯曼帝国的史籍插图，多为苏丹登基大典以及围猎和征战的画面，苏丹在画面中占据的空间和位置显示出至高无上的权力和威严。史籍插图中的苏丹肖像，画法细腻，面部特征栩栩如生。

奥斯曼瓷器上的植物图案 1

奥斯曼瓷器上的植物图案 2

奥斯曼水墨画

画家笔下的苏莱曼一世

开罗尼罗河两岸的咖啡屋

奥斯曼风格肖像画

18世纪描绘女性乐手演奏的奥斯曼细密画

市井生活亦是奥斯曼帝国众多画师的创作源泉，形形色色的城市居民和琳琅满目的巴扎店铺成为画师创作的常见素材，伊斯坦布尔的赛马活动和闻名遐迩的土耳其浴屡屡出现于画作之中。奥斯曼帝国鼎盛时期，宗教故事成为插图创作的重要题材，描绘先知时代的生活场景，凸显先知及其后裔的神圣性，亦有相当数量的插图将奥斯曼帝国的历史与世界末日的征兆予以神秘主义的想象，描绘世界末日的恐怖画面。苏菲派长期植根于奥斯曼帝国的沃土，画师笔下常见历代苏菲圣徒和圣迹以及苏菲派舞蹈的精美画面，构成宗教绘画的重要元素。

艾哈迈德·纳克斯(Ahmed Naks，生卒年不详)是奥斯曼帝国历史上最负盛名的画师，不仅擅长东方传统绘画技法，而且吸收西方绘画元素，多幅画作取材于苏丹的征战，场面宏大，人物特征鲜明，色彩饱满，层次丰富，至今保存完好。勒夫尼(Levni，生卒年不详)亦是奥斯曼帝国历史上的著名画师，精于人物肖像画，其画笔之下的人物不仅取材于伊斯坦布尔的皇室成员，更取材于形形色色直至充满异域情调的民间艺人，注重展示人物服饰的内涵特征。阿卜杜拉·布哈尔(Abdullah Buhar，生卒年不详）擅长刻画女性肖像和女性生活场景，在奥斯曼帝国画坛可谓独树一帜。法国画家让-巴蒂斯特·范·穆尔（1671—1737）曾经长期旅居伊斯坦布尔，其多幅画作表现出浓郁的异域视角，别具特色。

博斯普鲁斯海边的舞会

伊斯坦布尔的贵妇

目前所知奥斯曼音乐的源头，可以追溯到16世纪上半叶的伊斯坦布尔。随着奥斯曼帝国在东方的征战，来自大不里士和巴格达的乐师给伊斯坦布尔注入了波斯和阿拉伯的音乐元素，进而形成了异彩纷呈的奥斯曼音乐。与此同时，土耳其语取代波斯语和阿拉伯语成为演唱歌曲的首选语言。伊斯坦布尔的宫廷音乐学校毗邻托普卡帕宫，教学内容涉及乐理、乐器演奏和歌曲演唱技法，采用口传心记的教学方式，16世纪中叶的土耳其作家曾经详细而生动地记述了宫廷音乐学校的教学实践和日常生活。

16世纪后期，融入东方元素的奥斯曼音乐以伊斯坦布尔作为圆心，逐渐延伸到埃迪尔内、布尔萨、伊兹密尔、塞萨罗尼基、乌尔法和迪亚巴克尔诸多地区。与此同时，奥斯曼音乐逐渐走出宫廷，进而植根于民间的沃土。18世纪的奥斯曼传记作家伊萨德·艾芬迪(Esad Efendi,卒于1753年)曾经提及遍布多地的乐师超过百人,分别具有世俗界和宗教界的不同身世背景,来自不同的社会阶层,奥斯曼音乐在民间的广泛传播由此可见一斑。

德米特里·坎特米尔画像,1716年绘制

旅行家埃弗利亚·切勒比曾经提及超过70种奥斯曼乐器,然而笛、箫、琵琶、扬琴和六弦琴构成最基本的奥斯曼乐器。古典时代的奥斯曼音乐多为艺人之间的口耳相传,鲜有文字记述的乐符和乐谱。17世纪和18世纪的许多欧洲旅行者曾经对此深感震惊,亦对奥斯曼乐师的博闻强记钦佩至极。目前所知最早的奥斯曼乐符,分别出自阿里·乌弗基·艾芬迪(Ali Ufki Efendi, 1610—1675)和德米特里·坎特米尔(Demetrius Cantemir, 1673—1723)的笔下。阿里·乌弗基·艾芬迪和德米特里·坎特米尔作为伊斯坦布尔的宫廷乐师,皆具有欧洲基督教的身世背景,其中,阿里·乌弗基·艾芬迪祖居波兰,时人称之为波波夫斯基,德米特里·坎特米尔系摩尔达维亚王子。直到进入19世纪,随着印刷技术的传播,书面形式的奥斯曼乐符和乐谱得以浮出水面,进而在奥斯曼帝国乐界广泛传播。

宫廷音乐在奥斯曼帝国乐界可谓典范和极品之作。相比之下,苏菲教团的宗教礼仪富含舞蹈和音乐元素,由此形成的苏菲音乐在奥斯曼帝国民间层面喜闻乐见,具有广泛的社会影响力。反复赞念安拉的宗教仪式名为齐克尔,是苏菲教团宗教礼仪的首要环节,而赞念安拉的词语常伴以特定的舞姿和乐式,表达虔敬之心,舞姿与乐式相得益彰。阿齐兹·马哈茂德·侯戴伊(Aziz Mahmud Hudai,卒于1628年)和穆罕默德·艾芬迪(Mefmed Efendi,卒于1693年)是著名的苏菲音乐作曲家,苏特库扎迪·伊萨(Sutcuzade Isa,卒于1627年)则是苏菲乐坛的著名歌手,皆活跃于17世纪的伊斯坦布尔。伊特里(Itri, 1640—1712)创作的苏菲音乐,在奥斯曼帝国的苏菲教团广为流

为狩猎助兴的乐师

奥斯曼军乐队

传，几乎成为苏菲道堂举行宗教礼仪的必备曲目。伊斯梅尔·德德·艾芬迪(Ismail Dede Efendi, 1778—1846年生卒)，出生于伊斯坦布尔，具有麦乌拉维教团的苏菲背景，是奥斯曼帝国后期最负盛名的作曲家。

奥斯曼传统音乐主要采用室内乐的表演形式，表演者通常包括一至两名歌手和若干名乐手，突出表演者个人的精湛艺术和即兴发挥，展示轻松的娱乐氛围，尚无多声部的合唱团抑或交响乐团的演奏概念，更无特定的表演舞台，观众亦为数有限。表演过程中，围观的听众与即兴发挥的歌手以及乐手之间常有互动交流，直至参与音乐表演。进入19世纪，或许受到西方音乐的影响，开始出现规模较大的音乐表演团体。苏丹塞里姆三世和马哈茂德二世钟爱西方音乐，马哈茂德二世的宫廷乐团包括12名歌手和乐手，规模之大可谓奥斯曼帝国史上空前。奥斯曼帝国的军乐名为梅赫特尔(Mehter)军乐，堪称奥斯曼帝国军威的象征，在国际乐坛久负盛名，尤其对欧洲近代音乐具有深远的影响。德国作曲家海顿创作的交响乐《军队进行曲》和奥地利作曲家莫扎特创作的交响乐《土耳其进行曲》，皆取材于奥斯曼帝国的军乐元素，体现出浓郁的奥斯曼帝国军乐风格。

1917年奥斯曼帝国迎宾军乐队

五、建　筑

奥斯曼帝国早期，安纳托利亚中东部地区的建筑表现出浓郁的塞尔柱风格，西部地区的建筑则延续着拜占庭帝国的艺术传统。星罗棋布的城市构成安纳托利亚建筑文化的重要载体，开塞利、锡瓦斯、埃尔祖鲁姆、布尔萨则是奥斯曼帝国早期的核心城市。奥斯曼帝国早期的都城布尔萨，原本是希腊人居住的城市，城市建筑具有浓厚的拜占庭风格。乌尔汗征服布尔萨以后，土耳其人移居城内，城市建筑风格随之逐渐融入突厥塞尔柱文化的元素。乌尔汗曾经在布尔萨城内建造12座清真寺，乌尔汗之父奥斯曼的陵墓亦于此间迁入布尔萨城内。穆拉德二世在位期间，布尔萨的城区面积明显扩大，商贾云集，店铺鳞次栉比。穆拉德二世清真寺建成于1426年，成为布尔萨的地标性建筑。

奥斯曼帝国的建筑，可以划分为世俗建筑和宗教建筑两大类型。早期奥斯曼帝国的世俗建筑，大都毁损殆尽而不复存在。宫殿无疑是世俗建筑的极品和典范，多处宫殿遗址在安纳托利亚高原至今可见。在早期奥斯曼帝国，最具代表性的世俗建筑是位于安纳托利亚中部达姆萨库尤(Damsa Koyu)附近的塔斯金帕夏宫殿(Taskin Pasa Saray)，建于14世纪上半叶。从遗址可见，塔斯金帕夏宫殿延续塞尔柱时代的建筑风格，宫殿四周环绕着长方形的巨大庭院，庭院南侧的入口是塞尔柱风格的石门，石门之上刻有精美的浮雕。

达姆萨库尤附近的塔斯金帕夏宫殿遗址

位于伊斯坦布尔的托普卡帕宫(Topkapi Palace)，无疑是奥斯曼帝国最负盛名的宫殿，亦是奥斯曼帝国标志性的世俗建筑。托普卡帕宫始建于1474年，系苏丹穆罕默德二世下令修建，位于博斯普鲁斯海峡的欧洲一侧，坐落在“金角湾”南岸名为“皇宫岬”的山顶。托普卡帕宫因建于拜占庭时代托普卡帕城堡遗址而得名，1477年建成后成为奥斯曼帝国苏丹的后宫兼政府所在地，曾经有25位苏丹生活于此，直到1856年被多尔马巴赫切宫取而代之。托普卡帕宫建筑群和庭院面

托普卡帕宫崇敬门，第二庭院的入口

积约70万平方米，宫墙长约5 000米并建有多处塔楼。托普卡帕宫有7座大门，其中4座宫门朝向陆地，3座宫门朝向大海。托普卡帕宫的正门呈双塔风格，面对阿亚索菲亚清真寺和苏丹艾哈迈德一世清真寺所在广场。托普卡帕宫的正门内侧300米处有一道中门，为皇宫的入口处。中门内为御花园，御花园右侧为厨房和粮库，左侧经过"白人宦官门"通往苏丹和嫔妃的内宫，位于御花园深处的"库贝阿尔特"殿是苏丹召集大臣议事之地，内饰豪华，镶嵌精美绝伦，珠光宝气，富丽堂皇。苏丹苏莱曼一世和穆拉德三世在位期间，大规模改建托普卡帕宫的内宫。托普卡帕宫的设计理念和建筑功能，充分体现出奥斯曼帝国苏丹的绝对权威，堪称奥斯曼帝国政治文化的缩影。

穆罕默德二世之后的历代苏丹，大都钟情于在托普卡帕宫内增设新的建筑，用以彰显其作为托普卡帕宫新主人的统治地位。穆拉德四世在位期间，在托普卡帕宫内建造两处凉亭样式的楼阁，分别纪念1636年征服亚美尼亚之埃里温和1839年征服伊拉克之巴格达，两处凉亭的布局均呈十字形，上方为穹顶，穹顶边缘环绕着宽大的屋檐，墙壁镶嵌雕刻精美的瓷砖和大理石，凉亭四周的窗口镶嵌着彩色玻璃，可俯瞰博斯普鲁斯海峡和金角湾的美景。1641年，苏丹伊卜拉欣一世在托普卡帕宫内建造名为伊弗塔里耶(Iftariye)的凉亭，凉亭周围新建喷泉和大理石露台。穆罕默德四世在位期间，首席建筑师卡拉·穆斯塔法·阿加(Kara Mustafa Aga)主持修缮托普卡帕宫，融入17世纪的艺术风格，宫内双子亭的大理石上镶嵌着《古兰经》经文和赞美穆罕默德四世字样的镀金铭文。艾哈迈德三世在位期间，引入西欧文艺复兴时期的欧式元素和艺术风格，后世称作郁金香时代的欧式文化在托普卡帕宫初露端倪。

多尔马巴赫切宫

1723年建成的萨达巴特宫，毗邻博斯普鲁斯海峡，地处金角湾西端，参照法国庭院设计方案；

相比于托普卡帕宫，萨达巴特宫的建筑风格更具欧式色彩。多尔马巴赫切宫(Dolmabahce Palace)亦位于博斯普鲁斯海峡的欧洲一侧海岸，沿海滩绵延约600米，占地7 000公顷，包括近300间住房、40余处厅堂和70余处浴室。多尔马巴赫切意为“填海建造的花园”，多尔马巴赫切宫始建于1843年苏丹阿卜杜勒·迈吉德一世在位期间，设计者是亚美尼亚建筑师尼克格斯·巴尔提，装饰者是巴黎歌剧院的设计师塞尚。1856年建成后，苏丹阿卜杜勒·迈吉德一世自托普卡帕宫迁入多尔马巴赫切宫居住，多尔马巴赫切宫遂成为奥斯曼帝国晚期苏丹的后宫，时人称之为新皇宫，以区别于老皇宫托普卡帕宫。多尔马巴赫切宫的建造正值欧化之风盛行的坦泽马特时代，多尔马巴赫切宫的建筑风格具有鲜明的时代特征，奥斯曼建筑和欧洲建筑的艺术元素高度融合。多尔马巴赫切宫在土耳其共和国建立之后曾经作为凯末尔的总统官邸，凯末尔死后改为博物馆。同样建于19世纪的贝勒贝伊宫(Beylerbeyi Palace)位于博斯普鲁斯海峡亚洲一侧的岸边，宫中布满玉兰花，是帝国晚期苏丹的避暑胜地以及外国贵宾的下榻处。

贝勒贝伊宫

宗教建筑是奥斯曼帝国建筑艺术的典型佳作，清真寺遍布奥斯曼帝国境内的各个角落，堪称奥斯曼帝国的标志性建筑。以高耸的穹顶覆盖尽可能大的地面空间，是奥斯曼帝国清真寺建筑的明显特征。清真寺在阿拉伯语中称作麦斯只德，意为“穆斯林礼拜的场所”，殿堂和浴室是清真寺的基本要素。敏白尔(minbar)是阿拉伯语中“讲台”一词的音译，即清真寺殿堂前部的宣讲台，系伊玛目在聚礼是念诵宣教词即呼图白的专用设施，亦称呼图白楼。清真寺殿内正墙设有凹壁，阿拉伯语中称作米哈拉卜(mihrab)，用来指示礼拜的朝向。清真寺殿堂外设有宣礼塔，阿拉伯语中称作米宰纳(midhanah)。

奥斯曼帝国早期的宗教建筑表现出明显的多样性，建筑风格迥然各异。

伊兹尼克清真寺始建于1331年，布尔萨清真寺始建于1339年，是为奥斯曼人在城市建造的最初两座清真寺，具有明显的拜占庭建筑风格。相比之下，更为常见的宗教建筑是单穹顶清真寺，宣礼塔或与礼拜大殿相连，或呈独立式结构，占地面积较小，通常延续塞尔柱的传统，风格简朴。单穹顶清真寺的典范是位于巴拉特(Balat，米利都旧址)的伊亚斯清真寺(Iyas Bey Camii)，始建于1404年，呈正方形结构，主体采用石块作为主要的建筑材料，以彩色大理石作为内饰材料，圆顶直径约14米，大理石浮雕的图案包括几何图形、经文和植物花纹，雕刻工艺精致优雅。位于比莱吉克(Bilecik)的乌尔汗清真寺(Orhan Gazi Camii)亦始建于14世纪初，在正方形的礼拜堂内，4根石柱支撑起直径9.5米的穹顶。相比于单穹顶清真寺，规模较大的清真寺往往以多穹顶作为外在特征，多穹顶之下的礼拜大殿呈长方形，包括多个入口。位于阿亚索鲁克(Ayasoluk)的伊萨·贝伊清真寺(Isa Bey Camii)，始建于1375年，采用石材作为主要建筑材料，包括礼拜大殿和庭院两个部分，庭院周围环绕柱廊。位于布尔萨的乌鲁清真寺(Ulu Cami)，始建于1399年，礼拜大殿为68米×56米的长方形建筑，同样采用石材建成，2座宣礼塔伫立于礼拜大殿的侧面，延续塞尔柱的建筑风格。位于马尼萨的

位于巴拉特的伊亚斯清真寺

位于布尔萨的乌鲁清真寺内景

乌鲁清真寺(Ulu Cami),始建于1376年,由礼拜大殿和门廊式喷泉庭院组成,占地面积均为480平方米(约16米×30米),穹顶由礼拜大殿内8根石柱支撑。位于埃迪尔内的乌斯·赛莱菲里清真寺(Uc Serefeli Cami),始建于1437年苏丹穆拉德二世在位期间,整体布局呈边长约65米的正方形结构,

位于马尼萨的乌鲁清真寺内景

位于埃迪尔内的乌斯·赛莱菲里清真寺

阿尤布清真寺

包括礼拜大殿和喷泉庭院，另有4座高约67米的宣礼塔。阿布·阿尤布清真寺（Abu Ayyup Mosque）始建于1459年苏丹穆罕默德二世在位期间，位于阿布·阿尤布·安萨里的陵墓附近，是奥斯曼人征服伊斯坦布尔后最早建造的清真寺。阿布·阿尤布·安萨里是先知穆罕默德的好友，于678年阿拉伯人第一次进攻君士坦丁堡时战死于城下。阿布·阿尤布清真寺建成之后，奥斯曼帝国苏丹均在此地举行登基仪式，佩以象征权力和威严的奥斯曼之剑，以此表明誓将针对西方基督教世界的战事进行到底。苏丹塞里姆三世在位期间，于1798—1800年重建阿布·阿尤布清真寺，至今保存完好。

爱亚索菲亚清真寺内景

位于伊斯坦布尔的爱亚索菲亚清真寺（Ayasofya Mosque），前身是君士坦丁堡的圣索菲亚大教堂（Hagia Sophia），本是拜占庭帝国皇帝查士丁尼（527—565年在位）下令修造的希腊正教大教堂，也是拜占庭皇帝举行加冕仪式的神圣场所。圣索菲亚大教堂曾是淡黄色的石砌立方体，覆盖以直径33米、高55米的穹顶，由4根高24.3米的柱子支撑，穹顶之上有40扇窗子，

伊斯坦布尔爱亚索菲亚清真寺前的广场

殿内面积 7 570 平方米，内壁用大理石、云斑石、花岗石和宝石及黄金镶嵌而成，并饰以壁画，富丽堂皇。据《伊本・白图泰游记》记载，圣索菲亚大教堂四周高墙环绕，宛若一处巨大的城堡，大理石镶嵌地面，有门 13 座，有水渠穿过教堂的庭院，水渠两侧有精工细雕的大理石矮墙，矮墙外侧是整齐排列的树木，神职人员多达数千人，主礼拜堂之外设有专供女性祈祷的礼拜堂。1453 年奥斯曼帝国苏丹穆罕默德二世攻陷君士坦丁堡后，下令将圣索菲亚大教堂改为清真寺，撤掉教堂的十字架，将殿内原有的壁画及圣像彩绘涂抹遮盖，在东南面半圆形后殿中间修造朝向麦加的凹壁米哈拉布，凹壁右边增设宣教讲坛敏白尔，讲坛对面设置有专供苏丹祈祷的配间麦格苏赖，四周建有 4 座宣礼尖塔。穆拉德四世在位期间，在礼拜大殿内壁和圆柱上用绿底金字书写着阿拉伯文的安拉的尊名以及先知穆罕默德和四大正统哈里发的名字，塞里姆二世在位期间，在礼拜大殿的拱顶之上用青铜建造一个直径约 30 米的新月。苏丹塞里姆二世、穆拉德三世和穆罕默德三世的陵墓，亦位于爱亚索菲亚清真寺院内。苏丹马哈茂德一世在位期间，在爱亚索菲亚清真寺增设宗教学校、图书馆和大型喷泉。1935 年，土耳其共和国总统凯末尔下令将爱亚索菲亚清真寺改成军事博物馆，更名为爱亚索菲亚博物馆。

苏丹穆罕默德二世于 1463 年下令在伊斯坦布尔建造新的清真寺，历时 7 年，1469 年建成，是为穆罕默德二世清真寺。穆罕默德二世清真寺由希腊建筑师克里斯托都洛斯主持设计，以圣索菲亚大教堂作为设计蓝本，融入伊斯兰教的艺术元素，礼拜大殿之上覆盖巨型穹顶，由四个圆柱支撑，礼拜大殿的两侧建有两座宣礼塔，礼拜大殿正门内的大理石板上用金字刻写着相传先知穆罕默德的预言："他们定会征服君士坦丁堡！祝完成这项事业的君王和

穆罕默德二世清真寺

位于埃迪尔内的巴叶济德二世清真寺

军队幸福!”伊斯坦布尔的另一著名宗教建筑是巴叶济德二世清真寺,始建于1497年,至1503年建成,礼拜大殿上方呈现双穹顶的建筑造型,礼拜大殿的前庭呈现八角形结构,苍翠高大的柏树环绕四周,庭院外围有四扇大门,造型具有明显的波斯艺术风格。伊斯坦布尔的苏莱曼一世清真寺建于1550—1557年,位于托普卡帕宫北侧,由奥斯曼帝国最负盛名的建筑师锡南主持建造,礼拜大殿由前厅、正厅、侧厅组成,礼拜大殿上方覆盖着直径31米的穹顶,由4根石柱支撑,前方的凹壁用波斯式彩釉瓷砖装饰,四周墙壁环绕九扇色彩艳丽的彩窗,院内有4座宣礼塔,被誉为奥斯曼帝国建筑史上“最富丽堂皇的纪念碑”。伊斯坦布尔的塞里姆二世清真寺建于1569—1575年,亦由锡南主持建造,前方的凹壁侧面是用陶瓷材料制作的护墙,讲坛用马尔马拉大理石精雕细刻,礼拜大殿上方的穹顶由8个台墩支撑,堪称奥斯曼帝国建筑史上的穹顶之最。

苏莱曼一世清真寺 1

苏莱曼一世清真寺内景

19 世纪末的苏莱曼一世清真寺

苏莱曼一世清真寺 2

苏丹艾哈迈德一世清真寺始建于 1610 年,由著名建筑师锡南的弟子塞蒂夫卡尔·穆罕默德·阿迦(Sedefkar Mehmed Aga)主持建造,毗邻爱亚索菲亚清真寺,兼有拜占庭建筑艺术和伊斯兰建筑艺术的双重元素,体现拜占庭建筑艺术与奥斯曼建筑艺术的完美结合。礼拜大殿面积长 72 米,宽 64 米,穹顶外侧高 43 米,穹顶中央直径 23.5 米,可容纳 3 500 人同时礼拜。礼拜大殿顶部中央为一超大穹顶,四周建有 4 个小穹顶,整个穹顶由 4 根巨型石柱支撑。礼拜大殿地面饰以大理石,铺满紫红色的土耳其地毯,门窗镶嵌彩色玻璃,富丽堂皇。由于礼拜大殿内侧四壁镶嵌着 2 万余块蓝色瓷砖拼成的几何图案,因而亦称"蓝色清真寺"。艾哈迈德一世清真寺是世界上唯一拥有 6 座宣礼塔的清真寺,其中 4 座建在大殿四周,与殿顶 4 小穹顶相对应,其他 2 座建在大殿左侧,气势非凡。相传,麦加克尔白清真寺原有 6 座宣礼塔,艾哈迈德一世清真寺建造 6 座宣礼塔曾经被时人指责有亵渎圣地之嫌,于是苏丹艾哈迈德一世下令在麦加克尔白清真寺建造第 7 座宣礼塔,以示对圣

建筑师锡南

地的尊敬。1617年,艾哈迈德一世清真寺建成。苏丹艾哈迈德一世死于同年,其陵墓即位于该清真寺内。

努鲁奥斯玛尼耶清真寺始建于1748年苏丹马哈茂德一世在位期间,至1755年即苏丹奥斯曼三世时期即位次年建成,由希腊建筑师西蒙·卡尔发(Simeon Kalfa)建造,深受欧洲建筑艺术的影响,呈现东西合璧的建筑风格。苏丹穆斯塔法三世在位期间,伊斯坦布尔相继建成阿亚兹玛(Ayazma)清真寺、拉来里(Laleli)清真寺和征服者清真寺,建筑师均为穆罕默德·塔希尔·阿加(Mehmed Tahir Aga),延续奥斯曼之光清真寺的设计风格,同时融入巴洛克艺术元素,造型细腻。

努鲁奥斯玛尼耶清真寺

努鲁奥斯玛尼耶清真寺入口

清真寺通常附设宗教学校。奥斯曼帝国早期的宗教学校,大都延续塞尔柱传统的建筑风格,采用砖石混合的建筑材料,整体布局呈开放式结构,住宿区和教学区环绕于庭院周围。位于卡拉曼的哈图尼亚宗教学校(Hatuniye Medrese)始建于1381年,可谓开放式宗教学校的典范之作。亦有少量的宗教学校,整体布局呈封闭式结构,具有异族风格。位于屈塔希亚的瓦西迪耶宗教学校(Vacidiye Medresesi)始建于1314年,可谓封闭式宗教学校的典范之作。

位于卡拉曼的哈图尼亚宗教学校

位于屈塔希亚的瓦西迪耶宗教学校

陵墓亦是奥斯曼帝国建筑艺术的重要载体。早期奥斯曼时代的陵墓建筑，突厥语中称作拱北(turbe kunbed)，意为“塔形的陵墓”，延续塞尔柱时代的陵墓风格，兼有波斯陵墓建筑的浓厚色彩。无论皇室陵墓抑或圣徒陵墓，大都呈现为多边形基座和穹顶尖塔，高大对称，庄严肃穆。陵墓基座以八角

位于卡拉曼的陵墓遗址

形居多，亦有少量陵墓基座为五边形、六边形或十二边形。陵墓内庭地面摆放象征性的石棺，内墙有类似于米哈拉卜的凹壁，外有圆顶门廊，遗体置于内庭地表之下的地下墓室。位于卡拉曼的陵墓遗址可见，陵墓基座为八角形，基座之上是塔型结构，穹顶覆盖于陵墓上方，陵墓四壁刻有几何形状和植物花纹的浮雕，从铭文可知，陵墓建于1313年，陵墓主人系塞尔柱苏丹阿勒普·阿尔斯兰后裔女性，葬于1332年。奥斯曼和乌尔汗以及穆拉德二世的陵墓位于布尔萨，是奥斯曼帝国陵墓建筑的典范。苏丹穆罕默德一世的陵墓，建筑规模、奢华程度和艺术水准堪称早期奥斯曼时代之最，具有波斯和撒马尔罕的浓郁风格。苏丹穆拉德二世的陵墓始建于1451年，内有地下墓室、彩绘门廊、彩陶镶嵌的四壁和纪念塔，穆拉德二世的诸子陵墓环绕于周围。

位于布尔萨的叶斯尔拱北

早期奥斯曼时代延续塞尔柱时代的传统，以岩石作为首选的建材，主体通常采用石材建成，穹顶和尖塔采用砖块作为建材，整体完全以砖块砌成的建筑物并不多见。相比之下，在安纳托利亚西部，延续拜占庭帝国的传统，通常采用砖石混合作为首选建材，基座和立柱采用石材，彩绘瓷砖作为内饰材料，门窗则采用精美雕刻的木材，作为内饰的石膏绘画多为几何条纹和植物蔓藤花纹。彩陶和釉面陶器的制作技术大约在14世纪引入安纳托利亚，陶器上覆盖着透明的绿松石或褐色釉。安纳托利亚多地制作釉面陶器，通常以其产地命名。15世纪以后，开始采用新的技术制作釉面陶器，名为米利都陶器(Miletus ware)，呈现红色、浅黄色、紫色和黑色的植物图案和几何图案，色彩丰富，异彩纷呈。米利都陶器主要产于伊兹尼克，是安纳托利亚和巴尔干半岛广泛应用的建筑装饰材料，包含叙利亚陶器和中国青花瓷以及拜占庭陶器的艺术元素，风格质朴。早期奥斯曼帝国采用彩陶和釉面陶器装饰的建筑典范是前述的苏丹穆罕默德一世清真寺，来自伊朗和中亚的工匠参与建造穆罕默德一世清真寺，这些工匠被时人称作“大不里士大师”。木器用于建筑物的门窗和内饰，图案精美的木刻是建筑物的重要装饰方式。用于装饰建筑物的木制品，多为质地坚硬的木材，主要是胡桃木、梨木、乌木和红木，木器之上通常刻有制作者的名称，制作技术的传承亦由此可见一斑。

纵观人类历史，战争无疑是交往的催化剂。伴随着奥斯曼帝国长期的征战和疆域的扩张，形成了广泛的文化交往，进而导致东西方不同艺术风格的融合。奥斯曼帝国定都伊斯坦布尔后，来自大不里士、大马士革和开罗的建筑师登台献艺，土库曼、波斯、亚美尼亚和马穆鲁克的建筑风格日渐凸显，来自东方的马赛克镶嵌和彩陶瓷砖成为美化建筑的重要手段。15世纪末16世纪初，奥斯曼帝国的建筑风格逐渐融入罗马-地中海的诸多元素，西化色彩的视觉艺术随之渐露端倪，与东方传统的建筑文化形成强烈的共鸣。早期奥斯曼帝国的建筑师主要来自穆斯林，非穆斯林建筑师少之又少。伴随着与基督教世界的广泛交往，来自欧洲的非穆斯林建筑师逐渐活跃于奥斯曼帝国的历史舞台，成为奥斯曼帝国建筑的重要参与者。希腊建筑师西蒙·卡尔法曾经参与设计奥斯曼之光清真寺和拉来里清真寺，希腊尼古拉斯·科姆诺诺斯(Nicolaos Komnenos)在耶路撒冷和伊斯坦布尔主持设计多处教堂，位于阿索斯山上的基督教修道院则明显吸收了清真寺的装饰风格。奥斯曼帝国后期，所谓的“奥斯曼巴洛克”建筑风格风行一时，折射出奥斯曼帝国的西化历史进程。

作者点评

14世纪初安纳托利亚塞尔柱王朝消失和1453年奥斯曼人征服君士坦

丁堡之间的一个半世纪，是土耳其文化风格经历重大转变的时期。一方面，伊斯兰传统和塞尔柱文化风格延续于安纳托利亚中部和东部，另一方面，基督教传统和晚期拜占庭风格延续于小亚细亚西部。与此同时，马穆鲁克埃及、中亚和伊朗的诸多元素汇入安纳托利亚的文化长河，异彩纷呈，支离破碎的政治格局导致多元性和异质化的文化风格。君士坦丁堡的征服，标志着奥斯曼帝国步入古典时代的鼎盛阶段，异质的文化元素随之逐渐趋同，文化风格呈现海纳百川的繁荣景象。奥斯曼帝国晚期，西方的冲击加速着社会的转型和现代化的进程，西方现代的文化元素挑战着东方传统的文化根基，奥斯曼帝国文坛随之浮现出崭新的风貌。

第十一章

土耳其共和国的诞生

一、从伊斯坦布尔到安卡拉

青年土耳其党革命包含民族主义和民主主义的双重倾向，恢复宪政制度和抵御西方列强构成青年土耳其党革命的基本目标。“统一与进步委员会领导的青年土耳其党革命，通常被视作土耳其的雅各宾派革命”。[1]青年土耳其党的政治实践不仅体现奥斯曼帝国行将就木之际新旧秩序的激烈对抗，而且与土耳其共和国的建立之间具有内在的逻辑联系。青年土耳其党建立的军事独裁不可与阿卜杜勒·哈米德二世的君主专制同日而语，所谓“统一与进步协会以反对哈米德二世的专制统治开始，又以建立自己的独裁统治而告结束”亦非历史的讽刺。[2]青年土耳其党执政期间，奥斯曼帝国的传统政治秩序遭受重创，苏丹制度和哈里发制度名存实亡。正是在青年土耳其党执政期间剧烈动荡的政治环境之中，奥斯曼帝国让位于土耳其共和国。青年土耳其党的政治实践，构成从奥斯曼帝国向土耳其共和国过渡的中间环节。

第一次世界大战结束后，奥斯曼帝国的大部分疆域处于同盟国军队的占领之下，伊斯坦布尔的苏丹俨然成为同盟国占领军的傀儡。《摩德洛斯和约》墨迹未干，英国出兵占领伊拉克北部的摩苏尔产油区和格鲁吉亚的巴统(Batumi)产油区，法军在地中海东岸登陆，占领包括梅尔辛(Mersin)和阿达纳在内的整个西里西亚，安纳托利亚的西南部则成为意大利觊觎的目标。在

---

① Balkan, N., *The Politics of Permanent Crisis: Class, Ideology and State in Turkey*, New York 2002, p.5.

② 彭树智主编:《中东史》,高等教育出版社 2001 年版,第 31 页。

安纳托利亚的东部，亚美尼亚人和库尔德人的分离运动呈现明显加剧的趋势。1919 年 2 月协约国联军以战胜者的身份进入伊斯坦布尔的场景，与 1453 年苏丹穆罕默德二世攻陷君士坦丁堡后作为征服者的入城场景，形成鲜明的历史反差。

此间，青年土耳其党执政期间遭到取缔的诸多政党和政治组织死灰复燃，重新登上伊斯坦布尔的政治舞台。在色雷斯和安纳托利亚腹地，出现了形形色色的穆斯林自发武装组织，以"保卫权益"作为的共同口号，统称安纳托利亚和鲁美利亚保卫权益协会。阻止宿敌希腊人和亚美尼亚人利用同盟国军队占领之机统治安纳托利亚，是安纳托利亚和鲁美利亚保卫权益协会的政治目标。被遣返回乡的奥斯曼帝国军官、地主、商人、宗教学者和各级官吏，成为安纳托利亚和鲁梅利亚保卫权益协会的中坚力量。埃尔祖鲁姆、特拉布宗、伊兹密尔和东色雷斯，则是安纳托利亚和鲁美利亚保卫权益协会的四大活动据点。

1918—1923 年是土耳其历史上的英雄时代，也是土耳其人争取民族独立的抗争时代。土耳其人的家园面临被肢解的危急局面，土耳其人与西方列强之间的民族矛盾异常尖锐。深刻的民族矛盾导致土耳其民族主义运动的高涨，安纳托利亚高原成为土耳其国家重建和民族复兴的政治舞台。

如前所述，土耳其史包括奥斯曼土耳其时代和土耳其共和国时代。正如厄尔图格鲁尔之子奥斯曼一世开创奥斯曼帝国六百年基业，穆斯塔法·凯末尔无疑是土耳其共和国的缔造者，被后人誉为土耳其共和国之父，亦被视为土耳其共和国的历史丰碑。

土耳其共和国的缔造者穆斯塔法·凯末尔（Mustafa Kemal, 1881—1938）出生于马其顿省首府塞萨罗尼基。19 世纪末的塞萨罗尼基约有 10 万人口，其中大约二分之一是来自西班牙的犹太人移民，其次是操土耳其语的穆斯林，希腊人数量在塞萨罗尼基位居第三。塞萨罗尼基作为爱琴海沿岸的港口城市，是巴尔干半岛通往外界的重要门户，有铁路连接巴尔干半岛腹地，经济社会生活相对开放，西化氛围浓厚，西方文化元素随处可见。

穆斯塔法·凯末尔的生父阿里·里萨（Ali Reza）是奥斯曼帝国的一名下级官僚，兼有木材商和盐商的身份。穆斯塔法·凯末尔 7 岁丧父，由其母祖拜迪抚养。阿里·里萨生前，尚且温饱无忧。阿里·里萨死后，家境渐贫。穆斯塔法·凯末尔本名穆斯塔法·阿里·里萨，后因崇拜宪政时代的奥斯曼思想家和诗人纳米克·凯末尔，改名为穆斯塔法·凯末尔。

穆斯塔法·凯末尔于1895年进入玛纳斯特尔军官学校,1905年毕业于伊斯坦布尔军事学院,授上尉军衔,1907年晋升少校军衔,先后在叙利亚和马其顿的奥斯曼帝国军队服役。穆斯塔法·凯末尔自青年土耳其党革命时期开始涉足政治领域,1911年跟随青年土耳其党领导人恩维尔帕夏参加奥斯曼帝国抵御意大利军队入侵利比亚的战争,1912年出任奥斯曼帝国驻保加利亚使馆武官。第一次世界大战期间,穆斯塔法·凯末尔投身战场,出任师长和军团司令,晋升将军并获得帕夏的称号,先后在色雷斯、高加索南部和叙利亚战场服役。1915年加里波利和博斯普鲁斯海峡保卫战中,穆斯塔法·凯末尔表现出卓越的军事才能,在奥斯曼帝国军界赢得了极高的荣誉。由于不屑于服从德国军事顾问的指挥,穆斯塔法·凯末尔在加里波利和博斯普鲁斯海峡保卫战结束后一度被解除军职。其后,穆斯塔法·凯末尔先后被派往高加索战场和叙利亚战场。1918年8月,穆斯塔法·凯末尔成为奥斯曼帝国在叙利亚战场的最高指挥官。1919年3月即希腊军队入侵伊兹密尔的前夕,穆斯塔法·凯末尔受苏丹政府指派前往安纳托利亚中东部地区,负责履行停战协议的相关条款,解散奥斯曼帝国残余的军队和整肃秩序。然而,穆斯塔法·凯末尔并未执行苏丹政府解散军队的指令,而是致力于重整军队和保卫国土,随后投身于安纳托利亚的民族独立战争,成为土耳其人的民族英雄。

穆斯塔法·凯末尔

1919年5月,穆斯塔法·凯末尔在黑海南岸城市萨姆松召开安纳托利亚东部各省保卫主权大会,拒绝接受丧权辱国的《摩德洛斯和约》,谴责苏丹穆罕默德六世出卖国家利益,沦为协约国的傀儡,进而与西方列强支持的伊斯坦布尔苏丹政府分庭抗礼。同年7月,东安纳托利亚保卫权益协会在埃尔祖鲁姆召开大会,来自安纳托利亚东部各省的60名代表参加大会,穆斯塔法·凯末尔作为参会代表之一宣布辞去苏丹政府任命的军职,当选为大会主席。随后,穆斯塔法·凯末尔在大会上发出倡议,呼吁捍卫国家的领土完整和主权独立。9月,穆斯塔法·凯末尔在安纳托利亚中部城市锡瓦斯主持召开安纳托利亚与鲁梅利亚主权保卫大会,来自安纳托利亚各地的38名代表参加大会,穆斯塔法·凯末尔再度当选为大会主席。锡瓦斯大会宣布在安卡拉筹建新的民族政府,作为土耳其的唯一合法政府,取代伊斯坦布尔的奥斯曼帝国苏丹政府。

第一次世界大战结束后,青年土耳其党控制的议会于1918年底被解散。1919年12月,奥斯曼帝国苏丹穆罕默德六世任命阿里·里萨(Ali Reza)作为大维齐尔,组建新政府,与安纳托利亚与鲁梅利亚主权保卫大会的领导人进行对话。随后,奥斯曼帝国举行新一届的议会选举是奥斯曼帝国自1876年立宪以来的第六次议会选举,亦是奥斯曼帝国的最后一次选举。1920年1月,奥斯曼帝国议会举行第一次会议,在全部140个议会席位中,只有72名议员出席,且大都来自伊斯坦布尔,来自安纳托利亚其他地区的议员寥寥无几。穆斯塔法·凯末尔尽管当选为议员,却未前往伊斯坦布尔出席新的议会。新的议会通过关于土耳其地位的政治宣言《国民公约》,明确支持穆斯塔法·凯末尔在埃尔祖鲁姆和锡瓦斯发出的倡议,在奥斯曼穆斯林占据人口多数的地缘政治疆域内建立新的国家,史称"《国民公约》疆域",同时给予协约国占领下的阿拉伯诸省以及东北部三省卡尔斯、阿尔达汉、巴统和西色雷斯就各自的最终归属举行全民公决的权利。其后,协约国占领下的阿拉伯诸省根据1920年4月签署的《圣雷莫协议》由英法两国瓜分,卡尔斯(Kars)和阿尔达汉(Ardahan)两省并入土耳其。

艾哈迈德·特弗克帕夏

鉴于安纳托利亚各地捍卫主权和争取独立的民众反抗运动和新议会通过的《国民公约》,协约国于1920年3月宣布在伊斯坦布尔实行军事管制,大维齐尔阿里·里萨被迫辞职,达马德·弗里德帕夏(Damad Frid Pasha)出任大维齐尔。同年4月,协约国军队占领伊斯坦布尔,苏丹宣布解散帝国议会,帝国议会的议员纷纷从伊斯坦布尔逃往安卡拉,加入穆斯塔法·凯末尔主持召开的大国民议会。此后,安纳托利亚内陆城市安卡拉取代奥斯曼帝国的首都伊斯坦布尔,成为领导土耳其民族独立战争的大本营和政治中心。1920年10月,艾哈迈德·特弗克帕夏(Ahmed Tevfik Pasha)继任大维齐尔,成为奥斯曼帝国历史上最后的大维齐尔。

二、从《色佛尔条约》到《洛桑条约》

1920年4月,协约国作为第一次世界大战的战胜国一方,邀请奥斯曼帝国苏丹政府的代表出席巴黎和会。同年8月,协约国与奥斯曼帝国苏丹政府的代表在巴黎附近的色佛尔签署条约,是为《色佛尔条约》(*Sevres Treaty*)。《色佛尔条约》规定,奥斯曼帝国在欧洲的大部领土主要由意大利和希腊瓜分,博斯普鲁斯海峡、达达尼尔海峡和马尔马拉海地区由协约国共管,奥斯曼帝国放弃对于西亚和北非阿拉伯地区、亚美尼亚、塞浦路斯以及爱琴海诸岛屿的主权,废除征兵制,兵员总数不得超过45 000人且不得拥有海空军,财政和关税接受协约国财政委员会的监督,财政岁入须优先支付战争赔款。根据《色佛尔条约》,安纳托利亚东部的亚美尼亚正式脱离奥斯曼帝国,库尔德人获得广泛的自治,爱琴海诸岛屿和东色雷斯直至伊斯坦布尔城郊并入希腊版图,伊兹密尔及其周边区域由希腊政府监管并在5年后通过全民公决的方式决定其最终的归属。《色佛尔条约》的签署标志着土耳其人濒临亡国的边缘,《色佛尔条约》签署之日即1920年8月10日,后来被土耳其共和国定为国耻日。伊斯坦布尔的苏丹政府批准《色佛尔条约》,穆斯塔法·凯末尔领导的安卡拉政府则拒绝承认《色佛尔条约》,进而拒绝承认伊斯坦布尔苏丹政府的合法地位,安卡拉政府与伊斯坦布尔政府由此公开决裂。由于安卡拉政府的坚决抵制,《色佛尔条约》未能付诸实施。

第一次大战结束后,土耳其面临的最大威胁来自希腊的疆域扩张。希腊趁奥斯曼帝国战败之机,首先兼并了色雷斯西部和马其顿的部分地区。1919年5月,希腊军队乘坐英法军舰在安纳托利亚西部爱琴海沿岸的港口城市伊兹密尔登陆。1920年6月,希腊军队从伊兹密尔出发,向安纳托利亚高原腹地挺进,试图占领安纳托利亚高原西部,建立环爱琴海的希腊东正教帝国。与此同时,希腊军队在色雷斯发起攻势,占领埃迪尔内。1921年7月,希腊军队占领屈塔希亚,攻入安卡拉以西50公里的萨卡利亚河流域。同年9月,穆斯塔法·凯末尔领导的土耳其军队挫败希腊军队的攻势,取得萨卡里亚战役的胜利,迫使希腊军队退守萨卡里亚河西岸,初步扭转了战场的局势,交战双方形成僵持状态。随后,穆斯塔法·凯末尔被土耳其大国民议会授予加齐的称号,晋升元帅。1922年8月,土耳其军队在穆斯塔法·凯末尔的指挥下

土耳其军队进入伊兹密尔

1922 年凯末尔在西部战线视察

发动全面反攻，取得决定性的胜利，从希腊军队手中夺回屈塔希亚、布尔萨和伊兹密尔，收复安纳托利亚西部和色雷斯东部，迫使协约国接受停战协议，同意废除《色佛尔条约》，继而于 11 月在瑞士的洛桑与安卡拉政府重新举行和谈。

1923 年 7 月，土耳其大国民议会与西方列强及希腊在瑞士的洛桑签署条约，是为《洛桑条约》(*Lausanne Treaty*)，用以取代《色佛尔条约》，明确划定土耳其与希腊、法国委任统治地叙利亚、英国委任统治地伊拉克之间的边界线，取消西方列强在土耳其的财政监督、战争赔款和治外法权，博斯普鲁斯-达达尼尔海峡实行非军事化并接受国际社会的监督。《洛桑条约》并未就法军控制的亚历山大勒塔(Alexandretta)和英军控制的摩苏尔两地的最终归属做出明确规定；亚历山大勒塔于 1925 年根据国联决议并入叙利亚版图，1939 年经全民公决重新并入土耳其，改称伊斯肯德伦(Iskenderun)，摩苏尔于 1926 年根据国联决议并入伊拉克版图。

《洛桑条约》签署后，协约国军队撤出伊斯坦布尔和博斯普鲁斯-达达尼尔海峡地区。如果说《色佛尔条约》是协约国强加给奥斯曼帝国的不平等条约的话，那么《洛桑条约》则体现了谈判双方之间的平等地位。相比于此前签署的《色佛尔条约》，根据《洛桑条约》划定的土耳其共和国版图面积增加一倍。《洛桑条约》的签署，意味着西方列强承认土耳其是具有独立主权和符合国际法的地域政治实体，标志土耳其作为主权国家的诞生。根据同期土耳其与希腊签署的条约，生活在土耳其境内的希腊东正教徒迁居希腊境内，生活在希腊境内的穆斯林迁居土耳其境内(至 20 世纪 20 年代末，约 100 万希腊人离开土耳其而迁居希腊，约 40 万穆斯林离开希腊而迁居土耳其)。与此同时，安卡拉政府与苏俄政府签署《莫斯科协议》，明确划定东部边界，安卡拉政府将巴统割让格鲁吉亚，苏俄政府承认阿尔特温(Artvin)、卡尔斯和阿尔达汉属于土耳其领土。1921 年 7 月，安卡拉的大国民议会正式批准《土俄友好条约》。

三、 从大国民议会到 1924 年宪法

1920 年 4 月，穆斯塔法·凯末尔在安卡拉主持召开大国民议会。安卡拉的大国民议会创建于奥斯曼帝国的政治框架之外，由此形成安卡拉大国民议会与伊斯坦布尔奥斯曼帝国议会分庭抗礼的政治格局。一方面，安卡拉的大国民议会不同于伊斯坦布尔的奥斯曼帝国议会，兼有立法和行政的广泛权力。另一方面，大国民议会具有广泛的代表性，包括来自伊斯坦布尔的 106

名奥斯曼帝国议会议员和安纳托利亚内陆腹地选举产生的 232 名议员。穆斯塔法·凯末尔当选为大国民议会主席,根据穆斯塔法·凯末尔的提议,大国民议会选举 11 名议员组成内阁政府。

1921 年 1 月,大国民议会宣布,土耳其国取代奥斯曼帝国,作为新国家的正式名称。9 月,大国民议会通过《基本法》23 款,作为土耳其国的临时宪法。《基本法》明确民众主权的政治原则,同时宣布大国民议会作为民众意志的代表和国家最高权力机构兼有立法权和行政权,亦是有权与外国政府谈判和缔约的唯一合法机构。1921 年颁布的《基本法》并未明确规定国家元首的正式称谓,以求避免共和派与君主派之间的政治分歧。1922 年 11 月,大国民议会宣布,苏丹穆罕默德六世勾结西方列强,出卖国家利益,犯有叛国罪,自从 1920 年 3 月协约国军队进入伊斯坦布尔之时已经丧失其作为苏丹的合法性,进而宣布永久废除苏丹制。穆罕默德六世畏罪潜逃,先后流亡马耳他和叙利亚,1926 年死于大马士革。大国民议会宣布废除苏丹制后,阿卜杜勒·迈吉德二世继任哈里发(Abdul Majid Ⅱ,1922—1923 年在位)。1923 年 10 月,大国民议会宣布土耳其共和国正式成立,定都安卡拉,同时颁布法律,允许奥斯曼王室以

穆罕默德六世出逃

阿卜杜勒·迈吉德二世

哈里发的名义保留有限的宗教权力。随后,大国民议会举行选举,穆斯塔法·凯末尔获得议会 287 名议员中 158 名议员的支持,当选土耳其国总统,伊斯梅特·伊诺努(Ismet Inonu)出任内阁总理。

1924 年 3 月,大国民议会宣布废除哈里发制度,驱逐末代哈里发阿卜杜勒·迈吉德二世和奥斯曼家族成员出境。哈里发制度的废除,意味着从法理的层面终结了教俗合一的国家体制,由此掀开了土耳其共和国世俗化进程的序幕。同年 4 月,大国民议会颁布新宪法即 1924 年宪法,废除奥斯曼帝国于宪政时代颁布的 1876 年宪法和青年土耳其党革命期间颁布的 1909 年宪法,正式宣布土耳其国实行共和制的政体形式,大国民议会作为土耳其共和国的最高权力机构,兼有立法和行政的双重职能,土耳其共和国的官方语言为土耳其语,土耳其共和国的首都为安卡拉,伊斯兰教为土耳其共和国的国教。

1924 年宪法规定:议会实行一院制,议员选举产生,任期 4 年,可连选连任;总统由议会选举产生,任期 4 年,总统任命内阁总理,统率三军,议会通过的法律须经总统批准方可生效,总统有权在 10 天内要求议会重新审定已经通过的法律;内阁对议会负责,政府无权解散议会;每 2 万人选举议员一名,年满 18 岁的男性公民具有选举权,年满 30 岁的男性公民具有被选举权;议员不得兼任政府职务和军队职务;司法独立;所有公民享有同等的法律地位,宗教信仰自由,私有财产受法律保护。1928 年,大国民议会修改宪法,删除伊斯兰教作为土耳其共和国国教的内容。1930 年,土耳其妇女获得地方议会的选举权和被选举权;1934 年,土耳其妇女获得大国民议会的选举权和被选举权。在 1935 年举行的大国民议会选举中,18 名女性当选大国民议会的议员。

四、 凯末尔时代的威权体制

土耳其共和国建立初期的政治形势,在一定程度上仿佛是 1908 年青年土耳其党革命后历史进程的重演,经过短暂的动荡混乱和相对宽松的政治环境,逐渐形成权力的高度集中和威权的国家体制。与奥斯曼帝国颁布的 1876 年宪法和青年土耳其党革命期间颁布的 1909 年宪法相比,1924 年颁布的土耳其共和国宪法强调立法权与行政权的合一,总统取代议会成为国家权力的核心。极权政治在共和政体的形式下进一步强化,一党制的政党制度成为凯末尔时代极权政治的逻辑延伸。

早在1922年12月,当希腊军队被赶出安纳托利亚西部和色雷斯东部、洛桑和谈开始举行之后,穆斯塔法·凯末尔向土耳其民众宣布,经历三年半的英勇奋斗,企图奴役土耳其民族的外国势力已被消灭,国家的独立已经实现,和平已经指日可待,然而,仅仅在军事上打败我们的敌人还远远不够,我们需要在政治上和经济上同样强大起来,才能彻底粉碎敌人的阴谋,为了实现这样的伟大目标,我们需要建立一个党,这个党的名称叫作人民党。1923年11月,穆斯塔法·凯末尔在安纳托利亚和鲁美利亚保卫权益协会的基础上正式创建人民党。穆斯塔法·凯末尔在接受记者采访时表示,人民党的宗旨是保证整个国家的繁荣与和整个民族的幸福,而不仅仅是代表某个特定的阶级或者阶层。在穆斯塔法·凯末尔看来,整个土耳其民族是处于西方压迫之下的被压迫者。1924年,人民党改称共和人民党(Republican People's Party),穆斯塔法·凯末尔出任共和人民党主席。

共和人民党初创之时,包括城市与乡村、传统与现代以及宗教与世俗的诸多社会成分抑或社会阶层,具有民族主义的浓厚色彩,是典型的民族主义政党和实践民族主义的政治工具,可谓土耳其民族主义的象征。尖锐的民族矛盾和高涨的民族解放运动,决定了共和人民党之民族主义的鲜明政治倾向。共和人民党的基本纲领包括:全部政权集中于国家,议会是国家最高权力机构,保卫国家安全,改革司法制度和诉讼程序,发展国民经济,健全政府体制,鼓励私人投资经济建设。1924年颁布的土耳其共和国宪法集中体现了共和人民党的政治纲领,凯末尔主义成为共和人民党的意识形态,建立共和政体的世俗民族国家则是凯末尔主义的核心内容。

土耳其共和国建立初期,库尔德人与土耳其人之间存在尖锐的矛盾,两者之间时常产生激烈的冲突。库尔德人信奉伊斯兰教,经济活动以游牧为主,长期保留传统的部落组织。奥斯曼帝国时代,安纳托利亚东南部的库尔德人长期处于高度自治的地位,延续传统的血缘组织。1846年,奥斯曼帝国设立库尔德斯坦省,强化对于库尔德人的国家治理。1891年,苏丹阿卜杜勒·哈米德二世招募库尔德人组建哈米迪耶军团,用于保卫奥斯曼帝国的东部边境和镇压安纳托利亚东北部的亚美尼亚人。第一次世界大战期间,库尔德人构成支持苏丹的重要军事力量。共同面对亚美尼亚人和沙皇俄国的威胁,曾经是土耳其人与库尔德人结盟的政治基础。第一次世界大战结束后亚美尼亚人的迁徙和沙皇俄国的崩溃,意味着土耳其人与库尔德人面临的共同威胁不复存在,库尔德人与土耳其人之间的矛盾随之加剧,由此形成库尔德人日渐强烈的民族主义倾向。1918 年,库尔德人复兴协会(Kurds Revival Association)在伊斯坦布尔成立,该协会在安纳托利亚东部的分支组织分别属于逊尼派和阿拉维派(Alevis)。独立战争期间,库尔德人支持穆斯塔法·凯末尔领导的民族抵抗运动。1923 年土耳其共和国成立后,库尔德人占全国人口的 20%。然而,穆斯塔法·凯末尔和土耳其政府并未兑现独立战争期间的承诺,尊重库尔德人的民族属性和赋予库尔德人以民族自治的地位,却将库尔德人称作"山地土耳其人"和"讲库尔德语的土耳其人"。1924 年宪法规定,凡土耳其公民,不分种族和宗教,皆为土耳其人,使用土耳其语。随后,土耳其政府依据 1924 年宪法,关闭库尔德人学校,禁止使用库尔德语,甚至强行迁移库尔德人离开祖居的家园,强制同化库尔德人。穆斯塔法·凯末尔推行的以土耳其人为基础的土耳其化统治政策,无疑损害了库尔德人的民族利益。自 1924 年起,库尔德人与土耳其政府的关系日趋恶化。1925 年 2 月,库尔德人在安纳托利亚东南部的迪亚巴克尔地区发动叛乱,反对安卡拉政府的土耳其化政策,要求恢复哈里发制度和伊斯兰教法,试图脱离土耳其共和国,建立独立的库尔德人国家,遭到伊斯梅特内阁的残酷镇压。大国民议会授予伊斯梅特内阁为期两年的独裁权力,授权伊斯梅特内阁在安卡拉设立特别法庭,负责审理叛乱分子,超过 2 万的库尔德人被安卡拉政府强制迁离家园,移入安纳托利亚西部。

1924 年宪法并未明确实行党禁,亦未否认多党制的合法性。1924 年,共和人民党内部出现严重的政治分歧,穆斯塔法·凯末尔及伊斯梅特代表的左翼激进势力与侯赛因·劳夫(Hussein Ralph)领导的右翼温和派形成明显的对立状态。1924 年 11 月,侯赛因·劳夫领导的 32 名右翼温和派议员宣布脱离共和人民党,组建进步共和党(Progressive Republican Party),获得政府批准。进步共和党倡导西方国家的自由民主模式,主张司法独立、权力制衡和保障公民自

进步共和党创建者,右二为侯赛因·劳夫

由的原则，反对穆斯塔法·凯末尔实行的极权政治以及国家主义和政府干预的经济政策，强调鼓励私人投资和吸引国外投资，具有自由主义的浓厚色彩。1925 年 3 月，大国民议会颁布《维护秩序法》，给予政府以平息国内叛乱和打击政治反对派的广泛权力。1925—1927 年两年间，超过 500 人被根据《维护秩序法》建立的特别法庭判处死刑。1925 年 6 月，进步共和党由于涉嫌参与库尔德人的叛乱，遭到政府取缔，土耳其共和国的政治生活进入一党制时代。此后 20 年间，土耳其共和国的合法政治反对派不复存在，共产主义和库尔德民族主义构成土耳其共和国境内主要的非法政治势力。

费特希·奥克亚尔

1927 年，穆斯塔法·凯末尔获得大国民议会 319 名议员中 288 名议员的支持，第二次当选总统。1930 年 8 月，穆斯塔法·凯末尔委托共和人民党的温和派成员费特希·奥克亚尔（AliFethi Okyar）组建新的政党，取名自由共和党（Free Republican Party），作为民主政治的点缀和制约总理伊斯梅特的政治工具。费特希·奥克亚尔 1903 年毕业于伊斯坦布尔军事学院，1907 年加入统一与进步协会，1913 年当选奥斯曼帝国议员，1918 年创立奥斯曼人民党，1921 年出任安卡拉政府的内务部长，1923 年 8 月和 1924 年 11 月两度出任内阁总理，1925 年起出任土耳其驻法国大使。自由共和党的纲领包括：奉行共和主义、世俗主义和自由主义，反对政府的经济垄断，主张降低税收和稳定货币政策，增加农业信贷，鼓励民间投资和吸引国外投资，实行直接选举，保障公民言论自由，保障妇女权益。费特希·奥克亚尔尽管长期追随穆斯塔法·凯末尔，却与伊斯梅特积怨甚深。自由共和党作为议会内部的反对党，继承 1924 年侯赛因·劳夫创建的进步共和党的衣钵，激烈抨击伊斯梅特政府的经济政策，进而成为反对共和人民党一党独裁的政治平台。在自由共和党宣布成立后的 12 天内，1.3 万人申请加入该党。1930 年 9 月，费特希·奥克亚尔访问伊兹密尔，受到当地民众的热烈欢迎。自由共和党于 1930 年 8 月创建初期，仅占据大国民议会的 15 个席位。在同年 10 月举行的议会选举中，尽管受到官方的干预阻挠，自由共和党仍然获得大国民议会 502 个席位的 30 个席位，其潜在的社会动员能量和政治空间由此可见一斑。1930 年 11 月，自由共和党迫于共和人民党的压力而在成立 99 天之后宣告解散，是为凯末尔时代一党制极权政治的插曲。此后十余年，反对派政党在土耳其的政治舞台销声匿迹，共和人民党成为唯一的合法政党。独立人士曾经于 1931 年的议会选举中获得 30 个席位，1935 年的议会选举中获得 16 个席位，可谓共和人民党一党独裁政治的点缀。

1931 年，穆斯塔法·凯末尔获得大国民议会 317 名议员中 289 名议员的支持，第三次当选总统。同年，共和人民党召开第三次大会，通过党纲和党章，确定共和人民党与土耳其国家机构的重合关系，共和人民党主席兼任共和国总统，副主席兼任内阁总理。1935 年，共和人民党召开第四次大会，决定实行共和人民党与政府机构的一体化，共和人民党总书记兼任政府的内政部长，共和人民党地方组织的负责人兼任省长。政党政治与政府政治浑然一体，穆斯塔法·凯末尔等同于共和人民党而共和人民党等同于土耳其共和国，成为凯末尔时代土耳其政治制度的明显特征。所谓的“一个政党，一个民族，一个领袖”，构成凯末尔主义的基本政治原则。

20 世纪 30 年代中期，共和人民党成员为 124 万，约占土耳其总人口的 7.7%，共和人民党的地方组织分布在全国 62 个省中的 50 个省。1931 年，凯末尔建立所谓的“人民园地”和“人民之家”，作为从属于共和人民党的民间组织。“人民园地”包括 479 个分支机构，“人民之家”包括 4 322 个分支机构。“人民园地”和“人民之家”的宗旨是，宣传共和人民党的基本纲领和凯末尔主义的意识形态，在文化、教育、卫生和社会福利诸多层面控制民众，进而构建联结城市与乡村的纽带。

1935 年，穆斯塔法·凯末尔获得大国民议会 399 名议员中 389 名议员的支持，第四次当选总统。同年，共和人民党召开第四次大会，明确规定将凯末尔主义作为共和人民党的纲领和“基本的和不可改变的原则”。1937 年，凯末尔主义被写入宪法，成为土耳其共和国的官方意识形态，凯末尔主义遂被称作“土耳其人的宗教”。1938 年 11 月穆斯塔法·凯末尔去世后，共和人民党宣布穆斯塔法·凯末尔为该党“永远的领袖”，伊斯梅特则以共和人民党“终身主席”的身份出任土耳其共和国总统。

作者点评

安纳托利亚无疑是具有久远文明传统和深厚历史积淀的古老土地，然而土耳其共和国却是诞生在奥斯曼帝国废墟之上的崭新国家。历经第一次世界大战结束后风雨飘摇的动荡时代，踏过崎岖颠簸的艰难旅程，历史的车轮从伊斯坦布尔向安卡拉一路驶来，奥斯曼帝国的身影渐行渐远，安纳托利亚大地重新迎来了现代化的活力和生机。

第十二章

凯末尔主义的理论与实践

一、从奥斯曼帝国的意识形态到凯末尔时代的民族主义

坦泽马特时代，奥斯曼帝国的官方意识形态是奥斯曼主义（Ottomanism）。奥斯曼主义强调苏丹的统治地位与奥斯曼帝国境内不同民族和宗教群体的政治一致性，即奥斯曼帝国的所有臣民不论宗教和语言的差异而皆须忠实于伊斯坦布尔的苏丹和共同捍卫奥斯曼帝国的领土。奥斯曼主义形成于19世纪中叶奥斯曼帝国的社会环境，伊斯坦布尔的苏丹对于奥斯曼帝国境内诸多民族的绝对统治构成奥斯曼主义的政治基础。

19世纪后期，随着巴尔干地区及北非领土的不断丧失，奥斯曼帝国的亚洲色彩和伊斯兰教色彩逐渐加强。阿卜杜勒·哈米德二世采用哈里发的称谓，由保守的欧莱玛和苏菲派教团谢赫所倡导的伊斯兰政治理论在奥斯曼帝国的影响日渐扩大，奥斯曼主义逐渐让位于泛伊斯兰主义。泛伊斯兰主义（Pan-Islamism）强调包括突厥人、阿拉伯人、波斯人、库尔德人、阿富汗人和印度穆斯林在内的伊斯兰教诸民族的共同利益，试图重建温麦和强调伊斯兰教的广泛实践，抵御西方基督教国家的威胁。泛伊斯兰主义的思想根源于19世纪后期西方列强对于伊斯兰世界的侵略和瓜分，体现穆斯林反抗西方侵略的思想情感，争取民族独立的政治斗争表现为反抗基督徒和异教统治的历史形式。著名的伊斯兰现代主义者贾马伦丁·阿富汗尼（Jamal al-Din al-Afghni，1838—1897）可谓泛伊斯兰主义的杰出思想家，奥斯曼帝国苏丹阿卜杜勒·哈米德二世则是泛伊斯兰主义运动的积极推动者。诸多伊斯兰教国家相继沦为西方列强殖民地的社会现实，促使分布在不同地区的穆斯林将争取独立和振兴伊斯兰世界的希望寄托于伊斯坦布尔的苏丹，是为泛伊斯兰

主义兴起的政治基础。

20 世纪初，随着奥斯曼帝国的崩溃，泛伊斯兰主义逐渐退出历史舞台。继奥斯曼主义和泛伊斯兰主义之后的大土耳其主义（Pan Turkism）兴起于 19 世纪末和 20 世纪初，其核心思想是主张突厥人的广泛政治联合以及土耳其人的特权地位。青年土耳其党执政期间，曾经将大土耳其主义奉为官方意识形态，强制推行土耳其化的政策，否认奥斯曼帝国境内非土耳其人各民族的自治权，实施高压的民族政策。

贾马伦丁·阿富汗尼

奥斯曼主义、泛伊斯兰主义和大土耳其主义形成于奥斯曼帝国的政治框架之内，伊斯坦布尔的苏丹对于奥斯曼帝国境内诸多民族的统治构成奥斯曼主义、泛伊斯兰主义和大土耳其主义赖以存在的前提条件。19 世纪末和 20 世纪初，包括希腊人、塞尔维亚人、保加利亚人和亚美尼亚人在内的非穆斯林以及信仰伊斯兰教的阿尔巴尼亚人和阿拉伯人相继走上争取民族独立解放的道路，奥斯曼帝国的崩溃成为不可抗拒的历史潮流，奥斯曼主义、泛伊斯兰主义和大土耳其主义随之相继销声匿迹。

继奥斯曼主义、泛伊斯兰主义和大土耳其主义衰落之后，具有现代民族国家色彩的土耳其民族主义逐渐萌生，操土耳其语和信仰伊斯兰教成为所谓土耳其民族的特定标志，安纳托利亚则被视作土耳其民族的祖国和家园。奥斯曼帝国寿终正寝之际尖锐激烈的民族矛盾，塑造了土耳其民族主义的政治思想。新兴的土耳其共和国诞生于奥斯曼帝国的废墟之上，传统疆域的丧失和人口构成的改变，提供了奥斯曼主义演变为土耳其民族主义的客观物质基础。1927 年，土耳其血统的穆斯林构成土耳其共和国总人口的 97.3%，是为土耳其民族主义的历史根源和土耳其共和国的民族基础。凯末尔主义的政治实践，可谓土耳其民族主义思想的逻辑延伸。

在凯末尔时代的土耳其共和国，土耳其民族被视为具有共同的语言、政治疆域、文化传统和意识形态的社会共同体，明显区别于奥斯曼帝国时代的米勒特即宗教共同体。凯末尔宣传的民族主义，强调世俗的民族忠诚取代传统意义上与温麦及哈里发制度相联系的宗教忠诚，进而包含现代民族国家的政治理论。凯末尔的民族主义思想，其实质在于放弃传统的奥斯曼主义、泛伊斯兰主义和大土耳其主义，强调土耳其民族主义，强调土耳其共和国的单一民族性，强调土耳其民族与土耳其共和国的一致性，旨在强化新兴的土耳其共和国的社会凝聚力与政治向心力。“民族主义的构想和实行，首先着眼于与民族国家的建立和巩固紧密相关的政治目的”。①凯末尔于 1921 年声明，自己是“在为土耳其人民进行奋斗，不是为超出民族边疆以外的不论根据宗教或种族来规定的任何更加模糊、更加广泛的实体进行战斗”。凯末尔宣称，“土耳其大国民议会政府做出一项坚定的、积极的、具体的政策，而这样做的目的正是为了保全生命和独立……在规定的民族疆界之内”。②

阿拉伯语是伊斯兰教的宗教语言，阿拉伯字母以及阿拉伯化的波斯字母在奥斯曼帝国时代曾经是土耳其文的书写形式。早在奥斯曼帝国晚期，关于土耳其文字书写形式的改革呼声已经开始出现于诸多媒体，进而引发社会关注。土耳其语言学会成立于 1928 年 7 月，强调土耳其语是人类最悠久的语言和诸多其他语言的历史源头，着力推广土耳其语，消除阿拉伯语、波斯语的传统影响。阿拉伯语是伊斯兰教的宗教语言，阿拉伯字母以及阿拉伯化的波斯字母在奥斯曼帝国时代曾经是土耳其文的书写形式。1928 年 11 月，土耳其政府

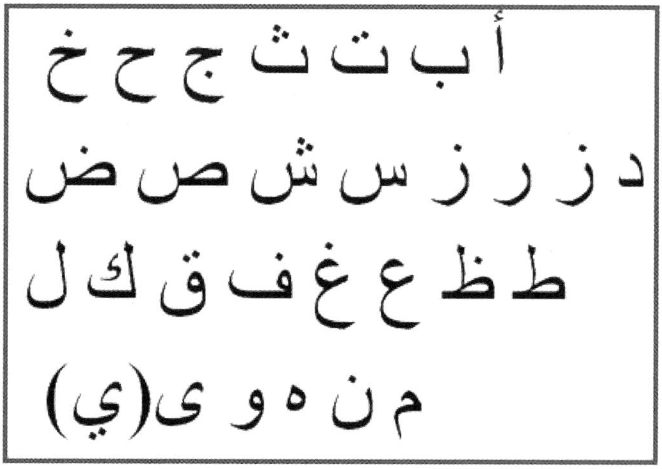

奥斯曼文所用的阿拉伯字母表

① [美]凯马尔·H.卡尔帕特：《当代中东的政治和社会思想》，陈和丰等译，中国社会科学出版社 1992 年版，第 470 页。

② [美]伯纳德·路易斯：《现代土耳其的兴起》，范中廉译，商务印书馆 1982 年版，第 371—372 页。

宣布采用拉丁字母,取代阿拉伯字母和波斯字母,作为土耳其文的书写形式。1929年,土耳其政府禁止所有出版物使用阿拉伯字母和波斯字母,新的拉丁字母成为强制推行的法定字母。土耳其字母的拉丁化,标志着新兴的土耳其共和国与奥斯曼帝国文化传统的决裂,构成至关重要的西化举措。土耳其字母拉丁化的强制实施,则是凯末尔时代极权政治的体现和标志。

现代土耳其文所用的拉丁字母表

土耳其历史学会成立于1931年,强调土耳其人具有悠久的历史传统和文化根基,宣称祖居中亚的突厥人曾经在亚欧大陆核心地带的安纳托利亚、爱琴海和美索不达米亚创造了灿烂的古代文明,宣称匈奴首领阿提拉和蒙古首领成吉思汗皆为传播突厥文化的使者,宣称苏美尔人及赫梯人与突厥人之间具有内在的文化传承关系,旨在弘扬土耳其民族的辉煌历史,淡化土耳其共和国与奥斯曼帝国之间的历史渊源,增强土耳其人的民族自豪感和社会凝聚力。土耳其人与阿拉伯人习俗相似,原本大都有名无姓,常以父名或出生地作为姓氏的替代。1934年,土耳其政府推行新的姓氏制度,议会将阿塔图尔克(Ataturk,意为土耳其之父)作为凯末尔家族的专用姓氏,凯末尔的正式称谓遂由穆斯塔法·凯末尔改作凯末尔·阿塔图尔克(Kemal Ataturk)。与此同时,奥斯曼帝国时代的贵族头衔帕夏、贝伊和埃芬迪被土耳其政府明令废止。

1928年9月,凯末尔在开塞利向人们讲授新字母

二、 共和主义与民众主义

共和主义作为凯末尔主义的政治基础,起源于19世纪中叶至20世纪初奥斯曼帝国的政治环境。坦泽马特时代,共和主义的政治理念在奥斯曼帝国初露端倪。19世纪后期,青年奥斯曼党的代表人物纳米克·凯末尔声称,共和制起源于早期伊斯兰时代的政治实践,共和制的建立是实现民众主权的前提条件,美国和法国的政治制度则是共和制的典范。然而,青年奥斯曼党无意否定苏丹制,其所倡导的所谓共和制实为民众主权基础上的宪政君主制。1876年宪法的颁布和议会的召开,开辟了奥斯曼帝国宪政运动的先河。1908年青年土耳其党的革命,标志着奥斯曼帝国宪政制度的广泛实践。

凯末尔的共和主义思想,在继承坦泽马特时代特别是青年土耳其党革命期间之政治理念的基础上,强调否定奥斯曼帝国传统的苏丹制度和米勒特制度,实行共和政体。1921年颁布的《基本组织法》规定,土耳其的国家主权属于土耳其人民。凯末尔宣称:"土耳其大国民议会拥有立法权和行政权,是决定国家和民族命运的权力机构","大国民议会是土耳其的最高权力机构……大国民议会政府是土耳其共和国的唯一代表","大国民议会不属于哈里发,而是属于土耳其人民"。[①]自1923年起,共和主义构成土耳其共和国的基本政治原则,反对传统的君主政治、宣传民众主权的政治思想与强调共和制度则是土耳其共和国政治生活的核心内容。"人民的声音便是安拉的声音"。[②]

民众主义的历史内涵,在于实现民众主权的政治原则,倡导民众在法律上的平等地位,强调国家与民众之间双向承担的责任和义务。1919年,凯末尔在安卡拉发表演讲,初步阐释了民众主义的基本思想:"在我们的组织内……全体国民拥有最高的权威……每个人都必须关注自己的命运。这种自下而上的结构,从地基到屋顶,将是坚不可摧的……我很高兴地注意到,我们的国民组织……已经拥有了它所依赖的关键性资源,得到了全体国民的支持。从此,自下而上的政治结构也将开始形成。"1920年8月,凯末尔表示:"权力应当直接交付给人民,并保持在人民手中","如果我们一定要给我们的政府下一个社会学上的定义的话,我们就把它叫作'人民政府'……我们是不

---

① Aksan, A., *Quotations from Mustafa Kemal*, *Ankala 1982*, p.33, p.37, p.39.

② [美]伯纳德·路易斯:《现代土耳其的兴起》,范中廉译,商务印书馆1982年版,第491页。

幸的民族,正在努力拯救自己的生命和独立……我们是遵循这样一种原则的人,即它将使我们能够为了保全这项权利和确保我们的独立,为了反对企图粉碎我们国家的帝国主义和企图吞并我们国家的资本主义而进行全民性的斗争……这就是我们的政府赖以维持的基础”。[①]1921 年,《基本组织法》明确规定议会是“人民的唯一真正代表,是立法和行政两项权力的保持者”。[②]

凯末尔(前左二)和伊斯梅特·伊诺努(前左一)等走出大国民议会大厦

土耳其共和国建立后,民众主义表现为共和主义的逻辑结果,主权在民构成民众主义的核心内容,大国民议会以及共和人民党则是民众主义的政治载体。1924 年宪法规定:土耳其所有的人民,无论其宗教和种族如何,就其身份而言,均属土耳其人;所有土耳其人在法律面前一律平等,任何团体、等级、家族和个人的特权均在被取消和禁止之列。然而,在凯末尔时代的土耳其,社会处于国家的操纵和控制之下,民众生活缺乏必要的政治空间,民众主

① Aksan, A., *Quotations from Mustafa Kemal*, Ankala 1982, p.34.

② [美]伯纳德·路易斯:《现代土耳其的兴起》,范中廉译,商务印书馆 1982 年版,第 267 页,第 490 页,第 492 页。

义具有明显的虚构性。凯末尔强调民众的整体利益高于一切,淡化土耳其社会的阶级差异、宗教差异和民族差异,禁止以阶级、宗教和民族作为基础的政治活动,尤其是社会主义和共产主义活动。1931 年,凯末尔宣称:“我们的基本准则是,土耳其共和国的人民并非划分为不同的阶级,而是由不同职业阶层组成的共同体。”[①]在此基础上,凯末尔强调土耳其民众具有共同的政治利益和经济诉求,共和人民党作为唯一合法的政党,代表诸多职业群体的共同利益。

三、 世俗主义

奥斯曼帝国实行教俗合一的政治制度,欧莱玛构成奥斯曼帝国传统秩序的重要社会基础,官方伊斯兰教理论则是捍卫奥斯曼帝国的精神支柱。16 世纪中叶苏莱曼一世死后,苏丹权力日趋衰微,欧莱玛逐渐成为制约苏丹独裁统治的政治隐患。自塞里姆三世和马哈茂德二世推行新政举措开始,极权政治日渐强化,所谓的世俗化成为排斥欧莱玛和巩固苏丹统治地位的重要举措。

1918—1923 年民族解放战争期间,民族矛盾尖锐,教界与世俗民众同仇敌忾,捍卫苏丹和伊斯兰教成为争取民众抵抗列强的政治口号,安卡拉政权得到逊尼派、阿拉维派和众多苏菲教团的广泛支持。1920 年 4 月召开的第一届大国民议会中,73 名议员来自宗教界,包括苏菲教团长老 10 人,占议员总数的 20%。第一届大国民议会召开前夕,伊斯坦布尔的大穆夫提杜里扎德·阿卜杜拉(Durrizade Abdullah)在大维齐尔费里德帕夏(Ferid Pasha)的授意下宣布凯末尔是异教徒,而凯末尔则授意安卡拉的穆夫提里法特·艾芬迪(Rifat Efendi)发布宗教法令予以反驳,宣布伊斯坦布尔的苏丹政府背叛国家,呼吁穆斯林拯救在“伊斯坦布尔陷于枷锁之中的哈里发”。同年 4 月,凯末尔呼吁全国民众“为哈里发和苏丹政权、为信仰和帝国、为国家的独立和民族的解放而祷告”。[②]5 月,安卡拉的 152 名穆夫提联名发布宗教法令,谴责伊斯坦布尔的苏丹屈从西方列强,呼吁穆斯林支持凯末尔领导的民族解放战

---

① Ozbudun, E., *The Political Economy of Income Distribution in Turkey*, New York 1979, p.38.

② Shaw, S.J. & Shaw, E.K., *History of the Ottoman Empire and Modern Turkey*, Vol.1, Cambridge 1976, p.347.

争。1921 年 9 月,议会授予凯末尔以加齐(圣战者)的称号。1922 年 11 月苏丹穆罕默德六世出逃后,安卡拉的穆夫提再次发布宗教法令,授权大国民议会选举新的哈里发作为穆斯林的宗教领袖。

民族解放战争胜利后,民族矛盾逐渐缓解,世俗化进程再次启动。以民众主权取代安拉主权和废止教俗合一的国家制度,成为凯末尔时代世俗化改革的政治形式。"凯末尔主义者的宗教政策的基础是政教分离主义,而不是非宗教论;其目的不是要消灭伊斯兰教,而是要使伊斯兰教与政府分离——停止宗教及其阐释人在政治、社会及文化事业中具有的权力,使宗教的权力局限于信仰及礼拜方面"。①

哈里发制度是传统伊斯兰教神权政治的象征和教俗合一国家体制的外在形式,欧莱玛阶层则是哈里发制度的诠释者和传统神权政治的捍卫者。凯末尔的世俗主义,强调国家与宗教机构的分离,旨在削弱教界对于国家的政治影响。废除哈里发制度和进一步排斥欧莱玛阶层,构成凯末尔时代世俗化的首要内容。1923 年,土耳其议会宣布:哈里发的职位属于奥斯曼王室,哈里发只能依靠土耳其国家而存在,应由议会遴选"奥斯曼王室中最属品学兼优的人"出任。1924 年 3 月,凯末尔在议会宣布:必须"把伊斯兰信仰从数世纪以来惯于充任政治工具的地位中拯救出来,使其得到纯洁与提高"。②随后,议会连续通过三项法令,废除哈里发制度,将奥斯曼王室成员驱逐出境;罢免大穆夫提,撤销教法与宗教基金部,关闭宗教法庭,宗教法官即卡迪纳入世俗司法体系,成立隶属于政府的宗教事务管理局,负责任免教职人员、管理教产和解释教法;取缔欧莱玛控制的宗教学校麦克台卜和麦德莱赛,取消宗教课程,所有学校纳入政府的管辖范围,实行单一的世俗教育,旨在强化政府对于宗教活动,宗教场所和教职人员的管理。1928 年,曾经有伊斯坦布尔大学的数名教授向政府建议:宗教应当具有活力,应当体现出时代的进步性,应当按照科学的路线予以改革,具体措施包括仿照基督教堂而在清真寺礼拜殿内设立坐席、以土耳其语代替阿拉伯语作为礼拜时诵念的语言、将现代形式的音乐和乐器引入清真寺。然而,上述建议与伊斯兰教的基本准则相去甚远,明显背离土耳其的国情,荒唐至极,并未被列为官方实施的世俗化政策。1933 年,土耳其政府规定,清真寺的宣礼一律使用土耳其语,不得使用穆斯

---

① [美]伯纳德·路易斯:《现代土耳其的兴起》,范中廉译,商务印书馆 1982 年版,第 434 页。

② [美]伯纳德·路易斯:《现代土耳其的兴起》,范中廉译,商务印书馆 1982 年版,第 276 页。

林传统的宣礼语言阿拉伯语，礼拜时诵念的语言则依然沿用《古兰经》的语言即阿拉伯语。1938 年，议会通过《政党法》，禁止组建宗教政党。

苏菲教团作为伊斯兰教的民间形式，具有完整的组织结构和严密的等级体系，在奥斯曼帝国的历史上具有广泛的宗教影响和社会影响。奥斯曼帝国末期，包括麦乌拉维教团、拜克塔什教团和纳格什班迪教团在内的诸多苏菲教团同情青年土耳其党，反对阿卜杜勒·哈米德二世的独裁统治。独立战争期间，苏菲教团构成支持凯末尔和民族解放运动的重要社会力量。土耳其共和国建立后，苏菲教团表现出抵制凯末尔主义极权化和世俗化的政治倾向，支持库尔德人发动叛乱。库尔德人分别属于不同的部落，缺乏统一的政治组织，长期处于支离破碎的状态，而苏菲派卡迪里耶教团和纳格什班迪教团超越血缘群体的狭隘界限，在诸多库尔德人部落中具有广泛的宗教凝聚力和社会影响。"1925 年的叛乱曾经被说成是库尔德民族运动或分离运动。但是考虑到运动的领导人是托钵僧以及所公开宣布的目标，看来政府认为这是由于反对世俗化改革而引起的一次宗教反作用的说法，似乎是不无理由的"。①1925 年库尔德人叛乱平息之后，土耳其政府颁布第 677 号法令，取缔苏菲教团，关闭苏菲道堂，禁止使用谢赫和德尔维什等苏菲派称谓和举行相关的宗教仪式。

凯末尔时代世俗主义的核心内容，是国家体制的世俗化和官方意识形态的非宗教化，强调土耳其不存在官方的宗教抑或国家的宗教，强调宗教信仰的个人化和非政治化，强调公共生活的非宗教化和国家对于宗教机构的绝对控制。1925 年，土耳其政府颁布法令，规定凡无正式宗教职务之人不得穿着宗教服饰和佩戴宗教徽记，政府公职人员必须身着西服。在此基础上，土耳其政府在全社会的范围内提倡以西方礼帽取代奥斯曼帝国时期盛行和象征穆斯林身份的菲兹帽(Fez)即无边圆形塔状礼拜帽，限制伊斯兰教服饰，以土耳其语取代阿拉伯语作为清真寺宣礼的语言。菲兹帽亦称土耳其毡帽，为直筒圆形礼帽，自苏丹马哈茂德二世时代开始由官方推广，作为穆斯林的标准头饰，百年来流行于伊斯兰社会。凯末尔声称，菲兹帽是土耳其人无知愚昧和抵制社会进步的标志，而西方礼帽则是现代文明的象征。以西方礼帽取代菲兹帽，时人称之为"帽子的革命"。然而，在穆斯林民众看来，西方礼帽并非现代文明的象征，却是基督教的象征，因此表现出强烈的抵触情绪。由于抵制政府的法令，7 500 人被捕，660 人被处死。同年，大国民议会宣布采用欧

① ［美］伯纳德·路易斯：《现代土耳其的兴起》，范中廉译，商务印书馆 1982 年版，第 431 页。

希土战争中头戴菲兹帽的土耳其士兵

洲公元历法，取代传统伊斯兰历法，作为土耳其共和国的官方历法，伊斯兰历法仅限于宗教活动的范畴，与此同时，引进瑞士民法、意大利刑法和德国商法，禁止一夫多妻制，取消穆斯林与非穆斯林之间的婚姻限制，赋予婚姻以自由和平等的原则，采用公尺制，规定星期日作为每周的休息日。1926年颁布的《刑法》规定：滥用宗教、宗教情绪、或在宗教上被认为神圣之物，借以在人民中间进行不拘任何形式的煽动，直至发生危害国家安全之行动者，或为此目的而集会结社者，必须追究刑事责任；不得组织以宗教或宗教情绪为基础的政治社团，不得在规定的宗教场所之外举行宗教活动。1927年11月，共和人民党大会宣布，在国家和民族的层面实现宗教与世俗的分离。1928年4月，大国民议会修改宪法第2款，删除伊斯兰教作为土耳其国家宗教和官方意识形态的内容，确定世俗民主是土耳其共和国的基本属性，标志着凯末尔时代世俗化改革在政治层面达到顶峰。

凯末尔时代倡导的世俗主义"并非国家与宗教的分离，其实质在于创立作为世俗国家机构组成部分的官方伊斯兰教"。"清真寺处于宗教事务局的控制之下，教职人员成为政府即世俗官僚机构的雇员"。政府操纵的宗教机构亦曾编写教科书，告诫穆斯林"必须热爱自己的国家，遵守国家的法律，服从政府官员的管理，掌握现代科学技术"。①凯末尔时代的世俗主义实践，带来土耳其世俗教育的长足进步。1923—1940年，乡村学校的数量增长一倍，从5 062所增至11 040所；教师总数从12 458人增至28 298人，增长133%；学生总数从352 668人增至1 050 159人，增长300%。1927年，识字率为10.6%；1940年，识字率达到22.4%。1933年，奥斯曼大学改称伊斯坦布尔大学。1936年，土耳其政府创办安卡拉大学。1923—1940年，高等学校从9所增至

① Atasoy, Y., *Turkey, Islamists and Democracy*, London 2005, p.38.

1933 年凯末尔视察伊斯坦布尔大学

1933 年凯末尔与安卡拉女子高中师生合影

20所,教师从328人增至1 013人,学生从2 914人增至12 147人。欧莱玛在1920年第一届大国民议会占据20%的席位,1923年第二届为7席,1927年第三届为4席,1931年和1935年的第四届和第五届为3席,1939年第六届为2席,1943年第七届为1席。

伊斯坦布尔大学

四、国家主义

国家主义作为凯末尔主义的经济原则,于1929年首次提出,1931年列入共和人民党纲领。共和人民党在1931年的宣言中对于国家主义曾做如下的阐释:"尽管考虑到私人事业和私人活动仍是我们的基本主张,我们的主要政策之一是促使国家积极关心于涉及民族的一般性和重大利益的问题,特别是有关经济的问题,以便能在尽可能短的时期内,把我们的国家和民族导向繁荣。"①

所谓的国家主义即强调政府在经济领域的主导作用,是凯末尔时代一党制极权主义的政治原则在经济领域的逻辑延伸。国家主义的广泛实践,提供了一党制极权主义政治原则的物质保障。"关于'国家接管一切'的理论,在像土耳其这样一个国家里,已经成为一种司空见惯的事情,并且对于统治者或被统治者来说,又都是十分合乎他们继承的传统和习惯的。在集权的、官僚式的和家长式的凯末尔主义政权看来,由国家来指导和管理经济生活的这些想法,是处于统治地位的上层阶级拥有的权力、特权和职能的自然而明显的延伸"。②国家主义的主要举措包括:制订和执行国民经济发展计划,保护关税,国家投资,实施进口替代政策,加强外汇管理。国家主义的宗旨,是服

① [美]伯纳德·路易斯:《现代土耳其的兴起》,范中廉译,商务印书馆1982年版,第301页。
② [美]伯纳德·路易斯:《现代土耳其的兴起》,范中廉译,商务印书馆1982年版,第496页。

务于民族主义和极权主义的需要。

国家主义不同于社会主义，其核心内容是在私有制的前提下实现国家对于经济活动的广泛干预，旨在促进国民经济的发展，强调政府在经济领域特别是工业化进程中的主导作用。另一方面，国家主义并非私人经济的国有化，强调私人经济与国有经济的长期并存和相得益彰。国家主义的实质在于国家资本主义，扶持基础薄弱的民族工业和加速土耳其的工业化进程则是凯末尔时代国家主义经济政策的核心内容。

1935年，凯末尔对于国家主义的经济政策做出如下说明："我们正在实行的中央集权下的经济统制，是由土耳其本身的需要促成的，是一种特有的制度。它意味着，在承认私人企业是主要基础的同时，也认识到许多活动没有开展起来，国家必须被赋予对经济的控制，以应付一个很大的国家和一个伟大民族的一切需求……国家要在尽可能短的时间内开展某些尚未由私人企业开展的经济活动，结果它成功地这样做了……我们选择遵循的道路是一种区别于经济自由主义的体制。"①1937年，凯末尔政府发布第3125号法令，对国家主义做出如下的解释：在经济和制造业领域，私人投资感到困难时，以国家经营的形式及更大的力量来从事，即在允许私人经营的同时，凡关系到公共生活及国家的和更高的利益所及的行业，均由国家经营。

五、凯末尔主义的时代特征

研究者常将凯末尔主义的核心内容归结为共和主义，认为凯末尔政权充分肯定共和制。实际情况不然。凯末尔主义形成于第一次世界大战结束后西方列强瓜分奥斯曼帝国领土和土耳其民族面临生死存亡的特定历史环境，尖锐的民族矛盾和深刻的民族危机构成凯末尔时代的突出现象。新兴的土耳其共和国诞生于凯末尔领导的民族解放运动，创建独立的主权国家是土耳其民族解放运动的首要目标。土耳其共和国的建立符合土耳其民族的根本利益，凯末尔俨然成为土耳其民族尊严和国家主权的象征。凯末尔主义的核心内容在于民族主义的政治思想；凯末尔时代极权主义的政治实践，既是奥斯曼帝国后期政治变革的历史结果，亦是土耳其共和国建立过程中民族主义高涨

① [美]凯马尔·H.卡尔帕特：《当代中东的政治和社会思想》，陈和丰等译，中国社会科学出版社1992年版，第511页。

的逻辑延伸。“民族主义成了新土耳其共和国的意识形态。共和主义、民粹主义、现世主义、中央集权下的经济统制和改良主义在1931年被正式宣布为增补原则,并吸收进1937年的宪法。它们仅仅是民族主义的必然结果”。①

另一方面,极权政治的强化构成凯末尔时代土耳其共和国政治生活的核心内容,共和人民党的权力垄断集中体现着凯末尔时代土耳其共和国的极权主义政治倾向。如果说青年土耳其党与法国大革命期间的雅各宾派颇多相似之处,那么凯末尔主义则是土耳其现代化进程中的波拿巴主义。“就阿塔图尔克在共和国里的地位来说,他似乎可以同拿破仑和克伦威尔相并列。”②“凯末尔在国民议会中的重新当选,只不过是一种形式而已。事实上,他享有终身任命,拥有像任何一位苏丹所拥有的大权,并且能够随意任免国务总理以及各部的部长。”③换言之,伴随着土耳其民族解放运动的高涨和土耳其共和国的建立,凯末尔主义的思想内涵经历了深刻的变化;从民族主义到极权主义的发展,则是凯末尔主义演进的历史轨迹。

现代化无疑是土耳其共和国历史发展的基本方向,凯末尔时代诸多改革举措的宗旨在于推动土耳其共和国的现代化进程,而极权政治则是特定历史条件下土耳其现代化改革的客观需要和推动土耳其现代化进程的有力杠杆。凯末尔之作为土耳其国父的个人魅力和绝对权威,构成极权政治得以实践的重要条件。凯末尔作为共和人民党的领袖

在各地视察的凯末尔

① ［美］凯马尔·H.卡尔帕特:《当代中东的政治和社会思想》,陈和丰等译,中国社会科学出版社1992年版,第462页。

②③ ［美］伯纳德·路易斯:《现代土耳其的兴起》,范中廉译,商务印书馆1982年版,第508页,第391页。

和克里斯玛式的统治者,具有不可替代的绝对权力。凯末尔主义之官方意识形态的地位,则是凯末尔时代极权政治的产物和表现。苏丹制度的废除和哈里发制度的终结以及其后的一系列世俗化举措,无疑包含着宗教政治衰落和世俗政治强化抑或从神权向俗权转变的历史内容。然而,土耳其共和国的世俗化进程与政治民主化进程并未表现为同步的趋向。凯末尔主义的世俗化政策,不仅损害传统教界的既得利益,而且导致官方思想与民间信仰的严重对立,进而在意识形态方面切断了连接国家与民众的重要纽带。所谓的世俗主义和国家主义旨在服务于民族主义和极权主义的政治需要,而革命主义则集中体现凯末尔时代土耳其共和国的剧烈政治变革。政府、共和人民党与凯末尔的三位一体,构成凯末尔时代土耳其共和国的政治模式。凯末尔时代一党制的政治实践与共和主义之主权在民的政治理念大相径庭,所谓的共和主义和民众主义尚徒具虚名,只是凯末尔美化个人的政治口号抑或土耳其共和国政治生活的发展方向,并非"凯末尔主义中最重要的组成部分"。

作者点评

土耳其共和国诞生于第一次世界大战结束后风雨飘摇和战火纷飞的民族危亡之际,西方列强的凌辱和希腊军队的入侵激发了土耳其人的民族情感。凯末尔主义作为土耳其共和国早期的主流思想和官方意识形态,根源于凯末尔时代的特定历史环境。民族主义无疑是凯末尔主义的核心内容,异常尖锐的民族矛盾赋予凯末尔主义之民族主义的鲜明色彩。共和主义、平民主义、世俗主义、国家主义和革命主义作为民族主义的逻辑延伸,则是新兴的土耳其共和国摆脱奥斯曼帝国遗留的传统阴影,进而实现土耳其民族复兴和推动土耳其共和国现代化进程的历史模式。

第十三章

威权政治的终结

一、 伊斯梅特与自上而下的政治改革

伊斯梅特(Ismet Inonu, 1884—1973)出生于伊兹密尔,毕业于伊斯坦布尔军事学院,巴尔干战争期间晋升少校,第一次世界大战期间曾任奥斯曼帝国军队的军团司令。土耳其独立战争期间,伊斯梅特出任安卡拉军队的参谋总长,于1921年两次率军在名为伊纳尼的战场击溃入侵安纳托利亚的希腊军队,取得辉煌的战绩。1934年,土耳其政府推行新的姓氏制度,议会将伊诺努作为伊斯梅特的专用姓氏,以表彰其在土耳其独立战争期间特别是在两次伊纳尼战役中的卓越贡献。1923年,伊斯梅特作为外交部部长,代表土耳其政府与协约国签署《洛桑条约》。土耳其共和国成立后,伊斯梅特长期担任内阁总理。1938年11月10日,凯末尔在伊斯坦布尔病逝。次日,大国民议会选举伊斯梅特继任总统,成为土耳其共和国的第二任总统。伊斯梅特于1938年至1950年担任总统期间,土耳其共和国经历了威权体制衰落和民主化进程启动的深刻变革。如果说凯末尔是土耳其共和国的缔造者,那么伊斯梅特可谓土耳其共和国民主化进程的首开先河者。

伊斯梅特

凯末尔时代是土耳其共和国威权政治的典型阶段，共和人民党作为唯一合法政党垄断国家权力，议会选举流于形式，民众的合法参与缺乏必要的政治空间，反对派政党在政治舞台销声匿迹，安纳托利亚东南部山区的库尔德人武装组织成为仅存的反政府势力，持不同政见的保皇派、自由主义者、伊斯兰主义者和社会主义者只限于在遥远的巴黎、索菲亚、大马士革和开罗发出微弱的声音。1939 年 6 月，共和人民党召开第五次大会，实行政党组织与政府机构的分离，尝试推动执政党内部的改革进程。然而，土耳其共和国的政治生活依旧沿袭凯末尔时代自上而下的威权模式，总统凌驾于社会之上，操纵共和人民党和大国民议会，控制内阁政府，共和人民党、大国民议会和内阁政府构成威权政治的御用工具。

第二次世界大战爆发后，土耳其政府保持中立，一方面向德国提供战争物资，另一方面接受同盟国的军事援助，直至 1944 年 8 月宣布与德国断绝外交关系，1945 年 2 月即轴心国覆灭前夕对德宣战。据说，凯末尔生前曾经告诫土耳其民众，面对风云变幻的国际形势和战争威胁，务必与英国站在同一阵线。凯末尔去世后，伊斯梅特作为继任总统于 1939 年 10 月与英法两国签订同盟条约。第二次世界大战初期，德军席卷巴尔干半岛，兵锋正盛，土耳其亦曾被迫向德国示好，意在疆域自保而免遭德国的入侵。第二次世界大战期间，土耳其尽管并没有直接卷入欧洲战场，然而面对轴心国对巴尔干半岛的军事占领和由此受到的安全威胁，被迫加大军事投入，军队员额从 12 万增至 150 万，军费支出几乎占政府财政预算的 1/2。土耳其政府为保证必要的军费来源，强化国家主义的经济政策，实行通货膨胀的货币政策，干预市场价格，增加税收，导致城市民众特别是工商业资产阶级的普遍不满。政府在第二次世界大战期间征收农产品税和降低农产品价格的政策，导致乡村社会的强烈反对。在农民的眼中，共和人民党仿佛是宪兵和税吏的象征。在一党制的历史条件下，民众对于政府的不满直接表现为反对共和人民党统治地位的政治倾向。然而，特定的国际环境和尖锐的民族矛盾，制约着国内矛盾以及共和人民党内部的裂变，一党制的政治体制得以延续。第二次世界大战结束之后，国际形势趋于缓和，土耳其国内的政治对立逐渐加剧，大国民议会开始成为诸多政治群体角逐权力的重要舞台。

早在 1944 年 11 月，总统伊斯梅特在大国民议会发表演说，开始强调宪法赋予的议会权力，允诺实行民主政治和承认反对派政党的合法存在，旨在缓解日益加剧的国内矛盾，共和人民党对于国家权力的垄断出现松动的迹象。

1945 年 5 月,总统伊斯梅特在安卡拉举行的体育运动会上公开表示,土耳其将会更大程度地普及民主制的政治原则。随后举行的大国民议会审议新的土地分配法案。审议期间,新的土地分配法案尽管得到总统伊斯梅特的支持,却在大国民议会内部引发明显的分歧和尖锐的对立,土耳其政坛开始出现反对派的声音。同年 6 月,共和人民党议员阿德南・门德列斯(Adnan Mendres)、切拉勒・拜亚尔(Celel Bayar)、拉菲克・科拉尔坦(Refik Koraltan)和福阿德・科普鲁卢(Fuad Koprulu)向大国民议会提交《四人备忘录》即《关于修改党章若干细则的建议》,要求执政党即共和人民党尊重 1924 年宪法规定的民主原则,保障宪法赋予的公民权利,修改与民主原则不符的法律条文。《四人备忘录》尽管遭到共和人民党主导的大国民议会的否决,却在民间诸多社会阶层得到广泛的赞同。福阿德・科普鲁卢在随后发表的文章中,指责一党独裁背离民主制的政治原则,抨击共和人民党政府滥用权力,呼吁强化大国民议会对于政府的制约功能。随后,共和人民党宣布开除此前提交《四人备忘录》中的三人即阿德南・门德列斯、福阿德・科普鲁卢和拉菲克・科拉尔坦,提交《四人备忘录》中的另外一人即切拉勒・拜亚尔则宣布辞去共和人民党议员职务并退出共和人民党。

美国总统罗斯福、土耳其总统伊斯梅特和英国首相丘吉尔

1945 年 7 月,伊斯坦布尔的企业家努里・德米拉格(Nuri Demirag)获得官方的准许,创立战后第一个反对派政党,名为民族复兴党(National Revival Party),主张实行自由主义和发展私人经济。民族复兴党的成立,预示着土耳其战后多党政治和民主化进程的发展方向。

1945 年 11 月,伊斯梅特在议会表示,土耳其民主制的主要瑕疵是缺乏反对派政党,应当采用直接选举取代间接选举,废除限制自由和民主的若干法律条款,允许持不同政见者组建反对党。伊斯梅特声称,允许反对党的存在"是发展我国政治生活的正当途径,而且也是促进民族福利和政治成熟的更带建设性的办法。我们必须尽自己最大的努力,来防止因政治上见解不同而形成同胞之间的彼此敌视"。①

二、 一党制时代的结束

1946 年 1 月,被共和人民党开除的议员阿德南·门德列斯、拉菲克·科拉尔坦、福阿德·科普鲁卢和辞去共和人民党议员职务进而宣布脱离共和人民党的切拉勒·拜亚尔创建新的反对派政党,名为民主党(Democratic Party)。民主党在强调政府控制港口、铁路、电力、水力、矿业和林业之必要性的同时,反对国有企业的特权地位。民主党脱胎于共和人民党,民主党主席切拉勒·拜亚尔曾经担任凯末尔时代的内阁总理,伊斯梅特亦曾设想使民主党成为共和人民党的合作伙伴和忠实的反对党。然而,民主党自创建伊始,凝聚了反对共和人民党的诸多社会元素,进而挑战共和人民党作为执政党的权力垄断,工商界和知识界成为民主党的中坚力量。

1946 年 5 月,共和人民党召开第六次大会,实行党内的民主化改革,废除党内领袖的终身制,规定共和人民党主席选举产生和任期四年的组织原则,宣布终止政府的新闻审查和舆论管制,给予大学以自治的地位,同时决定将原定于 1947 年 7 月举行的议会选举提前至 1946 年 7 月举行,取消间接选举,实行直接选举。

1946 年 7 月举行的议会选举,在土耳其共和国的历史上首次由执政党和反对党共同参与,投票率为 85%。执政的共和人民党在大选中获胜,赢得大国民议会 465 个席位中的 396 个席位,民主党作为反对党赢得大国民议会的 62 个席位,独立候选人赢得大国民议会的 7 个席位。随后,共和人民党主导的大国民议会选举伊斯梅特出任总统,伊斯梅特任命雷杰普·佩克尔(Recep Peker)作为内阁总理,组成新一届政府。按照民主党的说法,该党实际获得的席位是 279 个,选举程序具有明显的瑕疵,选举结果缺乏公正。

1946 年 7 月大选后,获胜的共和人民党试图争取民主党加入内阁,作为

---

① Ahmad, F., *The Turkish Experiment in Democracy 1950—1975*, London 1977, p.9.

雷杰普·佩克尔

自己的执政伙伴，遭到民主党的拒绝。共和人民党庞大的分支机构和广泛的政治势力，特别是选举程序的缺陷，明显影响了1946年7月的选举结果。另一方面，民主党与共和人民党在基本纲领上并无本质的区别，凯末尔主义的民族主义和世俗主义构成共和人民党和民主党共同的政治原则。反对共和人民党的诸多社会群体，成为支持民主党的主要政治力量。尽管如此，1946年7月的大选毕竟开辟了执政党与反对党角逐议会席位的先河，打破了长期以来共和人民党垄断议会席位的局面，标志着土耳其共和国的政治民主化进入新的历史阶段。

1947年1月，民主党召开第一次大会，发表《自由宪章》，肯定凯末尔在实现民族独立和改造社会方面的历史功绩，宣布将致力于民主政治的建设，在1920年《民族宪章》的基础上完成凯末尔的未竟事业。会议期间，民主党主席切拉勒·拜亚尔明确提出著名的三项要求，即修改选举法、总统与执政党主席职位分离、废除违背宪法和民主原则的相关法律条款。

1947年7月，伊斯梅特宣布，承认反对派政党的合法地位以及反对派政党与共和人民党在国家政治生活中的平等地位，赋予工人自行组织工会的合法权利。伊斯梅特声称："在一个多党制的国家里，总统应该置身于政党政治之上，应该是一个无党派的国家元首，并且对于各个政党都负有同样的义务。"[1]随后，伊斯梅特与来自共和人民党的内阁政府总理雷杰普·佩克尔、民主党主席切拉勒·拜亚尔发表联合声明，宣布政党组织与政府机构的分离。一党制的政党制度由此彻底退出土耳其的历史舞台。

1946年，共和人民党政府起草新的五年计划，沿袭凯末尔时代的原则，继续实行国家主义的经济政策，提交大国民议会审议。民主党议员反对共和

① Ozbudun, E., *Contemporary Turkish Politics*, Boulder 2000, pp.16—17.

人民党的国家主义政策,要求限制政府对于经济领域的直接干预,发展私人经济,少数民主党议员甚至将国家主义比作法西斯主义的残余。1947 年 1 月,伊斯坦布尔商人成立商人联合会,批评国家主义阻碍经济进步,支持民主党的自由主义纲领。1947 年 9 月,雷杰普·佩克尔辞职,哈桑·萨卡(Hasan Saka)出任内阁总理。同年 11 月,共和人民党政府修改新的五年计划,强调自由主义的经济原则,争取加入国际货币基金会和获得西方的经济援助,强调发展农业和轻工业以及公路建设,同时拒绝了民主党关于出售国有企业的要求。

三、 1950 年大选

1950 年 2 月,迫于民主党的压力,共和人民党主导的大国民议会修改选举法。同年 5 月,土耳其举行新一届的大国民议会选举。1950 年大国民议会选举的突出特点在于自由和公平的选举环境,首次实行选民的直接选举取代已往的间接选举,由司法机关取代行政机关监督选举程序,采用秘密投票和公开计票的原则。在全国总计 890 万选民中,795 万选民参加投票,投票率为 89%。大选结果是,民主党获得 424 万张选票,占选票总数的 53.3%,共和人民党获得 318 万张选票,占选票总数的 39.7%。民主党赢得了西部发达省份的多数选票,共和人民党的选票大都来自相对落后的东部省份。根据土耳其的选举制度,民主党获得大国民议会 487 个席位中的 408 个席位,共和人民党获得大国民议会的 69 个席位,1948 年脱离民主党而另立门户的民族党获得大国民议会的 1 个席位,独立候选人获得大国民议会的 9 个席位。在同年秋季举行的地方选举中,民主党再次胜出。

1950 年民主党取代共和人民党而成为执政党的根本原因,在于诸多传统社会阶层与新兴社会群体的广泛支持。凯末尔时代,政府致力于工业化的经济发展战略,现代化的改革举措局限于城市的范围,城乡差距明显,广大农民游离于政治舞台的边缘地带,共和人民党的支持者主要来自凯末尔时代崛起的精英阶层。相比之下,民主党具有广泛的社会基础,更多的支持者分布在广大的乡村,俨然是土耳其民众利益和诉求的象征。“农村豪门、农民、新兴商业阶级和旧宗教阶级,这些大概便是 1950 年支持民主党的最重要的分子”。[1]民主化进程的启动和多党制的议会选举,提高了农民的政治地位,吸

① [美]伯纳德·路易斯:《现代土耳其的兴起》,范中廉译,商务印书馆 1982 年版,第 334 页。

引农民的支持成为诸多政党在大选中争夺选票的重要因素。议会选举的框架下农民的政治化和乡村社会的广泛政治参与，无疑是民主党在 1950 年大选中胜出的关键因素。

1950 年大选后，伊斯梅特结束了长达 14 年的总理生涯和长达 12 年的总统生涯，共和人民党失去执政党的地位而成为大国民议会中占据少数席位的反对党。切拉勒·拜亚尔当选为土耳其共和国的第三任总统并辞去民主党主席的职务，拉菲克·科拉尔坦当选议长，阿德南·门德列斯以民主党主席的身份出任内阁总理。

切拉勒·拜亚尔

自 1876 年至 1950 年，奥斯曼帝国和土耳其共和国先后经历 14 次议会选举，其中只有第二次宪政革命期间即青年土耳其党时代的 1908 年、1912 年和 1919 年以及战后 1946 年、1950 年五次选举出现多党竞选的局面，只有 1950 年的选举出现执政党向在野党移交权力的政治变动。“1950 年的选举结果颇具戏剧性。作为共和国创立者的政党在选举中落败，反对党却以 83.8% 的选票获得选举的胜利”。①

1950 年的议会选举，可谓土耳其现代政治史的重要分水岭，标志着土耳其现代化进程中政治层面的深刻变革和政治民主化的长足进步。从 1946 年多党政治的合法化到 1950 年议会选举的民主化，在短短的四年时间中通过和平的方式实现政治领域的历史性转变，在发展中国家堪称绝无仅有。凯末尔于 1919 年首次提出的“真正的自下而上的结构”的政治实践，由此拉开历史的帷幕。不同政党之间通过议会选举的形式实现权力的和平移交，成为此后土耳其共和国政治生活的基本原则。官方政治与民间政治趋于一致，民众

① Sayari, S., *Politics, Parties, and Elections in Turkey*, Boulder 2002, p.2.

的选择成为国家权力的合法来源。

作者点评

从民族解放运动的胜利和主权国家的建立到民主化的长足发展和民主政治的广泛实践，可谓贯穿土耳其共和国成长历程的鲜明主题。凯末尔时代的威权政治，无疑是土耳其民族主义高涨的历史产物和逻辑延伸。“二战”结束后威权政治的终结、多党政治的合法化和议会选举的民主化，标志着土耳其共和国政治生活的重大转折。共和人民党与民主党之间通过1950年的议会选举实现执政地位的转换和执政权力的和平移交，成为土耳其共和国民主化进程的历史丰碑。

第十四章

民主化进程的艰难探索

一、20世纪50年代民主党的执政历程

20世纪50年代,伴随着普选制的完善与多党制的广泛实践,总统权力逐渐削弱,议会成为国家政治生活的核心舞台。1950年大选之后的大国民议会,其人员构成与凯末尔时代存在明显的区别。新议会的成员更加年轻,与所在的选区联系更加密切;更多的议员不再具有官僚和军人的政治背景,因而更加富于民间色彩和非政府倾向。另一方面,国家、政党与社会三者之间的关系在50年代发生明显的变化。共和人民党执政时期,政府机构与共和人民党组织在某种程度上处于重合的状态,政党政治与政府政治浑然一体,共和人民党成为国家控制社会的政治工具。1950年民主党执政以后,国家、政党与社会之间的传统模式遭到否定,政党政治与政府政治逐渐分离。

民主党在取得执政地位之前,可谓民众意志的代言人和民主政治的象征。1950年民主党在大选中获胜后,安卡拉的宗教界人士曾经表示:"感谢安拉让我们从共和人民党的统治下获得解放。"民主党议员亦公开宣称:"凯末尔是象征独立的总统,伊诺努是象征独裁的总统,而拜亚尔则是象征自由的总统。"①民主党内阁的建立标志着土耳其共和国的政治发展进入新的历史阶段,阿德南·门德列斯领导的民主党内阁被视作代表民众意志的第一届真正意义上的民选政府。

然而,民主党在取代共和人民党成为执政党以后,排斥政治异己的专制

① Geyikdagi, M.Y., *Political Parties in Turkey*, New York 1984, p.74.

倾向逐渐显现，其对于共和人民党的限制程度甚至超过共和人民党执政时期对于民主党的限制程度。1950年的议会选举无疑是土耳其现代化进程中政治层面的重要分水岭。然而，民主党执政时期，土耳其的民主政治在诸多方面仍有待成熟，甚至出现逆向的变化。不可将民主党与共和人民党之间的权力角逐简单归结为民主与专制的抗争。在不同的历史时代抑或历史条件下，在从专制向民主过渡的进程中，共和人民党与民主党所扮演的角色经历了变化的过程。此类现象在中东诸多国家普遍存在。因此，研究政党政治，不仅需要分析其社会基础和政治纲领，更需要分析该政党在不同历史环境下特别是由非法组织转变为合法组织以及由反对党转变为执政党之历史进程中的政治实践。

民主党执政期间，其与共和人民党之间的关系始终处于紧张的状态。民主党自称是民众意志的代言人，负有推动社会转型的历史使命，同时希望共和人民党成为顺从自己的合作伙伴。共和人民党作为凯末尔主义的象征，长期以来在官僚和军队中具有较大的影响，尽管丧失执政的地位，仍然不失为举足轻重的政治势力，加之拥有雄厚的财力支撑，构成挑战民主党执政地位的潜在威胁。1951年，民主党政府取缔共和人民党的重要外围组织"人民园地"和"人民之家"。1953年，民主党控制的大国民议会通过决议，将共和人民党以及"人民园地"和"人民之家"的财产收归政府，旨在打击共和人民党的势力和削弱共和人民党作为反对党的政治影响。1954年1月，脱胎于民主党的反对党民族党被执政的民主党予以取缔。随后，民族党成员创建共和民族党，成为新的反对党。

拜亚尔总统视察土耳其军队

20世纪50年代前期是土耳其经济的繁荣时期，也是民主党执政的黄金时期。此间，民主党主导土耳其的政治舞台，共和人民党尚无力挑战民主党的执政地位，政治局势处于相对稳定的状态。另一方面。民主党执政后，重视发展国民经济，推行减税计划，取消政府专卖制度，降低银行贷款利率，鼓励民间投资和社会消费。1950—1953年，投资总额从100万里拉增至21亿里拉，1960年达到78亿里拉，经济增长呈良好势头，民众生活逐步改善。1950年，执政的民主党提出的口号是“实现前所未有的发展”，以美国作为效仿的对象，将使土耳其在不久的未来成为“小美利坚”。

1957年门德列斯总理视察伊斯坦布尔金角湾大桥模型

民主党政府强调农业在土耳其现代化进程中的重要作用，优先考虑农民的利益，向农民提供低息贷款，高价收购农产品，积极推广农业机械。民主党政府推行的政策促进了土耳其经济的发展，尤其是农业产值增长迅速，农民成为新经济政策的最大受益者。据统计，1948—1952年，拖拉机数量从1 750台增至超过30 000台。另据统计，1948—1956年，耕地面积从1 450万公顷增至2 250万公顷，耕地面积的增长远远超过人口增长的幅度。农业的巨大进步换取了农民对于民主党政府的广泛支持，经济政策的成功保证了民主党在新一届议会选举中的胜利。

1954年5月，土耳其举行议会选举，登记选民1 026万人，投票者910万人，投票率达到88.6%。大选的结果是，民主党获得515万张选票，占选票总数的56.6%，超过1950年大选时获得的53.3%的选票；共和人民党获得316万张选票，占选票总数的34.8%，少于1950年大选时获得的39.9%的选票。民主党在大国民议会中的席位从420个增至505个，共和人民党在大国民议会中的席位从63个降至31个。奥斯曼·布鲁克帕希(Osman Bolukbasi)领导的民族党曾经参与1950年大选，获得1个议会席位，1953年因具有浓厚的宗教色彩而遭到取缔，1954年重建，更名为共和民族党，获得4.8%的选票和大国民议会的 5 个席位。该党获得的选票,全部来自奥斯曼·布鲁克帕希的故乡克尔谢希尔省(Kirsehir)。此外,独立候选人赢得 0.6%的选票和大国民议会的 2 个席位。

20 世纪 50 年代是土耳其外交政策的转型时期。民主党政府一改土耳其政府自凯末尔时代以来长期恪守的中立外交原则,奉行亲西方的外交政策,旨在借助西方的保护抵御来自苏联和共产主义阵营的潜在威胁。早在 1950 年底,一支 4 500 人的土耳其旅被派到朝鲜战场,加入美国为首的联合国军。1952 年 2 月,土耳其正式加入北大西洋公约组织。1953 年 2 月,土耳其与希腊、南斯拉夫建立巴尔干三国同盟,试图遏制苏联在巴尔干半岛的扩展。同年 5 月,民主党政府拒绝了苏联方面递出的橄榄枝。1955 年 2 月,土耳其与伊拉克缔结《巴格达条约》,建立中东地区的亲美军事同盟;同年 4 月、9 月和 11 月,英国、巴基斯坦和伊朗亦相继加入巴格达条约组织。此间正值阿拉伯世界民族主义运动空前高涨,大多数阿拉伯国家持反美立场,而巴格达条约组织的建立导致土耳其与其他阿拉伯国家的关系受到严重的损害。

20 世纪 50 年代中叶开始,土耳其经济增长速度下降。1950—1955 年,财政赤字额增长 8 倍。1950—1958 年,里拉与美元的兑换比率由 2.8∶1 上升为 10∶1,通货膨胀率由 3%上升为 20%。1960 年,外债高达 15 亿美元,约占当年国内生产总值的 1/4。经济形势的恶化导致社会不满的加剧,民主党政府的支持率随之下降。在 1955 年举行的地方选举中,共和人民党和共和民族党抵制选举,民主党作为执政党仅仅获得 37%的选票。

1946—1950 年共和人民党执政期间,民主党挑战共和人民党执政地位的主要手段是自由主义的竞选纲领。然而,20 世纪 50 年代中叶以后,随着经济形势的恶化和社会不满的加剧,民主党政府逐渐放弃自由主义政策,收缩民主框架,趋向于极权主义的政治立场,不断强化对于社会和民众的控制,压缩反对派的政治空间,直至形成阿德南·门德列斯的独裁统治,民主化进程出现逆转的趋势。

1955 年 8 月,民主党政府与英国及希腊谈判解决塞浦路斯的未来政治地位。同年 9 月,土耳其民众举行一系列的抗议活动,许多地区出现袭击希腊人的骚乱,局势出现失控的迹象,民主党政府宣布在伊斯坦布尔、安卡拉和伊兹密尔三大城市实行军事管制。11 月,阿德南·门德列斯向总统切拉勒·拜亚尔递交内阁辞呈，继而受总统切拉勒·拜亚尔的委托组建新一届政府。12 月，反对阿德南·门德列斯独裁统治的部分议员宣布脱离民主党，成立自由党。此后，自由党与共和人民党、共和民族党共同构成大国民议会内部的反对党。

1954 年大选后，一方面民主党政府将支持反对派的马拉提亚省(Malatya)一分为二，又将支持反对派的克尔谢希尔省降格为克尔谢希尔县。另一方面，民主党主导的大国民议会修改《选举法》，禁止不同政党联合提名候选人，旨在为反对派竞选大国民议会席位设置障碍。1956 年夏，阿德南·门德列斯援引 1940 年的《国家安全法》，控制市场物价和物资供应，强化新闻管制，取缔政治集会，压缩反对派的政治空间，民主党政府的极权主义倾向进一步加强。1956 年 8 月，共和人民党总书记卡希姆·古里克(Cahim Gurik)遭到监禁。1957 年 4 月，工会联盟遭到取缔。同年 7 月，共和民族党领导人奥斯曼·布鲁克帕希被司法机构逮捕。

民主党政府的高压政策导致反对派政党的联合趋势。1957 年 8 月，大国民议会内部的反对党共和人民党、自由党和共和民族党试图建立竞选联盟，共同挑战民主党的执政地位。9 月初，民主党创始人之一福阿德·科普鲁鲁宣布退出民主党，加入反对派阵营。来自反对派的巨大压力，迫使民主党政府决定提前举行大选。与此同时，民主党政府颁布法令，禁止不同政党建立竞选联盟，禁止退党者在六个月内成为其他政党提名的候选人。

1957 年 9 月底，土耳其在紧张的政治气氛下举行议会选举。登记选民 1 210 万人，投票者 934 万人，投票率仅为 77.15%，低于 1950 年的 89.06%和 1954 年的 88.75%。福阿德·科普鲁鲁在投票日前夕告诫选民，此次选举可谓整个土耳其民族与试图复兴一党制的独裁者阿德南·门德列斯个人之间的角逐。民主党尽管再次获得议会选举的胜利，却丧失了原有的绝对优势，仅获得 437 万张选票，占选票总数的 47.3%，在大国民议会的 610 个席位中赢得 424 个席位。相比之下，反对党呈上升趋势，共和人民党获得 375 万张选票，占选票总数的 40.6%，赢得大国民议会的 178 个席位，自由党获得 3.8%的选票和大国民议会的 4 个席位，共和民族党获得 7.2%的选票和大国民议会的 4 个席位。1957 年的议会选举结果，反映出民主党在土耳其政坛的衰落趋势。

二、 1960年军事政变与1961年宪法

共和人民党与军方之间具有密切的历史渊源，行伍出身的共和人民党领导人伊斯梅特在土耳其军中素有极高的威望。相比之下，民主党领导人切拉勒・拜亚尔和阿德南・门德列斯均为文官出身，并无军旅生涯，排斥军人的政治干预。民主党于1950年执政伊始，首先更换包括武装部队总参谋长在内的军方高层将领，以求消除军事政变的隐患。20世纪50年代后期，阿德南・门德列斯的独裁统治导致军方的强烈不满。1957年12月，9名军官涉嫌反对政府，在伊斯坦布尔遭到逮捕，民主党政府与军方之间的关系开始出现恶化的征兆。“1959—1960年政府针对反对派所采取的镇压性手段，仅仅是企图遏止要求变革的不断高涨的潮流的绝望挣扎。”①

1958年10月，农民党与共和民族党宣布合并。同年11月，自由党与共和人民党宣布合并。1959年1月，共和人民党举行反对派民主论坛，呼吁大国民议会实行两院制、成立宪法法院、承认大学的自治地位、保障新闻自由。1959年4月，包括伊斯梅特和46名议员在内的反对派在乌萨克(Usak)举行政治集会，其间遭到民主党政府的干扰。伊斯梅特在随后从伊兹密尔返回伊斯坦布尔的途中，险遭暗杀。同年5月，共和人民党议员与民主党议员在大国民议会发生激烈的肢体冲突。

1960年4月，民主党控制的大国民议会决定成立专门委员会，调查政治反对派，共和人民党议员旋即退出议会，以示抗议。随后，伊斯梅特发表演讲，指出土耳其人经历了长期的努力才结束共和人民党的一党独裁，建立多党制的民主体制，如果民主党继续排斥和迫害反对派政党，势必引发新的政治革命。与此同时，在伊斯坦布尔和安卡拉，学生举行示威，反对民主党的独裁专制，民主党政府随后宣布在这两座城市实现军事管制。

1960年5月，军方发动政变，接管安卡拉和伊斯坦布尔的政府机构，解散议会，逮捕包括阿德南・门德列斯在内的民主党官员，宣布成立由38名军官组成的民族团结委员会(National Unity Committee)作为行使立法权和行

---

① [美]凯马尔・H.卡尔帕特：《当代中东的政治和社会思想》，陈和丰等译，中国社会科学出版社1992年版，第467页。

杰马尔·古尔赛勒

政权的最高机构,推举前陆军司令杰马尔·古尔赛勒(Cemal Gursel)出任国家元首、内阁总理兼国防部部长。军方政变受到共和人民党支持者的欢迎,许多城市举行了盛大的庆祝活动。然而,在安纳托利亚内陆的广大乡村,下层民众对于军方政变和民主党政府垮台的反应相对平淡。

军方将被捕的民主党官员关押在马尔马拉海的一个戒备森严的岛屿,任命 9 人组成的特别法庭负责审理。1961 年 9 月,特别法庭作出判决,裁定 123 人无罪释放,判处 31 人终身监禁,判处 418 人有期徒刑,前总理阿德南·门德列斯以及前外交部部长祖尔鲁(Zurlu)和前财政部长波拉克坦(Boraktan)被执行死刑,前总统切拉勒·拜亚尔由于年事已高和健康原因而免予执行死刑,1966 年获释。判决结果宣布后,许多外国政府首脑和共和人民党领导人伊斯梅特曾经表示希望赦免阿德南·门德列斯、祖尔鲁和波拉克坦的死刑判决,遭到民族团结委员会的拒绝。1990 年 9 月,土耳其政府在伊斯坦布尔为阿德南·门德列斯、祖尔鲁和波拉克坦举行国葬,恢复三人的政治名誉。

军方在政变后发表的声明中宣布:“把这次军队接管政权视为普通的政变是不对的……政府应该保护公民权,应该体现国家、法律、公正、道德和公共利益的原则,而公共服务已经变成了受个人野心以及阶级特权影响的物质力量代表……国家已经变成了谋求个人利益和实现个人野心的工具……因此政权失去了与其真正的权力来源的所有精神联系,所以要结束这个政权……这个政权现在实际上已经违背真正国家的基本的核心制度,也违背阿塔图尔克的改革……从合法性的角度来看,现在的状况也是一样。一个合法的政府应该源于其依法行政的能力。政府及其权力机构不断炮制违反宪法的新的法律,然后将这些法律作为破坏宪法的工具。政府还做出了一些没有任何法律依据的事情……我们的目标在于重建法律秩序……以上就是今天摆在我们面前的一些理由,这些理由说明何以必须重新组织和重建我们的国家机构和社会机构、政治权力和合法政府。我们把民族团结委员会安排国家部队和机构接管政府的行动看作为了重建合法统治而采取的手段，目的在于改变这样一种情况：社会机构实际陷于瘫痪、人民被唆使相互残杀，及其导致的无政府状态。”①

1960 年 5 月，在发动政变的次日，军方召集来自伊斯坦布尔大学的 5 名法学教授在首都安卡拉发表声明，认同军事政变的合法性和法理依据。6 月，由发动政变的军官控制的民族团结委员会指定法学教授拟定临时宪法，阐述军事政变和政权更替的法律基础，宣布民主党政府违背宪法。8 月，民族团结委员会清洗持不同政见的军官，包括总参谋长拉吉卜·古姆斯帕拉(Ragip Gumuspala)和 200 余名将军在内的约 5 000 名军官被解除职务。9 月，民族团结委员会宣布取缔民主党。

在民族团结委员会内部，杰马尔·古尔赛勒为首的多数成员持相对温和的政治立场，主张恢复宪政体制、举行大选和还权于民选政府。阿尔帕斯兰·图尔克斯(Alparslan Turkes)上校是 1960 年军方政变的重要组织者，也是民族团结委员会的核心人物之一，代表军方内部的激进政治势力，主张延续军人政权和推行自上而下的改革举措。1960 年 11 月，民族团结委员会的 14 名激进派军官成员，包括阿尔帕斯兰·图尔克斯上校，由于涉嫌反对恢复文官政治和试图建立军人独裁而遭到杰马尔·古尔赛勒的清洗。1961 年 1 月，民族团结委员会解除政治活动禁令，允许政党参与选举，进而召开 272 人组成的制宪会议，邀请除民主党以外的其他政党和社会各界的代表，与民族团结委员会成员共同参加制宪会议，讨论由伊斯坦布尔大学校长希迪克·萨米·奥纳尔(Hidik Sami Onar)和安卡拉大学法学教授亚乌兹·阿德南(Yauz Adnan)分别主持拟定的两部新宪法草案，最后确定将亚乌兹·阿德南主持拟定的新宪法草案交由全民公决。1961 年 7 月，土耳其举行新宪法草案的全民公决，635 万人支持，支持率为 61.7%，393 万人反对，反对率为 38.3%，另有 241 万人弃权，新宪法获得通过。

1924 年颁布的所谓第一共和国宪法，首次确定共和制的基本政治制度，强调主权在民的民主政治原则，赋予公民广泛的法律自由和政治自由，议会构成共和制和民主政治的外在形式。然而，在凯末尔时代，政治制度与政治实践之间不尽吻合，而是存在明显的差异，政治生活的突出特征表现为共和

① [美]凯马尔·H.卡尔帕特：《当代中东的政治和社会思想》，陈和丰等译，中国社会科学出版社 1992 年版，第 476—479 页。

人民党的权力垄断。1937年，凯末尔主义的六项原则作为共和人民党的基本纲领被列入宪法。20世纪50年代民主党执政期间，公民的法律地位和政治地位发生变化，多党制的政党制度助长着政治舞台的多元化倾向。政治生活的进步，导致修改宪法以适应新的政治环境的客观需要。

1961年颁布的宪法，一方面沿袭1924年宪法的政治框架和凯末尔主义六项原则规定的基本发展方向；另一方面强调权力的平衡与国家机构的制约原则，明确规定立法权属于大国民议会而行政权属于总统和内阁。选举程序不受政府干预，由独立于政府的最高选举委员会和地方选举委员会监督实施。大国民议会根据政党在大选中获得的选票数量分配议员席位，总统与政党分离的原则成为1961年宪法区别于1924年宪法的显著特征。

根据1961年宪法，作为立法机构的大国民议会实行两院制，下院包括450名议员，议员产生于直接选举，按照各省的选民人数分配名额，任期4年，上院包括选举产生的150名议员和总统任命的15名议员，任期6年，每2年改选其中的1/3，上院有权以2/3的多数票否决下院决议，旨在强化大国民议会内部的权力制约。新宪法规定，总统由大国民议会选举产生，任期7年，不得连选连任；总统当选以后，须脱离原有政党和军籍，终止议员资格；总理由大选中获多数票的政党领袖担任，内阁对大国民议会负责；大国民议会的正副议长由议员选举产生，不得参与政党活动。大国民议会选举由最高选举委员会和地方选举委员会实施监督，政府不得干预选举程序。根据新宪法，设立独立行使司法权力的宪法法院，负责裁决大国民议会通过的法律法规是否符合宪法原则，同时确认大学的自主地位、新闻媒体的独立地位和社会舆论的自由氛围，充分保障公民权利。新宪法还规定，成立国家安全委员会，由总统领导，成员包括武装部队参谋总长为首的军方将领和政府总理以及相关的内阁部长，掌管国家的安全事务。此项规定提供了军方干预政治的法律依据，进而在其后数十年形成了军方特殊的政治影响。

与1924年宪法相比，1961年颁布的新宪法赋予民众更多的政治自由，左翼势力和右翼势力在政治舞台取得平等的地位。此外，1961年宪法规定土地改革和保障公民权利的诸项内容，承认工人享有结社权和罢工权，成立国家计划委员会负责制定国民经济的长期发展计划，克服民主党执政时期国民经济的混乱状况。“1961年宪法创造了土耳其共和国前所未有、即使在当代世界亦不多见的民主和法律框架，旨在限制国家权力的膨胀和促进公民社会的繁荣。”①

1960年的军事政变和其后两年间的军人统治，是土耳其政治民主化进程中的重要阶段。民主党和阿德南·门德列斯的独裁倾向，无疑是导致军方发动政变的直接原因。军人的干预并未导致政治民主化进程的中断和独裁政权的建立，亦未改变战后土耳其政治民主化的发展方向，而是构成进一步否定凯末尔时代绝对主义传统和一党制政治模式的重要杠杆。军人政权在土耳其政治民主化进程中的主要贡献，在于颁布1961年宪法、实行两院制议会和设立宪法法院。1961年宪法的制定和实施以及大国民议会的改组和宪法法院的设立，标志着土耳其民主化进程的长足发展，政党制度进一步成熟，多党制的政治生活空前繁荣。政党政治的多元化，特别是共和人民党与正义党的分庭抗礼，成为20世纪60年代土耳其政治生活的核心内容。

1960年的军事政变，在土耳其民主化进程中首开军人以强力手段废黜民选政府继而归还国家权力于民众的先河，具有深远的政治影响，军人政治成为此后土耳其政治生活的重要元素和政治舞台的重要角色。1961年宪法可谓此次军事政变最重要的历史遗产，强化了公共权力的分割和制约的法律原则，在国家体制的层面巩固了多党政治和民众参与的政治基础。1961年宪法亦为土耳其提供了“带来一场合法的社会和经济革命的框架”，表达了渴望实现社会公平的民众诉求，而1960年军事政变因此具有积极和进步的政治内涵。

三、20世纪60年代的民主政治实践

1961年1月，民族团结委员会宣布解除政党禁令。同年10月，土耳其举行议会选举，共有14个政党参加竞选，登记选民1 291万人，投票者1 052万人，投票率为81%。得到军方支持的共和人民党获得372万张选票，占选票总数的36.7%，赢得大国民议会下院173个席位，在民主党的基础上重新组建的正义党获得353万张选票，占选票总数的34.8%，赢得大国民议会下院158个席位，在自由党的基础上重新组建的新土耳其党获得139万张选票，占选票总数的13.7%，赢得大国民议会下院65个席位，持保守立场的共和农民民族党获得142万张选票，占选票总数的14%，赢得大国民议会下院54个

① Schick, I.C. & Tonak, E.A., *Turkey in Transition*, Oxford 1987, p.130.

席位。大国民大国民议会上院的议员按照一省一席的多数票制产生，共和人民党获得议会上院36席，正义党获得大国民议会上院70席，新土耳其党获得大国民议会上院28席，共和农民民族党获得大国民议会上院16席。在随后举行的大国民议会第一次会议上，民族团结委员会主席杰马尔·古尔赛勒当选为土耳其共和国总统，民族团结委员会成员成为大国民议会上院的终身议员。随后，杰马尔·古尔赛勒宣布解散民族团结委员会，结束军方对于国家的控制，正式恢复文官政治，土耳其由此进入第二共和国时期。①

20世纪50年代，土耳其的政治生活具有两党制的浓厚色彩，民主党与共和人民党分别作为执政党和反对党处于分庭抗礼的局面。在1950年、1954年和1957年的议会选举中，民主党与共和人民党分享超过90%的选票和98%的议会席位。然而，50年代的民主党作为执政党长期垄断国家权力，排斥政治异己，日渐独裁，具有非民主化的明显倾向。1960年的军人政变具有否定民主党之权力垄断和政治独裁的积极作用，可谓推动土耳其民主化进程的历史杠杆。

第二共和国时期，多元化的政党政治日渐活跃，进而构成诸多社会群体和利益集团实现政治参与和分享国家权力的基本形式。1961—1977年，共和人民党与在民主党的基础上组建的正义党尽管依旧构成最重要的两大政党，然而两大政党的政治影响力无疑呈下降的趋势，在此间5次选举中仅获得73%的选票和80%的议会席位。与此同时，诸多小党的政治影响力逐渐上升，进而分别与两大政党组建联合政府和分享内阁职位。选举政治的完善，成为了政党政治长足进步和多党制政党政治日渐成熟的基本框架。

1961—1965年，土耳其政治生活的突出现象是多党联合政府的建立和内阁的频繁更替。1961年的议会选举结果表明，共和人民党与民主党的继承者正义党之间的角逐依然主导土耳其的政治舞台。新宪法赋予的政治自由并未导致右翼政党和伊斯兰政党的兴起，左翼的土耳其工人党亦未获得进入大国民议会的足够选票。1961年议会选举之后，大国民议会中的第一大党共和人民党试图邀请新土耳其党共同组阁，遭到新土耳其党领导人的拒绝。随后，在军方的压力和干预下，共和人民党与其政治宿敌正义党组成联

---

① 研究者通常按照土耳其共和国1924年宪法、1961年宪法和1982年宪法的颁布，将1923—1960年称作第一共和国时期，1961—1981年称作第二共和国时期，1982年以后称作第三共和国时期。

合政府，内阁职位由共和人民党与正义党成员分享，年近八旬的共和人民党主席伊斯梅特出任内阁总理，是为土耳其共和国历史上的首届多党联合政府。正义党主席拉吉卜·古姆斯帕拉并未担任内阁职务，意在与共和人民党保持适当的政治距离，以求在新一届大选中取而代之。

1962 年 5 月，正义党由于与共和人民党存在政见分歧，无法达成共识，宣布退出联合政府，伊斯梅特随后辞去内阁总理的职务。6 月，伊斯梅特再度出任内阁总理，组成包括共和人民党、新土耳其党、共和农民民族党以及独立人士在内的新一届联合政府。

1963 年 11 月，正义党在地方选举中胜出，赢得 45.9%的选票，共和人民党紧随其后，赢得 37.0%的选票，相比之下，新土耳其党和共和农民民族党的支持率仅仅为 6.5%和 3.1%。12 月初，在地方选举中落败的新土耳其党和共和农民民族党宣布退出内阁，领导的联合政府垮台，伊斯梅特被迫辞职，总统杰马尔·古尔赛勒要求拉吉卜·古姆斯帕拉领导的正义党组建新的联合政府。12 月底，正义党组阁失败，伊斯梅特受命组建包括共和人民党、独立人士在内的联合政府。

苏莱曼·德米雷尔

1965 年 2 月，共和人民党内阁提交的财政预算未获议会通过，伊斯梅特辞职，独立人士苏阿特·海里·乌尔古普鲁出任内阁总理，正义党主席苏莱曼·德米雷尔(Sulayman Demirel)出任副总理，组成正义党主导，包括新土耳其党、共和农民民族党在内的联合政府。

1965 年 10 月举行议会选举，登记选民 1 368 万人，投票者 975 万人，投票率为 71.3%。正义党获得 492 万张选票，占选票总数的 52.9%，赢得大国民议会下院 450 个席位中的 240 个席位；共和人民党获得 268 万张选票，占选票总数的 28.7%，赢得大国民议会下院

134 个席位；共和农民民族党获得 58 万张选票，占选票总数的 6.3%，赢得大国民议会下院 31 个席位；新土耳其党获得 35 万张选票，占选票总数的 3.7%，赢得大国民议会下院 19 个席位；土耳其工人党获得 28 万张选票，占选票总数的 3%，赢得大国民议会下院 14 个席位。

1964 年，拉吉卜·古姆斯帕拉病逝，苏莱曼·德米雷尔继任正义党主席。苏莱曼·德米雷尔出身安纳托利亚西部伊斯帕尔塔省(Isparta)的一个乡村农户，20 世纪 50 年代民主党执政时期曾经主持水利工程，是第二次世界大战后土耳其政坛的杰出政治家。1965 年大选之后，苏莱曼·德米雷尔作为大国民议会第一大党正义党主席，出任内阁总理，进而登上其政治生涯的顶峰。

1965—1969 年，正义党作为大国民议会多数党单独组阁；土耳其政坛继 20 世纪 20—40 年代的共和人民党和 50 年代的民主党时代之后，进入正义党的时代。相比之下，共和人民党下降为大国民议会的第二大党，成为正义党执政期间最大的反对派政党。

1969 年，举行议会选举，登记选民 1 479 万人，投票者 952 万人，投票率为 64.3%。正义党获得 423 万张选票，占选票总数的 46.5%，赢得大国民议会下院 256 个席位；共和人民党获得 249 万张选票，占选票总数的 27.4%，赢得大国民议会下院 143 个席位；信任党获得 60 万张选票，占选票总数的 6.6%，赢得大国民议会下院 15 个席位；新土耳其党获得 20 万张选票，占选票总数的 2.2%，赢得大国民议会下院 6 个席位；土耳其工人党获得 24 万张选票，占选票总数的 2.7%，赢得大国民议会下院 2 个席位；共和农民民族党获得 29 万张选票，占选票总数的 3.2%，赢得大国民议会下院 6 个席位。正义党作为议会多数党再次单独组阁，共和人民党再次成为大国民议会内部的主要反对党。

1965—1971 年，正义党成为土耳其政坛的主导力量，正义党领袖苏莱曼·德米雷尔长期担任内阁总理，土耳其政坛此间处于相对稳定的状态，经济保持良好态势，GDP 年均增长率达到 20%。

四、 1971 年军事政变与 20 世纪 70 年代的议会选举

尽管正义党承袭民主党的政治传统，然而苏莱曼·德米雷尔政府与阿德南·门德列斯政府在诸多方面存在明显的差异，极权和独裁的倾向明显削

弱。1961 年宪法强调司法独立,增设宪法法院,保障公民权利的法律体制进一步完善,新闻媒体和大学获得自治的地位,政府权力处于法律和社会舆论的制约之下。

进入 20 世纪 70 年代,苏莱曼·德米雷尔领导的正义党内阁面临诸多的压力和挑战,财政赤字,通货膨胀严重,失业率上升。与此同时,左翼思潮日趋活跃,激进政治势力暗流涌动,街头政治泛滥,政局动荡。1970 年 6 月,数万名工人举行大规模的示威抗议,进而与军警之间爆发冲突。

1971 年 3 月,军方再次介入政治,要求建立强有力的政府,按照“凯末尔主义的精神”实施改革,稳定日益恶化的政治局势,结束混乱状态,摆脱政治危机,否则将履行“宪法赋予军方的职责”和接管政府。包括总参谋长和三军司令在内的军方上层在向总统苏奈提交的备忘录中声称:“由于政府和议会顽固的政策、观点和行为,国家已经陷入了无政府的状态,骨肉相残,社会经济动荡。在民众的心目中,实现阿塔图尔克提出的现代文明的目标和希望已经破灭,土耳其的未来已经陷入严重的危险之中……军队将全力执行保卫土耳其共和国的职责,将政权直接掌握在自由手中。”[1]在军方的压力下,苏莱曼·德米雷尔被迫辞职,共和人民党右翼成员尼哈特·埃里姆(Nihat Erim)出任总理,承诺恢复秩序,推行经济社会改革,包括制定新的土地改革法案、征收土地税、采矿业国有化和保护民族工业,试图缓解社会矛盾和政治对立。与此同时,尼哈特·埃里姆领导的内阁提交宪法修正案,取消大学的自治地位,限制新闻自由和宪法法院的权力,成立国家安全法庭,旨在压缩民众政治空间。在右翼政治势力的支持下,尼哈特·埃里姆内阁提交的宪法修正案在大国民议会获得通过。

尼哈特·埃里姆

1971 年 4 月,国家安全会议宣布在 11 个省实行军事管制,打击左翼和右翼极端势力,取缔土耳

① Hale, W., *Turkish Politics and the Army*, London 1994, pp.184—185.

其工人党和民族秩序党。同年 5 月,左翼激进组织"土耳其人民自由军"(Turkish People's Liberation Army)绑架以色列驻伊斯坦布尔总领事,随后军方逮捕 5 000 余人,其中包括土耳其工人党重要成员和工会联盟领导人,土耳其工人党和民族秩序党遭到取缔。1972 年 4 月,尼哈特·埃里姆辞职,与正义党长期合作的信任党(Republican Reliance Party)领导人费里特·梅伦(Ferit Melen)出任总理,组建新内阁。

法赫里·克鲁图尔克

1973 年 4 月,军方归还国家权力,总统苏奈(Sunay)任期届满,军方提名总参谋长法鲁克·古尔勒(Faruk Gurler)出任总统,因诸多政党的反对而未获通过。随后,大国民议会选举退役将领法赫里·克鲁图尔克(Fahri Koruturk)出任总统,法赫里·克鲁图尔克任命经济学家纳伊姆·塔鲁作为看守内阁总理。

1973 年 10 月,土耳其举行议会选举,登记选民 1 680 万人,投票人数 1 122 万,投票率 66.8%。布伦特·埃杰维特(Brent Ecevit)领导的共和人民党获得 357 万张选票,得票率 33.3%,获得大国民议会下院 186 个席位;苏莱曼·德米雷尔领导的正义党获得 320 万张选票,得票率 29.8%,获得大国民议会下院 149 个席位;内切梅廷·埃尔巴坎领导的救国党获得 127 万张选票,得票率 12%,获得大国民议会下院 48 个席位。

1974 年 1 月,共和人民党与救国党组成联合内阁,布伦特·埃杰维特出任总理,内切梅廷·埃尔巴坎(Necmettin Erbakan)出任副总理。1974 年 9 月,布伦特·埃杰维特辞职。1975 年 4 月,苏莱曼·德米雷尔领导的正义党邀请救国党、民族行动党与正义党共同组建新的内阁。

1977 年 6 月举行新一届议会选举,8 个政党参加竞选,共和人民党获得 41.4%的选票和大国民议会下院 213 个席位,正义党获得 36.9%的选票和大国民议会下院 189 个席位;此外,救国党获得 8.6%的选票和大国民议会下院 24 个席位,民族行动党获得 6.5%的选票和大国民议会下院 16 个席位。布伦特·埃杰维特试图组建共和人民党与独立人士的联合内阁,在大国民议会未获通过。随后,正义党与救国党、民族行动党组成联合内阁,苏莱曼·德米雷尔出任总理。1978 年 1 月,苏莱曼·德米雷尔内阁辞职,布伦特·埃杰维特再次组成共和人民党及独立人士的联合内阁,在大国民议会获得通过。1979 年 10 月,布伦特·埃杰维特辞职,苏莱曼·德米雷尔出任总理,由正义党和独立人士组成新的内阁。

五、 多元化的政党政治

土耳其政党政治的源头可以追溯到奥斯曼帝国末期即 19 世纪末 20 世纪初。青年土耳其党革命期间和凯末尔时代,政党政治对于土耳其的政治生活产生广泛和深刻的影响。自第二次世界大战结束后,多党制的议会选举标志着土耳其的政党政治进入新的发展阶段。1923—1950 年,共和人民党是土耳其唯一的执政党。共和人民党的裂变,开启了战后土耳其多元化政党政治的先河。1950—1960 年,继共和人民党之后执政长达十年之久的民主党,在多元化的政党体制中居于一党独大的特殊地位。1960 年军人政变后,一党独大的现象淡出政坛,政党破碎化成为 20 世纪 60—70 年代政党政治的突出现象。

始建于 1923 年的共和人民党(Republican People's Party, 1923—1980, 1992 年至今),直至 20 世纪 40 年代末期以前具有明显的极权倾向,是凯末尔主义得以付诸实践的政治工具。自 50 年代开始,在多党制的历史条件下,共和人民党的思想纲领和内部结构发生深刻的变化,从强调极权主义和国家主义转变为倡导民主政治和私人经济,激进的政治倾向随之逐渐让位于温和的政治色彩。50—60 年代,共和人民党的支持者大都来自偏远落后的乡村和欠发达地区。在 60 年代前期,共和人民党在土耳其政坛占据主导地位,持相对温和的政治立场,主张发展混合经济,实行公平税制和土地改革,缩小城乡之间的差别,鼓励私人经济,增加投资,限制进口,保护民族工业,完善工人的社会保险,旨在争取中下层民众的支持。60 年代中期,布伦特·埃杰维特倡导的中左立场成为共和人民党的政治纲领,共和人民党俨然是土耳其政坛之中左翼政治势力的象征,区别于正义党的中右翼政治形象。1966 年 10 月,共和人民党举行第十八次大会,布伦特·埃杰维特当选共和人民党总书记。60 年代后期,共和人民党丧失在土耳其政坛的主导地位,1965 年和 1969 年两次议会选举中均落后于代表中右翼政治势力的正义党。进入 70 年代,共和人民党在大城市和经济发达地区的支持率逐渐上升。1972 年 5 月,伊斯梅特·伊诺努辞职,布伦特·埃杰维特当选共和人民党主席。1973 年和 1977 年,共和人民党突出平民政治的竞选原则,积极争取游离于政治舞台边缘的社会下层民众的广泛支持,获得巨大的政治资源,直至在议会选举中胜出。在 1977 年举行的议会选举中,共和人民党在伊斯坦布尔、伊兹密尔和安卡拉三大城市所在的省份得票率均超过 50%。

共和人民党在土耳其首都安卡拉的党部大楼

民主党(Democratic Party, 1946—1960)作为 20 世纪 50 年代的执政党,其政治纲领与共和人民党并无根本的区别。在多党制的历史条件下,民主党与共和人民党作为相继主宰土耳其政坛的两大政党,分别属于中右翼与中左翼政治派别,均表现为相对温和的政治倾向。民主党与共和人民党的交替执政,体现了多党制时代土耳其政治生活的温和色彩。1950 年民主党赢得议会选举的首要原因是农民的支持。民主党在执政期间亦采取相应的倾斜政策,实行相对宽松的宗教政策,增加清真寺数量,恢复宗教广播和宗教学校,尤其是在经济领域增加乡村的资金投入,发展乡村道路和公共设施,进口农业机械,保障农产品的价格。民主党内阁因此被时人称作“乡村的政治机器”。50 年代中期以后,民主党政府财政赤字加剧,外债大幅上升,进而导致严重的通货膨胀,引发民众的广泛不满。50 年代末,民主党倾向于极权政治,极力削弱军人、官僚和知识分子,促使后者倒向共和人民党一方。1960 年 9 月,民主党遭到取缔。

1961 年 2 月,民主党的支持者创建正义党(Justice Party, 1961—1980)。1962 年 12 月,正义党召开第一次大会,前武装部队总参谋长拉吉卜·古姆斯帕拉当选主席。1964年6月,拉吉卜·古姆斯帕拉去世,正义党两位副主席萨阿德丁·比尔季奇(Sadettin Bilgic)和苏莱曼·德米雷尔竞选党主席的职位。12月,正义党召开第二次大会,苏莱曼·德米雷尔以1 072票对552票击败对手萨阿德丁·比尔季奇,当选正义党主席。正义党系城市工商业者与乡村地主以及宗教界的政治联盟,沿袭民主党的政治传统,强调自由主义政策,鼓励发展私人经济和吸引外国投资,主张削减中央政府的权力和扩大地方政府的自治权力,在政府垄断的经济部门推动非国有化的进程,降低税收,发展现代农业和推进土地改革,促进包括教育和卫生在内的社会福利事业,具有中间偏右的倾向和伊斯兰教的色彩。正义党的纲领强调,所谓的世俗主义并非亵渎神灵和对宗教持怀疑的态度。正义党重要成员萨阿德丁·比尔季奇声称:"宗教是社会现实和民众需要,世俗国家并不意味着人民没有宗教信仰,与保守派斗争的途径是培养高素质的宗教人士,而伊斯兰教并未妨碍社会进步。"①正义党长期保持与苏菲教团的政治合作,苏莱曼·德米雷尔曾经提出的竞选口号是"中间偏右,通向安拉"。正义党的伊斯兰教色彩在土耳其政坛引发争议,救国党屡屡指责正义党借助宗教争取选票的政治目的。1961年,正义党获得35%的选票。1965年和1969年,正义党连续两次在议会选举胜出,分别获得52.8%和46.5%的选票,成为议会的多数党。在1973年举行的议会选举中,正义党获得29.8%的选票。1977年,正义党再获得36.9%的选票和大国民议会下院189个席位,成为土耳其的第二大政党。

内切梅廷·埃尔巴坎1926年出生于黑海小城锡诺普,早年毕业于伊斯坦布尔技术大学机械工程系,与德米雷尔、厄扎尔以及库坦曾为同窗学友,深受纳格什班迪教团长老穆罕默德·扎希德·库特库伊斯兰主义思想的影响。内切梅廷·埃尔巴坎在伊斯坦布尔技术大学毕业后,留学德国亚琛大学,取得博士学位,继而创立土耳其第一家内燃机工厂,曾经担任土耳其工商界联合会会长。1969年,内切梅廷·埃尔巴坎试图加入德米雷尔领导的正义党,遭到拒绝,遂以独立候选人的身份进入议会。1970年初,内切梅廷·埃尔巴创建民族秩序党(National Order Party, 1970—1971)。

与正义党和民族行动党相比,民族秩序党更具伊斯兰主义色彩,主张恢复伊斯兰教作为土耳其官方的意识形态,实施伊斯兰教法,复兴伊斯兰文化,

① Geyikdagi, M.Y., *Politial Parties in Turkey*, New York 1984, p.98.

抵制西方文化，反对利用世俗主义作为迫害宗教的手段，声称“离开思想和信仰的自由，则民主制度无法存在”，可谓土耳其政坛的第一个真正意义上的伊斯兰主义政党。[①]苏莱曼·德米雷尔领导的正义党与努尔库教团长期保持良好的合作关系；相比之下，内切梅廷·埃尔巴坎领导的民族秩序党得到穆罕默德·扎希德·科特库和纳格什班迪教团的支持。民族秩序党在强调土耳其民族、土耳其历史与伊斯兰教之间内在联系的基础上，倡导民主制度，反对“利用世俗主义原则作为迫害宗教的手段”，声称“离开思想和信仰的自由，则民主政权无法存在”，主张限制大商业资产阶级，抵制西方资本主义，恢复伊斯兰教作为官方意识形态的地位，实施伊斯兰教法，重振伊斯兰道德。民族秩序党的支持者大都来自安纳托利亚内陆地区，传统工商业者居多，徘徊于政治舞台的边缘。1971 年军事政变后，宪法法院以“反对世俗主义基本原则”为由，取缔民族秩序党。

1972 年 10 月，内切梅廷·埃尔巴坎在原民族秩序党的基础上创建救国党(National Salvation Party, 1972—1980)。救国党核心成员大都属于受过良好教育的世俗中产阶级和新兴政治精英，与苏菲派努尔库教团、纳格什班迪教团保持良好的合作关系。救国党是“沉默的穆斯林多数”的政党和民族秩序党的翻版，具有浓厚的伊斯兰主义色彩，致力于土耳其民族主义与伊斯兰教信仰的结合，强调弘扬伊斯兰教与推动现代化进程之间的同步性和内在逻辑联系，谴责政治腐败和社会不公。救国党认为，自由主义和社会主义皆为舶来品，具有异教的色彩，不适合土耳其的传统和国情，土耳其民族面临道德的危机，而“道德的危机来自信仰的危机”。救国党声称：“伊斯兰教不是土耳其民族落后的原因。伊斯兰教是具有高尚道德的宗教，在历史上散发出光芒，开辟通往文明的道路。”[②]救国党主张振兴民族精神和物质生活、实现民族凝聚、保护民族经济、发展民族工业、完善工业体系和建立公正的税收体制，呼吁限制大企业主以保护小规模的地方工业，强调实现社会公正和维护弱势群体的利益，反对高利贷，谴责贫富不均，宣传伊斯兰社会主义思想，声称穆罕默德是最早的社会主义者，穆罕默德在麦地那创立的温麦则是社会主义的萌芽，土耳其成为强国的前提条件是回归伊斯兰教和伊斯兰文明。救国

---

① Rubin, B., *Political Parties in Turkey*, London 2002, p.64.

② [美]凯马尔·H.卡尔帕特：《当代中东的政治和社会思想》，陈和丰等译，中国社会科学出版社 1992 年版，第 535 页。

党在外交方面主张扩大与阿拉伯国家和伊斯兰世界的交往，淡化与欧洲经济共同体和北约的联系。

1973年，救国党首次参加议会选举，提出“伊斯兰社会主义”的竞选口号，赢得12%的选票和大国民议会下院48个席位，进而成为土耳其议会的第三大党，加入共和人民党主导的联合政府。在1977年的议会选举中，救国党获得的选票从12%下降为8.6%，其所占有的大国民议会下院席位从48个减少为24个。1974年，救国党与正义党、信任党、民族行动党组成土耳其政坛的“民族阵线”。1975年，“民族阵线”组成联合政府，正义党领导人苏莱曼·德米雷尔出任内阁总理。1977年议会选举中，救国党获得8.5%的选票和大国民议会24个席位，作为仅次于共和人民党和正义党的议会第三大党，加入苏莱曼·德米雷尔领导的联合政府。

救国党的社会基础是欠发达地区的社会边缘群体，支持者来自相对落后的内陆省区和宗教氛围浓厚的社会群体，代表弱势阶层的政治诉求。据统计，救国党在1973年大选中获得的选票，67.2%来自乡村，32.8%来自城市；救国党在1977年大选中获得的选票，63.2%来自乡村，36.8%来自城市。另据统计，救国党于1973年获得的大国民议会下院48个席位中，34个席位来自安纳托利亚中东部的内陆选区，只有14个席位来自西部沿海选区；救国党于1977年获得的大国民议会下院24个席位中，19个席位来自东安纳托利亚中东部的内陆选区，只有5个席位来自西部沿海选区。“1973年和1977年的大选结果表明，救国党的选票主要来自发展速度最快的地区和相对弱小的地区；在后一种情况下救国党赢得选票可能与伊斯兰教的传统情感有关，而在前一种情况下，救国党则得到了包括小商人和手工业者在内的受到排挤的选民的支持，他们丧失了先前的地位。”①

1979年，内切梅廷·埃尔巴坎和救国党公开支持伊朗伊斯兰革命。救国党极端成员甚至要求在土耳其实行伊斯兰政治体制，声称“今天的伊朗，明天的土耳其”，将内切梅廷·埃尔巴坎称作“土耳其的霍梅尼”。1980年9月6日，在军方政变的前夕，救国党在科尼亚发起组织名为“拯救耶路撒冷”的群众集会，抗议以色列宣布将耶路撒冷作为其首都，进而公开反对土耳其现行的世俗国家体制，要求实施伊斯兰教法，高呼“主权属于安拉”“《古兰经》是宪法”“世俗主义是无神论”“我们准备圣战”的口号。1981年，救国党因与世

---

① Schick, I.C. & Tonak, E.A., *Turkey in Transition*, Oxford 1987, p.229.

俗主义的政治原则抵触而被宪法法院取缔,救国党领导人内切梅廷·埃尔巴坎由于反对世俗主义、试图建立伊斯兰体制和煽动民众暴力而遭到军方关押,获释后流亡瑞士。

民族党(National Party, 1948—1953, 1962—1969)系民主党内部的反对派势力于1948年创建的政党,持右翼保守的政治立场,1953年由于反对凯末尔主义而被取缔。民族党于1954年改称共和民族党(Republican National Party, 1954—1957)。1957年,共和民族党与农民党合并,改称共和农民民族党(Republican Peasant's Nationalist Party, 1957—1969),领导人是奥斯曼·布鲁克帕希。1962年6月,包括奥斯曼·布鲁克帕希在内的30名议员脱离共和农民民族党,重建民族党。民族党在意识形态方面持反共的立场,将无神论的共产主义视作土耳其所面临的最大威胁,在外交方面持反苏的立场,亦不赞成追随西方世界,强调土耳其的民族主义。民族党尽管在1965年大选中只获得不足2.2%的选票,却是其后15年中在土耳其政坛产生重要影响的政治力量。阿尔帕斯兰·图尔克斯于1964年加入民族党,1965年当选民族党主席,进而将民族党改造成具有战斗性和暴力色彩的右翼政党。阿尔帕斯兰·图尔克斯于1965年在《九盏灯》一文中阐述了民族党的意识形态,即民族主义、理想主义、道德、社会责任、科学思想、争取自由、保护农民、发展、工业化。

1969年,民族党在阿达纳召开大会,正式更名为民族行动党(Nationalist Movement Party, 1969—1980, 1983至今)。民族行动党坚持国家对经济活动进行温和干预的原则,努力改进收入分配机制,争取实现社会公平,推动社会进步。与此同时,民族行动党放弃世俗的传统,倡导泛伊斯兰主义的政治原则,强调伊斯兰教作为土耳其的民族遗产和土耳其民族的宗教,将伊斯兰教作为扩大民众动员的政治工具,旨在与诸多世俗政党争夺议会选票。阿尔帕斯兰·图尔克斯宣称:"伊斯兰教不是土耳其民族落后的原因。伊斯兰教是具有高尚德行和道德的宗教,在历史的进程中,不论它在哪里,总会散发出光芒,开辟通往文明的道路……"①"我们作为土耳其人,犹如(中亚的)腾格里山;我们作为穆斯林,犹如(麦加附近的)希拉山,土耳其和伊斯兰教是我们的

① [美]凯马尔·H.卡尔帕特:《当代中东的政治和社会思想》,陈和丰等译,中国社会科学出版社1992年版,第535页。

民族行动党2015年5月在安卡拉举行选举集会

原则。"[1] 1969—1974年,民族行动党游离于政坛的边缘地带。1969年,民族行动党首次参加议会竞选,获得3.2%的选票和大国民议会下院1个席位。1973年,民族行动党再次参加议会竞选,获得3.4%的选票和大国民议会下院3个席位。1975年,民族行动党与正义党、救国党共同组成联合政府,其政治影响逐渐扩大。1977年,民族行动党获得6.4%的选票和大国民议会下院16个席位。

新土耳其党(New Turkey Party, 1961—1970)创建于1961年2月,包括领导人埃克莱姆·阿里坎(Ekrom Alican)在内的核心成员大都来自1957年脱离民主党而另立门户的自由党,积极吸纳前民主党成员。新土耳其党持右翼自由主义立场,强调世俗主义的政治原则,反对国家主义和政府干预的经济政策,呼吁将私有化和工业化作为土耳其经济的发展方向,主张发展私人经济、鼓励国外投资和扩大自由贸易,支持石油国有化和土地改革。新土耳其党在1961年大选中曾经有上佳的表现,然而自1962年加入共和人民党主导的联合政府后,民众支持率大幅下降。

20世纪60年代土耳其政治生活的突出现象,是马克思主义影响力的扩大、左翼意识形态的传播和左翼政党的活跃,左派政治渐露端倪,其中最具影响的左翼激进政党是土耳其工人党(Turkish Labor Party, 1961—1971, 1975—1980)。土耳其工人党于1961年由工会领导人和左翼知识分子创建,主要活动区域是伊斯坦布尔、安卡拉和伊兹密尔,领导人是穆罕默德·阿里·艾伊巴尔。土耳其工人党是60年代土耳其政坛中具有合法地位的左翼

① Rubin, B., *Political Parties in Turkey*, London 2002, p.27.

政党,代表产业工人的利益,在知识分子中亦有一定的影响,强调马克思主义和社会主义的意识形态,倡导土地改革,主张工业、矿产业和石油的国有化,主张土耳其在外交政策方面的独立地位和摆脱美国的控制。然而,在土耳其工人党内部,亦存在温和派与激进派的严重分歧。1965 年大选时,土耳其工人党在许多地区建立起分支机构,赢得 3%的选票和大国民议会下议院 15 个席位。在 1969 年举行的议会选举中,土耳其工人党赢得 2.7%的选票和大国民议会下院 2 个席位。土耳其工人党作为政治舞台的左翼势力,不仅参与议会选举和竞选议会席位,而且致力于议会外的校园政治和街头政治。1971 年,土耳其宪法法院宣布取缔土耳其工人党,理由是该党阴谋颠覆国家。随后,土耳其工人党的 20 名领导人遭到逮捕和囚禁。

工业化进程与工人运动具有内在的逻辑联系,工业化进程构成工人运动的历史基础,而工人运动的影响则往往取决于特定的政治制度和政治环境。1871—1908 年,奥斯曼帝国发生罢工共计 24 次,政治影响微乎其微。1908 年,青年土耳其党颁布宪法,承认工人享有组建工会的合法权利。此后,工会组织渐露端倪。凯末尔时代,工业化的进程导致工人数量的增长,1924 年宪法亦承认工人享有组建工会的权利。然而,由于特定的政治模式,工会长期处于共和人民党的控制之下,工人和工会的政治参与程度低下。1925 年颁布的维持秩序法,实际上禁止工人参与社会活动和政治活动的权利。1935 年颁布的刑法,将罢工纳入刑事犯罪的范畴。1936 年颁布的劳动法,禁止某些特定行业的罢工活动。1938 年颁布的结社法,禁止成立具有特定阶级属性的社会组织。1946 年重新修改的结社法,删除了禁止成立具有特定阶级属性的社会组织。然而,1947 年颁布的工会法,明确强调工会活动的非政治化原则,将工会的活动局限于经济和社会领域。

多党制的政治实践无疑是民众广泛政治参与的外在形式,完善的社会组织和广泛的社会动员则是多党制政治实践的逻辑结果。自 20 世纪 50 年代起,工业化进程的加速导致工人数量的增长。与此同时,多党制的政治模式为民众的政治参与提供了广阔的空间,进而导致工会数量的急剧增长和工人政治参与程度的明显提高,工人逐渐成为政党政治和普选政治的重要砝码。1950 年,土耳其工人总数约为 37.4 万,其中工会成员为 7.8 万人,分别属于 88 个工会,工人加入工会的比率为 21%。1950 年大选中,工人成为民主党的重要支持者。50 年代民主党执政期间,工人境况得到改善,工会数量增长 5 倍,工会人数增长 3 倍。“土耳其工会联盟”成立于 1952 年 7 月,直至 50 年代末长期从属于民主党政府。自50年代末开始,“土耳其工会联盟”逐渐成为独立于政党和政府的社会组织,进而从依附于民主党政府转变为支持反对派共和人民党。1960年,土耳其工人总数达到82.5万,其中工会成员为28.3万人,分别属于432个工会,工人加入工会的比率为34%。1961年宪法明确规定国家保护工人的权利,承认罢工是工人的基本权利。1963年,颁布新的劳动法,工会组织进一步发展。1970年,土耳其工会增至717个,工会成员超过200万人。1977年,工会数量达到863个,工会成员接近400万人。另一方面,自1961年罢工合法化开始,工人罢工次数呈上升趋势。1963年,出现8次罢工,罢工人数为1 500人。1970年,出现罢工72次,罢工人数增至2.1万人。1980年,出现罢工220次,罢工人数增至3.4万人。1990年,出现罢工458次,罢工人数达到16.6万人。罢工次数的上升和罢工人数的增长,表明土耳其政治民主化进程的长足进步和民众政治参与程度的明显提高。

1967年,“土耳其工会联盟”出现分裂,形成持温和立场的“土耳其工会联盟”与具有激进倾向的“革命者工会联盟”。前者强调维护工人的经济和社会权益,其成员主要来自国有企业;后者强调工人的政治参与,其成员主要来自私营企业。具有激进倾向的工会组织“革命者工会联盟”取得合法地位,表明工会组织的发展进入崭新的时期。工会组织和罢工的合法化,构成沟通民众意志与国家意志的重要纽带,标志着土耳其的政治民主化进入新的阶段。70年代,工会的成员占工人总数的1/2,其中70%—75%的工会成员属于温和立场的土耳其工会联盟,20%—25%属于激进倾向的革命者工会联盟,另有少量工会成员属于保守的国家主义者工会联盟。

土耳其的工商业者组织,主要包括“手工业者行会联合会”“企业家协会”“工商业联合会”和“土耳其企业家与商人联盟”。“手工业者行会联合会”由为数众多的手工业者行会组成,代表传统小手工业者的利益。土耳其的手工业者行会,1950年为253个,1955年为1 460个,1960年达到2 745个,1965年增至3 578个。1978年,土耳其的手工业者共计300万人,其中50%属于“手工业者行会联合会”。手工业者行会具有悠久的历史传统和广泛的社会功能,与诸多政党政治联系密切,是支持政党政治的重要社会势力。“企业家协会”成立于1961年。1971年,“企业家协会”包括1 000家较大的企业,这些企业雇用约35万工人。“工商业联合会”属于半官方组织,包括雇用工人超过10人的所有企业和商家。“土耳其企业家与商人联盟”是1971年成立于伊斯坦布尔的民间组织，代表大企业家、大商人、银行家和保险经纪人的利益。

六、暗流涌动的伊斯兰主义

所谓的世俗主义和伊斯兰主义，均为历史现象。世俗主义与伊斯兰主义的矛盾对抗和此消彼长，根源于特定的历史环境。奥斯曼帝国时代，伊斯坦布尔的统治者采用苏丹和哈里发的双重称谓，兼有世俗与宗教的最高权力，宗教色彩的政治生活与教俗合一的政治制度构成奥斯曼帝国的明显特征。传统的伊斯兰教与奥斯曼帝国的统治秩序具有共同的利益和密切的内在联系，进而构成奥斯曼帝国的官方意识形态和伊斯坦布尔的苏丹统治民众的政治工具，欧莱玛作为官方的伊斯兰教学者则被纳入奥斯曼帝国的政府体系。另一方面，派系繁杂的苏菲教团构成穆斯林的民间宗教组织，苏菲教团的德尔维什（长老）与官方伊斯兰教的欧莱玛（宗教学者）貌合神离。

第二次宪政运动期间，苏菲教团大都支持青年土耳其党发动的政治革命。1918 年第一次世界大战结束后，苏菲派拜克塔什教团、麦乌拉维教团和纳格什班迪教团支持凯末尔领导的土耳其民族独立战争，诸多苏菲教团的德尔维什加入 1920 年在安卡拉召开的第一届大国民议会。

1924 年土耳其共和国建立后，共和人民党主宰政坛，推行一系列的世俗化政策，严格控制宗教活动，取缔苏菲教团，关闭宗教法庭和宗教学校，教职人员处于世俗政府的监管之下，教俗关系空前恶化。然而，土耳其共和国并非绝对世俗的国家。土耳其共和国成立后，官方明确界定所谓土耳其人的基本要素，即操土耳其语和信仰伊斯兰教。自凯末尔时代开始，宗教色彩的社会与世俗体制的国家两者之间形成明显的悖论，而伊斯兰主义的暗流涌动体现着社会与国家之间的互动和消长，进而构成民众崛起的特定外在形式。

土耳其共和国现代化进程的早期阶段，政治层面的变化并未表现为民众广泛的政治参与和民主化的历史进程，而是表现为独裁统治的加强和极权化的明显倾向，世俗化则构成政治极权化的同步现象。官方推行的世俗化根源于绝对主义的政治模式，服务于绝对主义的政治需要，构成凯末尔时代极权政治的重要手段。“土耳其共和国的世俗主义，其实质并非在于宗教与政治的分离,而是旨在强化国家对于宗教的控制,进而将宗教作为国家控制社会的政治工具"。[①]极权政治的发展和自上而下的一系列经济社会改革举措,构成此间土耳其共和国现代化的基本线索和主要内容。

第二次世界大战结束以后,作为极权政治时代经济社会深刻变革的逻辑结果,绝对主义的政治模式逐渐衰落,民主化进程随之启动。建立在多党制基础之上的选举政治和议会政治,构成土耳其共和国政治民主化进程的外在形式。在多党制议会选举的历史条件下,诸多政党极力争取宗教群体的选票支持,甚至不惜鼓励民众的宗教情绪,以求增加各自的竞选砝码,导致土耳其政治领域的非世俗化倾向,现代伊斯兰主义随之登上土耳其共和国的历史舞台。伊斯兰复兴运动的暗流涌动,标志着民众政治参与的进一步扩大。伊斯兰文化的复兴与伊斯兰政治的实践,既是伊斯兰主义运动的两个阶段,亦构成伊斯兰主义运动的两大层面。

1945—1960 年,土耳其的伊斯兰主义主要表现为文化的复兴。

凯末尔时代,世俗化的改革举措主要局限于城市的范围,乡村依旧保留伊斯兰教的浓厚色彩,是为伊斯兰主义得以登上土耳其历史舞台的社会基础。20 世纪 30 年代,土耳其政府试图在乡村推广世俗教育,进而取代传统的伊斯兰教育,成效并不明显,在全部 4 万个自然村中,只有约 5 000 个自然村设立世俗学校,且规模甚小,附属于清真寺的传统宗教学校依然是乡村教育的基本形式。根据 1940 年的官方统计,在全部 1 780 万国民中,文盲约占 80%,包括城市 40%的学龄儿童和乡村 78%的学龄儿童。超过 80%的人口生活在乡村约 4 万个村落,其中 3.1 万个村落没有正规学校。

第二次世界大战结束后,共和人民党政府逐渐放松对于宗教活动的限制。1946 年和 1947 年,来自伊斯坦布尔的议员哈姆杜拉·苏菲·坦里奥沃尔和来自布尔萨的议员巴哈·帕尔斯先后向大国民议会和共和人民党大会建议在公立世俗学校开设宗教课程,旨在抵御共产主义思想的传播,引发大国民议会及共和人民党内部的激烈争论,土耳其政坛开始出现伊斯兰主义的呼声。

1945—1950 年间,在多党制的政治框架下,24 个政党相继登上土耳其的政治舞台,其中约 1/2 的政党在其政治纲领中提及伊斯兰教的主题,呼吁建

---

① Balkan, N., *The Politics of Permanent Crisis*: *Class*, *Ideology and State in Turkey*, New York 2002, p.107.

立伊斯兰世界联盟，强调保护伊斯兰文化，倡导伊斯兰教价值观，促进伊斯兰事业的发展和繁荣。

自1949年起，宗教学校在中断25年后逐渐恢复，安卡拉大学设立伊斯兰经学院，旨在培养伊斯兰教神职人员的伊玛目-哈提卜学校（Madrasah Imam Hatib）在全国各地陆续建立，包括小学和中学在内的普通世俗学校获准开设宗教课程，使用官方审定的宗教教材。伊玛目-哈提卜学校作为隶属于政府的公立职业学校，在教育部规定的普通课程之外，增加相关的宗教课程。1951年，政府首先在7个城市设立伊玛目-哈提卜学校。至1955年，设立伊玛目-哈提卜学校的城市增加为16个。1958年，伊玛目-哈提卜学校达到19所，在校学生3 476人，其中多数学生来自生活在城市棚户区的乡村移民家庭。与此同时，宗教出版物明显增加，去清真寺做礼拜的人越来越多，用阿拉伯语撰写的经文随处可见。宰牲节期间前往麦加朝觐的人数亦呈上升趋势，1950年的朝觐者达到9 000人之多，诸多新闻媒体派出记者对朝觐过程予以追踪报道。身着穆斯林传统服饰的土耳其人开始出现在公共场所，特别是越来越多的穆斯林妇女披戴面纱，挑战着凯末尔时代世俗主义的清规戒律。

1950年大选构成土耳其共和国政治生活的重要转折点，政治参与由城市民众延伸到乡村社会，世俗主义的削弱抑或非世俗化的倾向则是乡村社会政治参与的逻辑结果。第二次世界大战结束后初期，执政的共和人民党坚持世俗主义的政治原则，民主党亦反对改变国家政治生活的世俗基础。1950年民主党执政以后，在沿袭共和人民党的世俗主义原则和捍卫国家政权世俗性质的同时，实行相对宽容的宗教政策，扩大宗教教育，增设宗教课程，兴办宗教学校，政府拨款修缮原有的清真寺和建造新的清真寺，恢复阿拉伯语作为清真寺的宣礼语言，电台播放阿拉伯语诵读的《古兰经》经文，允许穆斯林妇女披戴宗教头饰，鼓励私人基金赞助穆斯林的宗教活动，开放苏菲派圣徒陵墓。1950—1960年民主党执政的10年间，政府财政预算中的宗教经费从300万里拉增至4 000万里拉。1957年议会选举期间，民主党声称执政7年中新建清真寺1.5万处，承诺将使伊斯坦布尔成为第二个麦加，使清真寺的宣礼塔象工厂的烟囱一样众多，同时指责共和人民党奉行的世俗化政策侵犯民众的宗教自由和背离伊斯兰教的信仰。1960年，土耳其全国共有清真寺7.5万座，仅伊斯坦布尔便有清真寺1 800座之多，其中1950—1960年间新建清真寺1.5万座，平均每天新建清真寺4座。随着清真寺数量的增多，宗教学者的数量亦呈上升的趋势。

1925 年凯末尔政府平息库尔德人叛乱以后，苏菲教团遭到取缔，苏菲教团的宗教活动被迫转入地下。1950—1960 年民主党执政期间，苏菲教团的政治影响逐渐扩大。民主党为争取宗教势力的支持，承认宗教信仰与社会发展的非矛盾性，允许宗教组织的合法存在。1946—1950 年，民间组织数量从 814 个增至 2 023 个，其中宗教色彩的民间组织从 11 个增至 154 个，在全部民间组织中所占的比例从 1.3%上升为 7.1%。1955 年，民间组织达到 5 799 个，其中宗教色彩的民间组织为 1 088 个，占全部民间组织比例的 15.8%。1960 年，民间组织达到 12 034 个，其中宗教色彩的民间组织 5 104 个，占全部民间组织比例的 29.7%。诸多宗教组织普遍具有民间性、自治性、参与性和民众动员性的浓厚色彩，宗教组织的不断增多无疑推动了土耳其公民社会的成长。相对宽容的宗教政策，成为民主党争取民众支持和竞选议会席位的有力工具。在 1954 年和 1957 年两次大选中，苏菲教团的信众大都表现为支持民主党的政治立场，民主党政府的内阁总理阿德南·门德列斯则被苏菲教团的谢赫赛义德·努尔西誉为“伊斯兰教的倡导者”。由此可见，民主化程度的提高、政治环境的宽松与伊斯兰主义的兴起表现为同步的趋势，三者之间具有明显的内在逻辑联系。

1961 年宪法沿袭 1924 年宪法的世俗主义政治原则，明确限制宗教活动。然而，进入 20 世纪 60 年代，多党政治日趋完善，多党联合政府成为土耳其政治生活的突出现象，政治环境进一步宽松，伊斯兰主义的复兴遂由文化领域逐渐延伸至政治领域，苏菲教团恢复合法地位，诸多具有伊斯兰教色彩的政党相继建立。70 年代，正义党政府和共和人民党政府均对伊斯兰主义持温和的态度。1970 年建立的民间组织“启蒙的熔炉”，成员来自商界、教育界和政界，致力于打破左翼世俗知识分子在政治、社会和文化领域的垄断地位，主张依据伊斯兰教的原则改造土耳其社会，强调土耳其文化的源泉在于具有2 500 年历史的突厥传统和具有 1 300 年历史的伊斯兰教传统。清真寺数量在 80 年代明显增加，至 1990 年达到 7.5 万处，仅伊斯坦布尔便有清真寺近1 800 处，教职人员由 1979 年的约 5 万人增至 1989 年的超过 8 万人。1979 年，土耳其约有 200 个宗教基金会；1987 年，宗教基金会增至 1 258 个。与此同时，教科书以及广播电视中的宗教内容日益丰富，伊斯兰出版物发行量扩大，多处苏菲派圣地重新开放，宗教服饰随处可见，甚至内阁成员亦频繁参加宗教活动。

多党制时代土耳其伊斯兰主义的政治组织，大体包括三种类型：长期游离于政治舞台边缘和具有暴力色彩的非法伊斯兰激进主义组织、处于半合法状态而在土耳其政治舞台扮演重要角色的苏菲派教团和具有合法地位而致力于议会选举的伊斯兰政党。

20 世纪 20—30 年代，土耳其国内的反政府暴力活动主要来自伊斯兰激进组织。进入 40 年代，在来自威权政府的高压环境下，伊斯兰激进组织的反政府暴力活动逐渐销声匿迹。自 70 年代开始，暴力活动死灰复燃。相比于土耳其共和国早期的伊斯兰激进组织与苏菲教团之间的密切联系，70 年代末开始浮出水面的伊斯兰激进组织大都活动于苏菲教团的框架之外，甚至将苏菲教团视作攻击的目标。

70 年代后期，土耳其国内经济形势的恶化，导致社会局势剧烈动荡，校园政治和街头政治泛滥，政治暴力呈上升的趋势。与此同时，伊斯兰激进组织卷入多党制的政治旋涡，成为救国党抗衡右翼极端政党民族行动党的政治工具。1976—1977 年，民族行动党的外围组织"灰袖"与亲救国党的土耳其全国学生联盟关系紧张，引发暴力冲突，后者常处于下风。为此，救国党开始利用其下属的袭击者同盟建立武装组织，抗衡民族行动党及其外围组织"灰袖"。1978 年起，救国党开始建立军事训练营。至 1979 年，救国党建立的军事训练营达到 32 处，分布在乡村各地。1979 年 12 月，总部设在安卡拉的袭击者同盟被官方取缔。1980 年 1 月，救国党成立青年袭击者同盟，总部设在科尼亚，军事训练营依然延续。1980 年 9 月军方政变后，土耳其全国学生联盟和青年袭击者同盟均被官方取缔，军事训练营头目被捕入狱。

1980 年军方政变以后，面对来自官方的高压政策，伊斯兰激进组织脱离持温和立场的合法伊斯兰政党的掌控，开始演变为独立的政治力量，表现出暴力性和支离破碎性的明显特征，甚至得到国外政治势力的支持，在一定程度上具有超国界的政治倾向。然而，由于政治环境的相对宽松和政治氛围的相对温和，伊斯兰激进组织在土耳其始终缺乏适宜的土壤，政治影响力微乎其微。

土耳其真主党(Turkish Hezbollah)始建于 20 世纪 80 年代，系安纳托利亚本土的伊斯兰激进组织，与黎巴嫩的真主党并无关联，却与库尔德问题密切相关，成员多为土耳其境内的库尔德人，主要活动范围是东南部的迪亚巴克尔，包括费丹·古恩格尔领导的"门泽勒"和侯赛因·维里奥格鲁领导的

“伊里姆”两个集团。侯赛因·维里奥格鲁出生于巴特曼省的一个库尔德人村庄，毕业于安卡拉大学，热衷于校园政治和伊斯兰学生运动，加入救国党和土耳其全国学生联盟，崇尚埃及的穆斯林兄弟会，致力于在土耳其创建沙里亚基础上的伊斯兰国家。费丹·古恩格尔也是70年代土耳其全国学生联盟的积极分子，热衷于校园政治活动。80年代，持宗教激进主义立场的真主党面临库尔德工人党的威胁，后者持库尔德民族主义立场，主张在东南部库尔德人地区建立库尔德人国家。

土耳其真主党尽管属于逊尼派，却得到伊朗方面的支持，与伊朗安全机构长期保持情报合作。另一方面，在土耳其真主党内部，费丹·古恩格尔与侯赛因·维里奥格鲁存在分歧，前者主张效仿伊朗革命的模式，崇尚教法学家统治的神权政治，后者受赛义德·库特布的极端思想影响，主张效仿埃及穆斯林兄弟会的模式，推翻世俗国家，反对教法学家的统治。

土耳其真主党的支持者，主要来自城市下层的乡村移民，城市边缘的棚户区是真主党的据点所在。土耳其真主党的活动，包括公开的宗教宣传和秘密的政治暗杀。土耳其真主党的主要对手是库尔德工人党，后者具有明显的乡村色彩，试图向城市扩展。20世纪90年代前期，约600人死于土耳其真主党分支“伊里姆”的袭击，其中四分之三是库尔德工人党成员。90年代后期，土耳其真主党对库尔德工人党的袭击次数明显下降。在真主党内部，“伊里姆”与“门泽勒”之间亦有冲突。90年代前期，超过200人死于双方的相互暗杀，其中多数死者属于“门泽勒”。1994年夏，费丹·古恩格尔和多数“门泽勒”领导人迫于“伊里姆”的暗杀威胁，移居伊斯坦布尔。1994年9月，费丹·古恩格尔在伊斯坦布尔的家中被“伊里姆”成员绑架，押回巴特曼省，遭到处决。费丹·古恩格尔死后，“门泽勒”从政坛消失。

90年代后期，安全机构加大镇压“伊里姆”的力度。1999年3月，安全机构搜查了马尔丁附近的一处“伊里姆”据点。在查获的文件中发现超过2万人的“伊里姆”成员名单，其中约4 000人属于武装分子。同年，超过1 500名“伊里姆”武装分子被安全机构逮捕。1999年，为躲避安全机构，侯赛因·维里奥格鲁先后移居阿达纳、科尼亚和伊斯坦布尔。2000年1月，侯赛因·维里奥格鲁在伊斯坦布尔的家中被安全警察击毙。随后，安全警察根据在侯赛因·维里奥格鲁家中查获的文件，在全国44个省逮捕“伊里姆”武装分子3 300余人。侯赛因·维里奥格鲁死后，伊萨·阿尔特索伊成为“伊里姆”新的领导人。进入21世纪，“伊里姆”并未销声匿迹，却逐渐放弃暴力，致力于伊斯兰主义的政治宣传和社会慈善事业，周济贫困穆斯林。

伊斯兰运动组织和大东方前线伊斯兰袭击者组织亦是土耳其国内重要的伊斯兰激进组织。

伊斯兰运动组织(Islamic Movement)始建于1987年，领导人是伊尔凡·卡格里奇。伊尔凡·卡格里奇毕业于伊斯坦布尔大学，深受伊朗革命影响。1982年春，伊尔凡·卡格里奇在德黑兰目睹了革命后的伊朗，回国后秘密筹建武装组织，试图在土耳其发动伊斯兰革命。1984年末，该组织在伊斯坦布尔抢劫一家珠宝店，遭到警方拘捕，伊尔凡·卡格里奇逃亡伊朗。1987年，伊尔凡·卡格里奇持伊朗护照回国，定居在库尔德人城市巴特曼，创建伊斯兰运动组织，招募武装分子，具有明显的暴力色彩。伊斯兰运动组织的宗旨，是通过10年的努力，在土耳其建立遵循沙里亚的伊斯兰国家。1990年3月，伊尔凡·卡格里奇在伊斯坦布尔枪杀著名的世俗派记者切廷·艾米克。同年9月，伊斯兰运动组织成员在伊斯坦布尔枪杀另一著名世俗派作家图兰·杜尔苏恩。1991年12月，伊斯兰运动组织试图在伊斯坦布尔的一个世俗集会上制造爆炸事件，未遂。1992年6月，伊斯兰运动组织试图在伊斯坦布尔再次制造爆炸事件，未遂。1996年3月，伊尔凡·卡格里奇被警方拘捕。2000年7月，伊尔凡·卡格里奇被判处死刑，后改判终身监禁。

大东方伊斯兰袭击者组织植根于救国党青年运动，创立者是萨利赫·伊泽特·埃尔迪斯，亦名萨利赫·米尔扎贝尤格鲁。萨利赫·伊泽特·埃尔迪斯出生于东南部的埃尔津詹，1984年创立大东方伊斯兰袭击者组织，旨在以土耳其为基地，建立跨越国界的伊斯兰国家，具有逊尼派色彩，反对什叶派和阿拉维派，强调穆斯林的圣战义务。大东方伊斯兰袭击者组织的成员主要分布在伊斯坦布尔和安卡拉，大都来自库尔德人移民。90年代中期，大东方伊斯兰袭击者组织的暴力活动达到顶峰。1998年，萨利赫·伊泽特·埃尔迪斯和其他领导人被捕，萨利赫·伊泽特·埃尔迪斯被判处死刑，后改判终身监禁。

土耳其伊斯兰主义政治复兴的主要力量是具有合法地位的苏菲教团。土耳其的苏菲教团，一部分恪守传统主义，奉行非政治化的宗教原则，另一部分崇尚现代伊斯兰主义，强调宗教政治化的信仰原则，具有明显的政治倾向性。凯末尔时代，一党制政府对于宗教势力采取高压政策，苏菲教团的政治活动主要表现为秘密的政治宣传和非法的武装叛乱。多党制时代，苏菲教团参与土耳其政治生活的首要方式是与诸多的合法政党建立密切的联系，进而借助于政党政治的形式阐述和宣传相应的宗教政治纲领。

拜克塔什教团具有浓厚的什叶派色彩，崇拜什叶派伊马目阿里，甚至将伊玛目阿里与先知穆罕默德相提并论。奥斯曼帝国时期，拜克塔什教团与苏丹近卫军团联系密切。1826年奥斯曼帝国苏丹马哈茂德二世平息近卫军团的反叛后，拜克塔什教团遭到官方取缔，直到苏丹阿卜杜勒·迈吉德当政期间才得以重建。1925年，凯末尔政府再度取缔拜克塔什教团，禁止拜克塔什教团政治活动。第二次世界大战结束后，随着民主化进程的启动和多党制的政治实践，拜克塔什教团开始活跃于政治舞台，成为参与政党政治的重要社会力量。多党制时代，拜克塔什教团先后支持民主党和民族党。由于逊尼派是土耳其穆斯林的主要派别，随着伊斯兰主义的复兴和伊斯兰运动的高涨，具有什叶派色彩的拜克塔什教团逐渐被边缘化，在中右翼政党主导的政治舞台，成为诸多左翼政党争取的对象。

土耳其最具影响力的教团，是纳格什班迪教团。该教团由塔吉克人穆罕默德·白拉丁于14世纪创建于中亚的布哈拉，15世纪传入安纳托利亚。纳格什班迪教团的标志性修炼方式，是在胸前划线以示净化心灵，穆罕默德·白拉丁则被其追随者称作纳格什班德，意为画家，该教团故而得名。纳格什班迪教团是典型的逊尼派教团，明显区别于具有什叶派浓厚色彩的拜克塔什教团，以积极入世、关注现实、参与社会和干预政治而著称。纳格什班迪教团于1925年因涉嫌参与库尔德人叛乱而遭到取缔，20世纪50年代逐渐取得合法地位。纳格什班迪教团长老穆罕默德·扎希德·科特库(1897—1980)于1958—1980年任伊斯坦布尔的伊斯坎德尔帕夏清真寺伊马目，与包括内切梅廷·埃尔巴坎和图尔古特·厄扎尔在内的土耳其政坛精英来往密切，长期支持民族秩序党和救国党，致力于伊斯兰教育的发展，伊斯坎德尔帕夏清真寺则成为纳格什班迪教团的重要据点。1980年穆罕默德·扎希德·科特库死后，纳格什班迪教团转向支持祖国党和繁荣党。纳格什班迪教团具有现代伊斯兰主义的政治倾向，主张恢复伊斯兰教法，重建伊斯兰教的政权，抵制西方影响，被土耳其世俗界视为最具颠覆性的苏菲教团。

努尔朱教团(Nurcus)脱胎于纳格什班迪教团，形成于20世纪60年代，尊奉库尔德学者赛义德·努尔西(Said Nursi, 1873—1960)作为教团的奠基人和精神领袖，强调神秘主义的信仰方式，捍卫伊斯兰文化，反对世俗主义的国家体制，主张以《古兰经》作为宪法和回归教法治理下的社会秩序。赛义德·努尔西出身于安纳托利亚半岛东部比特利斯省的库尔德人家庭，一生历经奥斯曼帝国、凯末尔时代和多党制民主化时代，第一次世界大战结束后支持土耳其民族独立运动，继而因反对世俗主义改革与凯末尔政权分道扬镳，多次被土耳其共和国政府以反对世俗主义的罪名判处监禁，而政府的迫害无疑扩大了赛义德·努尔西的影响并提高了他的声望。赛义德·努尔西强调《古兰经》与现代科学的一致性和非矛盾性，主张随着时代的变迁和进步而重新解读《古兰经》，不可拘泥于传统的诠释，致力于非暴力的政治参与，倡导不同信仰和不同教派之间的宗教宽容，呼吁伊斯兰世界与基督教世界之间的文明对话。1950 年民主党在大选中获胜后，发布特赦令，释放赛义德·努尔西。获释后的赛义德·努尔西成为民主党的支持者，在 1954 年大选期间为民主党争取选票。努尔朱教团于 20 世纪 50 年代支持民主党，60—70 年代支持正义党和救国党，80—90 年代支持正确道路党和祖国党。努尔朱教团大约包括十个分支，持不同的宗教和政治倾向，其中最具影响力的分支是法特胡拉·居伦(Fethullah Gulen)的追随者。法特胡拉·居伦 1941 年出生于东部埃尔津詹省的克鲁库克村，1958 年任职于埃迪尔内清真寺，1962 年任职于伊兹密尔清真寺，1971 年因从事非法的宗教宣传被判处 7 个月监禁，20 世纪 90 年代初成为拥有众多追随者的精神领袖。90 年代初，居伦的追随者控制着遍布全国的公司、非政府组织、慈善基

赛义德·努尔西

法特胡拉·居伦

金会、学校、媒体,人数约为50万至100万。苏莱曼哲教团亦属纳格什班迪教团的分支,由苏莱曼·希勒米·图纳罕(Sulayman Hilmi Tunahan, 1888—1959年生卒)始建于奥斯曼帝国晚期。凯末尔时代,政府取缔苏菲教团,苏莱曼·希勒米·图纳罕曾经3次入狱。50年代以后,苏莱曼哲教团与官方逐渐交好,当下追随者多达数百万人,政治倾向表现为反对凯末尔主义、世俗化和共和制,具有明显的极端倾向,支持正义党和祖国党。

与诸多伊斯兰极端主义组织和苏菲教团相比,具有合法地位的伊斯兰政党普遍表现出温和的政治倾向,承认现存的政治秩序和社会制度,崇尚伊斯兰教的治国方略和伊斯兰文化的普世原则。多党制时代的第一个伊斯兰政党是伊斯兰民主党(Islamic Democratic Party),始建于1951年初,创始人是切弗特·里法特·阿提尔罕(Cefit Rifat Atilgan),持反对犹太复国主义的立场,6个月后遭到取缔。民族行动党(Nationalist Movement Party)兴起于20世纪60年代,创建者是阿尔帕斯兰·图尔克斯,宣传泛伊斯兰主义的政治思想,谴责凯末尔的世俗主义。60年代中叶,苏莱曼·德米雷尔领导的正义党带有浓厚的伊斯兰教色彩,伊斯兰主义与世俗主义的抗争构成正义党与共和人民党角逐政坛的重要内容。诸多伊斯兰政党的政治实践,标志着土耳其的伊斯兰主义运动步入新的历史阶段。

伊斯兰主义的复兴,与战后土耳其现代化进程的长足发展呈同步的趋势,具有广泛的社会基础,包括诸多传统社会势力和新兴社会群体。“土耳其伊斯兰复兴运动是伴随着资本主义发展进程而产生发展的。它在不发达地区捍卫占主导地位的社会经济群体的利益,在较发达地区则代表了受资本主义急速发展的消极影响而出现的个人或群体的抗议运动”。①土耳其早期的伊斯兰主义政党,主要代表“安纳托利亚那些在以伊斯坦布尔作为据点的现代部门的冲击下寻求保护的店主、手工业者以及小商人”的利益和要求。②相比之下,“繁荣党诉诸社会福利、社会公正和政治自由……进而试图接近政府职员和工人,以便在将来使他们成为自己的支持者”。③然而,土耳其伊斯兰复兴运动和诸多伊斯兰政党的领导人大都缺乏宗教的身世,而是出自世俗的

① Toprak, B., *Islam and Political Development in Turkey*, *Leiden 1981*, pp.118—119.

② Ahmed, F., *The Making of Modern Turkey*, *London 1993*, p.161.

③ Heper, M. & Evin, A., *State*, *Democrary and the Military*: *Turkey in the 1980's*, New York 1988, p.129.

阶层，具有中产阶级的社会背景，普遍受过良好的世俗教育。以 1973 年大选中的救国党为例，参与竞选议会席位的 450 名救国党成员中，自由职业者占 33.7%，公职人员占 19.2%，工商界人士占 21.2%，而教职人员仅占 2.8%；当选议员的 48 名救国党成员中，自由职业者占 55.8%，公职人员占 20.7%，工商界人士占 10.4%，而教职人员仅占 12.4%。如同埃及的穆斯林兄弟会一样，土耳其的诸多伊斯兰组织强调保障弱势群体的利益，致力于慈善互助事业和社会救济活动，在社会中下层民众中具有广泛的影响。同时，土耳其的伊斯兰主义和宗教政治不同于伊朗，缺乏众望所归的宗教领袖和完整严密的组织体系，无论是激进主义组织和苏菲教团还是伊斯兰政党皆各行其是，难以形成否定世俗政治的广泛社会基础和政治影响。

不同于赛义德·库特卜和霍梅尼阐述的现代伊斯兰主义，土耳其的诸多伊斯兰政党无意建立伊斯兰教法至上抑或教法学家统治下的神权政体。内切梅廷·埃尔巴坎和雷赛普·埃尔杜安均强调建立幸福的社会作为其最终目标，而完善选举基础上的民主制是实现其最终目标的手段和工具。诸多伊斯兰政党在经济方面强调区别于资本主义和社会主义的伊斯兰主义，反对资本主义的贫富差距和社会主义的政府干预，倡导私有制和市场经济基础上的公正分配秩序。诸多伊斯兰政党指责世俗政党使土耳其在政治上成为西方的仆从国，在经济上成为国际货币基金组织的奴隶。与形形色色的世俗政党相比，诸多伊斯兰政党不仅表现为浓厚的宗教色彩，更具有鲜明的阶级倾向。诸多伊斯兰政党的社会基础，在于弱势和边缘的社会群体。诸多伊斯兰政党的所谓激进性，根源于其社会基础的边缘性。宗教政党与世俗政党的消长，体现民众政治与精英政治的尖锐对立。

有学者认为："从世界范围看，拥护还是反对土耳其革命所确立的政教分离、世俗主义原则，事实上已成为区分进步与保守的重要标志"①，亦有学者认为，伊斯兰复兴运动的兴起是世俗政权之"容忍乃至鼓励的结果"②。实际情况并非如此。从奥斯曼帝国时代教俗合一的政治模式，到凯末尔时代世俗政治的一元倾向，直至战后伊斯兰主义复兴的历史条件下宗教政治与世俗政治的抗争，构成土耳其政治现代化进程的历史轨迹。从伊斯兰文化的复兴到

① 曲洪：《当代中东政治伊斯兰：观察与思考》，中国社会科学出版社 2001 年版，第 204 页。

② 杨灏城：《当代中东热点问题的历史考察：宗教与世俗》，人民出版社 2000 年版，第 226 页。

伊斯兰政治的复兴，则是战后土耳其伊斯兰主义复兴的基本线索。现代化进程中政治层面的核心内容，无疑是民主政治挑战极权政治。所谓伊斯兰主义的兴起和伊斯兰复兴运动的滥觞，其实质并非回归先知穆罕默德时代的社会秩序和重建早期伊斯兰教的信仰体系，而是民众借助于宗教的形式质疑官方政策和挑战现存政治秩序。20 世纪 70 年代世俗政治的危机，导致 80 年代政治和社会生活的宗教化倾向。80 年代宗教势力的泛滥以及非世俗化的潮流，则与政治生活的民主化进程呈同步的趋势。换言之，世俗主义垄断地位的不复存在和宗教势力的扩大，是政治多元化的产物和体现。由于世俗主义的膨胀与凯末尔时代的极权政治密切相关，战后伊斯兰主义的兴起作为多党制政治实践的伴随现象和政治自由化的逻辑结果，构成民众广泛政治参与和民主政治挑战极权政治的外在形式。90 年代，伊斯兰复兴运动趋于高涨，伊斯兰主义成为土耳其政治生活中举足轻重的政治要素和政治力量。世俗政党与伊斯兰主义政党的权力角逐，集中体现战后土耳其政治生活多元化与政治制度民主化的历史走向。

战后土耳其伊斯兰复兴运动的突出特征在于明显的温和色彩，宗教政治与世俗政治并未表现为尖锐的对抗和激烈的冲突，尤其是没有形成否定现存政治秩序和重建伊斯兰政体的政治纲领。相反，宗教政党与世俗政党的广泛合作，构成土耳其政党政治与政治生活的明显特征。然而，土耳其的宗教反对派之所以“采取温和的低姿态的方式，强调在不改变现行政治体制的前提下积极参与政治进程”，其原因并非“所面对的是一个得到大多数人民拥护的、以武装力量为后盾的、强大的国家政权，力量对比悬殊”和“善于伪装”。历史经验充分表明，统治模式决定反抗模式。伊朗巴列维国王时期独裁专制的政治制度和政治氛围，无疑是导致宗教政治与世俗政治之间尖锐对立和激烈冲突的根源所在。相比之下，土耳其多党制的政治体制和相对宽松的政治氛围，决定了土耳其伊斯兰主义和宗教政治的议会形式与温和倾向。

作者点评

政党政治与民主化进程两者之间具有内在的逻辑联系，多党制基础上的议会选举提供了民众实现政治参与和表达政治诉求的合法渠道。第二次世界大战结束后多党政治的合法化和议会选举的民主化颠覆了共和人民党一党独裁的威权体制，土耳其共和国的政治发展由此进入民主化艰难探索的历史阶段。20 世纪 50 年代民主党执政期间，排斥异己，形成一党独大的政治局面。60—70 年代，政党政治表现出破碎化和多元化的明显趋势，诸多政党分享议会席位，多党联合组阁成为常态化的政府形式。军方长期占据举足轻重的政治地位，在多党制议会选举和民主化艰难探索的历史条件下扮演着捍卫国家利益和维护政局稳定的重要角色。此间，暗流涌动的伊斯兰主义，预示着世纪之交世俗政治与宗教政治的激烈角逐。

第十五章

民主制框架下世俗政治与宗教政治的消长

一、 1980年军事政变与1982年宪法

第二共和国阶段,土耳其政治生活的明显特征在于长期以多党联合政府作为施政主体,20世纪60年代相继经历四届多党联合政府,70年代则始终延续联合政府执政的政治局面,内阁更迭频繁,政治局势依然处于不稳定的状态。共和人民党尽管在1973年和1977年大选中连续胜出,成为大国民议会中的第一大党,却无法获得单独组阁所需的议会多数席位。另一方面,70年代后期,土耳其国内经济形势日趋恶化。国内生产总值的实际年增长率,1975年为8.0%,1976年下降为7.7%,1977年下降为4.0%,1978年下降为3.0%,1979年下降为-0.3%,1980年下降为-0.7%。1977年,失业率为15%;1980年,失业率上升为20%。与此同时,通货膨胀率逐年上升,1976年为16%,1977年为24%,1978年为44%,1979年为60%。1980年,安卡拉的通货膨胀率达到140%。政府实行紧缩货币政策,试图控制物价,引发黑市交易泛滥。

经济形势的恶化导致社会局势的动荡,来自左翼和右翼激进组织的政治暴力呈上升的趋势,校园政治和街头政治泛滥。1977年,230人死于政治暴力。1978—1979年,2 500人死于政治暴力。1980年1—8月,2 000人死于政治暴力。另据资料统计,1975—1980年,超过5 000人死于政治暴力。1980年夏,政治暴力事件日均超过20起。1980年9月,49个激进左翼组织卷入政治暴力活动。1978年,安卡拉大学的学生阿卜杜拉·奥贾兰创建库尔德工人党(Kurdistan Workers' Party),试图在土耳其东南部建立社会主义的库尔德人国家,由此形成了新的政治暴力旋涡。布伦特·埃杰维特和苏莱

曼·德米雷尔领导的文官政府无力扭转日趋恶化的经济形势，亦在日益蔓延的政治暴力面前束手无策，整个社会濒临失控状态的边缘。

库尔德工人党党旗

经济形势的恶化无疑是政治暴力泛滥的根源，而政治暴力的泛滥导致军方的政治介入。1979 年夏，军方开始筹划接管政府。同年 12 月，军方在伊斯坦布尔召开会议，决定向文官政府递交最后通牒。1980 年 9 月，军方继 1960 年和 1971 年两次军事政变之后第三次接管国家政权，解散大国民议会和内阁政府，取缔政党，解散工会组织“革命者工会联盟”和“民族主义者工会联盟”，宣布全国进入紧急状态。正义党主席苏莱曼·德米雷尔和共和人民党主席布伦特·埃杰维特以及诸多政府要员遭到军方软禁，救国党主席内切梅廷·埃尔巴坎被指控危害世俗主义原则，民族行动党主席图尔克斯则被指控煽动内战，约 240 名政治家被剥夺 5 到 10 年的从政权利。军方指控诸多政党试图分裂国家和制造纠纷，指控工会组织煽动政治性罢工活动和破坏经济秩序。土耳其共和国自 1923 年诞生以来首次出现排斥政党的政治局面，大学和新闻媒体受到军方的严格监控，学生和教师被禁止参加政治组织和从事政治活动，多家杂志和报纸遭到查封。随后，总参谋长科南·埃夫伦(Kenan Evren)出任国家元首，军人控制的国家安全委员会成为最高权力机构，军方任命 27 人组成新内阁，负责执行国家安全委员会制定的政策，退役将领布伦特·乌鲁苏(Bulend Ulusu)出

布伦特·乌鲁苏

任内阁总理，组成非政党性的技术官僚和学者型政府。军方主导的国家机构沿袭苏莱曼·德米雷尔时期的经济政策和外交政策，致力于政治秩序的重建，强化控制社会群体和社会组织，禁止工人罢工，排斥和遏制左翼政治派别和极端右翼势力民族行动党。

1980 年 10 月，国家安全委员会授意筹建咨询委员会，负责起草新宪法及选举法和政党法。科南·埃夫伦宣布，新宪法必须尊重人权和自由，保障社会正义，确立政府的法治原则。国家安全委员会宣布解散包括共和人民党和正义党在内的所有现存政党和没收政党财产，禁止被解散政党的领导人参与政治活动，指责现存政党热衷权力角逐而将党派利益置于国家利益之上，是导致社会动荡、暴力泛滥和政治危机的罪魁祸首。与此同时，军方致力于打击恐怖势力和平息街头政治。在政变后的最初 6 周，11 500 人被军方逮捕。至 1981 年底，军方共计逮捕超过 12 万人。军方将被捕者送交军事法庭，3 600 人被判处死刑，其中 15 人被执行死刑，数以千计的人被判处监禁。

1981 年 10 月，军方召开制宪会议，制宪会议包括 160 名成员，其中 120 人由军方任命，另外 40 人由国家安全委员会任命。随后，制宪会议选举 15 人组成制宪委员会。1982 年 1 月，科南·埃夫伦宣布，新宪法草案将于 1982 年夏季由国家安全委员会审查并举行全民公决，议会选举将于 1983 年底举行。1982 年 7 月，国家安全委员会公布新宪法草案。

新宪法草案在坚持凯末尔主义的基础上，总结 1961—1980 年间的政治实践，确定国家体制的未来方向。新宪法草案依旧规定总统由大国民议会选举产生，任期 7 年，不得连任，不得具有政党身份，同时赋予总统以广泛的权力，包括任命政府总理和内阁成员、任命宪法法院法官、任命武装部队参谋总长、任命大国民议会上院 1/4 的议员、主持国家安全会议、解散议会、宣布紧急状态，总统取代大国民议会成为国家权力的核心。根据 1961 年宪法，总统作为国家元首，超越党派的界限，象征土耳其共和国的最高利益，却无实际上的行政权力。相比之下，根据 1982 年宪法草案，总统的行政权力明显扩大，进而形成总统与大国民议会、内阁相互制约的多元化行政体制。新宪法草案区别于 1961 年宪法的另一方面是，限制新闻自由、结社自由和个人权利，强调公民的个人权利不得违背国家利益和公共秩序。同时颁布的新《政党法》和新《选举法》，对政党活动予以限制，规定所有合法政党必须在超过半数的省区设立分支机构，只有在大选中获得选票超过 10%的政党方可加入大国民议会和拥有大国民议会席位。新宪法草案以及新的《政党法》和《选举法》

的制定，体现出在经历20世纪60年代和70年代过度自由、民主权利滥用和社会混乱的状态后民主秩序的理性收缩。

1982年10月，新宪法草案通过国家安全委员会的审查。1982年11月，在强制的气氛中举行新宪法的全民公决，约200万拒绝参与投票的人被剥夺未来5年的投票权。1888万人参与投票，投票率为91.3%；1 722万人投票赞成新宪法，支持率为91.4%，163万人投票反对新宪法，反对率为8.3%，新宪法的反对者大都来自土耳其东南部的库尔德人地区。按照全民公决通过的新宪法，国家安全委员会主席科南·埃夫伦出任总统。

二、 祖国党执政：文官政治的重建与新经济政策的实施

1983年4月，新《政党法》颁布。新《政党法》规定，新建政党必须完全脱离原有的旧政党，政党组织必须遵循民主程序，政党纲领不得违背凯末尔主义的原则。根据1983年《政党法》，政党的中央机构由全体党员大会选举产生，包括党主席、执行委员会和纪律委员会，政党地方组织包括省级分支，政党执行委员会必须在司法机构的监督下提名议员人选。随后，国家安全委员会宣布废除政党禁令，解除党禁，重新启动政党政治。

1983年6月，新《选举法》颁布。新《选举法》规定，只有在大选中获得超过10%选票的政党方可进入大国民议会，亦称“10%的门槛”，旨在避免大国民议会席位分散和小党林立的混乱局面。

1983年春夏之交，新建政党有15个，包括前正义党领导人苏莱曼·德米雷尔创建的正确道路党、前总统伊斯梅特之子埃尔达勒·伊诺努(Erdal Inonu)创建的社会民主党、图尔古特·厄扎尔(Turgut Ozal, 1927—1993)创建的祖国党(Motherland Party)、

图尔古特·厄扎尔与时任美国总统乔治·布什

退役将领图尔古特·苏纳尔普(Turgut Sunalp)创建的民族民主党和内切德特·卡勒普创建的民粹党。祖国党持中右翼立场,强调自由主义和市场经济,主张扩大私有化和外向经济,以增加投资实现经济的发展。民族民主党持右翼立场,强调保护自由竞争,吸纳国外投资。然而,根据新《选举法》,1980 年军事政变之前的所有议员五年内不得参选,前政党领导人十年内不得参选。

1983 年 11 月,土耳其举行议会选举,标志着文官政治在 1980 年第三次军事政变和军人接管政府之后得以重新恢复。92.3%的选民参与投票,达到 1946 年多党制议会选举以来的最高投票率,获准参加竞选的政党包括持中右立场的民族民主党、持中左立场的民粹党和持中间立场的祖国党,其中民族民主党和民粹党得到军方的支持,而祖国党系非军方支持的平民政党。1983 年议会选举的结果是,祖国党获得 45.6%的选票和大国民议会下院 211 个席位,民粹党获得 30.8%的选票和大国民议会下院 117 个席位,民族民主党获得 23.6%的选票和大国民议会下院 71 个席位。祖国党作为议会第一大党组成新一届内阁,祖国党主席图尔古特·厄扎尔出任内阁总理。祖国党在议会中的获胜出乎军方的意料,标志着土耳其的民主化进程真正走上文官政治的道路,军人政治从此逐渐淡出政坛。

图尔古特·厄扎尔出身于土耳其东南部城市马拉提亚一个虔诚的穆斯林家庭,毕业于伊斯坦布尔技术大学,20 世纪 70 年代加入救国党,1977 年曾经作为救国党提名的候选人竞选议员落败。1983 年 5 月,图尔古特·厄扎尔创建祖国党,该党核心成员大都具有伊斯兰主义的宗教政治背景。1980 年军方政变后诸多旧政党的解散和由此出现的政治真空,提供了图尔古特·厄扎尔和祖国党崛起于土耳其政坛的绝佳条件。

图尔古特·厄扎尔(右)

图尔古特·厄扎尔政府时期,建立在选举政治和多党政治基础上的文官政治重新取代军人政治，成为土耳其政治生活的常态形式。图尔古特·厄扎尔领导的祖国党兼有原正义党、救国党和民族行动党的多重政治元素，代表土耳其政坛的中右翼势力，政治理念相对温和，强调法律秩序和法治国家，兼顾世俗原则和宗教诉求。祖国党亦具有民族主义的浓厚色彩，坚持土耳其—伊斯兰一体化的思想，强调维护民族独立和国家主权，倡导民主的政治原则和宽松自由的政治环境，主张扩大地方政府的自治权力。

祖国党执政期间，政治形势趋于稳定，政治环境日渐宽松，多元化的政党政治进一步活跃。1983 年 6 月，前正义党领导人苏莱曼·德米雷尔创建正确道路党(True Path Party)。该党自称是 20 世纪 50 年代的民主党和 60—70 年代的正义党的延续，强调捍卫民族利益、保障公民权利和实现社会公正，同时坚持世俗主义的政治原则，进而区别于伊斯兰主义政党。祖国党和正确道路党均为 80 年代主导土耳其政坛的右翼政党。相比之下，民粹党(Populist Party)继承共和人民党的政治传统，系左翼政党，强调推动工业化进程和政府必要的经济干预，反对垄断，主张通过税收政策缓解贫富差距，扩大就业，降低失业率，支持者主要来自城市中下层和知识界。繁荣党(Welfare Party)始建于 1984 年，系救国党的延续，强调推动民主化进程、繁荣经济和实现社会公正，主张摒弃国家主义，倡导伊斯兰主义的发展模式。

1984 年初，祖国党主导的大国民议会通过修改《政党法》的议案，解除 1983 年军方颁布的政党禁令，允许遭到军方取缔的政党继续从事政治活动和参与选举。由于总统科南·埃夫伦的否决，修改《政党法》的议案未能获准正式颁布。在随后举行的地方选举中，祖国党赢得 41.5%的选票，伊斯梅特·伊诺努之子埃尔达勒·伊诺努领导的社会民主党赢得 23.5%的选票，苏莱曼·德米雷尔领导的正确道路党赢得 13.5%的选票。相比之下，1983 年大选期间军方支持的民粹党和民族民主党仅仅赢得 9%和 7%的选票，在救国党的基础上组建的繁荣党仅仅赢得 4.5%的选票。1985 年 11 月，民粹党与社会民主党合并，改称社会民主民粹党(Social Democratic Populist Party)，埃尔达勒·伊诺努出任党主席。1986 年初，民族民主党解散，其主要成员分别加入祖国党和正确道路党。与此同时，前共和人民党领导人布伦特·埃杰维特创建民主左翼党(Democratic Left Wing Party)。1986 年 9 月举行大国民议会补充选举，涉及 7 个选区和 11 个议会席位，祖国党赢得 32.3%的选票和 6 个议会席位，正确道路党赢得 23.5%的选票和 4 个议会席位，社会民主民粹党赢得23.4%的选票和1个议会席位。

1987年9月,土耳其就修改《政党法》举行全民公决,以50.3%对49.7%的微弱优势获得通过,解除军方执政期间颁布的政党禁令,恢复原有政党领导人的从政权利。随后,图尔古特·厄扎尔宣布提前举行大选。

1987年11月,土耳其举行新一届的议会选举。与军人干预下的1984年大选相比,1987年的议会选举在明显宽松和公平的环境下进行,民主政治在军方政变后得以回归。7个政党参加竞选,其中包括共和人民党分裂后组建的民主左翼党和社会民主民粹党。图尔古特·厄扎尔领导的祖国党赢得36.2%的选票和大国民议会下院292个席位,埃尔达勒·伊诺努领导的社会民主民粹党赢得24.7%的选票和大国民议会下院99个席位,苏莱曼·德米雷尔领导的正确道路党赢得19.1%的选票和大国民议会下院59个议会席位。此外,布伦特·埃杰维特领导的民主左翼党获得8.5%的选票,埃伊库特·埃迪巴里领导的改革民主党获得0.8%的选票,内切梅廷·埃尔巴坎领导的繁荣党获得7.1%的选票,阿尔帕斯兰·图尔克斯领导的民族行动党获得2.8%的选票,独立候选人获得0.8%的选票,均未达到进入大国民议会所需的10%的选票,未能赢得议会席位。1987年大选后,祖国党作为大国民议会下院的第一大党继续执政。

图尔古特·厄扎尔执政期间,具有一定的伊斯兰倾向,主张放宽原有的宗教限制。1988年,图尔古特·厄扎尔已故的母亲下葬于纳格什班迪教团精神导师穆罕默德·扎西特·库特库陵墓所在的苏莱曼尼亚清真寺墓地。图尔古特·厄扎尔经常率内阁成员出席清真寺的宗教活动,斋月的晚餐通过媒体的报道而被赋予官方色彩,宗教出版物明显增多,国营电视台播放宗教节目。1988年7月,图尔古特·厄扎尔成为首位赴麦加朝觐的土耳其内阁总理,土耳其国营电视台在国内转播图尔古特·厄扎尔朝觐的视频。1989年11月,图尔古特·厄扎尔以新任总统的身份出席在安卡拉最大的清真寺举行的星期五聚礼。图尔古特·厄扎尔执政6年,平均每年新建清真寺约2 000座。至1990年,全国清真寺总数达到63 675座。在宗教教育方面,1983—1989年,新建6所伊玛目-哈提卜学校,伊玛目-哈提卜学校达到383所,在校学生人数增长29%,从207 000人增至267 000人。

1983年12月,图尔古特·厄扎尔组阁不久,宣布允许建立无息的伊斯兰银行,名为特别财政机构,旨在吸引阿拉伯世界的海外投资。1985年1月和4月,两家伊斯兰银行相继建立,系沙特阿拉伯与土耳其合资经营的银行。

1989年3月,成立第三家伊斯兰银行,系科威特与土耳其合资经营。1990年10月,祖国党内阁颁布法令,解除大学校园内对于女性服饰的限制。随后,反对党共和人民党向宪法法院起诉。1991年4月,宪法法院裁定祖国党内阁颁布的法令违宪。

在经济方面,祖国党支持自由主义的经济原则,强调市场化和出口外向型的经济原则,主张扩大投资渠道,鼓励私人投资,吸引国外投资,反对政府的经济干预和进口替代的经济发展模式,同时承诺增加就业和改善社会福利,关注民众生活。

厄扎尔政府上台后,致力于推行新经济政策,积极扩大与世界银行和国际货币基金组织的经济合作,贬值土耳其货币里拉,上调金融利率,冻结工资,提高物价,补贴出口产品,简化出口程序,在安纳托利亚西部爱琴海沿岸港口城市伊兹密尔和南部地中海沿岸港口城市阿达纳建立自由贸易区,旨在促进自由化的外向出口型市场经济。与此同时,厄扎尔政府致力于基础设施的完善,新建第二座横跨博斯普鲁斯海峡的大桥,开通伊斯坦布尔的环城公路,铺设从苏联到土耳其的天然气管道。厄扎尔政府还在安纳托利亚东南部筹划建造巨大的水电工程,预计扩大耕地面积160万公顷。

厄扎尔政府的新经济政策成果显著。20世纪80年代前期,国内生产总值年均增长率仅为4.5%,1986—1987年达到8%。对外贸易的大幅增长,是祖国党执政期间经济增长的最大亮点。外商投资亦呈上升趋势,进口商品充斥于市场。据相关资料统计,1980—1987年,出口额年均增长22%。出口商品构成亦发生改变;1979—1988年,农产品占出口商品总额的比例从60%下降为20%,工业品占出口总额的比例从45%上升为72%。纺织品是土耳其最重要的出口产品,约占出口总额的1/4。80年代初,土耳其商品主要出口到中东地区的其他国家,伊朗是土耳其最大的出口市场。80年代后期,欧洲取代中东成为土耳其最重要的出口市场。据统计,土耳其出口商品总额,1979年仅为23亿美元,1988年达到117亿美元,相比之下,土耳其进口商品总额,1979年为50亿美元,1989年达到144亿美元,始终高于出口商品总额,外贸逆差的现象十分突出,由此带来的后果是外债的大幅增长。土耳其政府的外债,1980年约为135亿美元,1989年增至400亿美元。此间,每年出口创汇的约70%用于偿还政府的外债。

厄扎尔政府的新经济政策,直接受益者主要是经济实力雄厚的富豪家族,进出口贸易的增长和建筑业的繁荣促成了新富人阶层的诞生。相比之

20 世纪 80 年代土耳其民众在街头示威

下,新经济政策的实施并未提高下层民众的生活水平,大多数土耳其人的生活状况呈下降的趋势,工资增长落后于通货膨胀的上升幅度。1987 年,工人平均工资与 1980 年的实际收入相比下降 19.8%。经济的繁荣亦未带来就业形势的改善。据官方公布的数据,1987 年的失业率达到 8.4%,高于 1980 年的 7.9%。1984—1987 年消费品价格指数年均上升 41.7%,包括工人和政府职员在内的工薪阶层的实际收入明显下降。物价上涨、工资冻结和利率上调,导致工薪阶层的社会购买力在祖国党执政期间下降 40%—60%。

新内阁并未扭转经济形势和改善民众生活,亦未能遏制政府腐败的蔓延。此间,图尔古特·厄扎尔执政期间推行的新政策所导致的社会变化和政治影响开始显现。第二届祖国党内阁执政后,经济形势恶化,国内生产总值增长率,1988 年下降为 1.5%, 1989 年下降为 0.9%,低于此间2.2%的人口增长率。通货膨胀率呈上升趋势,80 年代前期为 30%—40%, 1988 年达到 70%。祖国党内阁于 1989 年制订的第六个五年发展计划,无视客观经济形势,继续追求高增长率。进入 90 年代,经济发展陷入低谷。厄扎尔政府多

土耳其妇女在街头示威

次宣布向私人出售国有企业，然而私有化进程缓慢，民间资本对于收购国有企业缺乏必要的信心。厄扎尔政府忽视农业发展，农业投资不足。农业劳动力占全部劳动力的60%，农业产值却不足国内生产装置的20%。80年代末，自然灾害造成农业大面积歉收，水利建设停滞和落后所带来的后果由此显现。与此同时，政府腐败现象蔓延。

图尔古特·厄扎尔领导的祖国党尽管在1987年大选中再度胜出并继续执政，然而其执政地位开始出现削弱的趋势。与1983年大选中45.6%的支持率相比，祖国党在1987年大选中的支持率下降9.4个百分点。20世纪80年代后期，通货膨胀率和失业率不断上升，社会成员的贫富分化逐年加剧，引发民众对于祖国党内阁的不满。1989年3月举行地方选举，社会民主民粹党赢得28.2%的选票，正确道路党赢得25.6%的选票，相比之下，祖国党的支持率大幅下降，仅仅赢得21.9%的选票。

1989年10月，科南·埃夫伦的总统任期届满，祖国党占据多数席位的大国民议会选举图尔古特·厄扎尔接替科南·埃夫伦，出任土耳其共和国第八届总统。土耳其共和国的历届总统大都具有军方背景抑或从军经历，图尔古特·厄扎尔则是继切拉勒·拜亚尔之后大国民议会选举产生的第二位文职总统。1989年图尔古特·厄扎尔当选总统，“可谓土耳其共和国民主化进程的分水岭”。①按照土耳其宪法的相关规定，图尔古特·厄扎尔退出祖国党，议长伊尔迪里姆·阿克布鲁特继任祖国党主席和内阁总理。

1989—1990年，土耳其政府开始实施自由化和保障人权的政策。1991年，大国民议会宣布增加议员席位，实行总统的直接选举，允许在非官方的范围内使用库尔德语，删除1982年宪法第141款、第142款和第163款关于限制政治活动的内容。1991年7月，总统图尔古特·厄扎尔邀请新当选的祖国党主席马苏德·耶尔马兹（Mesut Yilmaz）出任内阁总理。

1991年10月举行议会选举，6个政党参加竞选，正确道路党赢得27.3%的选票和大国民议会下院178个席位，祖国党赢得23.9%的选票和大国民议会下院115个席位，社会民主民粹党赢得20.7%的选票和大国民议会下院88个席位，民族行动党和繁荣党组成的竞选联盟赢得16.6%的

---

① Heper, M., *Politics in the Third Turkey Republic*, Boulder 1994, p.187.

苏莱曼·德米雷尔

选票和大国民议会下院62个席位，民主左翼党赢得11%的选票和大国民议会下院7个席位。同年11月，大国民议会第一大党正确道路党与第三大党社会民主民粹党组成联合政府，正确道路党主席苏莱曼·德米雷尔出任总理，祖国党内阁就此终结。

1992年，大国民议会通过法令，取缔对于政党的诸多限制，共和人民党得以重建，丹尼泽·拜克尔当选共和人民党主席。1993年4月，图尔古特·厄扎尔病逝。同年6月，苏莱曼·德米雷尔出任总统，同时退出正确道路党，塔恩苏·齐莱尔(Tansu Ciller)作为正确道路党的新主席，出任联合政府总理，是为土耳其历史上的首位女性总理。

三、 伊斯兰政党的崛起：从繁荣党到贤德党

1950—1960年是民主党主导政坛的时代，1960—1980年系共和人民党与正义党平分秋色的时代。相比之下，在第三次军人政变后的20世纪80年代，祖国党在土耳其政坛独领风骚，取得1983年和1987年两次大选的胜利，成为继50年代的民主党和60年代的正义党之后第三个在大国民议会占据多数席位的政党和单独组阁的政党。

进入90年代，政党政治出现明显的变化，诸多小党在议会选举中的政治空间呈扩大的趋势，获得议会席位的政党数量明显增加，在1991年、1995年和1999年三次大选中，正确道路党、繁荣党和民主左翼党尽管先后成为议会下院第一大党，然而累计得票率分别仅为27.1%、21.4%和22.2%，议会非多数党的联合组阁再次成为土耳其政坛的突出现象。与此同时，伊斯兰复兴运动日渐高涨，伊斯兰政党异军突起，进而挑战世俗政党在土耳其政坛的主导地位。

土耳其伊斯兰政治的兴起，根源于图尔古特·厄扎尔执政期间新自由主义经济改革的历史环境。祖国党政府推行的新经济政策，导致贫富差距扩大

和失业率上升。1980—1988 年,失业率从 16.4%上升为 22.9%,失业人口总数从 280 万上升为 480 万。1987—1994 年,占总人口 80%的中下层群体的收入呈下降的趋势,占总人口 20%的富裕阶层的收入呈上升的趋势,由此产生的结果是贫富差距的扩大。据统计,占总人口 20%的富裕阶层在国民总收入中所占的比例,1987 年为 49.9%, 1994 年上升为 54.9%。相比之下,占总人口 20%的贫困阶层在国民总收入中所占的比例,1987 年为 5.2%, 1994 年下降为 4.9%。与此同时,中东部内陆地区与西部沿海地区之间经济发展水平的差距亦进一步扩大。80 年代后期,由于出口外向型经济政策的实施和出口贸易的扩大,被誉为安纳托利亚之虎的内陆中小私营企业开始挑战大公司的垄断地位。1990 年 5 月,内陆中小私营企业成立具有浓厚伊斯兰色彩的行业组织,名为独立企业家和商人联合会,旨在抗衡代表大公司利益的土耳其企业家和商人联合会。至 90 年代中期,独立企业家和商人联合会拥有约 2 000 家企业,产值占国内生产总值的 10%。1994 年 4 月,伊斯坦布尔市议会举行首次会议,会议召开伊始,全体议员举行祷告,随后通过的第一批法规包括了禁止在议会大厦服务区出售酒精类饮品的法令,体现出伊斯兰的宗教色彩。经济社会环境的变化导致政治生活的相应变化,进而加剧伊斯兰政党与世俗政党之间的角逐,伊斯兰模式开始成为下层民众寻求改善生活和提高社会地位的新出路。

繁荣党(Welfare Party)始建于 1984 年大选前夕,与民族秩序党和救国党具有明显的政治渊源,均为内切梅廷・埃尔巴坎一手创建,持相对温和的政治立场和伊斯兰主义的政治倾向。内切梅廷・埃尔巴坎先后作为三个伊斯兰政党即民族秩序党、救国党和繁荣党的核心人物,被誉为“土耳其伊斯兰复兴运动之父”,可谓土耳其伊斯兰复兴运动的灵魂,长期活跃于土耳其的政治舞台,70 年代作为救国党主席加入三届联合政府,出任内阁副总理,致力于现行国家体制内与世俗政党的政治合作。

相比于救国党的支持者主要来自相对落后地区的小商人和手工业者,繁荣党具有广泛的社会基础,支持者包括农民、蓝领工人小商人、手工业者和其他中低收入者,分支遍布土耳其各地,触角延伸至土耳其社会的各个角落。“繁荣党的组织建立在投票站的基础上,每个投票站范围内的每条街甚至每栋楼都会派出专人监督,旨在保证选举期间所有的选民踊跃参加投票”。①繁

① Ozbudun. E., *Contemporary Turkish Politics*, Boulder 2000, p.92.

荣党的外围组织包括分布在全国的诸多基金会、文化协会和青年组织，其中最重要的是全国青年基金会。该组织系1975年由救国党创建，是土耳其最大的青年组织，90年代初有1 500余个分支，为成千上万的贫困学生提供奖学金。

繁荣党强调土耳其人的民族独立、民族意识和民族利益，强调自由民主的政治原则。“解放、民主意识和民族跃进”，是繁荣党倡导的基本纲领。[①]繁荣党具有浓厚的伊斯兰教色彩，强调伊斯兰教的意识形态，反对教俗分离，抨击贫富分化，主张恢复伊斯兰教法，完善民族经济，建立福利性的经济制度、公正的社会秩序和自由的政治环境，保护劳动者的福利和权益，缩小贫富差距，实行独立的外交政策，实现不同地区之间的平衡发展，捍卫土耳其的民族利益，谋求民众的最大利益。繁荣党反对国家控制宗教的政治原则，主张修改1982年宪法的第24款，即任何人不得以宗教规范作为国家之社会的、经济的、政治的和法律的基础，任何人不得利用宗教实现政治目的。在1995年的竞选纲领中，繁荣党抨击土耳其的现行制度存在瑕疵，是“欺骗民众的、假民主的和黑暗的统治”，宣称繁荣党致力于建设“多元的和真正意义上的民主”。[②]繁荣党强调，选举是通向政治权力的唯一道路。繁荣党领导人内切梅廷·埃尔巴坎曾经表示，资本主义和社会主义皆存在诸多严重弊端，是代表着剥削和压迫的制度和秩序，繁荣党的目标是建立既非资本主义亦非社会主义的第三者秩序即“公正的秩序”，而先知穆罕默德时代的伊斯兰社会则是“公正的秩序”的典范。此外，繁荣党反对世界银行和国际货币基金组织强加给土耳其政府的新经济政策，抨击西方模式的民主是西方文化帝国主义的特洛伊木马，落后于先知时代的伊斯兰民主，在外交方面持反对以色列的立场，反对加入欧盟。

在1984年举行的地方选举中，繁荣党首次亮相于土耳其政坛，获得78万张选票，支持率为4.4%，夺取凡城和乌尔法市的两个市长职位。在1987年举行的议会选举中，繁荣党获得17万张选票，支持率为7.5%，低于选举法规定的“10%的门槛”，未能赢得议会席位。1989年，土耳其举行地方选举，繁荣党获得9.8%的选票。在1991年的议会选举中，繁荣党获得13%的选票和议会下院61个席位。

---

① Heper, M. and Evin, A., *State, Democrary and the Military: Turkey in the 1980's*, New York 1988, p.129.

② Ozbudun, E., *Contemporary Turkey Politics*, Boulder 2000, p.91.

在1994年3月举行的地方选举中，正确道路党赢得21.4%的选票，祖国党赢得21.0%的选票，相比之下，繁荣党位居第三，赢得19.1%的选票，高于1991年大选时的16.9%的支持率。繁荣党在28个省议会占据优势，其中包括伊斯坦布尔、安卡拉、迪亚巴克尔、科尼亚和开塞利等重要城市。内切梅廷·埃尔巴坎随后在伊斯坦布尔的阿尤布清真寺向其支持者宣布：这是来自安拉的恩赐，繁荣党将会取得更大的胜利，公正的秩序是解决目前所面临的种种危机的唯一出路，繁荣党的胜利不会止步于此，繁荣党的下一个目标是建立世界伊斯兰联盟，伊斯坦布尔将会成为伊斯兰世界的政治首都。

伊斯坦布尔阿尤布区街景

1995年12月，繁荣党在大选中胜出，赢得21.4%的选票和大国民议会下院158个席位，伊斯兰政党首次成为土耳其大国民议会的第一大党。持中右翼立场的祖国党和正确道路党分别获得19.7%的选票及大国民议会下院132个席位和19.2%的选票及大国民议会下院135个席位，持中左翼立场的民主左翼党和共和人民党分别获得14.6%的选票及大国民议会下院76个席位和10.7%的选票及大国民议会下院49个席位，成为大国民议会中的少数党。

繁荣党尽管在大选中胜出，然而缺乏单独组阁所必需的议会席位。包括军方、司法机构在内的土耳其政坛的世俗阵营极力阻止繁荣党进入内阁，于1996年3月推动占据大国民议会135个席位的正确道路党和占据大国民议会132个席位的祖国党以及占据大国民议会76个席位的民主左翼党组成联合政府，繁荣党成为议会主要反对党。祖国党与正确道路党通过谈判协商，组成联合政府；双方约定，祖国党主席马苏德·耶尔马兹首先出任内阁总理，至1997年1月由正确道路党主席塔恩苏·齐莱尔接任总理职务。1996年6

月,由于祖国党与正确道路党分歧不断,马苏德·耶尔马兹与塔恩苏·齐莱尔之间相互攻击,联合政府解体,繁荣党与正确道路党组成联合政府,繁荣党主席内切梅廷·埃尔巴坎出任总理。

繁荣党作为执政党,在经济方面延续厄扎尔时代的基本框架,坚持市场经济体制,继续推进私有化的改革进程,致力于改善民众的物质生活。在外交方面,繁荣党奉行疏远西方和亲伊斯兰世界的外交政策,与沙特阿拉伯、利比亚、伊朗交好。内切梅廷·埃尔巴坎打破土耳其历届总理以美国作为首次外访对象的惯例,出任总理后首先访问伊朗、巴基斯坦、新加坡、马来西亚和印度尼西亚,继而访问埃及、利比亚和尼日利亚。1996 年 8 月,内切梅廷·埃尔巴坎在出任总理 6 周后,首次外访选择伊朗,签署为期 22 年和从伊朗进口 230 亿美元天然气的协议,倡议召开土耳其、伊朗、叙利亚、伊拉克四国首脑峰会讨论地区合作。内切梅廷·埃尔巴坎还委派司法部部长和教育部部长访问伊拉克,重修土伊关系,促进两国之间的贸易往来,重新开通两国之间的石油管道。

伊斯坦布尔塔克西姆广场共和国纪念碑

内切梅廷·埃尔巴坎在出任总理后,邀请巴勒斯坦伊斯兰抵抗组织哈马斯、埃及穆斯林兄弟会和阿尔及利亚伊斯兰拯救阵线代表出席繁荣党会议。埃及总统穆巴拉克在访问土耳其期间,就内切梅廷·埃尔巴坎邀请埃及穆斯林兄弟会成员的举动,对于内切梅廷·埃尔巴坎干涉埃及内政表示关切。

1996 年 12 月,内切梅廷·埃尔巴坎领导的内阁试图与伊朗签署军事合作协议,遭到土耳其军方的抵制,未果。在内政方面,埃尔巴坎内阁试图取消禁止在大学校园和政府机构的女性披戴头巾的法令,建议在伊斯坦布尔象征凯末尔主义的塔克西姆广场建造清真寺,呼吁重建司法体制和实行包括伊斯兰教法在内的多元法律体系,引起世俗势力和军方的强烈不满。

1997 年 1 月,内切梅廷·埃尔巴坎邀请多名苏菲教团领袖在总理府共进斋月晚餐。随后,内阁通过法令,调整斋月期间的工作时间,以便于穆斯林履行斋戒的宗教义务。同月,时任安卡拉市辛坎区长的繁荣党成员贝吉尔·伊尔迪兹组织集会,要求实施伊斯兰教法,张贴巴勒斯坦哈马斯和黎巴嫩真主党领导人画像。随后,土耳其军方出面干涉,拘捕贝吉尔·伊尔迪兹。

1996 年 10 月,在伊斯坦布尔召开的伊斯兰国家会议上,内切梅廷·埃尔巴坎提出组建"伊斯兰八国集团"的设想,呼吁土耳其、伊朗、巴基斯坦、孟加拉国、马来西亚、印度尼西亚、埃及、尼日利亚八国之间进一步密切经济协作,强化伊斯兰世界的团结,抗衡西方七国集团。同年 11 月,"八国集团"宣布成立,秘书处设在伊斯坦布尔。1997 年 6 月,尽管面对世俗主义的巨大压力,八国集团峰会在伊斯坦布尔如期召开。内切梅廷·埃尔巴坎表示,西方国家在苏联解体后延续冷战思维,将伊斯兰教视作新的对立面,而不是致力于实现世界和平,八国集团的宗旨则是消除冷战思维和推动和平进程。八国集团的目标是:要和平,不要战争;要对话,不要冲突;要公平正义,不要双重标准;要平等,不要特权;要合作,不要剥削;要人权、自由和民主,不要压迫和颠覆。

长期以来,军方扮演着左右土耳其政治舞台的重要角色,恪守凯末尔主义的基本原则。1960 年、1971 年和 1980 年的三次军事政变,体现出军方干预政治生活的巨大影响力。军方操纵下制定的 1982 年宪法,规定了军方享有的特权地位,提供了军方干预政府和发挥政治影响的法理依据。退役将领出任总统成为惯例,总统主持的国家安全会议和总统任命的宪法法院,是维护军方特权地位、制约多党制议会和民选政府、监督社会的重要国家权力机构。此外,在正式国务活动的礼宾排序中,武装部队总参谋长通常排在总统、议长、总理之后,位居第四,军方地位由此可见。国家安全会议是 1980 年军方政变的产物,根据 1982 年宪法的相关条款设立,成员包括五名文职人员即总统、总理、国防部部长、内务部部长、外交部部长和五名军方将领即总参谋长、陆军司令、空军司令、海军司令、宪兵司令。1982 年宪法规定,内阁会议应优先考虑国家安全会议的事关国家安全、领土主权和社会稳定的相关决议。

在繁荣党于 1996 年 10 月召开的执政后第一次党务大会上,内切梅廷·埃尔巴坎表示,繁荣党作为土耳其政坛主流的组成部分,强调继承凯末尔主义的传统,关注与世俗势力的妥协,努力保持与军方的良好合作关系,体现出繁荣党温和、务实和理性的政治倾向。繁荣党副主席阿卜杜拉·居尔(Abdullah Gul)表示:“我们是一个民主的政党,我们将从民众的支持中获得执政的合法性。我们不能强迫民众违背自己的意愿而接受伊斯兰主义的实践,民众享有自行选择的自由。”

阿卜杜拉·居尔

尽管如此,埃尔巴坎内阁推行的具有伊斯兰主义色彩的施政举措,仍引发世俗主义阵营和军方的不满。祖国党主席马苏德·耶尔马兹指责繁荣党是土耳其的纳粹党,试图通过民主的方式掌握政权,进而在土耳其建立独裁统治。民主左翼党主席布伦特·埃杰维特告诫民众,繁荣党在军官中传播伊斯兰主义思想,内切梅廷·埃尔巴坎则与许多伊斯兰国家的非法武装保持密切联系。军方宣布,19 家报纸、110 家杂志、51 家电台、20 家电视台从事非法的伊斯兰主义宣传,伊斯兰主义者成立了 2 500 个协会、500 个基金会、1 000 家公司和超过 800 所学校。海军司令古芬·埃尔卡亚认为,伊斯兰化已经成为土耳其国家安全的首要威胁。武装部队总参谋长伊斯梅尔·卡达拉耶声称,繁荣党正在将土耳其带回到中世纪。总统苏莱曼·德米雷尔亦加入反对繁荣党的阵营,呼吁保卫土耳其的世俗民主体制。然而,苏莱曼·德米雷尔认为,军事政变并非解决问题的有效途径,“政变不能解决土耳其的任何问题……正是 1980 年的军事政变造成了土耳其当前的复杂局面。应当通过政党从事政治活动”。①

1997 年 2 月 28 日,军方主导的国家安全委员会宣布,政治伊斯兰是土耳其共和国面临的头号威胁,进而通过决议,要求埃尔巴坎内阁采取有效的行动,阻止正在各地蔓延的伊斯兰主义活动,遏制伊斯兰主义势力向国家机构的渗透,强化国家对于宗教活动的控制。不同于 1960 年、1971 年和 1980 年的军方政变,此次的政治干预,军方并未接管政府、解散政党和实行军事管制,军人亦未走出军营,所有的一切均未超出法律的基本框架,时人称之为“军方的温柔介入”。军方领导人深知,军事政变的时代已经远去。

① Eligur, B., *The Mobilization of Political Islam in Turkey*, Cambridge 2010, p.220.

1997年5月，总检察长乌拉尔·萨瓦什以“繁荣党已经成为反对世俗主义的核心”为由，向宪法法院提起公诉，要求取缔繁荣党。乌拉尔·萨瓦什指责繁荣党倡导允许女性在大学校园和政府机构披戴头巾、试图在土耳其建立伊斯兰政体、繁荣党领导人内切梅廷·埃尔巴坎在斋月期间宴请苏菲教团首领，声称伊斯兰主义的政治实践正在将国家带入内战的边缘，誓言将竭尽所能地致力于取缔伊斯兰主义、分离主义、法西斯主义和社会主义政党。1997年6月，繁荣党被宪法法院取缔，内切梅廷·埃尔巴坎领导的联合政府垮台。宪法法院裁定，禁止内切梅廷·埃尔巴坎以及另外6名繁荣党领导人5年内从事政治活动。

面对世俗势力的指控，内切梅廷·埃尔巴坎强调繁荣党致力于捍卫世俗主义原则，否认繁荣党利用宗教从事政治活动，要求重新界定世俗主义原则，认为世俗主义与伊斯兰教并非存在根本的对立，声称繁荣党是土耳其最大的民主政党，如果繁荣党遭到取缔，新的政党将会马上继承繁荣党的事业。1997年12月，在内切梅廷·埃尔巴坎的授意下，伊斯梅尔·阿尔帕特金创建贤德党（Virtue Party），成为继繁荣党之后土耳其政坛最重要的伊斯兰主义政党。

贤德党继承了繁荣党的伊斯兰主义倾向，其成员中近半数来自被取缔的繁荣党，加之部分祖国党议员由于对党主席马苏德·耶尔马兹心存不满亦转向加入贤德党，贤德党因此在大国民议会下院拥有144个席位，成为议会第一大党。

1998年5月，雷杰·库坦（Recai Kutan）取代伊斯梅尔·阿尔帕特金出任贤德党主席。雷杰·库坦在随后发表的电视讲话中宣称，尊重人权、自由、民主和法治是贤德党的政治准则，强调完善民主是保障人权的首要条件。在外交方面，贤德党不同于繁荣党的立场，突破狭隘的宗教界限，支持土耳其加入欧盟，强调加入欧盟符合土耳其的国家利益，将加入欧盟视为提升土耳其民主政治的重要外部力量。

在1999年大选前夕，贤德党的竞选口号是：土耳其伟大、建设发达的民主国家、实现独立公正的司法，强调民主国家、廉洁政府和自由社会作为三项基本原则。贤德党在竞选纲领中呼吁修改1982年宪法的相关条款、关闭国家安全法庭、按照民主政治的原则重组国家安全会议、削减国家安全会议的权力、压缩中央政府的权力、扩大地方自治、促进公民社会组织、加速私有化进程、推动欧洲式的民主化政治改革、改善与西方世界的关系，主张强化与国际货币基金组织和世界银行的联系、降低国民的税收负担、提高国际地位和国际影响力。与此前的繁荣党相比，贤德党的竞选纲领表现出明显的世俗色彩。

在1999年4月举行的议会选举中，贤德党获得15.4%的选票和大国民议会下院111个席位，成为议会第三大党。在1999年大选期间，贤德党提名的议员候选人中包括17名女性，其中3人进入大国民议会。在随后举行的地方选举中，贤德党在包括伊斯坦布尔和安卡拉在内的多数省份胜出。

2000年5月，贤德党举行大会，选举党内领导人，内切梅廷·埃尔巴坎支持的雷杰·库坦以633票对521票的微弱优势，击败阿卜杜拉·居尔，连任贤德党主席。2001年6月，贤德党被宪法法院宣布取缔，成为自1971年以来继民族行动党、救国党、繁荣党之后第四个被宪法法院取缔的伊斯兰主义政党。

四、 政党政治与民众参与

土耳其的政治民主化进程，经历从社会上层和精英政治向社会下层和民众政治的扩展，以及从城市范围的政治参与向乡村地区的政治动员的延伸，而日趋完善的政党政治，则是土耳其现代化进程中的突出现象和明显特征。一党制时代，土耳其的现代化主要局限于上层精英社会和城市的范围。从一党制向多党制的过渡，标志着土耳其政治民主化的长足进步。

自第二次世界大战结束后，土耳其逐渐启动多党制的政治进程，诸多政党相继登上土耳其的政治舞台。此后的半个多世纪，土耳其的政党政治经历从一党制的衰落到诸多政党的破碎化再到逐渐整合的发展过程，世俗主义的左翼温和政党、右翼温和政党和伊斯兰主义政党三足鼎立，世俗政治与宗教政治此消彼长，而共和人民党是唯一经久不衰而贯穿土耳其共和国历史进程且具有重要影响力的政党。另一方面，民主党作为多党制时代首个通过议会选举取得执政地位的政党，在20世纪50年代垄断国家权力长达十年之久，继一党制时代之后再次出现一党独大的执政局面。自1961年军方政变后，民主党淡出政坛，政党政治形成多元化的浓厚色彩，诸多政党角逐政坛成为常态，一党内阁与多党联合政府表现为轮流更替的过程，是土耳其政党政治区别于其他中东伊斯兰国家的显著特征（见附表）。

第二次世界大战结束后至2002年正义与发展党崛起于政坛之前，土耳其现代政党政治的发展，主要表现为右翼温和立场的民主党→正义党→祖国党→正确道路党与左翼温和立场的共和人民党→社会民主民粹党→民主左翼党两大势力的此消彼长。在多党制的历史条件下，政党政治成为土耳其民众政治参与的基本形式，周期性的议会选举构成民众政治参与的主要环节。根据相关统计，1950 年议会选举的投票率为 89.3%，其中左翼温和派获得 39.9%的选票，右翼温和派获得 53.3%的选票，右翼激进派获得 3.3%的选票；1965 年议会选举的投票率为 71.3%，其中左翼温和派获得 28.7%的选票，右翼温和派获得 56.6%的选票，左翼激进派获得 3.0%的选票，右翼激进派获得 8.4%的选票；1977 年议会选举的投票率为 72.4%，其中左翼温和派获得 41.4%的选票，右翼温和派获得 40.7%的选票，左翼激进派获得 0.5%的选票，右翼激进派获得 15.0%的选票。左翼温和派主要是代表中左翼政治势力的共和人民党，右翼温和派主要是代表中右翼政治势力的民主党及其政治延伸组织正义党、祖国党和正确道路党，左翼激进派主要来自土耳其劳动党，右翼激进派包括救国党和民族行动党。上述选票分布表明，多党制时代宽松的政治环境与温和的政治生活两者之间具有内在的逻辑联系；温和派构成土耳其政坛的主导势力，两党制则是土耳其政党政治的基本框架，共和人民党与民主党及其政治延伸正义党、祖国党和正确道路党平分秋色，右翼温和派略占上风，激进和极端的政治势力处于国家权力的边缘地带，由此形成相对宽松的政治环境。

通货膨胀的加剧、失业率的上升和库尔德人的地位，是土耳其政府面临的主要问题。自 20 世纪 70 年代起，激进势力在土耳其政坛呈上升趋势，开始挑战温和派共和人民党和正义党在土耳其政坛的主导地位，欠发达的乡村地区和城市棚户区的下层民众构成激进政治势力的重要社会基础。在 1991 年举行的大选中，右翼温和派阵营获得 51.0%的选票，左翼温和派阵营获得 31.6%的选票，持激进政治立场的伊斯兰政党获得 16.9%的选票。在 1995 年举行的大选中，右翼温和派阵营获得 38.8%的选票，左翼温和派阵营获得 25.4%的选票，持激进政治立场的伊斯兰政党获得 29.6%的选票。在 1999 年举行的大选中，右翼温和派阵营获得 26.4%的选票，左翼温和派阵营获得 30.9%的选票，持激进政治立场的伊斯兰政党获得 35.2%的选票。在 2002 年举行的大选中，右翼温和派阵营获得 23.5%的选票，左翼温和派阵营获得 21.8%的选票，持激进政治立场的伊斯兰政党获得 46.2%的选票。另据资料统计，1983—2002 年，右翼温和派阵营所获得的选票在全部选票中的比例从 30.5%下降为 21.8%，左翼温和派阵营所获得的选票在全部选票中的比例从

68.4%下降为23.5%。[①]上述选票分布的变化,反映出90年代以来土耳其国内政治氛围的变化。

土耳其政治变迁的历史轨迹,表现为从独裁基础上的稳定到民主化探索阶段的动荡再到成熟民主政治的稳定。多党制的广泛政治实践,作为土耳其政治民主化的外在形式,成为推动土耳其的现代化进程从上层精英社会向下层民众社会延伸,以及从城市向乡村延伸的重要因素。民众意志与国家意志借助于多党制的广泛政治实践而逐渐统一,主要的全国性政党往往反映民众的普遍利益,次要的局部性政党则通常反映特殊社会群体的特定利益。多党制的政治实践与民众的政治动员以及民众广泛的政治参与之间无疑具有密切的内在联系,而民众政治参与程度的提高导致国家政策的相应改变。现代化从城市向乡村的延伸、农业的发展和农民地位的改善,以及相对宽松的宗教政策等诸多内容,均为多党制时期民主化的政治实践尤其是普选活动的政治需要之逻辑结果。

多党制时代的诸多政党及其政治倾向

共和人民党(1923—1980, 1992—):中左翼政党。
民主党(1946—1960):中右翼政党。
民族党(1948—1953):伊斯兰主义色彩的政党。
共和民族党(1954—1957):右翼保守党。
共和农民民主党(1957—1969):右翼民族主义政党。
正义党(1961—1980):中右翼政党。
土耳其劳动党(1961—1971, 1975—1980):马克思主义政党。
民族行动党(1969—1980, 1983—):土耳其民族主义政党。
民族秩序党(1970—1971):伊斯兰主义政党。
救国党(1972—1980):伊斯兰主义政党。
祖国党(1983—):中右翼政党。
正确道路党(1983—):中右翼政党,2007年改称民主党。
民粹党(1983—1985):中左翼政党。
民族民主党(1983—1985):中右翼政党。
繁荣党(1983—1998):伊斯兰主义政党。

---

① Tursan, H., *Democracy in Turkey*, Brussel 2004, p.221, p.245.

续表

社会民主民粹党(1985—1995):中左翼政党。
民主左翼党(1985—　):中左翼政党。
大统一党(1993—　):脱胎于民族行动党,土耳其民族主义与伊斯兰主义双重倾向的政党。
人民民主党(1994—2003):库尔德民族主义政党。
民主人民党(1997—2005):库尔德民族主义政党。
贤德党(1998—2001):伊斯兰主义政党。
幸福党(2001—　):伊斯兰主义政党。
正义与发展党(2001—　):伊斯兰主义政党。
民主社会党(2005—　):库尔德民族主义政党。

多党制时代的内阁模式

1950 年	一党内阁	1977 年	多党联合政府
1954 年	一党内阁	1983 年	一党内阁
1957 年	一党内阁	1987 年	一党内阁
1961 年	多党联合政府	1991 年	多党联合政府
1965 年	一党内阁	1995 年	多党联合政府
1969 年	一党内阁	1999 年	多党联合政府
1973 年	多党联合政府		

作者点评

军方干政是土耳其共和国民主化进程中的突出现象,1960 年、1971 年和 1980 年的三次军人政变集中反映出军方在土耳其共和国政治舞台和政治生活中举足轻重的政治地位和广泛的政治影响力。然而,军方干政和军人政变并未导致军人独裁的政治结局,土耳其共和国的民主化进程亦未由于军人政变而发生逆转的趋势。1980 年军人政变之后,土耳其共和国重新回归议会选举和文官政府,政治生活的车轮在民主化的轨道上继续前行,民主政治渐趋成熟。与此同时,具有鲜明宗教色彩的伊斯兰复兴运动出现上升的趋势,诸多伊斯兰政党开始挑战凯末尔主义的世俗国家体制,世俗政治与宗教政治错综交织。

第十六章

异军突起的政坛奇葩——正义与发展党

一、 埃尔多安同正义与发展党的建立

雷赛普·埃尔多安(Recep Erdogan) 1954 年出身于黑海东部里泽省的一个贫困村庄,家境贫寒,13 岁时移居伊斯坦布尔的工人区卡斯姆帕萨,属于乡村移民的后代,曾经就读于伊玛目-哈提卜学校,20 世纪 70 年代成为救国党青年组织领导人,深受埃尔巴坎的伊斯兰主义思想的影响,1973 年毕业于伊斯坦布尔的马尔马拉大学,1984 年加入繁荣党,1994 年由繁荣党提名当选伊斯坦布尔市长。

雷赛普·埃尔多安夫妇(左)与阿卜杜拉·居尔夫妇(右)

雷赛普·埃尔多安具有浓厚的伊斯兰教情结,深受苏菲主义的影响,与纳格纳格什班迪教团以及努尔库教团交往甚密。雷赛普·埃尔多安将伊斯兰教视作土耳其文化之不可或缺的重要组成部分,将伊斯兰教信仰视作土耳其民众的选择,坚持土耳其民族的伊斯兰文化传统,强调伊斯兰

教与现代民主政治的兼容性。雷赛普·埃尔多安在1994年当选伊斯坦布尔市长后接受媒体采访时表示,99%的土耳其人信仰伊斯兰教,他们是尊奉沙里亚的穆斯林,沙里亚意味着伊斯兰教和安拉的法则,我们所实行的体制不能背离安拉的旨意,不能背离沙里亚的原则。

雷赛普·埃尔多安担任伊斯坦布尔市长期间,曾经于1997年12月在安纳托利亚东南部城市希尔特公开朗诵著名诗人齐亚·格卡尔普(Ziya Gokalp,1876—1924)的诗句"清真寺,你是我们的营房;你的圆顶,是我们的头盔;你林立的尖塔,是我们的刺刀;穆斯林,就是我们的战士",因此于1998年4月被指控反对世俗主义原则而遭遇牢狱之灾,被判处10个月监禁。雷赛普·埃尔多安于2003年接受《纽约时报》采访时表示:"无论如何,我首先是一个穆斯林……我必须向安拉负责,我受造于安拉,我会竭力履行我作为一个穆斯林的义务,但是我必须把这一切同我的政治生活区分开来,宗教活动是我的私人事务……一个政党不能有宗教信仰,但是个人可以有。宗教是至高无上的,宗教不能被政治利用。"

诗人齐亚·格卡尔普

根据2000年7月的民意调查,31%的受访者支持雷赛普·埃尔多安创建政党。另据2001年6月的民意调查,41%的受访者认为,如果具有伊斯兰主义色彩的贤德党被官方取缔,雷赛普·埃尔多安将会创建新的政党。雷赛普·埃尔多安在土耳其社会的政治威望,由此可见一斑。

2001年6月贤德党被宪法法院取缔后,土耳其国内的主流伊斯兰主义派别发生分裂。2001年7月,贤德党保守派成员创建幸福党(Felicity Party),雷杰·库坦出任党主席。同年8月,贤德党改革派成员创建正义与发展党(Justice and Development Party),雷赛普·埃尔多安出任党主席,阿卜杜拉·居尔当选副主席。幸福党以内切梅廷·埃尔巴坎的追随者自居,强调宗教色彩的意识形态,持相对激进的政治立场。相比之下,正义与发展党在延续繁荣党和贤德党传统的基础之上,极力淡化意识形态的宗教色彩,主张在现代民主的政治框架下谋求自身的政治合法性,承认世俗主义的基本原则,反对宗教歧视、性别歧视和种族歧视,持明显的中右政治立场。正义与发展党兼有世俗主义与伊斯兰主义的双重倾向,一方面赞同凯末尔倡导的世俗主义，坚持与西方世界的广泛交往；另一方面将伊斯兰教视作土耳其文化传统的根基，强调民众享有合法的宗教自由，反对以世俗主义限制和排斥穆斯林的宗教行为。

正义与发展党成立后，拥有数以百计的基础组织，涵盖土耳其广大的城市和乡村，形成不可小觑的社会动员力。以往倡导伊斯兰主义的民族秩序党、救国党和繁荣党，支持者主要来自徘徊于社会边缘的弱势群体。相比之下，正义与发展党的社会基础更为广泛，不仅反映弱势群体的利益和诉求，而且得到包括知识分子和公职人员在内的中产阶级的有力支持，具有明显的多元色彩。尽管雷赛普·埃尔多安宣称，正义与发展党并非任何其他政党的延续，然而该党无疑吸纳了诸多其他政党的精英分子。正义与发展党的竞选纲领是发展与民主，竞选口号是“一切为了土耳其”。据 2002 年大选前的民意调查，1999 年大选期间贤德党支持者的 69%、民主行动党支持者的 42%、祖国党支持者的 29%、正确道路党支持者的 23%、民主左翼党支持者的 18%以及未投票选民的 25%倾向于支持正义与发展党。

然而，正义与发展党成立伊始，极力避免由于其伊斯兰主义色彩而遭到世俗主义者的指责。在该党成立的新闻发布会上，会场悬挂穆斯塔法·凯末尔的大幅照片，全体出席会议者向穆斯塔法·凯末尔静默一分钟，会议结束前，雷赛普·埃尔多安和所有人在穆斯塔法·凯末尔照片前起立以示尊重，新闻发布会结束后，雷赛普·埃尔多安和其他与会者集体拜谒了穆斯塔法·凯末尔的陵墓。

2001 年 12 月，正义与发展党发表长达 65 页的发展与民主化纲领，重申坚持凯末尔主义，声称“本党将阿塔图尔克的原则和改革视作提升土耳其民众之现代文明水准和实现社会公正的首要方式”，同时强调重新诠释世俗主义，反对歪曲穆斯塔法·凯末尔倡导的世俗主义和将世俗主义与宗教截然对立的错误观点。

二、 2002 年大选

1997 年 6 月内切梅廷·埃尔巴坎内阁垮台后，祖国党与民主左翼党组成新的联合政府，祖国党主席马苏德·耶尔马兹出任总理。同年 11 月，马苏德·耶尔马兹领导的联合政府垮台，民主左翼党领导人布伦特·埃杰维特出任总理，组成看守内阁。

1999年2月,库尔德工人党领导人阿卜杜拉·奥贾兰(Abdullah Ocalan)在肯尼亚首都内罗毕被捕。奥贾兰1949年出身土耳其东南部尚勒乌尔法省的库尔德农民家庭,曾经就读于伊斯坦布尔大学和安卡拉大学,1978年创立库尔德工人党,此后长期致力于反政府的政治暴力,在境外成立武装组织,派遣武装分子潜入土耳其从事恐怖袭击,威胁土耳其的国家安全和社会稳定。在土耳其民众看来,奥贾兰及其领导的库尔德工人党在过去的15年中从事恐怖活动,导致3.5万人死于政治暴力。奥贾兰事件对随后举行的大选产生影响,助长了土耳其的民族主义。

1999年大选具有浓厚的民族主义色彩和伊斯兰主义倾向。民主左翼党领导人布伦特·埃杰维特在塞浦路斯和库尔德人的问题上一贯持强硬立场,而民族行动党强调泛突厥主义思想,其领导人巴赫切利甚至将"绞死奥贾兰"作为该党的竞选口号。

布伦特·埃杰维特与美国总统小布什

在1999年4月的议会选举中,21个政党参与角逐,5个政党获得大国民议会席位,其中,民主左翼党赢得22.2%的选票和大国民议会136个席位,民族行动党赢得18.0%的选票,首次进入大国民议会并赢得129个议会席位,在繁荣党基础上组建的贤德党赢得15.4%的选票和大国民议会111个席位,祖国党赢得13.2%的选票和大国民议会86个席位,正确道路党赢得12.0%的选票和大国民议会85个席位,独立候选人赢得大国民议会剩余的席位。任期即将届满的总统苏莱曼·德米雷尔授权民族左翼党、民族行动党和祖国党组成联合政府,民族左翼党主席布伦特·埃杰维特出任内阁总理。随后,联合组阁的民族左翼党、民族行动党和祖国党共同提名宪法法院院长阿赫迈特·内吉代特·塞泽尔(Ahmed Necdet Sezer)为下届总统候选人,大国民议会中的反对党贤德党和正确道路党亦对提名阿赫迈特·内吉代特·塞泽尔为下届总统候选人表示欢迎。阿赫迈特·内吉代特·塞泽尔1941年出身安纳托利亚西部阿菲永省(Afyon)的教师家庭,1962年毕业于安卡拉大学,1998年出任宪法法院院长。1999年5月,阿赫迈特·内吉代特·塞泽尔出任土耳其共和国第十任总统。

进入21世纪,土耳其陷入共和国历史上最严重的经济危机,经济濒临崩溃的边缘,影响波及几乎社会各个阶层。据统计,2000年国内生产总值的增长率为6.8%, 2001年跌至-5.7%,通货膨胀率从2000年到2001年上升69.6%,人均国内生产总值从1998年的3 255美元下降为2001年的2 143美元,外债达到1 200亿美元,消费品价格上涨68.5%,失业人数超过600万,失业率高达42%,破产的私人企业达到60万家,230万人因此失去工作,贫富差距明显扩大。

2002年5月,民族行动党主席和内阁副总理巴赫切利(Bahceli)呼吁解散民主左翼党主导的联合政府和提前举行大选。与此同时,民主左翼党副主席和内阁副总理厄兹坎(Ozkan)力劝布伦特·埃杰维特辞去总理职务,邀请主要反对党正确道路党加入联合政府,遭到布伦特·埃杰维特的拒绝。7月,民主左翼党53名议员宣布退党,包括外交部部长杰姆(Jem)在内的多名内阁成员相继辞职,民主左翼党主导的联合政府陷入危机。

经济形势的恶化和联合政府的无为,引发民众对长期以来占据政坛主流地位的世俗政党的强烈不满,正义与发展党以其崭新的政治形象寄托了广大选民企盼走出经济低谷和摆脱经济危机的迫切希望,特别是正义与发展党的竞选口号"让失业者有工作,让贫困远离百姓"在下层民众中产生了极大的社会号召力和政治动员力。

2002年11月,土耳其大国民议会进行表决,以449票赞成和62票反对的表决结果,决定提前举行大选。在随后举行的议会选举中,18个政党参与角逐议会席位。雷赛普·埃尔多安领导的正义与发展党在参选的18个政党中脱颖而出,赢得1 088万张选票,支持率达到34.3%,获得大国民议会全部550个席位中的363个席位,一举成为大国民议会压倒性多数的执政党。相比之下,德尼泽·巴伊卡尔(Deniz Baykal)领导的共和人民党赢得610万张选票,支持率仅为19.4%,获得大国民议会的178个席位,成为大国民议会中唯一的反对党,独立候选人赢得大国民议会的剩余9个席位。包括1999年联合组阁的民主左翼党、民族行动党和祖国党以及贤德党保守派创立的幸福

德尼泽·巴伊卡尔

党在内的其余 16 个政党由于未能获得选举法规定的获得大国民议会席位所必需的 10%的选票,均被排斥于大国民议会之外。其中,民主左翼党的得票率从 1999 年大选时的 22.2%下跌为 1.2%,民族行动党的得票率从 1999 年大选时的 18.0%下跌为 8.3%,祖国党的得票率从 1999 年大选时的 13.2%下跌为 5.1%,幸福党的得票率仅为 2.5%。

2002 年大选结束了土耳其政坛十余年来多党组阁的局面,正义与发展党在选举中的大获全胜甚至被诸多媒体称作"安纳托利亚的革命"。正义与发展党在 2002 年大选中的胜出,掀开了土耳其政党政治史的崭新一页。自 1987 年大选以来,正义与发展党首次成为占据大国民议会多数席位的政党。另一方面,正义与发展党成为继 20 世纪 90 年代中期繁荣党之后再次赢得大选的伊斯兰主义政党。与此前的繁荣党相比,正义与发展党的立场更为温和。土耳其一改 90 年代多党联合政府的施政模式,由正义与发展党单独组阁。加入内阁的正义与发展党成员大都有繁荣党的从政经历,少数有祖国党的从政经历,反映出正义与发展党与繁荣党以及祖国党之间的历史延续。由于 1998 年宪法法院关于繁荣党领导人 5 年内不得从政的禁令尚未解除,正义与发展党主席雷赛普·埃尔多安的从政权利遭到封杀,正义与发展党副主席阿卜杜拉·居尔受命组阁,出任内阁总理。正义与发展党内阁执政后,首先推动议会解除雷赛普·埃尔多安从政的禁令。2003 年 3 月,雷赛普·埃尔多安在锡尔特省举行的大国民议会补缺选举中当选议员。随后,阿卜杜拉·居尔向总统阿赫迈特·内吉代特·塞泽尔递交辞呈,宣布辞职,雷赛普·埃尔多安出任内阁总理。

2004 年 3 月,土耳其举行地方选举。在全部 48 个合法政党中,20 个政党参与竞选地方议会的席位,其中只有正义与发展党、共和人民党和民族行动党赢得超过 10%的选票,正义与发展党赢得 41.7%的选票,占据 81 个省议会全部席位的 71%,共和人民党赢得 18.3%的选票,占据 81 个省议会全部席位的 12%。正义与发展党的执政地位得到进一步的巩固。

三、 正义与发展党的施政举措

正义与发展党始建于2001年8月，创始人共计71人，其中包括12名女性。正义与发展党尽管在21世纪之初以崭新的面貌登上土耳其的政治舞台，却无疑具有伊斯兰主义的深厚根基。正义与发展党的前身是2001年被宪法法院裁定反世俗主义进而予以取缔的贤德党，而贤德党的前身则是20世纪90年代活跃于土耳其政坛的伊斯兰主义政党繁荣党。正义与发展党的主要成员，包括总理雷赛普·埃尔多安、外长阿卜杜拉·居尔和议长布伦特·阿林奇，均为繁荣党及其继承者贤德党的重要成员。宗教色彩浓厚的意识形态、强调宗教认同的社会动员方式以及淡化阶级对立和民族差异的政治原则，可谓正义与发展党区别于其他诸多世俗政党的明显标志。

正义与发展党在大选中胜出后，被西方媒体称作"伊斯兰主义政党"和"伊斯兰政党"。正义与发展党致力于推行政治改革以符合加入欧盟的条件后，西方媒体称之为"植根于伊斯兰主义的政党"。正义与发展党执政两年期间推出一系列政治改革法案后，西方媒体称之为"具有改革倾向的伊斯兰政党"。2007年大选后，英国权威杂志《经济学人》称正义与发展党是"温和伊斯兰主义政党"。显而易见，正义与发展党被视作具有伊斯兰主义色彩或伊斯兰主义倾向的政党，已是不争的事实。

在土耳其共和国的历史发展进程中，世俗主义缘起于凯末尔主义的理论与实践，建立在公权至上的基础之上，表现为自上而下的过程。相比之下，20世纪70年代以来兴起于土耳其政坛的伊斯兰主义运动，主要表现为自下而上的过程，旨在挑战公权至上的政治原则，构成民众政治崛起和民众政治参与扩大的载体。

伊斯兰教信仰和伊斯兰价值观在土耳其社会根深蒂固。凯末尔主义的世俗主义原则包含世俗国家与宗教社会的悖论倾向，民主政治的缺失和民众意志与官方意志的非吻合性是凯末尔主义之世俗主义原则长期延续的历史根源。所谓世俗政治与宗教政治的消长，历经世俗威权政治的膨胀、世俗民主政治的初步实践和宗教政治的异军突起三个阶段，其历史内涵在于政治发展进程从自上而下到自下而上的转换。民主化无疑是世界历史的发展潮流，宗教权利构成人权的要素之一，宗教自由则是公民自由的组成部分。在民主化的进程中，随着民众的政治崛起和政治参与程度的提高，民众对于宗教自由的诉求上升到政治层面，是为政治伊斯兰抑或伊斯兰主义政党在土耳其政坛异军突起的深层背景。宗教与世俗并非存在根本的对立，是为伊斯兰主义政党之世俗化转向的历史基础。伊斯兰主义与世俗主义的消长和并存，特别是正义与发展党的执政理念和执政举措，体现了土耳其民主进程中的多元化倾向。在民主化的历史背景和多党制议会选举的政治框架下，伊斯兰主义政党兼顾民众的宗教诉求和世俗诉求，旨在广泛动员民众、争夺选票和竞选议会席位，其竞选纲领和施政理念在诸多领域与世俗政党可谓异曲同工。

正义与发展党在大选期间提出的竞选纲领，无疑具有浓厚的伊斯兰主义色彩。然而，正义与发展党的伊斯兰主义倾向，只是其动员民众和争夺选票进而竞选议会席位的政治手段。所谓的伊斯兰主义，包含伊斯兰文化、伊斯兰价值观、伊斯兰认同感、伊斯兰生活方式、伊斯兰经济、伊斯兰教法和伊斯兰神权政治的不同层面，伊斯兰主义运动在不同的国家表现为不同层面的内容，不可一概而论。正义与发展党极力淡化自身的伊斯兰主义色彩，淡化宗教与世俗的政治界限，自称“保守的民主政党”。雷赛普·埃尔多安宣称，正义与发展党创建之前活跃于土耳其政治舞台的繁荣党、贤德党和幸福党，过分突出伊斯兰教的政治功能，不具有广泛的代表性和社会基础，而现行的世俗体制既是合理的也是无可替代的，正义与发展党拒绝将某种特定的意识形态施加给政党和国家，正义与发展党不会将宗教道德延伸到政治领域，更不会成为宗教政党。

正义与发展党执政之后，并未推行类似伊朗伊斯兰革命后的伊斯兰化政策和实施伊斯兰教法，而是延续世俗框架下的现代化发展方向，强调多元化的政治原则，致力于推动民主化进程、加速私有化进程、完善市场经济、推进社会文化领域改革、加大反腐败的力度、清除效率低下的政府机构和削弱威权政治色彩。正义与发展党作为执政党，一方面承认世俗国家体制的合理性，标榜坚持凯末尔主义的政治原则，自居为凯末尔主义的继承者；另一方面重新诠释和界定凯末尔主义的政治内涵，强调凯末尔主义、民主政治与伊斯兰教的一致性和相容性，反对世俗政治的极端化倾向，挑战军方代表的世俗政治，致力于保障人权、完善自由平等和推动民主化进程。雷赛普·埃尔多安因此声称，正义与发展党领导下的土耳其正在经历一场“安静的革命”。部分西方媒体甚至将正义与发展党推行的改革称作继阿塔图尔克之后土耳其的第二次革命，而将雷赛普·埃尔多安誉为土耳其共和国历史上最具影响力的内阁总理。

正义与发展党执政后，致力于发展经济，坚持紧缩计划，降低通货膨胀率，改善基础设施建设，明显扭转了长期处于低谷状态的经济形势，形成前所未有的高速增长的势头，得到国内民众的广泛认可和国际社会的赞许。据相关资料统计,2002—2007 年,土耳其的国内生产总值从 1 800 亿美元增至 4 000 亿美元,国内生产总值年均增长 7%,其中,农业产值年均增长率从 12%下降为 9%,工业产值年均增长率从 24%上升为 25%,服务业产值年均增长率从 64%上升为 66%,而此间人口增长率约为 1.26%,国内生产总值增长率明显超过人口增长率。①2002—2007 年,劳动力总数从 2 380 万增至 2 480 万,失业率从 10.3%下降为 9.9%。正义与发展党执政 5 年间,大幅增加基础设施投资,新建公路 6 600 公里,新建住宅 27 000 套,发电量增长 40%,通货膨胀率下降至个位数。2002—2007 年,外向型经济明显发展,外贸量扩大,进出口总额在 GDP 中所占的比例从 38%上升为 42%。进口商品主要是工业材料,消费品仅占 10%。工业品出口从 92%上升为 94%,农产品出口从 8%下降为 6%。纺织品出口在出口工业品中所占比例,2001 年为 50.5%, 2007 年下降为 20.1%。②2007 年,土耳其外贸出口总额达到创纪录的 850 亿美元。20 世纪 90 年代,外商投资徘徊在每年 10 亿美元的水平。正义与发展党执政期间,私有化的推进加速了外商投资的力度。2005 年,外商投资达到 98 亿美元,2006 年,外商投资达到 202 亿美元,这个数字超过了 1980—2000 年 20 年间土耳其吸引外资的总和。③旅游业是土耳其重要的外汇来源,国外游客人数从 2002 年的 116 万增至 2007 年的 233 万,旅游业收入从 2002 年的 100 亿美元增至 2007 年的 185 亿美元。④2002—2007 年,土耳其的外汇储备从 190 亿美元增至 734 亿美元。与此同时,里拉与美元的兑换率逐渐稳定在 2003 年的 1.5∶1, 2007 年达到 1.18∶1。外贸对象发生变化,2002 年欧盟 27 国占土耳其外贸总额的 50%以上,2008 年下降为 43%。2008 年,俄罗斯取代德国成为土耳其最大的外贸伙伴,土耳其的石油和天然气 40%从俄罗斯进口。⑤与此同时,土耳其与中东的贸易亦呈上升趋势,进口石油,出口工业品。2007 年,土耳其从中东其他国家进口 158 亿美元,出口 191 亿美元。另一方面,2003 年,国外在土耳其直接投资 61 亿美元,其中 72%来自欧盟;2004—2007 年国外在土耳其直接投资 365 亿美元,其中 64%来自欧盟,26%来自中东,由此形成土耳其与阿拉伯世界的密切联系。⑥

---

① Hale, W. Islamism, *Democracy and Liberalism in Turkey*: *The Case of the AKP*, London 2010, p.106.

② Hale, W. Islamism, *Democracy and Liberalism in Turkey*: *The Case of the AKP*, London 2010, p.112.

③ Jenkis, G. *Political Islam in Turkey*: *Running West*, *Heading East*?, New York 2008, p.177.

④⑤ Hale, W. Islamism, *Democracy and Liberalism in Turkey*: *The Case of the AKP*, London 2010, p.113.

⑥ Hale, W. Islamism, *Democracy and Liberalism in Turkey*: *The Case of the AKP*, London 2010, p.114.

正义与发展党在推行自由主义经济政策的同时，积极扩大社会福利，关注社会下层，保护弱势群体，增加对于贫困阶层的补贴，逐渐完善社会保障体系。据统计，2003—2007年，正义与发展党政府支出的生活物资救济、医疗援助和教育补贴累计超过33亿新里拉，600万贫困家庭获得累计超过3.2亿新里拉的食品和440万吨燃煤。此间，正义与发展党政府改革医疗体制，改善中低收入人口的医疗条件，在全国81个省为低收入家庭提供27万套公寓，增加国有企业工人的工资，提高贫困学生的奖学金标准，增加农产品收购的政府补贴。正义与发展党致力于缓解由于贫富分化而引发的社会对立，俨然是诸多社会阶层共同利益的代表，使得社会边缘群体和新兴中产阶级成为其坚定有力的支持者，体现出其整合社会的政治倾向。

在外交方面，作为美国和西方世界的重要盟友，正义与发展党政府一方面强调土耳其作为北约成员国的地位，强调加强与欧洲国家的联系是土耳其外交的首要目标，强调与美国的防务合作以及密切与美国的经济文化交流，致力于反对国际恐怖主义；另一方面试图改变以往从属于美国和依附于西方世界的传统，提升土耳其的国际地位，促使美国和西方世界承认土耳其在国际舞台上的政治影响力。与此同时，正义与发展党改变长期以来亲西方的外交政策，致力于东西方之间的平衡外交，积极改善与包括叙利亚和伊朗在内的周边国家的关系，支持巴勒斯坦民族解放事业并赞赏哈马斯的民选政治，谴责以色列实行国家恐怖主义，呼吁黎巴嫩实现民族和解，提升其在中东和伊斯兰世界的政治影响力。2003年，土耳其政府高级代表团4次访问德黑兰，伊朗政府高级代表团6次访问土耳其。2004年1月，叙利亚总统巴沙尔访问土耳其，是为叙利亚现任总统的首次访问土耳其。萨达姆政权垮台后日趋复杂的库尔德人问题，无疑引起土耳其、伊朗和叙利亚的共同关注。2004年3月，以色列暗杀巴勒斯坦哈马斯领导人艾哈迈德·亚辛(Ahmed Yassin)，同年5月，以色列军队袭击加沙。雷赛普·埃尔多

雷赛普·埃尔多安与奥巴马

安抨击以色列是国家恐怖主义，拒绝以色列的访问邀请，召回土耳其驻以色列大使。2006 年 2 月，土耳其政府邀请哈立德・马沙阿勒率领的哈马斯代表团访问安卡拉。

土耳其共和国自 1923 年成立伊始，遵循西化的发展道路，积极扩大与西方世界的交往合作，直至成为北约成员国。1987 年，土耳其政府正式申请加入欧盟。1993 年，欧盟哥本哈根峰会决定，规定了土耳其申请加入欧盟的先决条件，包括政治改革、完善法治、保障人权和少数族群的权益、市场经济、承担欧盟相关义务的能力。1999 年，欧盟赫尔辛基峰会决定，将土耳其列为欧盟正式候选国。2004 年 12 月，在法国斯特拉斯堡召开的欧洲议会全会投票表决，通过支持欧盟立即启动与土耳其之间入盟谈判的决议。

正义与发展党执政伊始，确定将推动加入欧盟的进程作为首要的施政目标。与此同时，正义与发展党致力于推动民主化的进程，在相关领域改革现行体制，完善保障人权的法律规定，而推动民主化进程既是加入欧盟的重要条件，更是土耳其社会进步的强烈诉求。根据 1982 年宪法第 76 款，以言论和行动扰乱秩序的人不得当选议员。1998 年，雷赛普・埃尔多安因曾经被指控发表煽动性言论而入狱，2002 年大选期间被剥夺竞选议员的资格。2002 年 12 月修订的《刑法》第 76 款，将原有条款改为从事恐怖活动的人不得当选议员。根据新的《刑法》修正案，雷赛普・埃尔多安在随后举行的大国民议会补缺选举中当选议员，进而成为内阁总理。2004 年修订《刑法》，得到主要反对党共和人民党的支持，涉及 10 项条款，包括废除死刑、解散军方参与的国家安全法庭、强调性别平等。同年，大国民议会通过新的《结社法》，给予非政府组织以进一步宽松的政治环境和自治的权力，允许非政府组织无须政府批准而接受国外资金，禁止政府随意干涉非政府组织的合法活动，年满 15 岁者均可加入非政府组织。2006 年宪法修正案，将议员的最低年龄由 30 岁改为 25 岁，军方财产被纳入政府的审计范围。正义与发展党积极推动修改《政党法》，保障政党的合法权利，规定取缔政党必须得到宪法法院五分之三多数票的批准。此外，为了符合加入欧盟的先决条件，正义与发展党逐步改善国内少数民族库尔德人和亚美尼亚人的社会地位，允许学校使用库尔德语授课，允许电台播放库尔德语节目。2005 年，正义与发展党主导的大国民议会通过关于公共管理和地方行政的法案，削减中央集权，扩大地方分权。

自 1980 年政变以来，国家安全会议是军方干预政治和左右政府的重要机构。国家安全会议的成员，由文职官员和军方将领 10 人组成，包括总统、总理、国防部部长、内务部部长、外交部部长以及总参谋长、陆军司令、海军司令、空军司令、宪兵司令。根据1982年宪法，内阁政府必须优先考虑国家安全会议就维护国家安全提出的议案。2002年大选后，正义与发展党主导的大国民议会致力于改变文官政府与军方之间的政治天平，削减军方控制的国家安全会议的权力，增加国家安全会议中的文官比例，限制军事法院对文官的量刑裁定，军方财务交由政府审计，废除国家安全法院。2003年7月，国家安全会议由每月召开改为每两月召开，国家安全会议秘书长由以前从高级军官中提名改为从高级军官和高级文官中提名。自2004年8月起，该职务一直由文官担任，国家安全会议的主要职责不再代表国家意志，而只是负责向内阁政府提出相关建议。国家安全会议职能的转变和地位的下降，明显削弱了军方的政治影响力。

1961年宪法明确承认公民享有宗教信仰自由的合法权利，赋予伊斯兰文化复兴以必要的法律空间。旨在培养伊斯兰教神职人员的伊玛目-哈提卜学校自1949年恢复以来，学校数量和学生人数一直处于上升的趋势，成为土耳其国民教育的重要形式。1960—1968年，伊玛目-哈提卜学校的教师人数增长4倍，从300人增至1 200人，伊玛目-哈提卜学校的学生人数增长8倍，从4 500人增至38 000人。伊玛目-哈提卜学校包括初级和高级两个阶段；初级阶段学制4年，侧重世俗的文化知识；高级阶段学制3年，侧重职业性的宗教知识。20世纪50—60年代，伊玛目-哈提卜学校的毕业生仅仅被政府承认初中学历，直到1971年军方政变后，其高中学历得到政府的认可，进而具备参加大学入学考试的学历资格。伊玛目-哈提卜学校的毕业生，一部分成为清真寺的神职人员，另一部分则升入世俗高等学校。从1964年到1972年，世俗学校的数量增长127%，伊玛目-哈提卜学校的数量增长611%。1978年，伊玛目-哈提卜学校达到430余所，在校学生13万余人。1980年军事政变后，官方强调土耳其—伊斯兰一体化的思想，宗教教育随之重新定位，成为国家义务和国民教育的重要组成部分，宗教课程则被官方规定为普通学校的必修课程。据统计，从1974年到1984年，世俗学校的数量增长35%，伊玛目-哈提卜学校的数量增长500%，至1988年，伊玛目-哈提卜学校超过700所，在校学生达到24万人，宗教教育的迅猛发展势头由此可见。1997年2月，国家安全会议通过决议，要求埃尔巴坎内阁阻止正在各地蔓延的伊斯兰主义活动，遏制伊斯兰主义势力向国家机构的渗透，强化国家对于宗教活动的控制，同时改革教育体制，规定新的八年制强制性义务教育，极力排斥宗教教育，限制伊玛目-哈提卜学校的毕业生参加高等学校的入学考试。此后，伊玛目-哈提卜学校急剧衰落，在校学生人数从1996—1997学年的51万人锐减为2002—2003学年的6.5万人。2004年5月，正义与发展党政府提出修改《高等教育法》相关条款的法案，规定包括伊玛目-哈提卜学校在内的所有职业中学毕业生享有与普通中学毕业生通过高等学校入学考试和接受高等教育的同等资历，试图改善伊玛目-哈提卜学校的惨淡形势。总统阿赫迈特·内吉代特·塞泽尔拒绝批准该法案，理由是宪法第131款授权国家高等教育会议全权制定教育政策，大国民议会无权干预高等学校入学考试。不仅如此，阿赫迈特·内吉代特·塞泽尔总统强调，阿塔图尔克革命的宗旨是实现土耳其社会的现代化，而世俗主义是阿塔图尔克革命的基石，更是自由、民主和人权的基础。总参谋长亦发表书面讲话，坚持民主政治与世俗原则的同一性，指责伊玛目-哈提卜学校旨在培养宗教狂热分子，有悖于世俗主义的教育原则。

长期以来，军方不仅是国家安全的保卫者，而且在土耳其的政治舞台上扮演着重要的角色。一方面，在理论上和法理上，1923年宪法规定了军人与政治分离的法律原则，军人当选议员者必须辞去军职；其后的相关法律规定，军人不得具有政党身份，不得加入政治组织，不得参与集会示威。另一方面，相关法律规定，军人的职责是根据宪法赋予的权力保卫土耳其领土和保卫土耳其共和国，进而延伸为军人是凯末尔主义作为共和国基石的捍卫者。文官政府与军方的博弈，构成土耳其民主化进程的鲜明特征。1960年、1971年和1980年的3次军事政变，以及1997年向文官政府施加压力进而迫使内切梅廷·埃尔巴坎辞去总理职务，显示出军方干预的政治倾向。

土耳其军方发动的政变起源于不同的政治环境，针对不同的政治危机。1960年军方政变的背景是，执政党民主党与反对党共和人民党矛盾激化，执政党日趋独裁，进而丧失民主政治的合法性。然而，1960年军方政变后颁布的宪法即1961年宪法，试图在尚不成熟的条件下构建过度宽松自由的政治环境，超越了土耳其民主化政治进程的历史阶段，引发民主化的负面影响，极端政治势力膨胀，政治暴力蔓延，民选政府无力掌控，政局失控，经济形势由于社会动荡而趋于恶化，民主政治的收缩和政治秩序的重建成为实现社会稳定的条件。1971年和1980年的两次军方政变，无疑构成重建政治秩序和实现社会稳定的重要历史环节。1980年军方政变后颁布的宪法即1982年宪法，旨在压缩民众参与的政治空间进而强化社会秩序的稳定和避免经济形势的恶化。

在中东现代化进程产生政治影响的新军人抑或所谓的青年军官组织，是新兴阶层特别是中产阶级的代言人，试图从传统地主贵族手中夺取权力，进而改造传统经济社会秩序。战后诸多中东国家均经历军人政治的发展阶段，普遍表现为威权统治的国家模式，而土耳其 1960 年、1971 年和 1980 年 3 次军事政变以及由此形成的所谓军人政治独具特色，可谓推动民主化进程的良性元素和积极因素。军人政治并非表现为新兴阶层与传统贵族的对立，而是表现为新兴阶层内部的博弈和角逐，军人俨然是凌驾于社会之上、驾驭社会和遏制矛盾的政治力量。另一方面，土耳其军方似乎无意建立威权政治，只是在文官政府陷于政治危机的关头充当国家秩序的捍卫者。因此，土耳其的军人政治并未成为民主化进程的逆向因素，俨然是民主化进程的保驾护航者。

土耳其军方的特权地位，与伊朗伊斯兰共和国的宪法监护委员会颇有异曲同工之处，均与民选政府处于平行的状态，进而形成国家政治体制的二元色彩。不同之处在于，伊朗的宪法监护委员会象征宗教政治，民选政府具有相对世俗的政治色彩，而土耳其的军方持世俗主义的意识形态，民选政府具有宗教色彩。

世纪之交世俗政治与宗教政治的消长，标志着土耳其共和国的政治文化从凯末尔主义的单一形态逐渐转化为伊斯兰主义色彩的多元形态，土耳其人的公民属性随之从土耳其民族的单一属性逐渐演变为土耳其族和库尔德族的二元民族属性。另一方面，在所谓的伊斯兰主义与凯末尔主义之间的意识形态之争的背后，是文官政府与军方之间的政治博弈，而捍卫凯末尔主义的世俗原则和维护社会稳定，提供了军方干预政治和维护自身特权地位的合法性来源。军方以凯末尔主义的捍卫者自居，持保守的政治立场。伴随着世俗政治与宗教政治的消长，军方的政治影响力逐渐削弱，多党制基础上的民选文官政府逐渐主导政治舞台。与此同时，军人政治与文官政治的二元倾向逐渐淡出，世俗政治与宗教政治之间的界限逐渐淡化，民主政治进入新的阶段。

1997 年的所谓“军方的温柔介入”以及宪法法院于 1998 年取缔繁荣党和 2001 年取缔贤德党，未能遏制土耳其政坛的伊斯兰主义浪潮。作为凯末尔主义和世俗国家代言人的军方，指责伊斯兰主义是威胁土耳其安全的头号敌人。然而，正义与发展党在 2002 年大选中的胜出，与军方的指责形成鲜明的对比，亦折射出军方意志与民众意志的悖论倾向。另一方面，世俗反对派和军方的指责，印证了正义与发展党的伊斯兰主义属性。正义与发展党在

2002年大选中的胜出，可谓对凯末尔主义之世俗主义政治原则的最大挑战。军方在土耳其政坛扮演着凯末尔主义和世俗政治捍卫者的角色，是具有浓厚伊斯兰主义色彩的正义与发展党的首要政治对手。宗教政治与世俗政治的博弈，体现为正义与发展党内阁与军方之间的权力角逐。削弱军方的政治影响力，则是正义与发展党内阁所致力的主要目标之一。

正义与发展党与军方之间的关系，2002年底至2006年底，处于有限冲突的状态。此间任职的总参谋长希勒米·奥茨柯克作为军方的核心人物，对正义与发展党政府持相对温和的立场，与雷赛普·埃尔多安保持良好的私人关系，被雷赛普·埃尔多安称作"我的老师"，军方上层亦表现温和。2002年11月4日，在正义与发展党在大选中胜出的第二天，希勒米·奥茨柯克发表声明，表示军方接受人民的选择和大选的结果，尊重人民的意愿和新政府的权威。尽管如此，希勒米·奥茨柯克为首的军方在一些关键的政策上多次与政府发生分歧。2002年底，政府着手解决塞浦路斯问题，接受联合国秘书长科菲·安南提出的在塞浦路斯实行希腊族和土耳其族分治的联邦共和制，撤走驻军3万人，遭到军方的强烈反对。2003年1月，陆军司令奥伊塔克·雅尔曼视察所谓的北塞浦路斯土耳其共和国，宣布联合国的塞浦路斯方案是不可接受的。2003年8月，国家安全会议秘书长图恩切尔·基里尼克持强硬立场，批评正义与发展党政府的自由化改革。2004年8月，陆军司令奥伊塔克·雅尔曼和宪兵司令赛尼尔·埃鲁古尔因蔑视总参谋长的温和立场而被解除职务。2005年8月驻守伊斯坦布尔的第一军团司令胡尔希特·托伦被解除职务。

2006年8月，希勒米·奥茨柯克退休，陆军司令雅萨尔·布于卡尼特出任总参谋长，军方再度关注伊斯兰主义组织的政治活动。雅萨尔·布于卡尼特在通过电视向全国直播的总参谋长就职仪式上宣布，强调伊斯兰主义组织对于世俗国家体制的威胁，保卫共和国的基本原则是军方的神圣职责。军方同正义与发展党的关系出现紧张的迹象。同年9月，雅萨尔·布于卡尼特在出席军事学院开学仪式上通过直播电视警告正义与发展党政府，军方不允许世俗主义原则受到侵犯，伊斯兰主义正在威胁共和国的世俗体制，告诫军人恪守捍卫世俗主义原则作为宪法赋予的职责。前总参谋长侯赛因·基弗里克古鲁(1998—2002年任职)就此预言，正义与发展党跟军方之间维持4年的平静状态终于结束了。

2007年2月，政府建议与伊拉克北部的库尔德自治政府谈判，遭到雅萨尔·布于卡尼特为首的军方反对,理由是库尔德工人党民兵将伊拉克北部作为基地从事恐怖活动,得到库尔德自治政府的默许,计划搁置。随后,军方试图越境打击伊拉克北部的库尔德工人党武装,遭到政府反对。

四、 2007 年大选

2007 年是土耳其共和国的大选之年,包括总统选举和议会选举。正义与发展党代表的伊斯兰主义阵营与世俗主义阵营,围绕总统选举和议会选举展开博弈。

2002 年议会选举之后,主要反对党共和人民党作为世俗主义政党无力抗衡占据大国民议会多数席位的正义与发展党,军方、宪法法院和总统成为抵抗伊斯兰主义的三大支柱。长期以来,总统扮演凯末尔主义捍卫者的角色,有权批准和否决内阁总理提名的高官人选,有权任免宪法法院法官和高等教育会议成员以及大学校长和高级法官,是武装部队最高统帅,主持国家安全会议,颁布紧急状态令。2007 年,总统阿赫迈特·内吉代特·塞泽尔任期届满。阿赫迈特·内吉代特·塞泽尔出生于 1941 年,曾任宪法法院院长,2000 年 5 月继德米雷尔后出任总统。雷赛普·埃尔多安以内阁政府总理和正义与发展党主席的身份,提名外交部长阿卜杜拉·居尔作为新的总统人选。

阿卜杜拉·居尔是正义与发展党和新世纪土耳其政坛中仅次于雷赛普·埃尔多安的第二号人物,是贤德党内部伊斯兰主义运动阵营资深领导人埃尔巴坎的第一个反叛者,是正义与发展党的首任内阁总理,在土耳其政坛可谓举足轻重。阿卜杜拉·居尔 1950 年出生于开塞利,毕业于伊斯坦布尔大学,获得博士学位,曾经留学英国,回国后就职于土耳其的萨卡里亚大学,1983—1991 年任职于沙特阿拉伯的伊斯兰发展银行,1991 年成为议员,担任繁荣党国际事务委员会副主席,1995 年进入内切梅廷·埃尔巴坎领导的繁荣党内阁,任国务部长和新闻发言人,1999 年当选贤德党议员,呼吁放弃对于世俗主义内涵的狭隘界定,主张重新解读凯末尔确立的世俗主义,解除女性披戴头巾的禁令,强化与中东伊斯兰国家的联系,2002 年大选后一度出任正义与发展党内阁总理,2003 年雷赛普·埃尔多安复出政坛后辞去总理职务,转任外交部部长。

继任总统的人选成为正义与发展党和所谓世俗阵营关注的焦点,雷赛普·埃尔多安提名阿卜杜拉· 居尔继任总统,遭到包括军方、司法界、知识界和诸多反对党在内的世俗阵营的反对，引发土耳其政坛的剧烈震荡。在反对派看来，伊斯兰主义的正义与发展党已经占据大国民议会的多数席位，总统职位是捍卫世俗主义原则的最后堡垒。共和人民党领导人丹尼兹·巴伊卡尔宣称，如果总统职位落入正义与发展党的手中，将意味着世俗共和国失去抵御伊斯兰主义的最后堡垒，反对正义与发展党提名的总统候选人阿卜杜拉·居尔。

根据宪法，总统选举的条件是超过2/3的议员即367名议员出席，总统候选人必须在前两轮投票时赢得全体议员中2/3即367议员的支持，如果举行第三轮投票，则只需要大国民议会267票的简单多数。2007年4月，控制大国民议会363个席位的正义与发展党动议举行总统选举，雷赛普·埃尔多安提名外交部部长阿卜杜拉·居尔作为总统候选人。随后，"阿塔图尔克思想协会"在安卡拉、伊斯坦布尔、伊兹密尔、麦妮萨、卡纳卡勒和萨姆森等城市举行百万人集会，可谓土耳其共和国历史上的首次大规模街头政治，发起者包括退役军官和世俗反对派，要求捍卫共和国的世俗体制，反对具有伊斯兰主义背景的居尔继任总统。民众集会的口号是："土耳其现在是世俗国家，将来也是世俗国家""我们都是土耳其人""不要沙里亚，也不要军人政变"。[①]

2007年4月27日，大国民议会举行总统选举的第一轮投票表决。由于共和人民党的抵制，出席投票的议员没有达到法定的2/3多数，而阿卜杜拉·居尔作为正义与发展党提名的总统候选人未能获得2/3的法定票数支持。

4月27日当晚，总参谋部网站发表声明，重申捍卫凯末尔主义和共和国世俗体制的决心："围绕总统选举进程所产生的问题，集中表现为对于世俗主义的不同看法。土耳其武装力量决心履行法律赋予的使命，保卫土耳其共和国不可动摇的现行体制。近来，某些政治势力竭尽所能地试图改变土耳其共和国的基本价值观，特别是试图颠覆世俗主义的原则。他们要求重新界定共和国的基本价值观，淡化象征国家统一的民族节日，代之以其他的节日庆典。他们公开挑战国家体制，不惜利用广大国民的神圣宗教情感，试图利用宗教的伪装，达到其不可告人的目的……伟大的领导人穆斯塔法·凯末尔·阿塔图尔克曾经说过：'将自己称作土耳其人，是多么幸福的人'。反对这样的原则的人，是土耳其共和国永远的敌人。土耳其武装力量坚决履行法律赋予的使命，捍卫土耳其共和国不可动摇的现行体制。土耳其武装力量的态度和立

① Yanuz, M.H., *Secularism and Muslim Democracy in Turkey*, Cambridge 2009, p.245.

场是坚决的和不可怀疑的。”①总参谋部网站发表的上述声明，亦称“电子备忘录”，被视作军方发出威胁的信号。然而，面对正义与发展党的骄人政绩，反对派以坚持凯末尔主义和捍卫世俗国家体制的名义谴责正义与发展党奉行伊斯兰主义的言论变得苍白无力。所谓的“电子备忘录”并未产生1997年2月军方干预的政治效果，正义与发展党内阁对军方的威胁做出了强硬的反应，表示军方的威胁违背民主制的政治原则，是民选政府所无法接受的。司法部长凯米尔·西切克表示，根据宪法，总参谋部隶属内阁总理，无权批评政府。

4月28日，主要反对党共和人民党就议会举行的总统选举向宪法法院提起诉讼。宪法法院在军方声明和民众集会的压力下，裁定阿卜杜拉·居尔继任总统缺乏议会2/3议员的多数票支持，选举结果无效。雷赛普·埃尔多安指责宪法法院的裁定是射向民主制心脏的子弹，随后要求提前举行大选，建议修改宪法的相关条款，以总统的民众直接选举取代总统的议会选举，总统任期由7年改为5年，议会任期由5年改为4年，出席议会的议员法定人数由367人改为184人。5月3日，议会550名议员中的458名议员投票通过将原定11月举行的大选提前到7月，同时通过宪法修正案，总统由议会选举改为民众直选，任期由7年缩短为5年，不得超过两届任期。5月25日，总统阿赫迈特·内吉代特·塞泽尔否决了议会通过的宪法修正案，强调总统职位的象征性和非党派性，反对总统实行全民选举，反对政党提名总统人选。随后，正义与发展党主导的议会再次通过草案，总统和共和人民党议员则诉诸宪法法院裁决。2007年7月，宪法法院裁定，宪法修正案草案交由全民公决。

2007年7月，土耳其举行议会选举，约7 400位候选人参与角逐，竞选550个议会席位，登记选民约4 300万人，投票率超过82%。据选举前夕的民意测验，共和人民党的支持率约为15%，民族行动党的支持率约为10%，相比之下，正义与发展党的支持率高达35%—40%，可谓稳操胜券。民主左翼党与共和人民党曾经于2007年5月组成竞选联盟，然而政党竞选联盟的成立并未改变选举结果。选举结果揭晓后，正义与发展党赢得46.7%的选票和341个大国民议会席位，再次单独组阁，共和人民党和民族行动党作为反对党分别获得20.9%和14.3%的选票，以及大国民议会112个席位和71个席位，独立候选人获得5.2%的选票和26个议会席位。正义与发展党由于占据议会多数席位而单独组阁，雷赛普·埃尔多安作为正义与发展党主席连任内阁政府总理。

① Yanuz, M.H., *Secularism and Muslim Democracy in Turkey*, Cambridge 2009, p.241.

2007年的选票分布表明：在中低教育背景的选民中，正义与发展党赢得76.7%的选票，共和人民党赢得49.1%的选票；在具有高等教育背景的选民中，正义与发展党赢得4.7%的选票，共和人民党赢得20.3%的选票。在职业方面，正义与发展党的选票更多来自工人、农民和家庭妇女，共和人民党的选票更多来自国企雇员、私企经营者、白领职员和学生。在收入方面，正义与发展党赢得中低收入者62%的选票和高收入者10%的选票，共和人民党赢得中低收入者38%的选票和高收入者26.3%的选票。在选民分布方面，正义与发展党的支持者36.3%来自乡村，占乡村人口的45.7%，共和人民党的支持者23.8%来自乡村，占乡村人口的12.2%。在全国的范围，共和人民党在发达地区，包括马尔马拉海地区和爱琴海地区，占据优势，正义与发展党则在相对落后的中部、东部和东南部。另据统计，2002—2007年，正义与发展党的选票在马尔马拉海地区从29.3%增至38.8%，在爱琴海地区从27.7%增至40.8%，在地中海地区从31.3%增至38.3%，在黑海地区从39.3%增至51.8%，在中部从44.2%增至55.6%，在东部从24.9%增至49.1%，在东南部从25%增至52%。2007年，在全部81个省中，正义与发展党在63个省获胜。

2007年大选期间，主要反对党共和人民党代表的世俗势力，抨击正义与发展党具有伊斯兰主义属性和威胁国家安全，而幸福党领导人埃尔巴坎指责正义与发展党背离伊斯兰主义的原则，不再具有伊斯兰主义政党的属性，一些世俗选民则将正义与发展党视作中右翼政党。然而，正义与发展党无疑得到诸多苏菲教团和伊斯兰组织的支持。2007年，65%的人口生活在城市，其中伊斯坦布尔、安卡拉和伊兹密尔三大城市的选民约占2007年登记选民总数的1/3，而正义与发展党在城市移民区具有广泛的社会基

马尔马拉海地区费内巴切

础,居住在城市棚户区的乡村移民及其后裔是正义与发展党的有力支持者。此外,东部、东南部、中部、地中海地区和黑海地区的乡村也是正义与发展党的重要票仓。正义与发展党对库尔德人的相对宽松的政策,以及投资改善东南部库尔德人地区基础设施的举措,得到了库尔德人选民的支持。

在正义与发展党两次胜出的2002年大选和2007年大选前夕,选民关注的首要问题是经济状况的改善,降低失业率和抑制通货膨胀则是关乎民生的焦点议题,至于所谓的伊斯兰主义与世俗主义的孰是孰非,并非选民所关注的焦点。正义与发展党的经济政策是追求两个方面的平衡,一方面是促进市场经济的增长和国际化,另一方面是满足草根支持者的经济需求。针对日趋恶化的经济形势,在2002年的竞选纲领中,正义与发展党放弃了此前繁荣党的反对资本主义、废除利息和国家保护下发展小企业的立场,宣布加强私人企业是实现经济进步的首要资源,政府致力于确保市场化条件下的自由竞争,扫清私人企业面临的障碍,支持土耳其融入世界经济体系和国际市场,推动大型国有工业企业和服务业的私有化进程,同时促进社会公正,降低失业率,缩小贫富差距。2007年的竞选纲领延续2002年的基本原则,强调政府之规范和监督市场经济的公共职能,强调正义与发展党的宗旨是实现社会公正。正义与发展党执政前夕的2001年,土耳其的国内生产总值仅为1 540亿美元;至正义与发展党执政末期的2006年,土耳其的国内生产总值上升为4 030亿美元。另据世界银行世界各国国内生产总值2005年的排名,土耳其居第20位。正义与发展党的执政业绩,由此可见一斑。正义与发展党在2007年大选中再度胜出,并非由于其伊斯兰主义的意识形态,而是因为其执政期间带给民众的经济繁荣和社会福利,表明选民对其经济政策的支持和经济成就的肯定。土耳其选民对于经济社会问题的关注和正义与发展党执政期间在经济社会方面所取得的成绩,特别是在满足贫困人口生活需求方面的长期努力,决定了2007年大选的结果。

2007年8月,大国民议会举行总统选举,正义与发展党提名的候选人阿卜杜拉·居尔当选土耳其共和国第十一任总统,正义与发展党议员科克索尔·托普坦当选议长。

阿卜杜拉·居尔

根据宪法的规定,阿卜杜拉·居尔当选总统后,宣布退出正义与发展党,成为凌驾于政党之上的国家元首。不同于前任总统阿赫迈特·内吉代特·塞泽尔代表世俗主义而屡屡否决正义与发展党主导的议会通过的议案,阿卜杜拉·居尔出任总统后,与正义与发展党主导的大国民议会以及正义与发展党内阁保持良好的政治合作,正义与发展党在土耳其政坛如虎添翼。

五、2007 年大选后的政治走向

1982 年宪法是土耳其共和国历史上继 1923 年宪法和 1961 年宪法之后的第三部宪法。作为 1980 年军事政变的产物,1982 年宪法强调国家权威和公权至上,被视作民主化进程的理性收缩,自颁布以来历经 15 次修订,旨在扩大公民自由和保障公民权利,削弱军方的政治影响力。早在 20 世纪 80 年代中期,反对派政党社会民主民粹党和正确道路党率先呼吁修改 1982 年宪法。社会民主民粹党呼吁大国民议会采取 3/5 的多数票原则选举总统,削弱总统权力,强调司法独立和大学自治。正确道路党则呼吁实行总统经由全民直接选举,给予总统解散大国民议会的权力,给予民众以更多的自由和更大的政治空间。1987 年 5 月,执政党祖国党主导的大国民议会通过第 3261 号法案,该法案规定,选民年龄从年满 21 岁改为年满 20 岁,大国民议会席位从 400 席增至 450 席,大国民议会通过的宪法修正案可在提交全民公决后生效,同时以 293 票赞成和 85 票反对的表决结果将撤销关于前政党领导人从政禁令的法案提交全民公决并获得通过。90 年代,大国民议会再次通过法案,撤销 1982 年宪法第 133 款关于国家垄断广播电视经营权的规定,允许私营广播电视,撤销限制民众自由结社的规定和禁止社会组织参与政治活动的规定,选民年龄下降为年满 18 岁,大国民议会席位由 450 个增至 550 个,撤销禁止高等学校学生参加政党的法令,修改 1982 年宪法第 143 款,改组包括军事法官在内的国家安全法庭,实行国家安全法庭的文官化。进入 21 世纪,修宪的热点是总统由大国民议会选举改为全民直选以及总统任期由 7 年一届改为 5 年两届。

正义与发展党在 2007 年大选中提出的竞选纲领,包括承诺修订 1982 年宪法,在达成广泛共识的基础上完善民主制,进一步保障公民权利,在人权和法治的框架下建立民主和世俗的新国家,规范内阁与大国民议会的关系,重新界定总统的权力。早在大选前的 2007 年 6 月初,雷赛普·埃尔多安指定数名法学专家开始着手起草宪法修正案,正义与发展党称之为“公民宪法”。同年 9 月,雷赛普·埃尔多安召开法学专家和正义与发展党领导层联席会议,讨论宪法修正案。宪法修正案强调以下三项原则:第一,按照国际标准改善人权和自由,宪法法院有权废止与国际人权标准不符的法律条款,严格限制取缔政党的司法裁决,废除被取缔政党领导人 5 年内不得从政的法律条款;第二,宪法法院 17 名法官中的 8 名法官以及法官和检察官最高会议 17 名成员中的 5 名成员由大国民议会选举产生;第三,总统改由全民直选,同时延续议会内阁制的政治体制。2007 年 10 月,正义与发展党提出的宪法修正案经全民公决获得通过,投票率 67.5%,支持率 68.9%。

凯末尔时代世俗主义的重要内容之一,是在社会文化领域摒弃具有宗教色彩的传统服饰和推广西方现代服饰。长期以来,身着伊斯兰教传统服饰,被视作挑战世俗主义和违背凯末尔主义原则的行为。1980 年军方发动政变之后,过渡政府于 1981 年 12 月颁布法令,规定大学校园的女性着装必须符合凯末尔主义的世俗原则,不得披戴具有宗教色彩的传统头巾。80 年代末期,妇女在大学校园披戴具有宗教色彩的传统头巾是否合法,成为伊斯兰主义与世俗主义争论的焦点。伊斯兰主义者从尊重人权的角度出发,主张取消关于妇女披戴传统头巾的禁令。1988 年 11 月,祖国党主导的大国民议会颁布法令,允许女性披戴传统头巾进入大学校园。然而,该项法令遭到总统科南·埃夫伦的反对,宪法法院亦于 1989 年 3 月裁定该法令违宪。1990 年 10 月,祖国党主导的大国民议会再次宣布,解除披戴传统头巾的女性进入大学校园的禁令。随后,主要反对党社会民主民粹党向宪法法院起诉,宪法法院于 1991 年 4 月再次裁定该法令与宪法不符。

据统计,在土耳其国内,64.2%的成年女性披戴传统头巾。1999 年和 2006 年的民意调查表明,超过 70%的受访者支持解除该禁令,其中,1999 年支持解除禁令的受访者为 76.1%, 2006 年支持解除禁令的受访者为 71.1%。2002 年大选期间,在正义与发展党的支持者中,披戴传统头巾的女性支持者占全部女性支持者的 94.6%,而正义与发展党在竞选纲领中亦明确支持解除披戴传统头巾的女性进入大学校园的禁令。然而,正义与发展党在其执政的第一个任期,考虑到共和人民党、军方和司法机构的世俗主义倾向,并未提出解除该禁令的法案。

据 2005 年官方统计,土耳其有清真寺 77 000 处,宗教学校 4 200 所、学生 15 万人。2008 年初,女性披戴传统头巾的禁令再度引发政坛热议的焦点,是否解除女性披戴传统头巾的禁令成为政界首要的政治议题。雷赛普·埃尔多安在出席马德里会议时表示,该禁令应当解除,无须制定新的宪法,只需通过宪法修正案。雷赛普·埃尔多安的讲话遭到共和人民党的反对,却得到第二大反对党民族行动党的支持。2008 年 2 月,正义与发展党与民族行动党经过协商达成共识,正义与发展党 278 名议员和民族行动党 70 名议员联名向大国民议会提交议案,要求修改宪法第 10 款和第 42 款,以 411 票赞成和 103 票反对的表决结果,通过在大学校园解除女性披戴传统头巾禁令的法案,允许女性在除军事学院和警务学院之外的普通大学校园披戴传统头巾。

进入 21 世纪,世俗阵营与伊斯兰主义阵营之间的力量对比发生了明显的变化。不同于 1997 年 2 月的所谓温柔干预,土耳其军方并未对正义与发展党的所谓伊斯兰主义举措做出强烈反应,而是保持沉默的态度。2007 年 8 月,军方尽管拒绝出席阿卜杜拉·居尔的总统就职仪式,随后又拒绝出席 10 月举行的新一届大国民议会召开的仪式,表达对于伊斯兰主义阵营的不满,却已经无力改变选举结果。2008 年 1 月,正义与发展党与民族行动党领导人就解除女性披戴传统头巾的禁令达成一致意见,总参谋长雅萨尔·布于卡尼特仅在媒体以军方的名义表示反对,并未采取进一步的过激行动。相比之下,司法机构以及主要反对党共和人民党逐渐取代军方,成为进入新世纪以来捍卫世俗主义原则的最后据点。

雷赛普·埃尔多安,摄于 2017 年

2008 年 3 月,总检察长阿卜杜勒·拉赫曼·亚尔辛卡亚(Abdul Rahman Yalcinkaya)启动取缔正义与发展党的司法程序,向宪法法院提交长达 162 页的文件,指控正义与发展党延续繁荣党的伊斯兰主义倾向,反对世俗主义原则,包括强化伊斯兰主义宗教教育、任命伊斯兰主义者担任重要政府职务、以健康为由禁止售卖酒精饮料、解除女性披戴传统头巾的禁令,涉嫌违宪活动,要求取缔正义与发展党,禁止包括总统阿卜杜拉·居尔和总理雷赛普·埃尔多安在内的正义与发展党 71 名成员在未来 5 年内从事政治活动。阿卜杜勒·拉赫曼·亚尔辛卡亚声称,正义与发展党是已遭到取缔的繁荣党的翻版,土耳其共和国面临来自政治伊斯兰的威胁已经达到了前所未有的程度。针对总检察长阿卜杜勒·拉赫曼·亚尔辛卡亚的指控，雷赛普·埃尔多安引用《古兰经》的启示做出回应，声称拒绝接受宗教信仰的人无异于牲畜，而阿卜杜勒·拉赫曼·亚尔辛卡亚对于正义与发展党的指控违背了民众的意愿。美国和欧盟方面亦认为，正义与发展党是民选政府，司法机构应当尊重选民的意志和民众的选择，而试图取缔正义与发展党的起诉无疑背离民主的原则。据2008年6月的民意调查，53.3%的受访者反对取缔正义与发展党；34.3%的受访者支持取缔正义与发展党；30.3%的受访者宣布，如果重新举行大选，会将选票投给正义与发展党；12.7%的受访者表示将选票投给共和人民党；11.7%的受访者宣布将选票投给民族行动党。总检察长阿卜杜勒·拉赫曼·亚尔辛卡亚的起诉得到宪法法院11名法官中6名法官的支持，却未达到宪法规定3/5多数即宪法法院11名法官中7名法官的多数票。2008年7月，宪法法院驳回对正义与发展党违宪和取缔正义与发展党的上诉，只是向正义与发展党发出司法警告和作出予以经济处罚的司法裁定。宪法法院随后发表声明，认定正义与发展党具有伊斯兰主义政党的政治倾向，与世俗主义原则不符，同时强调正义与发展党并未诉诸政治暴力，而是致力于提升土耳其的政治民主化程度。正义与发展党没有因为被指控违背世俗主义原则而如同以往伊斯兰主义政党一样遭到取缔。对于宪法法院的上述裁决，军方再次持沉默的态度，并未做出进一步反对的强硬姿态，表明世俗政治与宗教政治的天平业已发生改变。2002年和2007年两次大选中民众的支持，给予了正义与发展党合法的地位。

库尔德人是中东第四大民族，目前约有3 000万人，主要分布在土耳其、伊朗、伊拉克和叙利亚境内，毗邻中东三大民族即土耳其人、波斯人和阿拉伯人。库尔德人也是土耳其最大的少数民族，大约1 500万库尔德人分布在土耳其境内东南部山区和西部诸多沿海城市。库尔德人大都信奉逊尼派伊斯兰教，亦有少量库尔德人属于伊斯兰教什叶派的分支阿拉维派，所操语言不尽相同。相比于安纳托利亚的中西部地区，安纳托利亚东南部6省作为土耳其境内库尔德人的主要分布区域，经济发展水平相对落后。根据资料统计，安纳托利亚东南部6省所占土耳其国民生产总值的比例，1965年为10.3%，1986年下降为7.6%，2000年上升为10.2%。另据统计，2004年，土耳其国民生产总值人均2 146美元，西部城市伊斯坦布尔高达人均3 063美元，而东南部6省却鲜有超过人均1 000美元的城市，其中迪亚巴克尔人均1 312美元，锡尔特人均 1 111 美元，乌尔法人均 1 008 美元，其余城市仅为人均数百美元。1996 年官方公布的数据表明，安纳托利亚东南部 6 省约有 1/3 的人口处于贫困线之下而艰难度日。土耳其政府于 20 世纪 80 年代启动的超级水电和灌溉工程“安纳托利亚东南项目”，尽管覆盖范围达到 7.3 万平方公里，亦未明显改善库尔德人的生活境况。

19 世纪初库尔德人编织的安纳托利亚地毯

凯末尔主义强调土耳其共和国民族构成的单一性以及土耳其民族之语言和文化的同一性，否认库尔德人延续其语言文化的合法性，长期以来引发库尔德人的强烈不满。1980 年政变后，军方对库尔德人实施高压政策，打压库尔德人的诉求，罢免库尔德人选举产生的地方官员，逮捕库尔德人的政治领导人。库尔德人的许多领导人被迫逃亡国外，在叙利亚和欧洲诸国寻求政治庇护，同时寻求伊拉克和伊朗境内库尔德人的支持。

始建于 1978 年的库尔德工人党是最具影响力的库尔德人政党，致力于诉诸暴力手段维护库尔德人的民族权益，库尔德族的乡村贫困人口和游离于社会边缘的城市青年是库尔德工人党的主要支持者。1980 年 9 月，在叙利亚政府的支持下，库尔德工人党领导人阿卜杜拉·奥贾兰在大马士革附近的贝卡谷地建立训练营。1984 年的库尔德人新年之日，成为库尔德工人党游击队发动武装袭击的起点。土耳其政府军屡次进剿，始终没有取得明显的战果。土耳其政府于 1987 年宣布在安纳托利亚东部和东南部 13 个省实行紧急状态法，进而将大量的库尔德人从实行紧急状态法的地区迁往安纳托利亚西部。根据官方公布的数字，被纳入移民范围的库尔德人近 40 万人。另据非官方机构公布的数字，超过百万的库尔德人在安纳托利亚东部和东南部被政府安置到西部诸省。20 世纪 80 年代末开始，库尔德工人党逐渐弱化其在安纳托利亚东南部乡村的暴力倾向。90 年代前期,繁荣党呼吁承认库尔德人语言文化的合法地位,给予库尔德人自治的政治地位。然而,繁荣党自 1996 年执政后,并未兑现承诺,再度强调库尔德人与恐怖主义的联系,进而继续保持对于库尔德人的高压态势。

库尔德民族主义并非浑然一体,而是表现为极端与温和的不同倾向。库尔德民族主义的极端派别致力于暴力活动和创建独立的库尔德人国家,库尔德民族主义的温和派别则强调在多党制议会选举的框架内维护库尔德人的语言和文化传统以及区域自治的政治权利,进而与土耳其政坛包括正义与发展党、共和人民党和民族拯救党在内的诸多主流政党保持密切的政治合作。土耳其官方的高压态势无疑助长着库尔德民族主义的极端倾向,宽松民主的政治环境则助长着库尔德民族主义的温和倾向。另一方面,凯末尔主义的世俗民族主义排斥着库尔德人的政治参与,而伊斯兰主义在淡化民族差异的基础上有助于实现库尔德人融入土耳其社会。伊斯兰教强调宗教的纽带而淡化世俗的民族界限,是为伊斯兰主义政党与世俗政党的区别,亦涉及库尔德人的地位。

1998 年,叙利亚政府迫于国际压力,宣布驱逐阿卜杜拉·奥贾兰。此后,阿卜杜拉·奥贾兰先后辗转俄罗斯和意大利寻求庇护。1999 年阿卜杜拉·奥贾兰在肯尼亚遭到逮捕并被引渡回土耳其。土耳其法院判处阿卜杜拉·奥贾兰死刑,随后宣布废除阿卜杜拉·奥贾兰的死刑判决,而阿卜杜拉·奥贾兰公开致歉,要求库尔德工人党放弃武装反抗,致力于通过政治对话的途径解决库尔德人问题。2002 年正义与发展党执政后,放弃对库尔德人的高压政策,逐渐改善政府与库尔德人之间的关系。自从 2003 年伊拉克战争以来,库尔德工人党宣布终止停火决定,库尔德工人党武装的恐怖袭击呈上升的势头,活跃在伊拉克北部地区的库尔德工人党武装人员频繁向土耳其渗透,策划和发动恐怖袭击活动。然而,尽管军方强烈要求出兵围剿,正义与发展党内阁拒绝采取武力镇压的手段。2006 年 1 月,广播电视管理委员会宣布,允许私立电台和电视台每天播放不超过 45 分钟的库尔德语节目。2008 年 6 月,广播电视管理委员会宣布,允许国有电台和电视台播放非土耳其语的节目。2009 年元旦,库尔德语电视频道开播,每天播放 24 小时,雷赛普·埃尔多安在首播中向库尔德人表达良好的祝愿。

阿拉维派(Alevis)是土耳其最大的非逊尼派伊斯兰教派,兼有什叶派和苏菲派拜克塔什教团的神学元素,承认先知穆罕默德的女婿阿里是唯一合法的哈里发,不恪守包括斋戒、礼拜和朝觐在内的诸多宗教功修,尊奉苏菲派拜克塔什教团创始人贝克塔什作为精神导师,宗教仪式常以音乐相伴,根据不同的统计数字,人数在 600 万到 1 700 万之间,约占土耳其总人口的 12%—25%。由于受到逊尼派的歧视和排斥,阿拉维派支持世俗主义原则和共和人民党,而伊斯兰主义政党的选票主要来自逊尼派穆斯林。20 世纪 60—70 年代,阿拉维派是左翼政党的重要支持者。进入 80 年代,阿拉维派内部出现明显的认同分歧,或自居为什叶派的土耳其分支,或强调具有拜克塔什教团的苏菲派属性。2002 年大选期间,正义与发展党并未给予阿拉维派选民以足够的重视。2007 年大选期间,正义与发展党调整竞选战略,重视争取阿拉维派选民的支持,提名阿拉维派议员人选。2007 年选举后,阿拉维派作家卡姆鲁格鲁应邀担任总理雷赛普·埃尔多安的顾问。2008 年 1 月和 2009 年 1 月,雷赛普·埃尔多安出席阿拉维派的阿舒拉节并发表讲话,阿拉维派对正义与发展党和雷赛普·埃尔多安的态度逐渐改善。

2010 年 2 月,土耳其政府以涉嫌策划军事政变和试图推翻政府为由,在安卡拉、伊斯坦布尔和伊兹密尔等 9 个城市逮捕约 50 名退役军方将领和现役军官,其中包括前副总参谋长埃尔金·萨伊贡、前空军司令伊卜拉欣·弗尔特纳和前海军司令厄兹登·奥尔内克。总理雷赛普·埃尔多安表示,警方依照检察机构指令实施逮捕,被捕者将按照司法程序受到处置。此次大规模逮捕军方将领的行动,被媒体称作"执政党枪挑军方"。土耳其的国内政治天平,由此开始进一步向文官政府倾斜。

2010 年 9 月,土耳其举行全民公决,以 58%对 42%的多数票通过新的宪法修正案,修改 1982 年宪法的 24 项条款,新增两项条款,主要涉及限制宪法法院的权力、重新界定土耳其人的属性、结束军方特权和自治地位、削减总统权力、强化地方分权原则、进一步保障公民合法权利、承认库尔德语的合法地位、完善市场经济等项内容。宪法法院是世俗主义的重要基地,自 1963 年成立以来,先后以违宪的理由取缔 25 个政党。新的宪法修正案规定,宪法法院法官人数从原有的 11 人增至 17 人,其中 14 人由总统任命,3 人由议会任命,宪法法院的裁定必须获得三分之二的法官而不是以往的五分之三的法官的同意,从而增加了裁定的难度。雷赛普·埃尔多安在随后发表的讲话中声称,此次宪法修正案的获得通过,是土耳其共和国民主化进程的重要里程碑,土耳其共和国正在向着成熟的民主与法治国家的目标大步前行。

作者点评

诞生于奥斯曼帝国废墟之上的土耳其共和国，迄今已经走过了90年的发展历程。伴随着历史的脚步，从民族解放运动的高涨到民主化的长足进步，从一党制的威权政治到多党制的议会选举，从军人干政和军方政变到文官政治的渐趋成熟，从世俗主义的绝对原则到伊斯兰主义的政治实践，土耳其共和国的政治制度和政治生活在现代化的进程中业已发生了沧海桑田的变化。伊斯兰复兴运动并非土耳其共和国现代化进程中的历史逆流，正义与发展党的异军突起奏响了土耳其共和国走进21世纪的崭新乐章。

第十七章
土耳其共和国的经济发展与社会进步

一、人口的变迁

1914 年第一次世界大战爆发前夕，奥斯曼帝国的领土包括安纳托利亚、色雷斯、伊拉克、叙利亚、巴勒斯坦和阿拉伯半岛，总人口约 2 000 万。第一次世界大战结束后，伊拉克、叙利亚、巴勒斯坦和阿拉伯半岛相继脱离奥斯曼帝国。安纳托利亚的人口，1800 年约 600 万，第一次世界大战前夕增至 1 750 万。数以百万计的穆斯林自黑海北岸、高加索山区和巴尔干半岛移入奥斯曼帝国境内，构成安纳托利亚人口增长的主要因素。穆斯林移民的涌入导致安纳托利亚人口结构和族群分布发生了的明显改变，非穆斯林人口在安纳托利亚所占的比例急剧下降。

第一次世界大战以及其后的民族独立战争期间，安纳托利亚人口锐减，人口死亡率达到 20%，其中穆斯林死亡人数为 250 万，亚美尼亚人死亡约为 60 万—80 万，希腊人死亡约 30 万。不仅如此，第一次世界大战期间及战后初期，数十万亚美尼亚人自安纳托利亚移居苏俄和其他国家，亦有大量希腊人逃离安纳托利亚。根据《洛桑和约》，生活在安纳托利亚的 90 万希腊东正教徒移居希腊，40 万穆斯林从希腊移居安纳托利亚。《洛桑和约》实施的直接后果是安纳托利亚的人口减少 10%，安纳托利亚的人口构成和族群分布随之进一步改变，亚美尼亚人从 130 万下降为 10 万，希腊人从 180 万下降为 12 万，而穆斯林在安纳托利亚的全部人口中所占的比例由 80%增至 98%。

相比于鼎盛时期的奥斯曼帝国，新兴的土耳其共和国不仅人口锐减，而且人口构成变化极大。奥斯曼帝国时代，人口构成表现为明显的异质化色彩，囊括诸多的教派和民族。诞生于奥斯曼帝国废墟之上的土耳其共和国，人口构成表现为同源性的社会属性。第一次世界大战前夕，在今土耳其共和国境内，非穆斯林约占总人口的1/5；相比之下，第一次世界大战结束后，在今土耳其共和国境内的非穆斯林仅占总人口的1/50。1923年土耳其共和国建立之初，安纳托利亚及色雷斯地区的人口为1 320万，土耳其语和库尔德语成为安纳托利亚的两种主要语言，希腊人、亚美尼亚人、叙利亚基督徒、西班牙犹太人、切尔克斯人和阿拉伯血统的穆斯林成为安纳托利亚的残存人口。另据资料统计，1923年建国时，土耳其共和国92%的人口是文盲，86%操土耳其语，9%操库尔德语，98%是穆斯林。城市人口所占的比例，由战前的25%下降为战后的18%。伊斯坦布尔作为曾经的奥斯曼帝国都城，第一次世界大战前夕约有居民150万，1927年下降为70万。此后，土耳其共和国的人口数量呈逐渐上升的趋势。1929年，土耳其共和国的人口增至1 430万。1940年，土耳其共和国的人口达到1 780万。

埃尔祖鲁姆的亚美尼亚人

二、 土耳其共和国初期从温和到激进的经济政策

土耳其共和国建立后，新政府致力于推行相对温和的经济政策。早在1923年2—3月，土耳其政府在伊兹密尔召开全国经济大会，参加者包括农民、工人、企业主和商人的代表3 000余人。会议期间，农民要求废除传统的什一税，工人要求享有组建工会的合法权利和保护自身的权益，企业主要求提高关税和保护国内市场，商人呼吁政府限制非穆斯林族群在外贸领域的特权，而市场化的自由主义和政府干预的国家主义成为与会者讨论的核心议题。伊兹密尔大会初步确定土耳其经济发展的基本方向，即发展现代民族工业、保护关税、鼓励私人投资和吸收外国投资。在伊兹密尔大会讨论的基础

上，共和人民党制定九点纲领，其核心内容是采取国营企业与私营企业并存的混合所有制结构，大力发展进口替代型的现代工业(ISI)，强调政府在投资领域的主导作用。穆斯塔法·凯末尔宣布，在法律允许的框架内，允许外国公司和境外商人在土耳其的投资行为。与此同时，以经济部部长马哈穆特·伊萨特·波兹库尔特为代表的"新土耳其经济学派"阐释了20年代土耳其政府的基本经济政策，即奉行国家主义与自由主义的双重经济原则，实行国有经济与非国有经济并存以及民族资本与外国资本并存的混合结构，提高关税和限制进口，保护民族工业，强调国家在信贷和工业领域的主导地位。

20世纪20年代的政府投资，首先是国有铁路的建设。土耳其共和国在1924年建立之时，共有4 100公里铁路，均由外国资本控制，分布于安纳托利亚西部沿海地区，连接伊斯坦布尔、伊兹密尔、科尼亚、阿德纳和安卡拉，而安纳托利亚东部广大地区尚无现代意义上的交通网络。由于交通不便，安纳托利亚西部沿海工业城市的农产品供应严重依赖国际市场，伊斯坦布尔从北美经海路进口的粮食价格甚至低于来自安纳托利亚东部乡村的粮食价格。土耳其共和国建立后，采用政府投资的方式，在安纳托利亚中东部兴建铁路，连接安卡拉、锡瓦斯、埃尔祖鲁姆和迪亚巴克尔，内陆农作物产地与沿海农产品市场之间的流通环境因此得到明显的改善。1924—1929年，土耳其政府投资铺设铁路800公里。1929年，新增800公里铁路开始铺设。1924年，政府决定购买外国铁路公司在土耳其境内自伊斯坦布尔至阿达纳和自梅尔辛至阿达纳两条线路的运营权。然而，直至20年代末，尽管土耳其政府从外国铁路公司

1921年的阿达纳

购买铁路线长达 3 000 公里，仍有 2 300 公里铁路由外国资本控制，主要分布于色雷斯和伊兹密尔地区。

1924 年，土耳其成立第一家私人银行，名为商业银行，拥有资产 100 万里拉，其中 25 万里拉属于凯末尔的个人资产，共和人民党重要成员杰拉尔·拜亚尔出任商业银行总经理。1930 年，商业银行存款达到 4 500 万里拉，提供投资达到 3 230 万里拉，建设两座制糖厂，同时经营伊斯坦布尔的航运业。1925 年，土耳其政府投资 2 000 万里拉，成立工矿业银行，接管土耳其共和国从奥斯曼帝国继承的数家纺织厂，并且投资私人经营的纺织厂、玻璃厂、粮食加工厂、制糖厂和发电厂。1930 年，工矿业银行的工业投资达到 640 万里拉。

20 世纪 30 年代，土耳其政府放弃相对温和的自由主义经济政策，推行激进的国家主义经济政策，大力发展国有经济，强调工业优先发展的原则，扩大政府对于工业生产的干预和投资，旨在加速工业化的进程。应对 1929—1933 年西方经济危机对于土耳其经济的负面影响，是土耳其实行国家主义的直接原因。总理伊斯梅特·伊诺努声称："自由主义的理论并不适合我国的国情，有必要实施温和的国家主义经济政策"，"在经济领域采取国家主义政策，我认为首要的是应当视为一种防卫措施。若干世纪以来，由于我们的失误，长期遭到在工业上不平等的侵略。在新时代，我们为了从险恶的形势下得到拯救，使国家得到安全，最要紧的使经济免于崩溃。因此，在经济上采取国家主义是我们在谋求发展的道路上所使用的防卫措施"。[①]1931 年 5 月，在共和人民党大会上，国家主义成为新的经济政策和凯末尔主义的组成部分。然而，凯末尔主义的国家主义并非公有制基础上的社会主义，私人所有制依然构成土耳其共和国的重要经济基础。

所谓的国家主义，亦被称作"现代形式的重商主义"，旨在通过政府干预经济的形式实现资本积累，推动现代民族工业的发展，扩大工业生产的规模，完善工业生产的结构和改变工业生产的布局，进而构成土耳其共和国工业化进程早期阶段的基本形式。国家主义的主要举措包括：制订和执行国民经济发展计划、保护关税、扩大政府投资、构建进口替代的工业化模式、加强外汇管理。作为国家主义经济政策的外在形式，土耳其政府于 20 世纪 30 年代聘请苏联顾问，参照苏联的国民经济发展模式，制订第一个五年计划和第二个

① 杨兆钧：《土耳其现代史》，云南大学出版社 1990 年版，第 108 页。

五年计划,重点发展化学工业、钢铁工业、造纸工业、纺织工业、制糖业、采矿业、电力工业、机器制造业和交通运输业。土耳其的国家主义政策,强调民族经济和工业优先的基本原则,旨在实现私人工业企业与国有工业企业的同步发展,而国有银行构成国家参与经济建设和保证政府投资的重要手段,1932年创办的农业银行(Agricultural Bank)、1933年创办的苏美尔银行(Sumerian Bank)和1935年创办的赫梯银行(Hittite Bank)则是国家主义在金融领域的集中体现。苏美尔银行、赫梯银行和农业银行作为国有银行,不仅收购外国资本控制的铁路、矿山、企业和公共设施,支持国有经济,而且积极参与非国有领域的经济活动。至30年代末,苏美尔银行控制冶铁业的100%、炼钢业的80%和水泥业的55%,赫梯银行控制煤炭开采的100%和铜矿开采的100%,农业银行按照政府核算的成本,统一收购和销售农产品,进而控制农业领域。

国家主义与民族主义具有内在的逻辑联系,国民经济的民族化则是20世纪30年代土耳其政府实施国家主义经济战略的重要内容。土耳其共和国建立之初,外国资本在土耳其的经济生活中占据举足轻重的地位,金融、铁路和矿山开采处于外国资本的控制之下。1927年,英法控股的奥斯曼银行提供了土耳其生产信贷的大约二分之一,甚至享有发行纸币的权利。1930年,土耳其政府成立中央银行,负责制定货币政策,调节货币供应,同时收回纸币的发行权,收购外国企业和外国资本经营的铁路港口,国民经济的民族化程度明显提高。

三、凯末尔时代工业的缓慢进步与农业的发展

19世纪苏丹政府实施的所谓发展工业的一系列举措,并未从根本上触及奥斯曼帝国的基本经济结构。直至1910年,农业依然是安纳托利亚最重要的经济部门,农作物播种面积550万公顷,其中90%的耕地播种谷物,农作物年产值2 000万里拉。奥斯曼帝国灭亡前夕的1913年,制造业、采矿业、建筑业和运输业产值仅占国内生产总值的17%,而农业产值占国内生产总值的56%。由于缺乏关税的保护,西方工业品倾销于奥斯曼帝国的市场,传统手工业濒临崩溃。1913年,奥斯曼帝国80%的棉花出口国际市场,而80%的棉纱、90%的棉纺织品和60%的毛纺织品依靠从国外市场进口。安纳托利亚西部的主要城市伊斯坦布尔、布尔萨、伊兹密尔、乌萨克、马尼萨和班迪

尔马，1913—1915 年只有 264 家工业企业，其中 55.4%的企业从事纺织品生产和食品加工，工业年产值 630 万土镑；在全部 264 家企业中，214 家属于私人企业，22 家属于国有企业，28 家属于国家与私人合作经营的企业；264 家企业雇佣劳动力，1913 年为 16 309 人，1915 年为 13 485 人。另据 1921 年的统计，奥斯曼帝国境内(不包括处于外国占领下的主要工业城市伊斯坦布尔、伊兹密尔、阿达纳和布尔萨)共有各类企业 3.3 万家，雇佣劳动力 7.6 万人，平均每家企业雇佣劳动力 2.3 人。工业企业规模之小，由此可见。直至 20 世纪 20 年代中期，农业产值占国民总产值的 40%—50%，工业产值占国民总产值的 17%—18%。不仅如此，在奥斯曼帝国末期，现代意义的经济部门，包括铁路运输、矿山开采和金融机构，大都处于外国资本的控制之下。希腊人和亚美尼亚人在奥斯曼帝国的工业领域占举足轻重的地位，其中希腊人控制工业资本的 50%和工业劳动力的 60%，亚美尼亚人控制工业资本的 20%和工业劳动力的 15%。第一次世界大战前夕，安纳托利亚西部的工商业大都处于希腊人的控制之下。相比于信奉基督教的希腊人和亚美尼亚人，信奉伊斯兰教的土耳其人仅控制工业资本的 15%和工业劳动力的 15%。土耳其共和国初期，政府实施移民政策，希腊人和亚美尼亚人数量锐减，工业生产深受影响。诞生于奥斯曼帝国废墟之上的土耳其共和国，仍然是典型的传统农业国，工业基础十分薄弱。

自共和国建立开始，工业化构成土耳其经济发展的战略基础。然而，20 世纪 20 年代和 30 年代初，土耳其工业基础薄弱，发展速度相对缓慢。20 年代，土耳其的大多数企业依旧处于手工劳动和分散经营的落后状态，私营企业居多，技术落后，集中于食品加工、纺织品生产和矿山开采等传

19 世纪末的布尔萨景色

统部门。根据1927年的统计,土耳其共有65 245家企业,雇佣劳动力256 855人,约占全国人口的2%,其中雇佣劳动力超过10人的企业仅占全部企业的3%,而雇佣劳动力1—3人的企业占全部企业的78%,采用机械动力和机器加工的企业只有2 822家,其余企业采用传统的手工劳动。1927年,雇佣劳动力超过4人的企业共计13 683家,分别属于10 941个企业主,其中10 259个企业主是土耳其人,642个企业主是外国人。1927年,土耳其政府制定《工业发展法》,对采用机械动力和雇佣工人超过5人的国内工业企业实行优惠政策,由政府免费提供10公顷的工业用地,免征机器和建筑材料的进口税,政府机构必须优先购买国产工业品。《工业发展法》的颁布,明显促进了制糖业、纺织业和水泥制造业的增长速度。1929年,《洛桑条约》期满,土耳其政府立即制定新的关税政策,征收40%的进口税,旨在限制国外工业品进口,发展进口替代的现代工业。1924—1929年,水泥年产量从2.4万吨增至7.3万吨,煤炭年产量从70万吨增至99万吨。1927—1930年,糖产量从5千吨增至近10万吨。然而,1924—1930年,农业产值平均年增长率为11.4%,相比之下,同期工业生产的平均年增长率为8.6%,工业生产的增长速度依然明显落后于农业生产。

20世纪30年代,土耳其政府强调国家主义的经济原则和工业优先的经济政策,工业成为政府投资的主要领域。最初的两个五年计划着力发展基础工业;农业生产的恢复和农业产值的增长,主要得益于耕地面积的扩大,并非由于政府的投资和生产条件的改善。1930—1939年,国内生产总值年均增长率为6%,其中农业产值年均增长率为5%,工业产值年均增长率为11%。1923年,农业产值在国内生产总值中所占的比例为39.8%,工业产值在国内生产总值中所占的比例为15.8%,服务业产值在国内生产总值中所占的比例为41.7%。1940年,农业产值在国内生产总值中所占的比例为38.7%,工业产值在国内生产总值中所占的比例为22.3%,服务业产值在国内生产总值中所占的比例为38.4%。1935年,农业劳动力在全部劳动力中所占的比例为81.8%,非农业劳动力在全部劳动力中所占的比例为18.2%。以上数字表明,凯末尔时代,土耳其的产业结构尚未出现明显的变化。

20世纪30年代,国家主义的广泛实践明显加速了土耳其工业化的进程。第一个五年计划期间(1934—1938),土耳其政府投资20个工业项目,主要涉及轻工业领域,其中规模最大的是开塞利纺织厂。第二个五年计划期间(1939—1943),黑海沿岸的宗古尔达克和卡拉比克成为最重要的重工业生产基地。至 1946 年,糖的年产量达到 10 万吨,水泥的年产量达到 32.5 万吨,棉纱的年产量达到 2.8 万吨,纸张的年产量达到 1.5 万吨,煤炭的年产量达到 31 万吨,发电厂装机容量达到 25 万千瓦。1924—1946 年,铁路从 4 086 公里增至 7 585 公里,其中,1924—1929 年新建铁路 783 公里,1929—1939 年新建铁路 2 455 公里。1927—1946 年,铁路货运能力从 91.9 万吨增至 810 万吨。1927—1940 年,公路从 22 000 公里增至 41 000 公里。1929—1939 年,农业生产的平均年增长率仅为 5.1%,工业生产的平均年增长率则达到 11.1%。

伊斯坦布尔锡尔凯吉火车站——昔日东方快车的东部终点站

大型现代企业与传统小手工业生产的长期并存,构成 30 年代土耳其经济生活的突出特征。直到 20 世纪 30 年代末期,传统的小手工业依然占制造业产值的 60%,占制造业劳动力的 80%。传统的小手工业基本上属于非国有经济成分,而大型现代企业主要依靠政府投资建设。30 年代无疑是土耳其现代化进程中国家主义的典型阶段,然而国有经济的广泛发展并未导致私人经济的普遍衰落。1933—1939 年,经济领域的私人投资占 50%—65%,投资比例超过政府投资。使用机器和受益于工业发展法的大型私人企业,1932 年为 1 473 家,1939 年为 1 144 家,1941 年为 1 052 家,虽然在数量上呈下降的趋势,但是产值和规模均呈明显上升的趋势。1939 年,非国有企业生产棉纺织品的 65%、毛纺织品的 40%、制革业产品的 38%和水泥的 45%,国有企业则几乎垄断人造丝绸、纸张、钢铁和化工产品的制造。

四、 土地改革的初步举措

奥斯曼帝国长期实行国家土地所有制的经济制度,土地和农民处于国家的控制之下。广泛存在的小所有制和小农经济,构成土耳其共和国从奥斯曼帝国继承的重要历史遗产。另一方面,自19世纪开始,西方工业品的倾销和商业资本的侵蚀不断瓦解着奥斯曼帝国的传统经济秩序,自给自足的封闭状态逐渐削弱,农业生产的市场化进程随之启动。包括伊斯坦布尔在内的沿海地区非农业经济活动的发展和非农业人口的增加,特别是欧洲诸国工业化进程中对于农产品的广泛需要,是安纳托利亚农业生产市场化的重要诱因。伊斯坦布尔周围的马尔马拉沿岸、伊兹密尔周围的爱琴海沿岸、梅尔辛周围的东地中海沿岸以及安纳托利亚铁路沿线地区,市场化的农业生产尤为发达。根据奥斯曼帝国于1910年发布的官方统计数字,在沿海的阿达纳、艾丁、哈尔普特和伊兹密尔四个省,超过1/5的耕地播种经济作物,构成主要的农作物出口地区。青年土耳其党执政期间,战乱频仍,人口锐减,农业生产遭到严重破坏。土耳其共和国建立之后,政治局势趋于稳定,农业生产逐渐恢复。

土耳其共和国从奥斯曼帝国继承的农业表现为两个方面的特征:一是地产非转让性的法律规定造就小农经济的统治地位,家庭构成农业生产的基本单位;二是农业生产在安纳托利亚长期表现为明显的自给性和封闭性,城市化和国际化是推动农产品市场化的主要因素,市场化的程度取决于是否靠近都市和港口以及是否具备便利的交通。

土耳其共和国成立初期,鼓励农业生产的重要举措是废除什一税,政府财政收入因此减少近1/3,而农民境况因此得到改善。1924年,土耳其政府设立农业部,增加农业投入,推广现代农业技术,引进农业机械,补贴进口拖拉机约2 000台,鼓励开垦荒地,扩大耕作面积,改良农作物品种,引进茶和甜菜等新作物,规范土地租佃关系。农业银行发放的农业贷款,1924年为1 700万里拉,1930年增至3 600万里拉。1929年,政府建立农村信用合作社体系,下设570余家农村信用合作社,旨在满足乡村农业的信贷需要。与此同时,政府投资修建公路和铁路,为农产品出口提供便利的条件。

耕地面积的扩大和农作物产量的提高是农业进步的重要标志,而政府的鼓励措施产生了良好的效果。在安纳托利亚高原,耕地所占的比例从 1917 年的 4.86%增至 1924 年的 10.20%,至 1940 年上升为 12.25%。1923—1929 年,农作物产量增长 115%,包括马铃薯、甜菜、棉花、烟草和干果在内的经济作物增长幅度尤为明显。其中,棉花年产值从 1914 年到 1924 年增长 18%,1927 年再度增长 15%;烟草年产值 1927 年达到 7 000 万公斤;伊兹密尔周边的无花果产量从 1923 年的 2 050 万公斤增至 1928 年的 3 200 万公斤。1923—1929 年,农产品的年均出口率为 20%; 1927 年,土耳其的棉花出口率达到 41%,烟草出口率达到 62%,葡萄干的出口率达到 40%,榛子的出口率达到 75%。1929—1933 年世界经济危机期间,农产品市场急剧萎缩,对于土耳其农业产生严重的负面影响,土耳其 5 项主要出口农产品的国际市场价格,棉花下跌 48%,榛子下跌 73%,无花果下跌 52%,葡萄干下跌 43%,烟草下跌 50%。

20 世纪 30 年代,土耳其政府实行国家主义和进口替代型经济政策,导致农作物种植结构发生改变,经济作物逐渐让位于粮食作物。1934—1941 年,谷物种植面积从 655 万公顷增至 820 万公顷,蔬菜种植面积从 41 万公顷增至 43 万公顷,棉花种植面积从 25 万公顷增至 33 万公顷,马铃薯种植面积从 5.5 万公顷增至 7.3 万公顷。1927—1940 年,小麦产量增长 205%,大麦产量增长 260%,玉米产量增长 482%。随着锡瓦斯—萨姆森铁路的开通,埃尔祖鲁姆省的谷物产量从 1934 年的 78 000 吨增至 1938 年的 372 000 吨,卡尔斯省的谷物产量从 1934 年的 67 000 吨增至 1938 年的 264 000 吨。政府向农民支付高于市场的收购价格,鼓励农民种植谷物。20 年代,土耳其粮食的 20%需要依靠进口。土耳其自 30 年代初停止从国外进口粮食,30 年代后期甚至开始出口粮食。

土地改革是中东诸国现代化进程中的普遍现象,土耳其共和国亦不例外。土耳其政府声称:农民是国家的主人,进而以农民的保护者自居。在此基础上,穆斯塔法·凯末尔强调:"首先,必须使我国不再存在没有土地的农民。比这更要紧的是制定一项法令,阻止土地的兼并,使土地的大小足以养活农民一家。有必要按土地的肥沃程度和地区内人口的密集程度对土地拥有的数量实行限制。"①凯末尔时代的土地改革,主要是有偿分配国有土地和

---

① [美]凯马尔·H.卡尔帕特:《当代中东的政治和社会思想》,陈和丰等译,中国社会科学出版社 1992 年版,第 514 页。

移民过程中出现的无主土地,涉及范围相对有限。1924 年,政府向来自巴尔干地区的农业移民出售国有土地 100 万公顷。1927—1929 年,政府向无地农民分配国有土地 73 万公顷。1934—1938 年,政府向无地农民分配国有土地 150 万公顷。根据 30 年代的统计数字,地产超过 500 公顷的大地产主 418 户,占农户总数的 0.02%,占有耕地 640 万公顷,占全部耕地的 3.70%;地产 50—500 公顷的中等地产主 5 764 户,占农户总数的 0.23%,占有耕地 1 720 万公顷,占全部耕地的 9.96%;地产不足 50 公顷的农民 249 万户,占农户总数的 99.75%,占有耕地 1.49 亿公顷,占全部耕地的 86.34%。大地产包括两种类型:一种是实行传统的分成制和分散经营的大地产,主要分布在东部内陆的落后地区;另一种是商业化经营和出口型的大地产,主要分布在爱琴海和地中海地区。直到第二次世界大战结束时,仍有 300 万农户缺乏足够的土地,仍按照分成制的传统方式租种土地。

凯末尔主义的广泛实践,导致土耳其的城市社会在诸多方面发生变化,官员、知识分子和企业主阶层逐渐成为新政权的重要社会基础。然而,凯末尔时代土耳其的现代化实践主要局限于城市的范围,惠及乡村的改革举措甚少。以现代化重要内容之一的电气化为例:1923—1943 年,发电量增长 10 倍,然而电力供应仅仅覆盖城市地区;直到 1953 年,在全国约 4 万个村落中,通电的村落寥寥无几。另一方面,凯末尔时代,政府直接控制乡村和农民;宪兵和税吏遍布各地,成为农民憎恨的对象。约占总人口 80%的乡村农民,生活境况以及卫生条件和教育水平没有得到明显的改善,依旧沿袭传统的习俗。在土耳其乡村,传统宗教服饰原本并不多见,妇女头戴面纱亦不流行,能识文断字者则寥若晨星,凯末尔主义世俗化改革的诸多举措对于乡村生活并无明显影响。凯末尔时代颁布的新法律禁止一夫多妻制,然而一夫多妻的现象在土耳其乡村屡见不鲜。20 世纪 30 年代,政府试图在乡村推广世俗教育。然而,在土耳其共和国全部 4 万个自然村中,只有 5 000 个自然村建立世俗学校。新建的世俗学校大都规模较小,往往是每所学校只有一名教师。

五、 战后农业的进步

凯末尔时代,土耳其政府长期奉行国家主义的经济政策,强调工业优先的经济战略,农业发展速度相对缓慢。第二次世界大战结束后,土耳其政府的经济政策逐渐由国家主义转变为自由主义,强调农业在土耳其现代化进程中的基础作用,优先考虑农民的利益,向农民提供低息贷款,通过政府购销而保持农产品的较高价格。20 世纪 50 年代可谓土耳其共和国历史上的农业革命阶段,农业生产出现空前繁荣的状态。国际市场农产品价格的上涨,以及民主党政府的相关政策,诸如增加农业的信贷投资、政府对于农产品实行价格保护、推广农业机械和鼓励开垦荒地,提供了土耳其农业发展的良好环境。农业银行以及各种信贷机构提供的农业贷款,1950 年为 8.1 亿里拉,1955 年增至 28.6 亿里拉,1960 年达到 47.6 亿里拉。1950—1959 年,主要农产品价格增长近一倍。农业领域的公共建设投资在全部公共建设投资中所占的比例,1950 年为 15.4%,1959 年增至 27.9%。

第二次世界大战结束后土耳其农业的进步,首先表现为耕地面积的扩大。土耳其的耕地面积(包括播种地和休耕地),1948 年为 1 390 万公顷;1956 年增至2 245 万公顷,1959 年达到 2 294 万公顷。50 年代的 10 年间,耕地面积共计增加 930 万公顷,增长幅度达到 67%。与此同时,土耳其的土地利用形式出现明显的变化。1950—1960 年,农田所占全国土地的比例从 18.7%上升至 29.9%,牧场所占全国土地的比例则从 48.7%下降至 36.9%。

耕地面积扩大的直接原因,是拖拉机的推广使用和农业机械化程度的提高。凯末尔时代,农民主要使用包括木犁和铁犁在内的传统农具耕种土地,耕作效率低下,农作物产量增长缓慢。1927 年,21.1 万农户使用铁犁,118.7 万农户使用木犁。1936 年,土耳其全国仅有拖拉机 961 台。1948 年,土耳其全国仅有拖拉机 1 756 台,播种机 6 171 台,联合收割机 1 291 台。1949 年马歇尔计划的实施,是土耳其共和国农业生产机械化的重要起点。政府提供专项贷款,负责操作培训,为农业生产的机械化创造了条件。自 20 世纪 50 年代起,农业生产的机械化程度逐渐提高。拖拉机无疑是首要的农业机械,农业机械投资的 75%用于购置拖拉机,拖拉机的数量呈明显上升的趋势,1952 年为31 415 台,1954 年为 37 743 台,1956 年为 43 727 台,1958 年为 42 527 台,1960 年为 42 136 台,1970 年为 105 865 台,1980 年为 435 000 台,1990 年为 692 454 台,1997 年达到 775 442 台。1955 年,播种机为 16 600 台,联合收割机为 8 600 台。1960 年,播种机为 38 270 台,联合收割机为 11 130 台。1965 年,播种机为 47 880 台,联合收割机为 15 340 台。1977 年,播种机增加到 14 万台,联合收割机增加到 2 万台。农业机械化程度的提高,直接表现为机耕面积的增加。1948 年,耕地总面积为 1 390 万公顷,其中机耕面积仅 10 万公顷,不足耕地总面积的 1%。1950 年,耕地总面积为 1 450 万公顷,其中机耕面积 120 万公顷，约占耕地总面积的 9%。1960 年，耕地总面积为 2 330 万公顷，其中机耕面积 320 万公顷，约占耕地总面积的 14%。1970 年，耕地总面积为 2 430 万公顷，其中机耕面积 790 万公顷，约占耕地总面积的 33%。1972 年，耕地总面积为 2 510 万公顷，其中机耕面积 1 020 万公顷，约占耕地总面积的 40%。

化学化和水利化亦是农业生产力水平提高的重要标志。相比于 20 世纪 50 年代的农业生产机械化，进入 60 年代，化学化和水利化成为推动农业发展的首要手段。在化学化方面，1950 年，农药投入量为 950 吨，化肥投入量为 4.2 万吨，施肥面积仅占全部播种面积的 0.04%；1960 年，农药投入量为 2.3 万吨，化肥投入量为 10.7 万吨，施肥面积占全部播种面积的 0.07%；至 1975 年，农药投入量达到 6.2 万吨，化肥投入量为 370 万吨，施肥面积在全部播种面积中所占的比例达到 34%。在水利化方面，1950 年，农田灌溉面积为 80 万公顷，占全部耕地面积的 0.6%；1960 年，农田灌溉面积为 118 万公顷，占全部耕地面积的 5.1%；至 1975 年，农田灌溉面积为 223 万公顷，在全部耕地面积中所占的比例达到 9.5%；1990 年，农田灌溉面积增至 390 万公顷；1997 年，农田灌溉面积达到 456 万公顷。

耕地面积扩大和农业技术进步的结果，是农作物产量的明显提高。1955 年以前，农作物的平均年增长率长期徘徊于 1.5%。1955—1960 年，农作物的平均年增长率增至 3.9%。1960—1965 年，农作物的平均年增长率达到 4.5%。主要粮食作物小麦的播种面积由 1950 年的 448 万公顷增至 1970 年的 860 万公顷，1990 年达到 942 万公顷，小麦的年产量由 1950 年的 387 万吨增至 1970 年的 1 008 万吨，1990 年达到 2 000 万吨；大麦的播种面积由 1950 年的 190 万公顷增至 1970 年的 259 公顷，1990 年达到 332 万公顷，大麦的年产量由 1950 年的 205 万吨增至 1970 年的 325 万吨，1990 年达到 730 万吨；玉米的播种面积由 1950 年的 59 万公顷增至 1970 年的 65 万公顷，1990 年下降为 52 万公顷，玉米的年产量由 1950 年的 85 万吨增至 1970 年的 104 万吨，1990 年达到 210 万吨。主要经济作物棉花的播种面积由 1950 年的 45 万公顷增至 1970 年的 53 万公顷，1997 年达到 72 万公顷，棉花的年产量由 1950 年的 12 万吨增至 1970 年的 40 万吨，1997 年达到 83 万吨；甜菜的播种面积由 1950 年的 5 万公顷增至 1970 年的 12 万公顷，1997 年达到 47 万公顷，甜菜的年产量由 1950 年的 89 万吨增至 1970 年的 425 万吨，1997 年达到 1 840 万吨；烟草的播种面积由 1950 年的 13 万公顷增至 1970 年的 33 万公顷,1997 年下降为 29 万公顷,烟草的年产量由 1950 年的 9 万吨增至 1970 年的 15 万吨,1997 年达到 29 万吨。

土耳其的耕地在全部国土面积中所占的比例,1960 年为 29.9%, 1976 年为 31.0%。换言之,20 世纪 60—70 年代,耕地面积并未出现明显的增长趋势,此间农作物产量的增长,主要在于农业技术的进步和土地利用率的提高。主要农作物小麦的单位面积产量,1925 年为每公顷 344 公斤,1950 年为每公顷 865 公斤,1960 年为每公顷 1 097 公斤,1980 年为每公顷 1 829 公斤,1997 年为每公顷 1 997 公斤;棉花的单位面积产量,1925 年为每公顷 437 公斤,1950 年为每公顷 264 公斤,1960 年为每公顷 283 公斤,1980 年为每公顷 744 公斤,1997 年为每公顷 1 152 公斤;甜菜的单位面积产量,1925 年为每公顷 1 752 公斤,1950 年为每公顷 16 781 公斤,1960 年为每公顷 21 608 公斤,1980 年为每公顷 25 119 公斤,1997 年为每公顷 39 424 公斤;烟草的单位面积产量,1925 年为每公顷 849 公斤,1950 年为每公顷 785 公斤,1960 年为每公顷 735 公斤,1980 年为每公顷 1 024 公斤,1997 年为每公顷 988 公斤。另据资料统计,大麦的单位面积产量,1948 年为每公顷 1 186 公斤,1960 年增至每公顷 1 304 公斤,1975 年达到每公顷 1 731 公斤,1948—1975 年单位面积产量增长超过 50%;马铃薯的单位面积产量,1948 年为每公顷 6 909 公斤,1960 年增至每公顷 8 750 公斤,1975 年达到每公顷 13 911 公斤,1948—1975 年单位面积产量增长超过 100%。

在耕地面积扩大、农业机械推广、农业技术进步和农作物产量增长的基础之上,第二次世界大战结束后土耳其的农作物结构发生明显的变化,经济作物的增长幅度加快,农业生产的市场化程度随之提高。1950 年,粮食作物的播种面积为 825 万公顷,产量为 780 万吨,经济作物的播种面积为 85 万公顷,产量为 180 万吨。1960 年,粮食作物的播种面积为 1 300 万公顷,产量为 1 520 万吨,经济作物的播种面积为 129 万公顷,产量为 650 万吨。1970 年,粮食作物的播种面积为 132 万公顷,产量为 159 万吨,经济作物的播种面积为 1 320 万公顷,产量为 750 万吨。粮食作物在农业生产总值中所占的比例,1950—1952 年为 44.6%,1973—1975 年下降至 37.4%。相比之下,经济作物在农业生产总值中所占的比例,1950—1952 年为 17.4%,1973—1975 年上升为 23.7%。根据相关的统计,土耳其农产品的市场化率,1950 年为 33.5%,1960 年达到 46.7%, 1970 年上升为 64.6%。另据 1970 年的统计,土耳其谷物产品的市场化率平均为 32%,其中小麦的市场化率 32%,燕麦的市场化率

26.6%，小米的市场化率32.8%，玉米的市场化率37.0%，大麦的市场化率19.7%，而主要经济作物棉花、烟草、甜菜和茶的市场化率超过99%。值得注意的是，地产的规模与农业市场化的程度两者之间具有一定的内在联系。1970年，面积不足2公顷的地产，小麦和大麦的市场化率平均为7.2%和5.2%；相比之下，面积超过100公顷的地产，小麦和大麦的市场化率平均达到76.2%和64.5%。尽管如此，随着从内向型经济模式到外向型经济模式的转变，包括棉花、烟草和干果在内的传统农产品在出口商品总额中所占的比例呈明显下降的趋势。传统农产品在出口商品总额中所占的比例，1960年为76.0%，1980年下降为57.4%，1997年下降为8.8%。与此同时，工业品在出口商品总额中所占的比例，1960年为17.9%，1980年上升为36.0%，1997年上升为89.6%。

六、 战后乡村社会的变革

1945年，乡村人口占土耳其共和国总人口的83%，分布在超过4万个自然村落之中。1945年以后，土耳其经济社会领域的突出现象，是乡村人口增长速度的相对缓慢以及乡村人口在总人口中所占比例的下降。据统计，土耳其的乡村人口，1950年为1 570万，占总人口的75.0%；1960年为1 890万，占总人口的68.1%；1970年为2 190万，占总人口的61.5%；1980年为2 510万，占总人口的56.1%。另一方面，乡村与城市之间的联系逐渐密切，农业进一步融入市场化的经济体系，乡村传统的封闭状态随之减弱。1968年，3/4的自然村落与公路相连或毗邻公路。1960年，73%的自然村落建有学校；1968年，建有学校的自然村落增至88%；1972年，五年制学校取代三年制学校成为乡村学校的基本模式。1968年，约有一半的自然村落至少每周可以读一次报纸。收听广播的村民从1962年的19%上升为1968年的40%，乡村的收音机数量从1965年的每千人28部增至1975年的每千人58部。1968年，约一半的自然村落设有医疗机构。

1945年5月，大国民议会审议新的《土地改革法》草案。根据新的《土地改革法》草案，私人拥有地产的最高限额为50公顷，超过部分应当出售给耕种土地的贫困农民；在人口稠密的地区，分成制农民和佃户的份地应由2公顷分割为0.5公顷；政府向农民发放期限20年的无息贷款，用于购置土地和相关农具。“据估计，大约占农村人口三分之一的将近五百万人，将从这些法律中得到好处,如果全部得以实现的话,那将是推行一项主要的革命,从而把土耳其变成为一个独立小农的小土地所有者的国家"。[①]然而,该项法案遭到来自各个方面的激烈抨击,被迫修改为向贫困农民出售的土地局限于国有土地,私人地产未被纳入土地改革的范围。1950 年,政府规定私人拥有地产的最高限额为 500 公顷。到 1951 年,只有 1.6 万公顷土地分给农民,其中只有 360 公顷属于私人地产,仅 3.3 万户农民从国家获得土地。

民主党尽管在 40 年代后期反对执政的共和人民党制定的《土地改革法》草案,却在 1950—1960 年执政期间推行土地改革;此间,31.2 万户农民从国家获得土地。1973 年,大国民议会通过新的《土地改革法》,计划将 32 万公顷耕地即全部耕地的 11.5%纳入重新分配的范围,向 54 万户贫困农民提供耕地,其中 8.3 万公顷来自私人地产的征购,其余来自国有土地的出售,同时规定私人拥有地产的最高限额,即灌溉耕地(水浇地)不得超过 3—10 公顷,非灌溉耕地(雨浇地)不得超过 4.7—20 公顷,视地区不同而实行不同的标准。然而,上述诸多法律和政策大都只是一纸空文。至 1977 年宪法法院废止新《土地改革法》为止,只有 1 200 户无地农民获得 2 300 公顷耕地。土耳其共和国的大地产多数分布于安纳托利亚高原的东南部,主要采用传统的小生产和分成制租佃制;在西部的爱琴海沿岸、黑海沿岸和色雷斯地区,传统模式的大地产为数较少,中等地产居多,大都采用雇佣劳动和现代经营方式,具有商品经济的明显特征。因此,土地改革的阻力主要来自安纳托利亚东南部。

土耳其共和国乡村社会的主要特征,在于小所有制的广泛存在和大地产数量的相对有限。1937 年,地产不足 2 公顷的贫困农户约 40 万户,占全部农户的 38.8%;地产 2—5 公顷的自耕农约 30 万户,占全部农户的 27.7%;地产 5—20 公顷的富裕农户约 27 万户,占全部农户的 26.3%;地产超过 20 公顷的大地产主约 7 万户,占全部农户的 7.0%。1952 年,地产不足 2 公顷的贫困农户约 77 万户,占全部农户的 30.6%;地产 2—5 公顷的自耕农约 80 万户,占全部农户的 31.5%;地产 5—20 公顷的富裕农户约 81 万户,占全部农户的 32.2%;地产超过 20 公顷的大地产主约 14 万户,占全部农户的 5.7%。1963 年,地产不足 2 公顷的贫困农户约 127 万户,占全部农户的 40.9%;地产 2—5 公顷的自耕农约 86 万户,占全部农户的 27.8%;地产 5—20 公顷的富裕农户

① [美]伯纳德·路易斯:《现代土耳其的兴起》,范中廉译,商务印书馆 1982 年版,第 500—501 页。

约85万户，占全部农户的27.5%；地产超过20公顷的大地产主约11万户，占全部农户的3.7%。另据统计，1963年，地产不足5公顷的贫困农户占有全部耕地的25.0%，地产5公顷以上20公顷以下的中等农户占有全部耕地的42.0%，地产超过20公顷的富裕农户和大地产主占有全部耕地的33.0%；1970年，地产不足5公顷的贫困农户占有全部耕地的31.3%，地产5公顷以上20公顷以下的中等农户占有全部耕地的47.5%，地产超过20公顷的富裕农户和大地产主占有全部耕地的21.2%。地产超过50公顷的大地产主，1952年占农户总数的1.5%，占有全部耕地的24.8%，1963年占农户总数的0.5%，占有全部耕地的13.2%，1970年占农户总数的0.4%，占有全部耕地的6.0%。1950年，72.6%的农户处于自耕的状态；1963年，85.3%的耕地处于自耕的状态。以上数据表明，从静态的角度看，占地5公顷以下的农户居多，占地超过20公顷的大地产较少，而从动态的角度看，地权结构处于相对稳定的状态，占地超过20公顷以上的大地产呈下降的趋势，并未发生大规模的土地兼并，乡村社会处于相对平稳的状态。

1950—1981年，农户总数从232万户增至556万户，其中拥有土地的农户从199万户增至384万户，无地农户从34万户增至172万户，无地农户所占的比例从14.5%上升为30.9%。换言之，1950—1981年，农户总数增长140%，拥有土地的农户增长94%，无地农户增长410%。1973年，无地农户和地产不足1公顷的农户占农户总数的25.8%，占有全部耕地的2.5%，地产1公顷以上5公顷以下的农户占农户总数的44.8%，占有全部耕地的18.8%，地产5公顷以上20公顷以下的农户占农户总数的24.4%，占有全部耕地的38.7%，地产超过20公顷的农户占农户总数的4.7%，占有全部耕地的40.0%。1991年，地产超过50公顷的大地产主占农户总数的0.92%，占耕地总面积的17.1%；地产10—50公顷的中等地产主占农户总数的14.04%，占耕地总面积的40.8%；地产不足10公顷的小农占农户总数的84.86%，占耕地总面积的42.1%，其中地产超过1公顷而不足10公顷的小农占农户总数的68.96%，占耕地总面积的40.7%。以上数字表明，20世纪后期，土耳其的地产分布依然呈分散的状态，中小地产占主导地位。

60年代土耳其乡村的突出现象，是地产不足2公顷的小农户大都将土地出租给地产超过5公顷的大地产主和中等地产主，在不改变所有权的前提下由大地产主和中等地产主集中经营，而小农户将地产出租以后往往移入城市务工或者在乡村从事非农业性劳动，由此形成所有权与耕作权的分离。直至70年代，上述现象依然延续。

经济的市场化无疑是现代化进程的基础层面，而自给自足的农业生产与乡村社会的封闭状态则是制约经济市场化进程的明显障碍。农业的发展与乡村社会的进步，导致农业生产与非农业的经济活动之间以及乡村民众与城市人口之间形成稳定和密切的经济联系，进而构成经济市场化的重要环节。与同时期的中东其他主要国家埃及、伊朗、伊拉克相比，土耳其现代化进程的突出现象是未曾经历大规模的土地改革，乡村的地权分布与地产结构处于相对稳定的状态，小农经济在土耳其乡村长期占据主导地位。由此出现的问题是，土地改革与现代化进程之间具有怎样的内在联系，即土地改革是否构成实现农业生产发展和乡村社会变革的必要条件。在理论上，土地改革的经济根源，在于特定的地权分布与地产结构，即小农经济的普遍衰落与大地产的广泛发展；高度发达的极权政治，则是土地改革得以实践的前提条件。埃及、伊朗和伊拉克的大规模土地改革发生于纳赛尔时代、巴列维时代和复兴党统治时期，大规模的土地改革既是否定乡村社会的传统模式和促进农业生产发展的重要环节，亦是极权政治自城市向乡村广泛延伸的历史形式。换言之，埃及、伊朗和伊拉克的大规模土地改革与地权分布的严重不平等状态以及极权政治之间具有内在的逻辑联系。与埃及、伊朗、伊拉克相比，土耳其乡村的贫富分化程度较低，加之缺乏高度发达的极权政治，土地改革的相关政策和历史进程独具特色。

七、战后产业结构的转变与进口替代的工业化发展模式

土耳其共和国初建之时，满目疮痍，百废待兴。凯末尔时代，经济的发展主要表现为农业生产的恢复和工业化进程的启动。20世纪30年代，政府强调国家主义的经济原则和工业优先的经济政策，现代工业成为政府投资的主要领域。最初的两个五年计划着力发展基础工业；农业生产的恢复和农业产值的增长，主要得益于耕地面积的扩大，并非由于政府的投资和生产条件的改善。1930—1939年，国内生产总值年均增长率为6%，其中农业产值年均增长率为5%，工业产值年均增长率为11%。1923年，农业产值在国内生产总值中所占的比例为39.8%，工业产值在国内生产总值中所占的比例为15.8%，服务业产值在国内生产总值中所占的比例为41.7%。1940年，农业产值在国内生产总值中所占的比例为38.7%，工业产值在国内生产总值中所

占的比例为22.3%，服务业产值在国内生产总值中所占的比例为38.4%。1950年，农业产值在国内生产总值中所占的比例为37.3%；工业产值在国内生产总值中所占比例为16.5%。1935年，农业劳动力在全部劳动力中所占的比例为81.8%，非农业劳动力在全部劳动力中所占的比例为18.2%；1950年，农业劳动力在全部劳动力中所占的比例为85.7%，非农业劳动力在全部劳动力中所占的比例为14.3%。以上数字表明，凯末尔时代，土耳其的产业结构尚未出现明显的变化。

自20世纪50年代起，土耳其的工业化进程明显加快，农业在国民经济中所占的地位逐渐下降，产业结构随之改变。根据土耳其政府制订的第三个五年计划(1963—1967)，农业投资预计占投资总额的17.7%，实际占投资总额的13.9%，工业投资预计占投资总额的16.9%，实际占投资总额的占20.4%。根据第四个五年计划(1968—1972)，农业投资预计占投资总额的15.2%，实际占投资总额的11.1%，工业投资预计占投资总额的22.4%，实际占投资总额的占26.8%。根据第五个五年计划(1973—1977)，农业投资预计占投资总额的11.7%，实际占投资总额的11.8%，工业投资预计占投资总额的31.1%，实际占投资总额的28.2%。第三个五年计划期间，农业年均增长率为3.7%，工业年均增长率为10.6%。第四个五年计划期间，农业年均增长率为3.6%，工业年均增长率为9.9%。第五个五年计划期间，农业年均增长率为3.3%，工业年均增长率为9.9%。

1950—1960年，农业产值的年增长率为5.4%，工业产值的年增长率为8.3%，服务业产值的年增长率为6.7%。1960—1978年，国内生产总值的平均年增长率为6.2%。其中，在20世纪60年代，农业产值的年增长率为2.0%，工业产值的年增长率为10.5%，服务业产值的年增长率为6.7%；至70年代，农业产值的年增长率为3.8%，工业产值的年增长率为7.6%，服务业产值的年增长率为7.5%。1960—1978年，农业产值从268亿里拉增至450亿里拉，在国内生产总值中所占的比例从37.9%下降为21.4%；工业产值从112亿里拉增至535亿里拉，在国内生产总值中所占的比例从15.9%上升为25.5%；服务业产值从303亿里拉增至1 040亿里拉，在国内生产总值中所占的比例从42.7%上升为49.6%。1980年，农业产值在国内生产总值中所占的比例为21.1%，工业产值在国内生产总值中所占的比例为30.2%，服务业产值在国内生产总值中所占的比例为45.6%。以上数字表明，自50年代起，土耳其的经济增长主要表现为非农业经济部门的迅速发展，工业和服务业的增长幅度明显超过农业的增长幅度。至 70 年代后期,工业产值和服务业产值在国内总产值中所占的比例均已超过农业产值。

产业结构变化的重要标志是劳动力分布状态的变化。1950—1973 年,农业劳动力年均增长 0.8%,工业劳动力年均增长 4.1%。其中,1950—1963 年,农业劳动力年均增长 1.4%,工业劳动力年均增长 3.9%; 1963—1968 年,农业劳动力年均增长 0.2%,工业劳动力年均增长 3.7%;1968—1973 年,农业劳动力年均增长 - 0.5%,工业劳动力年均增长 4.9%。1950 年,农业劳动力在全部劳动力中所占的比例为 86%,工业劳动力在全部劳动力中所占的比例为 7%。1960 年,农业劳动力在全部劳动力中所占的比例下降为 75%,工业劳动力在全部劳动力中所占的比例上升至 10%。1976 年,农业劳动力在全部劳动力中所占的比例下降为 59%,工业劳动力在全部劳动力中所占的比例上升至 13%。1980 年,农业劳动力在全部劳动力中所占的比例下降为 58%,工业劳动力在全部劳动力中所占的比例上升至 16%。

自共和国建立开始,工业化成为土耳其经济发展的战略基础,工业生产尤其是制造业经历明显的发展过程。20 世纪 20 年代和 30 年代初,土耳其工业基础薄弱,发展速度相对缓慢。第二次世界大战结束后,随着一党制向多党制的过渡和民主化进程的启动,经济发展战略出现从政府干预的国家主义向市场化的自由主义变动的迹象。早在 1947 年,共和人民党作为执政党已经制定了自由化的经济政策。进入 50 年代,土耳其政府强调自由主义的经济政策,鼓励民间资本和外国资本投资工业领域,同时建立土耳其工业发展银行,向投资工业的民间企业家提供贷款。1954 年,土耳其政府颁布《外国投资法》即第 6224 号法令,向来自境外的投资者提供诸多的优惠条件,开放国内市场,吸引境外投资者。土耳其贸易部部长声称,他们的任务就是最大限度地为吸引国外投资提供便利的条件。来自美国、西德、法国和意大利的投资者接踵而至,现代工业部门成为外国投资者首选的投资领域。此间,私人企业数量和规模均呈大幅上升的趋势。据统计,超过 10 人的私人企业,1951 年为 660 家,1953 年增至 1 160 家,1960 年达到 5 300 家;与此同时,上述私人企业雇佣工人的平均数从 25 人增至 33 人。自 60 年代开始,土耳其政府采取多项积极措施,包括对于投资新兴产业的私人企业家实行减税政策和进口设备的关税优惠政策、向进口工业品征收高额关税以及向私人企业提供低息贷款,鼓励发展私人工业,私人企业的发展速度明显加快,私人企业的产值急剧增长,私人企业的产业结构出现相应的变化。

然而,由于私人企业资金匮乏,技术落后,其在工业领域的投资存在诸多局限。相比之下,国有企业资金雄厚,技术先进,尽管在体制上存在种种弊端,却在推动工业化的进程中具有不可替代的作用,尤其在冶金和化工领域独占鳌头。1950 年民主党执政后,曾经许诺推动国有企业的私有化进程。然而,在民主党执政的 10 年间,国有企业始终在工业化进程中占据主导地位。国有企业大都属于基础工业和重工业,规模庞大,私人资本既无力收购亦难以控制。国有资本经历了与国内私人资本以及境外资本融合的过程,进而在国有经济领域形成一定程度的混合所有制。私人企业与国有企业的长期并存,是土耳其共和国工业化进程的突出特征。

在土耳其,铁路构成国有经济的重要形式,而公路则与私人经济密切相关,更具民间色彩。凯末尔时代,政府投资的重要领域是铁路建设,联结城市和工业中心是铁路运输的主要内容。相比之下,公路建设进展缓慢,乡村长期处于封闭状态,农产品的运输受到严重制约。第二次世界大战结束后,私人经济成分明显扩大,铁路建设趋于停顿,公路建设成为发展交通运输的主要形式。1940—1960 年,铁路仅从 7 000 公里增至 7 900 公里,而公路则从 41 600 公里增至 61 500 公里。1950 年,土耳其全国仅有铺面公路 1 600 公里。民主党执政 10 年间,致力于公路建设,新建铺面公路 5 400 公里,形成四通八达的公路网,汽车保有量从 53 000 台增至 137 000 台。

1961 年颁布的宪法,强调私人经济与国有经济的共同发展,强调市场经济与计划经济的有机结合,强调国家在金融领域的主导地位。自 20 世纪 60 年代开始,土耳其政府连续制定 1963—1967 年、1968—1972 年和 1973—1977 年三个五年计划,加强经济领域的宏观控制。国有经济的投资领域,集中在基础设施建设以及冶金和化工等资金和技术密集的大型企业。私人经济的投资领域,主要是诸如食品加工和纺织业等日常消费品生产领域的中小企业。

据相关资料统计,1950 年,土耳其共有国有企业 103 家,固定资本占制造业全部固定资本的 54.4%,雇佣劳动力 7.6 万人,产值占制造业总产值的 58.3%;私人企业 2 500 家,固定资本占制造业全部固定资本的 45.6%,雇佣劳动力 8.7 万人,产值占制造业总产值的 41.7%。1954 年,国有企业增至 146 家,固定资本占制造业全部固定资本的 59.4%,雇佣劳动力 8.6 万人,产值占制造业总产值的 50.5%;私人企业增至 3 700 家,固定资本占制造业全部固定资本的 40.6%,雇佣劳动力 13.1 万人,产值占制造业总产值的49.5%。1958 年,国有企业达到 195 家,固定资本占制造业全部固定资本的 57%,雇佣劳动力 11.8 万人，产值占制造业总产值的 45%；私人企业达到 5 000 家，固定资本占制造业全部固定资本的 43%，雇佣劳动力 17.3 万人，产值占制造业总产值的 55%。另据统计，1950 年，国有企业平均雇佣劳动力 738 人，私人企业平均雇佣劳动力 40 人；1976 年，国有企业平均雇佣劳动力 640 人，私人企业平均雇佣劳动力 83 人。

1963—1967 年，政府投资占工业企业投资总额的 32.7%，私人投资占工业企业投资总额的 67.3%；1973—1977 年，政府投资占工业企业投资总额的 43.4%，私人投资占工业企业投资总额的 56.6%。1963 年，国有企业产值在工业生产总值中占 52.7%，私人企业产值在工业生产总值中占 47.3%；1977 年，国有企业产值在工业生产总值中占 29.7%，私人企业产值在工业生产总值中占 70.3%。1975 年，在食品与烟草行业，国有企业产值占 48%，私人企业产值占 52%；在纺织业，国有企业产值占 15%，私人企业产值占 85%；在石油与化工行业，国有企业产值占 58%，私人企业产值占 42%；在冶金行业，国有企业产值占 9%，私人企业产值占 51%；在机械制造业，国有企业产值占 12%，私人企业产值占 88%。另据资料统计，1973 年，固定资产投资总额为 534 亿里拉，其中政府投资 251 亿里拉，占投资总额的 46.8%，私人投资 293 亿里拉，占投资总额的 53.2%；1980 年，固定资产投资总额为 8 640 亿里拉，其中政府投资 4 820 亿里拉，占投资总额的 55.8%，私人投资 3 820 亿里拉，占投资总额的 44.2%。

1970 年，国有企业数量占企业总数的 5.3%，私人企业数量占企业总数的 94.7%；国有企业雇佣工人数量占工人总数的 36.8%，私人企业雇佣工人数量占工人总数的 63.2%；国有企业产值占工业总产值的 54.3%，私人企业产值占工业总产值的 45.7%。1980 年，国有企业数量占企业总数的 4.7%，私人企业数量占企业总数的 95.3%；国有企业雇佣工人数量占工人总数的 36.5%，私人企业雇佣工人数量占工人总数的 63.5%；国有企业产值占工业总产值的 40.4%，私人企业产值占工业总产值的 59.6%。

以上数字表明，第二次世界大战结束后，国有与私有混合型的经济结构长期并存，国有企业与私人企业平分秋色；国有企业数量较少而规模较大，私人企业数量较多而规模较小；国有企业与私人企业在固定资本与工人数量之间的比例方面明显不同，国有企业技术设备含量较高而私人企业劳动力含量较高；国有企业在资金、技术和生产规模方面占据优势，私人企业的生产效益和市场竞争力则高于国有企业；国有企业的投入产出率较低，私人企业的投入产出率较高;国有企业的规模及在工业总产值中所占的比例呈逐渐下降的趋势,私人企业的规模及在工业总产值中所占的比例呈逐渐上升的趋势。尽管如此,国有企业依然在土耳其工业生产领域长期占据举足轻重的地位。

自20世纪50年代开始,在进口替代的经济框架下,工业化有了长足进步,工业品产量迅速增长,现代工业部门趋于成熟,伊斯坦布尔以及伊兹密尔和阿达纳成为土耳其主要的工业中心。1950—1960年,工业生产总值增长一倍。1960年军事政变后,土耳其政府成立国家计划署,负责制订和实施经济社会发展计划,在混合所有制的基础之上,提高进口关税,保护国内市场,优先发展新兴工业,工业投资的增长幅度明显高于农业投资的增长幅度。据相关资料统计,1963—1967年五年间,农业投资占国内投资总额的13.9%,工业投资占国内投资总额的20.4%;1968—1972年五年间,农业投资占国内投资总额的11.1%,工业投资占国内投资总额的26.8%;1973—1977年五年间,农业投资占国内投资总额的11.8%,工业投资占国内投资总额的28.2%。另据资料统计,1963—1970年,国内生产总值年均增长6.4%,其中农业产值年均增长2.6%,而工业产值年均增长10.4%;1971—1977年,国内生产总值年均增长7.2%,其中农业产值年均增长4.3%,而工业产值年均增长10.1%。出口工业品在出口商品总额中所占的比例,1960年为13%,1975年上升为35%。1962—1978年,钢铁年产量从45万吨增至295万吨,拖拉机年产量从2 600台增至15 000台,汽车年产量从3 100辆增至79 000辆,水泥年产量从232万吨增至1 529万吨,玻璃年产量从2.2万吨增至16万吨,化肥年产量从16万吨增至262万吨,毛纺织品年产量从2 100万米增至5 600万米,棉纺织品年产量从53 300万米增至133 700万米。

八、20世纪80年代以来的新经济政策

工业化的深层背景,是人口的增长所导致的工业品市场需求的扩大。在进口替代的经济框架下,政府主导工业投资,工业分布呈不平衡的状态,工业企业主要分布在伊斯坦布尔地区以及伊兹密尔和阿达纳,工业化进程主要依托国有企业,国内工业品市场处于政府的保护之下,工业品主要满足国内市场需求,进口工业品受到严格的限制,国内工业产品缺乏国际市场的竞争力,经济发展表现为明显的内向性和封闭性。另一方面,土耳其的能源严重依赖于国际市场的石油进口。20世纪70年代国际市场石油价格的上涨,对于土

耳其经济产生负面的影响，导致严重的财政赤字和通货膨胀。70 年代初，土耳其的通货膨胀率为 20%，1979 年上升至 90%。1979 年，土耳其政府以减少进口限制、削减发放补助金，提高物价和削减政府开支作为条件，从国际货币基金会和世界银行获得 18 亿美元的贷款。进入 80 年代，土耳其政府放弃进口替代型的工业发展模式，制定新的经济发展战略，鼓励私人投资，扩大市场经济，建立自由贸易区，强调在全球化的背景下提高国际市场的竞争力，外向型的经济模式逐渐成熟。

1980 年 1 月，德米雷尔政府宣布新的经济改革纲领，放弃内向型进口替代的工业化战略，减少政府的直接干预，降低进口关税，实施自由化的经济政策，制定外向型和市场调节的经济战略，是为土耳其经济发展模式的历史转折点。

1980 年 9 月军方发动政变后，在致力于打击极端派别、平息政治暴力和恢复社会秩序的同时，着手扭转日趋恶化的经济形势。军方在政变之前支持德米雷尔政府实施的新经济政策，解散德米雷尔政府后延续经济改革的发展方向，任命图尔古特·厄扎尔作为副总理，主管经济事务。在军方政变后的一年内，图尔古特·厄扎尔推行的经济复兴计划初见成效，通货膨胀率从 140%下降为 35%，政府财政收支渐趋平衡。

1983 年图尔古特·厄扎尔当选总理后，加大新经济政策的实施力度，贬值货币，提升利率，冻结工资，鼓励私人投资，吸引国外投资，鼓励出口，放宽进出口贸易和货币限制，提高出口竞争力，旨在缓解贸易赤字、改善财政收支状况和抑制通货膨胀。与此同时，政府致力于改造国有企业，推动国有企业的私有化进程。1981 年，土耳其共有大型国有企业 38 家，其中 16 家赢利，22 家亏损。自 1984 年起，政府取消国有企业享有的优惠和补贴政策，实行国有企业与私人企业的公平竞争，向民间发售国有企业的证券和股票，取消私人投资限制，扩大私人投资领域。

20 世纪 80 年代实施的新经济政策，并未削减固定资本的政府投资。据统计，1974 年固定资本投资总额为 730 亿里拉，其中政府投资占 47.9%，民间投资占 52.1%。与 70 年代相比，80 年代的固定资本投资比例并未发生明显的变化，政府投资与民间投资比例大体持平。1985 年，固定资产投资总额为55 547 亿里拉，其中政府投资占 58.1%，民间投资占 41.9%。1988 年，固定资本投资总额为 255 240 亿里拉，其中政府投资占 47.5%，民间投资占 52.5%。政府投资领域主要是基础设施、交通和能源，私人投资在房地产领域大幅上升。尽管如此,进入90年代,国有企业与私人企业经历了此消彼长的过程。1990年,国有企业数量占企业总数的4.6%,私人企业数量占企业总数的95.4%;国有企业雇佣工人数量占工人总数的24.4%,私人企业雇佣工人数量占工人总数的75.6%;国有企业产值占工业总产值的31.3%,私人企业产值占工业总产值的68.7%。1993年,国有企业数量占企业总数的3.8%,私人企业数量占企业总数的96.2%;国有企业雇佣工人数量占工人总数的21.8%,私人企业雇佣工人数量占工人总数的78.2%;国有企业产值占工业总产值的25.6%,私人企业产值占工业总产值的74.4%。

20世纪80年代实施的新经济政策,加速了土耳其经济的发展。国内生产总值的年增长率,1983年为3.3%, 1985年为5.1%, 1987年为7.5%, 1989年为1.9%。相比之下,90年代的经济发展速度,除1991年和1994年外,普遍超过了80年代。国内生产总值的年增长率,1990年为9.4%, 1991年为0.3%, 1992年为6.4%, 1993年为8.1%, 1994年为-6.1%, 1995年为8.0%, 1996年为7.1%, 1997年为8.0%。另一方面,新经济政策的实施,导致进出口贸易的迅速增长。出口贸易增长幅度,1981年增长62%, 1982年增长22%, 1983年增长停滞,1984年增长25%, 1985年增长12%, 1986年增长6.3%, 1987年增长36.7%。出口商品额在国内生产总值中所占的比例,1977—1979年仅为3.8%, 1983—1986年上升为13.6%。1981—1986年,国内生产总值年均增长5.1%。相比之下,1980—1987年,出口额年均增长22%; 1979—1988年,出口额从23亿美元增至117亿美元。伴随着进出口贸易的增长,出口商品结构经历明显的变化;工业品出口额呈持续上升的趋势,成为80年代外向型经济长足发展的突出现象。1980年,土耳其出口商品总额为29亿美元,其中农产品在出口商品总额中所占的比例高达64.7%,工业品仅占出口商品总额的26.9%。1990年,土耳其出口商品总额增至130亿美元,其中农产品在出口商品总额中所占的比例下降为25.5%,工业品在出口商品总额中所占的比例上升为67.9%。1997年,土耳其出口商品总额达到262亿美元,其中农产品在出口商品总额中所占的比例仅为20.8%,工业品在出口商品总额中所占的比例达到74.9%。

新经济政策的后果是经济领域的剧烈波动,贫富分化加剧,由此产生广泛的社会影响和深刻的政治影响,形成伊斯兰主义在土耳其政坛异军突起的历史背景。1988—1994年,国内生产总值年均增长率为2.6%,其中1988年达到9.1%, 1994年下降为5.4%。通货膨胀率,80年代初低于40%, 1987

年上升为 70%，1992 年达到 120.7%。1987 年，20%的富人拥有 49.9%的收入；1994 年，20%的富人拥有 54.9%的收入。

九、城市化进程

1927 年，土耳其共和国的乡村人口共计 1 140 万，规模超过万人的城市人口共计 220 万，规模超过万人的城市人口在总人口中所占的比例为 16.4%。1950 年，乡村人口共计 1 710 万，规模超过万人的城市人口共计 390 万，规模超过万人的城市人口在总人口中所占的比例为 18.5%。此间，乡村人口年均增长 1.7%，城市人口年均增长 2.4%；城市人口的增长速度与总人口的增长速度大体持平，城市化水平低于同时期的中东国家埃及和伊朗。

自 20 世纪 50 年代以后，土耳其的人口增长速度明显加快，从 1950 年的 2 100 万增至 1970 年的 3 485 万，1990 年达到 5 610 万。流通领域的活跃和市场经济的成长密切了乡村与城市之间的经济联系，产业结构的转型导致人口分布的相应变化，工业化和农业市场化的长足进步加速了土耳其的城市化进程。工业化进程产生了城市对于劳动力的巨大需求，而农业机械化程度的提高导致乡村农业劳动力的大量剩余，城市化可谓两者合力的结果。

1950—1970 年，土耳其出现了空前的人口流动浪潮，大量人口离开乡村，拥入城市，城市规模由此迅速扩大。尽管政府在战后实行优先发展农业的政策和大幅度增加农业投资，20 世纪 50 年代仍然出现乡村人口流向城市的明显趋势，约 150 万人离开土地，其中 60 万人移入 4 个最大的城市。1950—1960 年，城市人口从 524 万增长到 886 万，城市人口在总人口中所占的比例从 25.0%上升为 32%。1970—1980 年，城市人口从 1 369 万增长到 1 965 万，城市人口在总人口中所占的比例从 38.5%上升为 44%。至 1997 年，城市人口在总人口中所占的比例达到 65%。

1950—1975 年，土耳其人口年均增长率 2.7%。此间，尽管乡村人口出生率高于城市 40%，然而乡村人口年均增长率仅为 1.3%，城市人口年均增长率高达 6.0%，其中规模超过 10 万人的大城市人口年均增长 7.4%。大量乡村人口移入城市，无疑是城市人口增长速度高于乡村人口增长速度的直接原因。据统计，1970 年，超过 60%的城市人口，其出生地系其他省份，属于外来移民。移入城市的乡村人口，主要来自无地或少地的农民。1950 年以前，乡村人口向城市的流动具有明显的季节性；1950 年以后，移入城市的乡村人口大都转化为城市常驻居民。

城市化进程加快的突出表现,是城市规模的扩大。20 世纪 20 年代,人口超过 10 万的城市只有伊斯坦布尔和伊兹密尔;40 年代,人口超过 10 万的城市亦只有伊斯坦布尔、伊兹密尔和安卡拉,另有人口 5 万—10 万的城市 6 个,人口 2.5 万—5 万的城市 21 个。1955 年,人口超过 10 万的城市增至 6 个,人口 5 万—10 万的城市增至 11 个,人口 2.5 万—5 万的城市增至 26 个。1960 年,人口超过 10 万的城市增至 9 个,人口 5 万—10 万的城市增至 18 个,人口 2.5 万—5 万的城市增至 30 个。1940 年,城市的平均规模为 3.3 万人;1975 年,城市的平均规模达到 5.7 万人。1950—1980 年,规模超过 10 万人的城市增至 29 座;1980 年伊斯坦布尔、安卡拉和伊兹密尔三大城市人口占城市总人口的 36%,其余规模超过 10 万人的城市人口占城市总人口的 27%。安卡拉的人口由 1950 年的 29 万增至 1970 年的 124 万,1990 年达到 256 万。伊斯坦布尔的人口由 1950 年的 98 万增至 1970 年的 214 万,1990 年达到 622 万。伊兹密尔的人口由 1950 年的 23 万增至 1970 年的 52 万,1990 年达到 176 万。阿达纳的人口由 1950 年的 12 万增至 1970 年的 35 万,1990 年达到 92 万。1997 年,人口超过 50 万的城市达到 10 个,其中伊斯坦布尔 900 万人,安卡拉 360 万人,伊兹密尔 310 万人,布尔萨 190 万人,阿达纳 160 万人。土耳其的大城市主要分布于经济发达的色雷斯、马尔马拉海沿岸、爱琴海沿岸和地中海沿岸,城市化进程的加快意味着土耳其的人口分布自安纳托利亚中东部的高原内陆农业地区向西部工业地区及伊斯坦布尔、伊兹密尔和阿达纳诸多大城市的人口移动。相比之下,黑海沿岸和安纳托利亚东部及东南部的贫困地区没有人口超过 20 万的城市,16 个城

19 世纪末伊斯坦布尔街道

市中只有 5 个城市人口在 10 万至 20 万之间。

作为人口迅速增长和工业化长足进步的历史结果，城市化导致社会结构的相应变化，塑造着崭新的社会阶层。一方面，现代产业工人逐渐崛起，成为举足轻重的社会势力；另一方面，乡村移民居住的棚户区逐年扩大，城市贫困人口急剧膨胀。1950 年，城市周边的棚户区住户约 5 万户，居住人口约 25 万人，棚户区人口约占城市总人口的 4.7%。1960 年，城市周边的棚户区住户约 24 万户，居住人口约 120 万人，棚户区人口约占城市总人口的 16.7%。1970 年，城市周边的棚户区住户约 60 万户，居住人口约 300 万人，棚户区人口约占城市总人口的 23.6%。1980 年，城市周边的棚户区住户约 115 万户，居住人口约 575 万人，棚户区人口约占城市总人口的 26.1%。1990 年，城市周边的棚户区住户约 175 万户，居住人口约 875 万人，棚户区人口约占城市总人口的 33.9%。以上数字表明，20 世纪 50 年代是城市化进程最快的阶段，而 80 年代，城市周边的棚户区数量、居住人口数量和所占城市人口比例均呈明显上升的趋势。随着城市周边棚户区的逐年扩大和城市贫困人口的急剧膨胀，城市社会的贫富对立日趋凸显，加之传统秩序的崩坏导致从乡村移入城市的下层民众处于无助的状态以及严重的失业现象，成为了激进势力和极端倾向滋生的土壤。

安卡拉城市一角

十、 文化生活的繁荣

土耳其共和国初期的艺术创作，深受欧洲艺术流派的影响，致力于引进和复制欧洲艺术，艺术理念和创作技巧体现出明显的欧化色彩。早在第一次世界大战爆发的前夕，包括伊卜拉欣·卡里(Ibrahim Calli, 1882—1960)、纳兹米·奇亚(Nazmi Ziya, 1881—1937)、希克梅特·奥纳特（Hikmet Onat, 1886—1977)、纳米克·伊斯梅尔(Namik Ismail, 1890—1935)、费哈曼·杜兰（Feyhaman Duran, 1886—1970）和阿福尼·利菲吉（Avni Lifij, 1889—1927)在内的奥斯曼帝国画家将其在巴黎接受到的现代艺术理念引入伊斯坦布尔，长于场景和人物肖像的描绘，尤其以巴尔干战争、第一次世界大战和独立战争的场景和人物作为创作素材，形成反传统的艺术风格，时人称之为“1914 的一代”，是为土耳其欧式画派的一代先驱。凯末尔时代无疑是土耳其历史上的革命时代，官方艺术占据主导地位，艺术创作表现出意识形态化的浓厚色彩，绘画作品从不同的角度反映出革命时代的社会场景。泽吉·法伊克·伊泽尔(Zeki Faik Izer)创作于 1933 年的画作《前进在革命的路上》，模仿法国大革命时代的画家尤金·德拉克洛瓦(Eugène Delacroix, 1798—1863)的著名画作《自由引导人民》，以艺术的手法展示凯末尔领导土耳其人民反抗愚昧保守和倡导文明进步的历史场景。20 世纪 50 年代以后，政治环境渐趋宽松，官方艺术与民间艺术此消彼长，

阿福尼·利菲吉自画像，1906 年

泽吉·法伊克·伊泽尔创作于 1933 年的画作《前进在革命的路上》

来自民间的艺术创作潜力得以释放，抽象派风靡于土耳其画坛。当代艺术家尤克塞勒·阿尔斯兰(Yuksel Arslan)、穆罕默德·古勒里(Mehmet Gulery)、齐哈特·布拉克(Cihat Burak)、埃罗尔·阿克亚瓦斯(Erol Akyavas)、布尔罕·多干卡伊(Burhan Dogancay)皆为造诣精深的抽象派画师，在土耳其画坛享有盛誉。

土耳其的女画家

土耳其共和国初期的建筑风格，亦体现为奥斯曼古典建筑传统的延续与欧洲现代建筑元素的融入。欧式风格被视为等同于现代时尚，在土耳其共和国初期已然成为风靡一时的艺术潮流。阵亡于独立战争期间的设计师伊斯梅尔·哈斯夫(Ismail Hasif)主持设计的第一国民议会大楼，1917 年建

土耳其共和国初期安卡拉的卫生部大楼和民族博物馆

于安卡拉,现为土耳其独立战争博物馆,可谓代表此间建筑风格的杰作之一。土耳其共和国成立后,在首都安卡拉,包括车站、邮局、商场、剧院、公园和学校在内的众多世俗公共建筑拔地而起,设计师主要来自德国、奥地利和瑞士,

1933 年安卡拉街景

1937 年安卡拉火车站落成典礼

位于安卡拉的凯末尔陵墓

伊斯坦布尔的希尔顿酒店

具有浓郁的欧式色彩和现代风格。奥地利建筑师克莱门兹·霍兹迈斯特(Clemenz Holzmeister)于20世纪30年代初设计的政府大厦和总统官邸,结构简洁实用而不失大气,时人誉为“安卡拉立方体”(the Ankara Cubic),堪称此间安卡拉的标志性建筑。凯末尔陵墓位于安卡拉市郊的山丘之上,由土耳其建筑师艾敏·奥纳特(Emin Onat)和乌尔汗·阿尔达(Orhan Arda)主持设计,融入古代赫梯人的建筑元素,旨在展示安卡拉的久远历史传统和世俗文化氛围,彰显出凯末尔主义的思想内涵。进入50年代,土耳其与美国进一步交好,美国文化元素在土耳其的艺术领域随之凸显。伊斯坦布尔的希尔顿酒店,由美国的斯基德莫尔公司以及奥因斯&梅里尔公司设计,建成于1955年,具有浓郁的美式建筑风格。随着民主化的长足发展,建筑风格呈现多元化的趋势。进入80年代以后,土耳其建筑渐兴复古之风,由建筑师胡斯莱夫·泰拉(Husrev Tayla)和法亭·乌鲁恩金(Fatin Uluengin)主持设计的科卡特佩清真寺(Kocatepe Mosque),位于安卡拉阿塔图尔克陵墓对面的山丘之上,1987年建成,是安卡拉最大的清真寺,也是世界上最大的清真寺之一。科卡特佩清真寺融入奥斯曼帝国时代的诸

位于安卡拉的科卡特佩清真寺

伊斯坦布尔金角湾主题公园，体现塞尔柱时代、奥斯曼帝国时代和现代土耳其的不同风格，2004年建成

多艺术元素，体现“新奥斯曼”的建筑风格，俨然要挑战凯末尔主义的世俗权威。相比之下，安卡拉的议会清真寺（Parliament Mosque）于1989年建成，由建筑师贝赫鲁兹（Behruz）和卡恩·希尼齐(Can Cinici)主持设计，虽有在官方层面挑战世俗主义之嫌，建筑风格却鲜有宗教色彩，既无穹顶亦无尖塔，外形无异于世俗建筑，体现出特定环境下宗教与世俗之间某种程度上的折中和妥协。

小说作为土耳其共和国的首要文学体裁，缘起于奥斯曼帝国晚期城市化的时代背景，具有城市文学的浓厚色彩。土耳其共和国前期的小说，或取材于争取民族独立运动的社会现实，具有民族主义的时代特征，或取材于凯末尔主义的社会实践，崇尚世俗化和弘扬崭新国家风貌的意识形态成为文学创作的鲜明主题。凯末尔时代亦被时人称为“文化革命的时代”，此间伊斯兰教常被视作土耳其现代化的对立面，诋毁和嘲讽伊斯兰教传统的文学作品风行一时。艾

雅库普·卡德利·卡拉奥斯曼乌格鲁

哈迈德·哈姆迪·坦皮纳尔(Ahmet Hamdi Tanpinar, 1901—1962)创作的小说 *A Mind at Peace*,以重现 1908—1938 年 30 年间的战争与革命作为叙事背景,刻画主人公 Mumtaz 的情感纠葛和沧桑命运,着力渲染凯末尔时代土耳其现代化进程的丰功伟绩,可谓此间政治文学的典范之作。雅库普·卡德利·卡拉奥斯曼乌格鲁(Yakup Kadri Karaosmanoglu, 1889—1974)笔下的主人公 Nur Baba,原本是长于诱惑女性和诱骗女性财富的江湖郎中,后来摇身一变成了苏菲长老,虽道貌岸然,生活腐化不减当年。此类小说与世俗化的时代潮流一拍即合,颇具说教性,深受官方的认可和青睐。20 世纪 50—60 年代民主党执政时期,乡村的崛起抑或所谓的"安纳托利亚的觉醒",引发空前广泛的社会关注,进而提供了小说创作的丰富文学素材。当代作家马哈穆·马卡尔(Mahmu Makal)于 1950 年创作的小说 *A Village in Anatolia*,描述一位乡村教师的生活经历,1954 年被翻译成英文,是此间第一部受到广泛关注的乡村文学作品。当代作家雅萨尔·凯末尔(Yasar Kemal)于 1955 年创作的小说 *Mehmed My Hawk*,以现实主义的手法刻画陶鲁斯山区深处的乡民生活和乡村场景,1961 年被翻译成英文,在国际文坛享有盛誉。纳兹姆·希克梅特(Nazim Hikmet, 1902—1963)创作的小说 *Human Landscapes from My Country*,以政治犯 Hilmi 作为主人公,以游记的方式逐渐展开,以伊斯坦布尔的奢华作为出发点,多视角深入剖析安纳托利亚内陆腹地的乡村社会和乡民境遇,时间维度跨越从第一次世界大战到第二次世界大战的诸多节点,刻画从下层的穷人到上流社会的富人以及从妓女和罪犯到企业主和金融家的不同人物形象,尽显人间百态,栩栩如生。当代作家拉提菲·特金(Latife Tekin)和奥尔罕·帕慕克(Orhan Pamuk)是 20 世纪后期土耳其文坛的杰出作家。拉提菲·特金的代表作是 1983 年创作的 *Dear Shameless Death* 和 1984 年创作的 *Berji Kristin: Tales of the Garbage Hills*,着力刻画城市化进程中的棚户区和来自乡村的移民生活。其中,*Dear Shameless Death* 的主人公是一个名叫 Dirmit 的女孩,从边远的乡村移居伊斯坦布尔,试图寻找新的生活，期间心中充满期待、憧憬、迷茫和彷徨。奥尔罕·帕慕克于1985年创作的《白色城堡》(*The White Castle*)，从"自我"与"他者"的双重视角出发，刻画16世纪奥斯曼帝国与威尼斯人在东地中海的博弈，具有高超的文学表现力和强烈的艺术感染力，尤其是叙事中融入哲理，发人深思。奥尔罕·帕慕克于1998年创作的《我的名字叫红》(*My Name is Red*)，取材于奥斯曼帝国细密画的故事情节，着力展示伊斯坦布尔市井、宫廷生活的历史画卷，2006年获得瑞典皇家科学院颁发的诺贝尔文学奖，成为首位获得诺贝尔奖的土耳其人和继埃及作家纳吉布·马哈富兹(Naguib Mahfouz)之后第二位获得诺贝尔文学奖的穆斯林作家，可谓土耳其共和国文坛的骄傲。

费利特·奥尔罕·帕慕克

作者点评

现代化进程可谓土耳其共和国的历史主线，而现代化进程中经济社会秩序的变动与政治的发展之间具有内在的逻辑性和关联性。从国家主义到自由主义的消长、私人经济的活跃、市场化程度的提高，与政治领域民主化的长足进步表现为同步的趋势。现代化进程中威权政治的膨胀无疑是导致所谓"三农问题"的根源所在，土耳其共和国自1950年以来常态化的多党制议会选举提供了乡村民众实现政治参与的合法渠道，乡村民众的相关权益得以在体制层面受到保障，城乡差距得以缩小。20世纪80年代实施的新经济政策，堪称土耳其共和国经济发展的重要分水岭，内向型和进口替代的经济模式逐渐转化为外向型和国际化的经济模式。回首90年前建国伊始百废待兴的经济残局，今日的土耳其共和国已经步入了国际社会20强经济体的行列。

附录一

奥斯曼帝国苏丹世系表

奥斯曼一世:1281—1324 年在位
乌尔汗:1326—1360 年在位
穆拉德一世:1360—1389 年在位
巴叶济德一世:1389—1402 年在位
穆罕默德一世:1413—1421 年在位
穆拉德二世:1421—1451 年在位
穆罕默德二世:1451—1481 年在位
巴叶济德二世:1481—1512 年在位
塞里姆一世:1512—1520 年在位
苏莱曼一世:1520—1566 年在位
塞里姆二世:1566—1574 年在位
穆拉德三世:1574—1595 年在位
穆罕默德三世:1595—1603 年在位
艾哈迈德一世:1603—1617 年在位
穆斯塔法一世:1617—1618 年在位
奥斯曼二世:1618—1622 年在位
穆斯塔法一世:1622—1623 年在位
穆拉德四世:1623—1640 年在位
伊卜拉欣一世:1640—1648 年在位
穆罕默德四世:1648—1687 年在位
苏莱曼二世:1687—1691 年在位
艾哈迈德二世:1691—1695 年在位

穆斯塔法二世:1695—1703 年在位
艾哈迈德三世:1703—1730 年在位
马哈茂德一世:1730—1754 年在位
奥斯曼三世:1754—1757 年在位
穆斯塔法三世:1757—1774 年在位
阿卜杜勒·哈米德一世:1774—1789 年在位
塞里姆三世:1789—1807 年在位
穆斯塔法四世:1807—1808 年在位
马哈茂德二世:1808—1839 年在位
阿卜杜勒·迈吉德一世:1839—1861 年在位
阿卜杜勒·阿齐兹一世:1861—1876 年在位
穆拉德五世:1876—1876 年在位
阿卜杜勒·哈米德二世:1876—1909 年在位
穆罕默德五世:1909—1918 年在位
穆罕默德六世:1918—1922 年在位

附录二

突厥人进入安纳托利亚以来的土耳其历史大事年表

1071 年,曼齐喀特战役,塞尔柱突厥人击败拜占庭帝国军队。

1243 年,科赛达格战役,鲁姆苏丹国军队败于蒙古伊儿汗国军队。

1301 年,巴法埃农战役,奥斯曼人击败拜占庭帝国军队。

1302 年,奥斯曼一世改称埃米尔。

1308 年,鲁姆苏丹国末代苏丹被处死。

1324 年,奥斯曼人占领布尔萨;乌尔汗自称苏丹,定都布尔萨。

1331 年,奥斯曼人占领尼西亚。

1337 年,奥斯曼人占领尼科米底亚。

1354 年,奥斯曼人占领加里波利。

1361 年,奥斯曼人占领亚德里亚堡(埃德尔内)。

1371 年,第二次马里查战役。

1385 年,奥斯曼人占领索菲亚。

1387 年,奥斯曼人第一次占领塞萨罗尼基。

1389 年,科索沃战役。

1394—1402 年,奥斯曼人第一次围攻君士坦丁堡。

1396 年,尼科堡战役。

1402 年,安卡拉战役。

1402—1413 年,大空位时代。

1422 年,奥斯曼人第二次围攻君士坦丁堡。

1430 年,奥斯曼人第二次占领塞萨罗尼基。

1444 年,瓦尔纳战役。

1448 年,第二次科索沃战役。
1453 年,奥斯曼人占领君士坦丁堡。
1454—1455 年,奥斯曼人发动塞尔维亚战役。
1456 年,奥斯曼人围攻贝尔格莱德。
1456 年,奥斯曼人占领雅典。
1459 年,奥斯曼人征服塞尔维亚。
1459 年,奥斯曼人占领热那亚人据点阿玛斯拉。
1460 年,奥斯曼人占领伯罗奔尼撒半岛。
1461 年,奥斯曼人占领锡诺普。
1461 年,奥斯曼人占领特拉布宗。
1463 年,奥斯曼人征服波斯尼亚。
1463—1479 年,奥斯曼人与威尼斯人之间的第一次战争。
1466 年,奥斯曼人征服黑塞哥维那。
1474 年,奥斯曼人征服卡拉曼公国。
1475 年,奥斯曼人降服克里米亚汗国。
1476 年,奥斯曼人征服瓦拉几亚。
1480 年,奥斯曼人围攻罗德岛。
1480 年,奥斯曼人占领奥兰托。
1485—1491 年,奥斯曼帝国与马木路克王朝之间的第一次战争。
1499—1503 年,奥斯曼人与威尼斯人之间的第二次战争。
1514 年,查尔迪兰战役。
1516 年,奥斯曼人征服叙利亚。
1516 年,奥斯曼人占领耶路撒冷、麦地那和麦加。
1517 年,奥斯曼人征服埃及。
1517 年,奥斯曼帝国海军在吉达海域击败葡萄牙人舰队。
1519 年,奥斯曼人征服突尼斯。
1521 年,奥斯曼人占领贝尔格莱德。
1522 年,奥斯曼人占领罗德岛。
1526 年,奥斯曼人在摩哈赤战役中获胜。
1529 年,奥斯曼人首次围攻维也纳。
1529 年,奥斯曼人第二次占领布达。
1534 年,奥斯曼人占领大不里士和巴格达。

1535 年,奥斯曼人第三次占领大不里士。
1537—1540 年,奥斯曼人与威尼斯人交战。
1538 年,奥斯曼帝国军队在普雷韦扎海战中获胜。
1548 年,奥斯曼人占领也门。
1526 年,奥斯曼人占领布达。
1546 年,奥斯曼人占领巴士拉。
1551 年,奥斯曼人占领特里波利。
1554—1555 年,奥斯曼人征服埃塞俄比亚。
1565 年,奥斯曼帝国舰队围攻马耳他。
1566 年,奥斯曼人占领希俄斯岛。
1569 年,奥斯曼人围攻阿斯特拉罕。
1570—1573 年,奥斯曼人与威尼斯人交战。
1570 年,奥斯曼人占领塞浦路斯首府尼科西亚。
1571 年,奥斯曼帝国舰队在勒班陀海战中获胜。
1578—1590 年,奥斯曼人击败萨法维王朝,占领阿塞拜疆。
1593—1606 年,奥斯曼帝国与哈布斯堡王朝交战。
1603—1639 年,奥斯曼人与萨法维王朝交战。
1638 年,奥斯曼人第二次占领巴格达。
1683 年,奥斯曼人第二次围攻维也纳。
1699 年,奥斯曼帝国与哈布斯堡王朝签署《卡洛维茨和约》。
1710—1711 年,奥斯曼人与俄罗斯交战。
1739 年,奥斯曼人第二次占领贝尔格莱德。
1768—1774 年,俄土战争。
1774 年,奥斯曼帝国与俄国签署《库楚克开纳吉和约》。
1798—1801 年,法军占领埃及。
1804—1813 年,塞尔维亚人起义。
1821 年,希腊人起义。
1839 年,奥斯曼帝国苏丹颁布花厅御诏。
1853—1856 年,克里米亚战争。
1876 年,奥斯曼帝国颁布宪法。
1877—1878 年,奥斯曼帝国与俄国爆发战争。
1881 年,奥斯曼帝国公共债务署成立。

1897 年,奥斯曼帝国与希腊爆发战争。

1902 年,统一与进步委员会在巴黎召开第一次会议。

1908 年,统一与进步委员会在巴黎召开第二次会议。

1908 年,青年土耳其党发动兵变,青年土耳其党革命拉开帷幕。

1912—1913 年,巴尔干战争。

1914—1918 年,奥斯曼帝国卷入第一次世界大战。

1918 年,协约国与奥斯曼帝国签署《摩德洛斯和约》。

1919 年,希腊军队在伊兹密尔登陆。

1920 年,大国民议会在安卡拉召开;希腊军队占领安纳托利亚西部和色雷斯东部;《色佛尔条约》签署。

1922 年,希腊军队被逐出安纳托利亚;大国民议会宣布废除苏丹制。

1923 年,《洛桑条约》签署,协约国军队撤出伊斯坦布尔;土耳其共和国成立;凯末尔当选土耳其共和国首任总统。

1924 年,大国民议会宣布废除哈里发制和宗教法庭,颁布土耳其共和国宪法。

1925 年,库尔德人叛乱;土耳其共和国正式采用公元历法。

1930 年,土耳其女性获得地方选举权。

1932 年,土耳其加入国际联盟。

1934 年,土耳其女性获得大国民议会的选举权和被选举权。

1935 年,伊斯坦布尔圣索菲亚清真寺改为博物馆。

1938 年,凯末尔逝世;伊斯梅特当选土耳其共和国第 2 任总统。

1941 年,土耳其与德国签署互不侵犯友好条约。

1945 年,土耳其对德国宣战;土耳其加入联合国。

1946 年,民主党成立;土耳其举行大选,共和人民党胜出,佩克尔出任共和人民党内阁总理。

1950 年,土耳其举行大选,民主党胜出,拜亚尔当选土耳其共和国第 3 任总统,门德列斯出任民主党内阁总理。

1952 年,土耳其加入北大西洋公约组织。

1954 年,土耳其举行大选,民主党再度胜出,门德列斯出任民主党内阁总理。

1955 年,土耳其签署《巴格达条约》,成为巴格达条约组织成员国。

1957 年,土耳其举行大选,民主党三度胜出,门德列斯出任民主党内阁总理。

1959 年，土耳其申请加入欧洲经济共同体。

1960 年，土耳其发生首次军事政变。

1961 年，正义党成立；土耳其举行全民公决，通过新宪法草案；土耳其举行大选，共和人民党成为议会第一大党，伊斯梅特出任多党内阁总理；古尔赛勒当选土耳其共和国第 4 任总统。

1965 年，土耳其举行大选，正义党胜出，德米雷尔出任正义党内阁总理。

1966 年，苏奈出任土耳其共和国第 5 任总统。

1969 年，土耳其举行大选，正义党再度胜出，德米雷尔出任正义党内阁总理。

1970 年，埃尔巴坎创建民族行动党。

1971 年，土耳其再次发生军事政变。

1972 年，埃尔巴坎创建民族拯救党。

1973 年，克鲁图尔克出任土耳其共和国第 6 任总统；土耳其举行大选，共和人民党成为议会第一大党。

1974 年，埃杰维特出任多党内阁总理；土耳其军事介入塞浦路斯。

1977 年，土耳其举行大选，共和人民党成为议会第一大党，德米雷尔出任多党内阁总理。

1978 年，库尔德工人党成立。

1980 年，土耳其发生第三次军事政变。

1981 年，召开制宪会议，成立制宪委员会。

1982 年，土耳其举行全民公决，通过新宪法草案；埃夫伦出任土耳其共和国第 7 任总统。

1983 年，土耳其举行大选，祖国党胜出，厄扎尔出任祖国党内阁总理。

1984 年，繁荣党成立。

1985 年，伊斯兰银行在土耳其成立。

1987 年，土耳其正式申请加入欧盟；土耳其举行大选，祖国党再度胜出，厄扎尔出任祖国党内阁总理。

1988 年，厄扎尔赴麦加朝觐，是为首位赴麦加朝觐的土耳其共和国总理。

1989 年，厄扎尔当选土耳其共和国第 8 任总统；阿克布鲁特继任祖国党内阁总理。

1991 年，土耳其加入美国主导的海湾战争；土耳其举行大选，正确道路党成为议会第一大党，德米雷尔出任多党内阁总理。

1992 年，被取缔 12 年之久的共和人民党重建。

1993 年，德米雷尔当选土耳其共和国第 9 任总统，齐莱尔继任多党内阁总理。

1994 年，土耳其举行地方选举，繁荣党在包括安卡拉和伊斯坦布尔在内的 28 个省胜出。

1995 年，土耳其军方镇压库尔德人叛乱；土耳其举行大选，繁荣党成为议会第一大党，耶尔马兹出任多党内阁总理。

1996 年，埃尔巴坎出任多党内阁总理。

1997 年，耶尔马兹出任多党内阁总理；宪法法院宣布取缔繁荣党；贤德党宣布成立。

1999 年，土耳其军队在肯尼亚逮捕奥贾兰；土耳其举行大选，民主左翼党成为议会第一大党，埃杰维特出任多党内阁总理；塞泽尔当选土耳其共和国第 10 任总统。

2001 年，宪法法院宣布取缔贤德党，贤德党保守派成员组建幸福党，贤德党改革派成员组建正义与发展党；大国民议会通过宪法修正案。

2002 年，土耳其举行大选，正义与发展党胜出，阿卜杜拉·居尔出任正义与发展党内阁总理。

2003 年，埃尔多安补选议员，出任正义与发展党内阁总理；大国民议会拒绝允许美军利用土耳其境内进攻伊拉克；土耳其政府高级代表团与伊朗政府高级代表团多次互访。

2004 年，土耳其举行地方选举，正义与发展党胜出；大国民议会宣布解散国家安全法庭和废除死刑；土耳其申请加入欧盟的谈判正式启动；叙利亚总统巴沙尔访问土耳其。

2006 年，巴勒斯坦哈马斯高级代表团访问土耳其。

2007 年，土耳其举行大选，正义与发展党再次胜出，埃尔多安出任正义与发展党内阁总理；阿卜杜拉·居尔当选土耳其共和国第 11 任总统；土耳其举行全民公决，通过正义与发展党提出的宪法修正案。

2008 年，宪法法院驳回关于取缔正义与发展党的司法起诉；大国民议会通过法案,在大学校园解除女性披戴传统头巾的禁令。

2009 年,库尔德语电视频道正式开通。

2010 年,土耳其政府以涉嫌政变为由逮捕大批军方要员,媒体称之为“执政党枪挑军方”;土耳其举行全民公决,再次通过宪法修正案。

主要参考书目

1. [巴基斯坦]赛义德·菲尔兹·马茂德:《伊斯兰简史》,吴玉贵等译,中国社会科学出版社 1981 年版。
2. 杨兆钧:《土耳其现代史》,范中廉译,商务印书馆 1990 年版。
3. [美]凯马尔·H.卡尔帕特:《当代中东的政治和社会思想》,陈和丰等译,中国社会科学出版社 1992 年版。
4. [法]费尔南·布罗代尔:《15 至 18 世纪的物质文明经济和资本主义》,第三卷,施康强、顾良译,生活·读书·新知出版社 1993 年版。
5. [美]伯纳德·刘易斯:《中东激荡在辉煌的历史中》,郑之书译,中国友谊出版公司 2000 年版。
6. 彭树智主编:《中东史》,高等教育出版社 2001 年版。
7. [美]伯纳德·路易斯:《现代土耳其的兴起》,范中廉译,商务印书馆 1982 年版。
8. [美]戴维森:《从瓦解到新生:土耳其的现代化进程》,张增健等译,学林出版社 1996 年版。
9. Ahmad, F., *The Turkish Experiment in Democracy 1950—1975*, London 1977.
10. Ahmed, F., *The Making of Modern Turkey*, London 1993.
11. Aksan, A., *Quotations from Mustafa Kemal*, Ankala 1982.
12. Atasoy, Y., *Turkey, Islamists and Democracy*, London 2005.
13. Aresvic, O., *The Agricultyral Development of Turkey*, New York 1975.
14. Aricanli, T., *The Political Economy of Turkey*, New York 1990.
15. Balkan, N., *The Politics of Permanent Crisis: Class, Ideology and State in*

Turkey, New York 2002.
16. Devereux, R., *The First Ottoman Constitutional Period*, Baltimore 1963.
17. Dodd, C.H., *Politics and Government in Turkey*, Berkeley 1969.
18. Dodd, C.H., *The Crisis of Turkish Democracy*, North Yorkshire 1983.
19. Eralp, A., Tuney, M. & Yesilada, B., *The Political and Socioeconomic Transformation of Turkey*, London 1993.
20. Finkel, A. & Sirman, N., *Turkish State*, *Turkish Society*, London 1990.
21. Geyikdagi, M.Y., *Political Parties in Turkey*, New York 1984.
22. Hale, W., *Turkish Politics and the Army*, London 1994.
23. Hale, W., *The Political and Economic Development of Modern Turkey*, London 1981.
24. Heper, M. & Evin, A., *State*, *Democrary and the Military*: *Turkey in the 1980's*, New York 1988.
25. Heper, M., *Political Parties and Democracy in Turkey*, London 1991.
26. Heper, M., *Strong State and Economic Interest Groups*: *The Post-1980 Turkish Experience*, Berlin 1991.
27. Heper, M., *Politics in the Third Turkish Republic*, Boulder 1994.
28. Heper, M., *Political Leaders and Democracy in Turkey*, Maryland 2002.
29. Hershlag, Z.Y., *The Contemporary Turkish Economy*, London 1988.
30. Imber, C., *The Ottoman Empire*: *1300—1650*, New York 2002.
31. Inalcik, H., *The Ottoman Empire*: *the Classical Age 1300—1600*, New York 1973.
32. Inalcik, H., *Studies in Ottoman Social and Economic History*, Hampshire 1985.
33. Karpat, K.H., *Social Change and Politics in Turkey*, Leiden 1973.
34. Karpat, K.H., *Turkey's Politics*: *The Transiton to A Multi-Party System*, Princeton 1959.
35. Karpat, K.H., *Studies on Ottoman Social and Political History*, Leiden 2002.
36. Karpat, K.H., *Studies on Turkish Politics and Society*, Leiden 2004.
37. Keyder, C., *State and Class in Turkey*, London 1987.
38. I. Metin Kunt, I.M., *The Cambridge History of Turkey*, Cambridge 2009.

39. Landau, J.M., *Ataturk and the Modernization of Turkey*, Boulder 1984.
40. Landau, J.M., *Exploring Ottoman and Turkish History*, London 2004.
41. Lewis, G., *Modern Turkey*, New York 1974.
42. Lovatt, D., *Turkey since 1970*, New York 2001.
43. Macfie, A.L., *The End of the Ottoman Empire 1908—1923*, London 1998.
44. Miller, W., *The Ottoman Empire 1801—1913*, Cambridge 1913.
45. Nas, T.F., *Liberalization and the Turkish Economy*, New York 1988.
46. Nas, T.F., *Economics and Politics of Turkish Liberalization*, London 1992.
47. Ozbudun, E., *The Political Economy of Income Distribution in Turkey*, New York 1979.
48. Ozbudun, E., *Contemporary Turkish Politics*, Boulder 2000.
49. Quataert, D., *The Ottoman Empire 1700—1922*, Cambridge 2005.
50. Rubin, B., *Political Parties in Turkey*, London 2002.
51. Sayari, S., *Politics, Parties, and Elections in Turkey*, Boulder 2002.
52. Schick, I.C. & Tonak, E.A., *Turkey in Transition*, Oxford 1987.
53. Shaw, S.J. & Shaw, E.K., *History of the Ottoman Empire and Modern Turkey*, Vol.1: *Empire of the Gazis: The Rise and Decline of the Ottoman Empire 1280—1808*, Cambridge 1976.
54. Shaw, S.J. & Shaw, E.K., *History of the Ottoman Empire and Modern Turkey*, Vol.2: *Reform, Revolution and Republic: The Rise of Modern Turkey 1808—1975*, Cambridge 2002.
55. Tachau, F., *Turkey: the Politics of Authority, Democracy and Development*, New York 1984.
56. Tapper, R., *Islam in Modern Turkey*, London 1991.
57. Toprak, B., *Islam and Political Development in Turkey*, Leiden 1981.
58. Turnbull, S., *The Ottoman Empire 1326—1699*, New York 2003.
59. Tursan, H., *Democratisation in Turkey*, Brussel 2004.
60. Weiker. W.F., *Political Tutelage and Democracy in Turkey*, Leiden 1973.
61. Weiker, W.F., *The Modernization of Turkey*, New York 1981.
62. Zurcher, E.J., *Turkey: A Modern History*, London 1993.
63. Zurcher, E.J., *Political Opposition in the Early Turkish Republic*, Leiden 1991.

图书在版编目(CIP)数据

土耳其通史 / 哈全安著 .— 2版(修订本) .— 上海 : 上海社会科学院出版社, 2020
ISBN 978 - 7 - 5520 - 3327 - 4

Ⅰ. ①土… Ⅱ. ①哈… Ⅲ. ①土耳其—历史 Ⅳ. ①K374.0

中国版本图书馆 CIP 数据核字(2020)第 196713 号

土耳其通史(修订本)

著　　者: 哈全安
丛书策划: 张广勇
插　　图: 哈全安、邝涌、张敏、蔡幼声等
责任编辑: 王　勤
封面设计: 陆红强
出版发行: 上海社会科学院出版社
上海顺昌路 622 号　邮编 200025
电话总机 021 - 63315947　销售热线 021 - 53063735
http://www.sassp.cn　E-mail:sassp@sassp.cn
照　　排: 南京理工出版信息技术有限公司
印　　刷: 上海盛通时代印刷有限公司
开　　本: 710 毫米×1010 毫米　1/16
印　　张: 22.75
插　　页: 1
字　　数: 369 千
版　　次: 2021 年 4 月第 1 版　2022 年 1 月第 2 次印刷

ISBN 978 - 7 - 5520 - 3327 - 4/K · 578　定价:98.00 元